사회복지학개론

기출문제
정복하기

9급 공무원 사회복지학개론
기출문제 정복하기

개정1판　　발행　　2024년 03월 22일
개정2판　　발행　　2025년 01월 20일

편 저 자 | 공무원시험연구소

발 행 처 | ㈜서원각

등록번호 | 1999-1A-107호

주　　　소 | 경기도 고양시 일산서구 덕산로 88-45(가좌동)

교재주문 | 031-923-2051

팩　　　스 | 031-923-3815

교재문의 | 카카오톡 플러스 친구[서원각]

홈페이지 | goseowon.com

시험의 성패를 결정하는 데 있어 가장 중요한 요소 중 하나는 충분한 학습이라고 할 수 있다. 하지만 무작정 많은 양을 학습하는 것은 바람직하지 않다. 시험에 출제되는 모든 과목이 그렇듯, 전통적으로 중요하게 여겨지는 이론이나 내용들이 존재한다. 그리고 이러한 이론이나 내용들은 회를 걸쳐 반복적으로 시험에 출제되는 경향이 나타날 수밖에 없다. 따라서 모든 시험에 앞서 필수적으로 짚고 넘어가야 하는 것이 기출문제에 대한 파악이다.

사회복지학개론은 많은 수험생이 선택하고 고득점을 목표로 하는 과목으로 한 문제 한 문제가 시험의 당락에 영향을 미칠 수 있는 중요한 과목이다. 방대한 양으로 학습에 부담이 있을 수 있지만, 시험의 난도 자체가 다른 과목에 비해 높은 편은 아니므로 빈출 내용을 중심으로 공부한다면 고득점을 얻을 수 있다. 최근으로 올수록 사회복지 관련 법령의 내용을 확인하는 문제의 출제 빈도가 증가하고 있으므로, 주요 법령의 내용을 알아둘 필요가 있다.

9급 공무원 최근 기출문제 시리즈는 기출문제 완벽분석을 책임진다. 그동안 시행된 국가직·지방직 및 서울시 기출문제를 연도별로 수록하여 매년 빠지지 않고 출제되는 내용을 파악하고, 다양하게 변화하는 출제경향에 적응하여 단기간에 최대의 학습효과를 거둘 수 있도록 하였다. 또한 상세하고 꼼꼼한 해설로 기본서 없이도 효율적인 학습이 가능하도록 하였으며, 모의고사 방식으로 구성하여 최종적인 실력점검이 될 수 있도록 하였다.

9급 공무원 시험의 경쟁률이 해마다 점점 더 치열해지고 있다. 이럴 때일수록 기본적인 내용에 대한 탄탄한 학습이 빛을 발한다. 수험생 모두가 자신을 믿고 본서와 함께 끝까지 노력하여 합격의 결실을 맺기를 희망한다.

STRUCTURE

이 책의 특징 및 구성

최신 기출문제분석

최신의 최다 기출문제를 수록하여 기출 동향을 파악하고, 학습한 이론을 정리할 수 있습니다. 기출문제들을 반복하여 풀어봄으로써 이전 학습에서 확실하게 깨닫지 못했던 세세한 부분까지 철저하게 파악, 대비하여 실전대비 최종 마무리를 완성하고, 스스로의 학습상태를 점검할 수 있습니다.

상세한 해설

상세한 해설을 통해 한 문제 한 문제에 대한 완전학습을 가능하도록 하였습니다. 정답을 맞힌 문제라도 꼼꼼한 해설을 통해 다시 한 번 내용을 확인할 수 있습니다. 틀린 문제를 체크하여 내가 취약한 부분을 파악할 수 있습니다.

CONTENT
이 책 의 차 례

사회복지학개론

기출문제 정복하기

사회복지학
개론

1 사회복지실천과정에 대한 설명으로 옳지 않은 것은?

① 클라이언트와 함께 문제해결을 위한 목표를 설정한다.
② 클라이언트와 계약을 할 때는 시간, 기술, 윤리 등을 고려한다.
③ 사정에서는 클라이언트와 그를 둘러싼 환경의 부정적 측면뿐만 아니라 긍정적 측면도 고려해야 한다.
④ 클라이언트가 종결에 대한 두려움을 갖지 않도록 가능한 한 종결시기는 명백하게 제시하지 않는다.

>ADVICE ④ 종결시기를 명백하게 제시하지 않고 있다가 갑작스런 종결을 맞는 것보다는 미리 종결시기를 결정하는 것이 클라이언트가 종결에 대한 대비를 할 수 있어 바람직하다.

2 사회복지프로그램 성과측정에 대한 설명으로 옳지 않은 것은?

① 개인뿐만 아니라 집단, 조직, 시스템, 지역사회 차원까지도 측정이 가능하다.
② 양적 지표와 질적 지표가 모두 가능하다.
③ 자료수집방법으로 서베이, 면접, 관찰, 시험 등을 활용할 수 있다.
④ 단일의 지표와 단일의 측정방법을 사용해야 한다.

>ADVICE ④ 사회복지프로그램은 다양한 지표와 다양한 측정방법을 사용해야 한다.

3 다음 글에서 사회복지사가 적용한 사회복지실천기술은?

> 사회복지사 : "지난 면담에서는 절대 체벌을 해서는 안 된다고 말씀하셨는데 오늘은 체벌만큼 효과적인 교육법이 없다고 하시니 제가 혼란스럽네요."

① 환기(ventilation)
② 재보증(reassurance)
③ 직면(confrontation)
④ 해석(interpretation)

ADVICE ③ 직면은 문제를 일으키고 있는 감정, 행동, 사고의 모순을 지적하여 주는 것으로 클라이언트의 자기인식을 증진시키기 위한 기술이다.

① 환기는 억압된 감정인 분노, 증오, 슬픔, 죄의식 등을 표출하여 감정을 해소하고 문제해결을 촉진시키기 위한 기술이다.

② 재보증은 클라이언트의 판단이나 문제 상황이 잘못된 것이 아니라는 점을 확인해 줌으로써 자신의 능력이나 자질에 대해 회의적인 클라이언트의 자신감을 향상시키는 기술이다.

④ 해석은 사회복지사가 클라이언트에게 그들의 행동, 사고, 감정, 상황 등에 대해 이론적 지식과 직관력을 이용하여 통합적으로 설명하는 기술이다.

4 위기개입에 대한 설명으로 옳은 것만을 모두 고른 것은?

㉠ 클라이언트의 통찰력 강화, 성격변화에 초점을 둔다.

㉡ 특정 위기상황은 예측할 수 있는 단계를 거치며 단계마다 사람들이 예측할 수 있는 정서적 반응과 행동을 드러낸다고 전제한다.

㉢ 클라이언트가 최소한 위기 이전의 기능수준으로 회복하도록 돕는다.

㉣ 정확한 문제의 원인을 파악하고 진단하는 데 초점을 둔다.

---

① ㉠, ㉡

② ㉡, ㉢

③ ㉡, ㉣

④ ㉢, ㉣

ADVICE ㉠ 위기개입은 위기상황에 즉각적으로 개입하여 단기원조를 제공하기 위한 것이다. 클라이언트의 통찰력 강화 및 성격변화에 초점을 두는 것은 장기적인 상담형태에 적절하다.

㉣ 위기개입은 문제의 원인을 파악하고 진단하는 것이 아닌 최소한 위기 이전의 수준으로 회복하는 것을 목적으로 하는 현재지향적 성격을 띤다.

ANSWER 1.④ 2.④ 3.③ 4.②

5 우리나라 자원봉사에 대한 설명으로 옳지 않은 것은? (기출변형)

① 자원봉사활동을 진흥하기 위해 「자원봉사활동 기본법」을 제정하였다.
② 자원봉사자에 대한 인정 및 보상에는 정서적 보상, 기회 제공, 표창 추천 등이 있다.
③ 행정안전부장관은 4년마다 자원봉사활동의 진흥을 위한 국가기본계획을 수립해야 한다.
④ 한국청소년활동진흥원과 지방청소년활동진흥센터는 청소년자원봉사활동의 활성화 사업을 수행한다.

》ADVICE ③ 행정안전부장관은 5년마다 자원봉사활동의 진흥을 위한 국가기본계획을 수립해야 한다〈자원봉사활동 기본법 제9조 제1항〉.

6 우리나라 사회복지사 윤리강령에 관한 설명으로 옳지 않은 것은?

① 사회복지사는 전문가로서 성실하고 공정하게 업무를 수행하며, 이 과정에서 클라이언트의 요구 외에 어떠한 부당한 압력에도 타협하지 않는다.
② 사회복지사는 적법하고도 적절한 논의 없이 동료 혹은 다른 기관의 클라이언트와 전문적 관계를 맺어서는 안 된다.
③ 사회복지사는 필요한 사회서비스를 개발하기 위한 사회정책의 수립·발전·입법·집행에 적극적으로 참여하고 지원해야 한다.
④ 사회복지사는 클라이언트의 지불능력에 상관없이 서비스를 제공해야 하며 이를 이유로 차별대우를 해서는 안 된다.

》ADVICE ① 사회복지사는 전문가로서 성실하고 공정하게 업무를 수행하며, 이 과정에서 어떠한 부당한 압력에도 타협하지 않는다.

7 살리베이(Saleebey)가 소개한 강점관점 실천을 위한 유용한 질문으로 옳지 않은 것은?

① 예외질문(exception questions)
② 변화질문(change questions)
③ 생존질문(survival questions)
④ 훈습질문(working-through questions)

》ADVICE 살리베이가 소개한 강점관점 실천을 위한 유용한 질문에는 예외질문, 변화질문, 생존질문, 가능성질문, 장래질문, 지지질문, 의미질문 등이 있다.
④ 훈습은 전이와 저항에 대한 이해를 확대하고 반복함으로써 이해의 통합을 가져오는 것으로 정신분석에서 심리치료 과정의 과제이다.

8 가족사회복지실천모델에 대한 설명으로 옳지 않은 것은?

① 구조적 가족치료는 역기능적인 가족구조로 인해 가족문제가 비롯된다고 가정하며 주된 기법으로 합류, 경계만들기 등이 있다.

② 해결중심 가족치료는 문제가 일어나지 않았던 예외상황에 초점을 두며 주된 기법으로 기적질문, 대처질문 등이 있다.

③ 이야기 가족치료는 사회구성주의 관점에 근거하며 주된 기법으로 문제의 외현화, 시련기법 등이 있다.

④ 전략적 가족치료는 지금까지 가족이 문제해결을 위해 시도해 온 방법을 변화시키는 데 초점을 두며 주된 기법으로 순환적 질문, 역설적 개입 등이 있다.

> **ADVICE** ③ 시련기법은 전략적 가족치료 기법이다. 이야기 가족치료란 사회구성주의 관점에 근거하여 가족의 문제에 대한 사회의 지배적 이야기가 표방하는 정당성에 대해 의문을 제시하거나 상대화함으로써 클라이언트가 지배적 이야기에서 해방되고 이를 대체하는 대안적 이야기를 통해 문제의 해결을 시도하는 것이다. 주된 기법으로 문제의 외현화 등이 있다.

9 우리나라 청소년복지에 관한 설명으로 옳지 않은 것은?

① 「학교폭력예방 및 대책에 관한 법률」에 명시된 학교폭력에는 강제적인 심부름 및 성폭력, 따돌림, 사이버폭력 등에 의하여 신체·정신 또는 재산상의 피해를 수반하는 행위 등이 포함된다.

② 「청소년복지 지원법」에 명시된 청소년복지시설에는 반드시 사회복지사를 배치해야 한다.

③ 학교폭력 문제에 대한 접근 중 피해자 – 가해자 조정(Victim-Offender Mediation)프로그램은 제3자인 조정자의 도움으로 피해자와 가해자가 서로 자신들의 피해와 어려움을 이야기하도록 하는 것이다.

④ 「청소년복지 지원법」에는 학업중단 청소년 지원에 대한 근거조항이 있다.

> **ADVICE** ② 청소년복지시설에는 각 시설의 사업 수행 및 운영에 필요한 종사자를 두어야 한다. 청소년복지시설에 둘 수 있는 종사자로는 청소년상담사, 청소년지도사, 사회복지사, 임상심리사 및 가족상담전문가 등 다양한 전문가가 포함된다〈청소년복지 지원법 제34조 및 청소년복지 지원법 시행규칙 별표1 참고〉.

✎ **ANSWER** 5.③ 6.① 7.④ 8.③ 9.②

10 우리나라 지역사회복지에 관한 설명으로 옳지 않은 것은?

① 사회복지관의 운영이 지방이양사업으로 바뀌고 법인의 자부담을 의무화하였다.

② 지역자활센터에서는 자활의욕 고취를 위한 교육, 직업교육 및 취업알선, 생업을 위한 자금융자 알선 등을 행한다.

③ 사회복지협의회는 사회복지 관련 기관·단체 간의 연계·협력·조정을 행한다.

④ 사회복지공동모금회는 사회복지공동모금사업, 공동모금재원의 배분, 운용 및 관리 등을 행한다.

>ADVICE ① 법인 등의 자부담 의무는 2004년부터 폐지되었다. 2005년 사회복지관의 운영이 지방이양사업으로 선정되어 지방자치 단체의 장이 필요하다고 인정하는 경우 해당 사업에 소요되는 경비를 별도로 지원할 수 있다.

11 먼저 일어난 순서대로 바르게 나열된 것은?

⊙ 영세교구들이 연합한 빈민공장 설립이 허용되고 원외구호가 조장되었다.
ⓒ 빈민의 구제수준이 노동자의 임금수준보다 낮아야 한다는 원칙이 제시되었다.
ⓒ 수당으로 저임금 노동자의 임금을 보충해 주는 제도가 제정되었다.

① ㉠→㉡→㉢   ② ㉠→㉢→㉡
③ ㉡→㉢→㉠   ④ ㉢→㉠→㉡

>ADVICE ㉠ 길버트법(1782)
㉢ 스핀햄랜드법(1795)
㉡ 개정구빈법(1834)

12 사회복지 예산모형에 대한 설명으로 옳지 않은 것은?

① 품목별 예산은 간편하다는 장점이 있다.

② 성과주의 예산은 사회복지 조직이 수행하는 업무에 중점을 둔다.

③ 기획 예산은 사업계획을 세부사업으로 분류하고 각 세부사업을 '단위원가 × 업무량 = 예산액'으로 표시하여 편성한다.

④ 영기준 예산은 전년도 예산을 고려하지 않고 비용－편익분석에 따라 우선순위를 결정한다.

>ADVICE ③ 성과주의 예산제도에 대한 설명이다. 기획예산제도는 비용과 전략적 목표의 결과를 합리적이고 체계적으로 결부시키고, 전략적 목표 달성을 위하여 필요한 자원을 재정소요로 전환시키는 예산제도이다.

13 사회복지정책 결정모형 중 합리주의모형에 대한 설명으로 옳은 것은?

① 새로운 정책은 과거 정책들의 점증적인 수정에 의해 만들어진다.
② 정책결정은 다양한 이익을 추구하는 이익집단들 간 경쟁의 산물이다.
③ 정책 대안들의 결과를 정확히 예측하고 비용편익 혹은 비용효과를 정확히 산출할 수 있다고 가정한다.
④ 정책결정은 조직화된 무정부 상태 속에서 나타나는 몇 가지 흐름에 의해 우연히 이루어진다.

>**ADVICE** ③ 합리주의모형은 정책 결정에 있어 비용 대비 편익을 중시한다.
① 점증모형
② 이익집단이론
④ 쓰레기통모형

14 사회복지전달체계에 대한 설명 중 옳은 것은?

① 「사회복지사업법」상 지역복지협의회는 지역 내 서비스의 연계 및 조정의 기반을 마련하고 지원하는 민간협의체이다.
② 원스톱서비스센터나 통합사례관리 서비스는 통합조정의 원칙에 근거한다.
③ 클라이언트가 필요할 때 쉽고 편리하게 서비스를 받을 수 있도록 전달체계를 구축하는 것은 책임성의 원칙에 근거한다.
④ 「사회복지사업법」상 사회복지사업에 관한 업무를 담당하게 하기 위하여 시·도, 시·군·구 및 읍·면·동에 사회복지사를 둘 수 있다.

>**ADVICE** ① 사회복지사업법상 지역 내 서비스의 연계 및 조정의 기반을 마련하고 지원하는 민간협의체는 사회복지협의회다.
③ 클라이언트가 필요할 때 쉽고 편리하게 서비스를 받을 수 있도록 전달체계를 구축하는 것은 접근성의 원칙에 근거한다.
④ 사회복지사업법상 사회복지사업에 관한 업무를 담당하게 하기 위하여 시·도, 시·군·구 및 읍·면·동에 두는 것은 사회복지전담공무원이다.

15 다음 설명 중 옳지 않은 것은?

① UN은 전체 인구 중에서 65세 이상 인구가 차지하는 비율이 14% 이상인 사회를 고령사회라 한다.

② 우리나라 통계청에서는 노년부양비를 경제활동 인구 중에서 65세 이상 인구가 차지하는 비율로 본다.

③ 지니계수는 소득의 불평등을 나타내는 지표이다.

④ 빈곤갭은 빈곤의 심도를 알려 주는 지표이다.

> **ADVICE** ② 노년부양비는 부양연령층(15~64세) 인구에 대한 피부양 노인연령층(65세 이상) 인구의 비율로 '(65세 이상 인구/15~64세 인구)×100'으로 구한다. 즉, 생산가능인구(15~64세) 100명에 대한 고령(65세 이상) 인구의 비를 말한다.

16 우리나라 사회보험제도에 대한 설명으로 옳은 것은?

① 감액노령연금은 가입기간이 10년 이상이면서 55세 이상으로 소득이 있는 업무에 종사하지 아니할 때 본인이 신청해서 받는다.

② 개별실적요율은 업종별로 과거 3년간 발생한 재해율을 반영하여 보험료를 산정하는 방식이다.

③ DRG포괄수가제는 보험을 관리하는 측과 의사대표 간에 미리 진료비의 총액을 정해 놓고 지불한다.

④ 연금 슬라이드제는 생활수준, 물가 등을 고려하여 연금 급여 수준을 조정하는 것으로 국민연금은 전국소비자물가변동률을 반영하고 있다.

> **ADVICE** ① 조기노령연금에 대한 설명이다.
> ② 개별실적요율은 개별 사업장별로 과거 3년간 발생한 재해율을 반영하여 보험료를 산정하는 방식이다.
> ③ 포괄수가제는 환자에게 제공되는 의료 서비스의 종류나 양에 관계없이 어떤 질병의 진료를 위해 입원했었는가에 따라 미리 책정된 일정액의 진료비를 의료기관에 지급하는 제도이다.

17 복지국가 위기 이후 등장하는 복지국가 재편에 관한 설명으로 옳지 않은 것은?

① 저출산·고령화 문제는 대표적인 신사회적 위험이다.

② 사회투자국가는 인적자원개발에 대한 투자보다 시장실패자에 대한 사후 소득보장에 주력한다.

③ 스웨덴과 덴마크는 지속적 경제침체와 고실업의 위험에 대응하기 위해 적극적으로 공공부문을 확대하였다.

④ 독일과 프랑스는 내부시장을 강화하는 노동감축 방식을 통해 성장을 유지하고자 하였다.

> **ADVICE** ② 사회투자국가는 시장실패자에 대한 사후 소득보장보다 인적자원개발에 대한 투자에 주력한다.

18 「사회보장기본법」의 내용으로 옳지 않은 것은? (기출변형)

① "평생사회안전망"이란 생애주기에 걸쳐 보편적으로 충족되어야 하는 기본욕구와 특정한 사회위험에 의하여 발생하는 특수욕구를 동시에 고려하여 소득·서비스를 보장하는 맞춤형 사회보장제도를 말한다.

② "사회서비스"란 사회적 위험으로부터 모든 국민을 보호하고 국민 삶의 질을 향상시키는 데 필요한 소득·서비스를 보장하는 제도를 말한다.

③ 보건복지부장관은 사회서비스의 품질기준 마련, 평가 및 개선 등의 업무를 수행하기 위하여 필요한 전담기구를 설치할 수 있다.

④ 사회보장 업무에 종사하거나 종사하였던 자는 사회보장업무 수행과 관련하여 알게 된 개인·법인 또는 단체의 정보를 관계 법령에서 정하는 바에 따라 보호하여야 한다.

ⒶⒹⓋⒾⒸⒺ ② 사회보장에 대한설명이다. 사회서비스란 국가·지방자치단체 및 민간부문의 도움이 필요한 모든 국민에게 복지, 보건 의료, 교육, 고용, 주거, 문화, 환경 등의 분야에서 인간다운 생활을 보장하고 상담, 재활, 돌봄, 정보의 제공, 관련 시설의 이용, 역량 개발, 사회참여 지원 등을 통하여 국민의 삶의 질이 향상되도록 지원하는 제도를 말한다〈사회보장 기본법 제3조〉.
① 사회보장기본법 제3조(정의) 제5호망
③ 사회보장기본법 제30조(사회보장급여의 관리) 제1항
④ 사회보장기본법 제38조(개인정보 등의 보호) 제1항

19 다음 글에서 설명하고 있는 제도는?

> • 부의 소득세(negative income tax)의 일종이다.
> • 노동공급유인을 제공하면서 근로빈곤층에게 소득을 보전한다.
> • 장애인 등과 같이 근로의지와 무관하게 취업을 할 수 없는 계층을 위해서는 별도의 공공부조제도가 필요하다.

① 근로장려세제   ② 취업촉진수당
③ 긴급생계급여   ④ 가족수당

ⒶⒹⓋⒾⒸⒺ 근로장려세제는 일은 하지만 소득이 낮아 생활이 어려운 근로자가구를 위해 국세청이 집행하는 근로연계형 소득지원제도로, 근로유인의 제고와 실질소득 지원을 목적으로 한다.

✎ **ANSWER** 15.② 16.④ 17.② 18.② 19.①

20 영리기관과 비영리기관의 선택기준을 제시한 Gilbert(1984)의 주장에 근거해 볼 때 비영리기관이 영리기관보다 더 적합한 경우가 아닌 것은?

① 아동, 지적장애인 등과 같이 표현할 능력이 부족한 이용자에 대한 서비스 제공
② 보호관찰이나 기초생활보장 조건부수급자의 서비스와 같이 강제적인 서비스의 제공
③ 공중예방접종과 같은 표준적 절차나 내용을 담고 있는 서비스의 제공
④ 치료서비스와 같이 사례별로 다른 기술이 필요한 서비스의 제공

>**ADVICE** ④ 치료서비스와 같이 사례별로 다른 기술이 필요한 서비스의 제공은 비영리기관보다 영리기관이 더 적합하다.
　※ 영리기관과 비영리기관의 선택 기준
　　㉠ 서비스의 표준화 정도
　　㉡ 클라이언트 집단의 능력
　　㉢ 서비스의 강제성
　　㉣ 관련 규정 준수에 대한 감독의 강력성 정도

1 **사회복지의 개념 정의에 대한 설명으로 옳지 않은 것은?**

① 사회복지를 저소득층, 장애인, 노인 등 특수 계층의 욕구를 충족시키려는 정책, 급여, 프로그램 및 서비스로 이해하는 것은 협의의 개념 정의이다.

② 사회복지를 제도적 개념과 잔여적 개념으로 구분하는 것은 사회 내에서 사회복지가 어떻게 기능하는가에 따라 구분한 것이다.

③ 사회복지를 사회문제의 치료와 예방, 인적자원의 개발, 인간 생활의 향상에 직접 관련된 일체의 시책과 과정뿐만 아니라 사회제도를 강화하거나 개선하려는 노력을 포함하는 것으로 보는 것은 광의의 개념 정의이다.

④ 광의의 사회복지 개념에 입각하는 것보다 협의의 사회복지 개념에 입각해서 제도와 정책을 실시하는 경우, 사회통합 효과는 높지만 경제적 효율성 효과는 낮다.

> **ADVICE** ④ 광의의 사회복지 개념은 제도적 개념으로 사회통합 효과가 높고 협의의 사회복지 개념은 보완적 개념으로 경제적 효율성 효과가 높다.

2 **사회복지 급여나 서비스의 대상자 결정에 적용되는 원칙의 하나인 보편주의에 대한 설명으로 옳지 않은 것은?**

① 자산조사
② 집합주의 가치
③ 낙인감 감소
④ 사회통합

> **ADVICE** ① 자산조사를 통해 저소득계층에게만 사회복지 급여나 서비스를 제공하는 것은 선별주의이다.

3 사회과학으로서 사회복지학의 특성에 대한 설명으로 옳지 않은 것은?

① 인간의 구체적 욕구충족을 위해 과학적 지식을 사용한다.

② 다학문적인 성격을 가지고 있기 때문에 사회과학의 다양한 학문적 성과를 총체적으로 활용한다.

③ 사회문제의 해결을 위한 방법을 창출해 내고 이를 실제 사회현상에 적용하는 실천지향적 학문이다.

④ 대상자의 이익을 최우선으로 하기 때문에 상호충돌 가능성이 있는 양극단의 가치 중 어느 하나를 선택해야만 한다.

〉ADVICE ④ 사회복지학은 대상자의 이익을 최우선으로 하기 때문에 어느 하나를 선택하기보다는 가장 큰 이익을 낼 수 있는 여러 가치들에 대한 절충을 선호한다.

4 다음 예시에서 강조하고 있는 사회복지사의 역할은?

> 장기간의 무단결석과 비행으로 학교에서 퇴학 위기에 처한 학생의 선처에 관한 의견 차이로 부모와 학교 당국 간에 갈등을 빚고 있다. 사회복지사는 양자 간의 타협 또는 문제의 해결을 위해 중립을 유지하며 돕는다.

① 중재자   ② 교육자
③ 중개자   ④ 옹호자

〉ADVICE ① 중재자는 갈등상황에 있는 당사자들 사이에서 중립적인 관점으로 타협점을 찾을 수 있도록 돕는 역할이다.
② 교육자는 클라이언트에게 교육 프로그램을 제공하여 정보 처리를 촉진시키는 역할이다.
③ 중개자는 개인이나 집단이 지역사회 내에 있는 서비스 체계나 자원을 선택하여 활용할 수 있도록 연결해 주는 역할이다.
④ 옹호자는 사회적 약자인 클라이언트의 권익을 보호하기 위해 그들을 옹호하는 역할이다.

5 다음의 내용에 해당하는 카두신(Kadushin)이 제시한 아동복지서비스의 유형은?

> 가족과 부모-자녀 관계체계가 스트레스에 노출될 경우 아동복지에서의 초기 문제를 다루는 제1차 방어선의 역할을 하는 것으로, 가족의 기능이 원활하게 수행될 수 있도록 지원해 주는 제반의 가족기반 서비스이다.

① 지지적 서비스   ② 대리적 서비스
③ 보충적 서비스   ④ 심리적 서비스

>ADVICE 카두신의 아동복지서비스 유형
　　㉠ 지지적 서비스 : 가장 약한 단계인 서비스로 아동의 욕구를 충족시키기 위한 부모의 능력을 지지, 강화하는 것이다. 아동상담소 등에서 제공하는 상담서비스, 학대 아동을 위한 보호서비스, 한부모를 위한 서비스 등이 이에 해당한다.
　　㉡ 보충적 서비스 : 부적절하거나 제약된 부모의 보호를 보상하는 서비스로 소득보충프로그램, 가정봉사원 파견서비스, 보육서비스 등이 보충적 서비스의 예라고 할 수 있다.
　　㉢ 대리적 서비스 : 부모 역할 전부가 상실되었을 경우 아동의 개별적 욕구에 따라 부모의 보호를 부분 또는 전체적으로 대리하는 것으로, 가정위탁서비스, 입양서비스, 쉼터, 아동치료보호시설 등이 그 예라고 할 수 있다.

6 영국의 1834년 「개정 구빈법」에서 규정된 열등처우의 원칙에 대한 설명으로 옳지 않은 것은?

① 자유주의자인 맬서스(Malthus)의 영향을 받았다.
② 사회보험제도의 대상자 선정 기준으로 활용되고 있다.
③ 노동 가능한 빈민에 대한 구제를 국가가 거절할 수 있는 법적 근거를 제공하였다.
④ 구제대상 빈민의 생활수준은 최하층 근로자의 생활수준보다 낮은 조건에서 구제가 제공되어야 한다는 것이다.

>ADVICE ② 열등처우의 원칙은 수급자의 처우는 자활하는 비수급자의 처우보다 낮아야 한다는 것으로, 공공부조의 대상자 선정 기준으로 활용되고 있다.

7 과제중심모델의 특성에 해당하지 않는 것은?

① 시간제한적이고 구조화된 단기개입
② 사회복지사와 클라이언트의 협조적 관계
③ 조사에 근거한 경험적 자료에 기초
④ 관찰가능한 행동과 환경을 분석하여 변화시킴

>ADVICE 과제중심모델은 개인 및 가족이 일상생활 중에서 경험하는 문제들을 해결할 수 있도록 계획된 사회복지실천모델의 한 형태로, 클라이언트의 욕구를 중시하고 구조화된 접근을 통해 단기간에 문제해결의 효과를 보고자 한다.
④ 행동수정모델의 특성에 대한 설명이다.

ANSWER 3.④ 4.① 5.① 6.② 7.④

8 사회복지 역사에 대한 설명으로 옳은 것은?

① 영국의 1601년 「구빈법」은 구빈세를 재원으로 저임금을 보충해 주려던 제도로서 복지국가의 효시로 간주된다.
② 16 ~ 18세기의 유럽에서는 노동하는 자들을 관리하거나 보호하는 일을 정책의 주요 과제로 생각하였다.
③ 영국의 1834년 「개정 구빈법」은 열등처우의 원칙을 내세웠으며, 지나치게 중앙집중화된 구빈행정을 교구단위로 효율화하였다.
④ 사회보험제도의 도입은 국가마다 그 개혁의 특성이 달랐는데, 독일은 노동자 정당과 우호적 관계에 있던 자유당 정권에 의해, 영국은 사회통제의 성격을 띤 권위주의적 개혁을 거쳐 이루어졌다.

> **ADVICE** ① 저임금을 보충해 주려던 제도는 1795년 스핀햄랜드법이다.
> ③ 개정 구빈법은 지방정부에 의한 구빈행정의 비효율성을 극복하기 위하여 중앙집중화된 구빈행정을 시행하였다.
> ④ 영국이 노동자 정당과 우호적 관계에 있던 자유당 정권에 의해 이루어졌으며, 독일은 사회통제의 성격을 띤 권위주의적 개혁을 거쳐 이루어졌다.

9 드림스타트사업에 대한 설명으로 옳지 않은 것은?

① 빈곤아동을 대상으로 사례관리를 통한 맞춤형 서비스를 제공한다.
② 보건, 복지, 교육 및 보육 서비스를 통합적으로 제공한다.
③ 보건복지부가 2006년부터 시행하고 있으며 그 대상지역이 계속 확대되고 있다.
④ 다학제적 접근을 통한 예방적 서비스를 제공한다.

> **ADVICE** 드림스타트(dream start)사업은 2004년 경기도의 위스타트(we start) 사업을 벤치마킹하여 보건복지부가 추진하는 저소득층 아동에 대한 맞춤형 통합 서비스로 빈곤의 대물림을 차단하고 건강한 사회구성원으로 성장할 수 있도록 돕는 것을 목적으로 한다. 아동발달에 있어서 조기개입의 중요성에 주목하여 사업대상을 0~12세의 저소득 아동과 그 가족으로 설정하고 지역 내 건강, 보육, 복지 등 종합서비스망 구축을 통한 통합형 맞춤형 서비스를 제공한다.
> ③ 2006년 '희망스타트'라는 이름으로 시행계획을 발표하고 2007년 16개 시범사업을 선정하였다. 2008년 사업명을 '희망스타트'에서 '드림스타트'로 전환하였다.

10 사회복지정책을 통해 제공되는 재화나 서비스의 형태 중 현금으로 지급되는 급여의 장점이 아닌 것은?

① 현물을 보관, 관리 및 전달하는 데 필요한 비용이 절약된다.
② 정책목표에 적합한 방향으로 집중적으로 소비가 이루어질 수 있다.
③ 수급자 선택의 자유와 자기결정의 권리를 보호할 수 있다.
④ 소비단계에서 낙인이 발생하지 않아 인간의 존엄성을 유지할 수 있다.

> **ADVICE** ② 목표효율성에 대한 설명으로 현물지급의 장점이다.

11 사회복지 실천과정에서 성공적 종결을 위한 내용으로 옳지 않은 것은?

① 클라이언트의 진전사항에 대해 정기적으로 검토하고, 종결이 임박하기 이전에 종결에 대해 다시 인식하게 한다.
② 클라이언트의 변화를 확인하고 이를 유지할 수 있는 방법을 모색한다.
③ 종결에 대한 클라이언트의 두려움 또는 상실감을 고려하여 종결시기를 미리 알리지 않는다.
④ 평가를 통하여 성공과 실패의 원인을 검토하고, 해결되지 않은 문제 또는 초기 계약 시에 제시되지 않은 문제 등에 대해 논의한다.

>**ADVICE** ③ 종결시기를 미리 알리지 않고 있다가 갑작스런 종결은 맞는 것보다는 미리 종결시기를 결정하는 것이 클라이언트가 종결에 대한 대비를 할 수 있어 그 상실감을 줄일 수 있다.

12 사회복지 실천과정에서 지켜야 할 전문적 원조관계의 기본원칙에 대한 설명으로 옳지 않은 것은?

① 수용은 클라이언트를 있는 그대로 인정하고 받아들이는 것이다.
② 의도적인 감정 표현은 클라이언트가 자유롭게 감정을 표현하도록 하는 것이다.
③ 통제된 정서 관여는 클라이언트의 감정을 통제하면서 반응하는 것이다.
④ 개별화는 클라이언트에 대해 각각 개별적인 특징을 가진 존재로 인정하는 것이다.

>**ADVICE** ③ 통제된 정서 관여는 클라이언트의 감정에 대한 사회복지사의 민감성과 이해, 의도적이고 적절한 반응을 필요로 한다. 사회복지사는 클라이언트로 하여금 그의 감정을 통제만 할 것이 아니라 자유롭게 표현하도록 권고한다.

13 사회복지사 윤리강령의 기능에 해당하지 않는 것은?

① 사회복지사에게 윤리적 딜레마에 대한 지침을 제공한다.
② 외부의 통제로부터 사회복지 전문직의 전문성을 보호한다.
③ 사회복지사를 실천오류(malpractice) 소송으로부터 보호한다.
④ 동료나 기관과 갈등이 생길 때 사회복지사를 법적으로 보호한다.

>**ADVICE** ④ 윤리강령은 법적 제재의 힘을 갖지는 못한다.

 ANSWER 8.② 9.③ 10.② 11.③ 12.③ 13.④

14 윌렌스키와 르보(Wilensky & Lebeaux)는 사회복지제도와 다른 사회제도의 관계를 어떻게 규정하는가에 따라 사회복지의 개념을 두 가지로 나누었다. 사회복지의 두 개념에 대한 설명으로 옳지 않은 것은?

① 잔여적 개념은 사회복지란 가족이나 시장경제가 제 기능을 수행하지 못할 때 생기는 문제를 보완하거나 해소하는 제도라고 설명한다.

② 제도적 개념은 사회복지가 사회를 유지하기 위한 사회구성원 간의 상부상조로서, 다른 사회제도가 수행하는 기능과 구별되며 독립적으로 수행된다고 설명한다.

③ 잔여적 개념은 보편주의와 자유주의 이념에, 제도적 개념은 예외주의와 보수주의 이념에 기반을 두고 있다고 설명한다.

④ 잔여적 개념은 사회문제의 발생원인에서 개인의 책임을, 제도적 개념은 사회구조적 책임을 강조한다고 설명한다.

》ADVICE ③ 잔여적 개념은 예외주의와 보수주의 이념에, 제도적 개념은 보편주의와 자유주의 이념에 기반을 두고 있다고 설명한다.

15 우리나라 공공부조제도의 특징에 해당하는 것만을 모두 고르면?

㉠ 강제적 가입	㉡ 근로연계성
㉢ 기여의 급여	㉣ 자산조사
㉤ 보충급여의 원칙	㉥ 가족부양 우선의 원칙

① ㉠, ㉡, ㉢   ② ㉠, ㉡, ㉥

③ ㉡, ㉢, ㉣, ㉤   ④ ㉡, ㉣, ㉤, ㉥

》ADVICE ㉠㉢ 사회보험의 특징이다.

16 사회복지조사의 표집방법으로 확률표집방법에 해당하지 않는 것은?

① 할당표집(quota sampling)

② 층화표집(stratified sampling)

③ 군집표집(cluster sampling)

④ 체계표집(systematic sampling)

>ADVICE ① 할당표집은 비확률표집이다.

    ※ 확률표집과 비확률표집의 종류
        ㉠ 확률표집 : 단순무작위표집, 체계표집, 층화표집, 군집표집 등
        ㉡ 비확률표집 : 임의표집, 판단표집, 할당표집, 누적표집 등

17 가족체계사정도구인 생태도(eco-map)에 대한 설명으로 옳지 않은 것은?

① 클라이언트와 가족을 포함하는 클라이언트체계를 환경과의 관계 속에서 그리는 그림이라고 할 수 있다.

② 클라이언트와 사회복지사에게 클라이언트 가족이 집단과 단체, 조직, 다른 가족, 개인들과 맺는 관계의 본질에 대해 전체적 시각을 갖도록 돕는 기능을 한다.

③ 복잡한 가족유형을 한눈에 볼 수 있게 하는 그림으로, 가족 성원의 세대 간 맥락에 기반한 정서적, 행동상의 문제를 검토하는 데 유용하게 활용된다.

④ 가족의 건강한 성장, 발전 및 적응에 기여하는 외부환경과의 상호교류와 가족생활을 해치며 가족기능을 약화시키는 외부환경과의 상호교류에 대한 이해를 돕는 기능을 한다.

>ADVICE 생태도는 클라이언트가 처한 상황에서 의미를 가지는 체계들과의 관계를 그림으로 표현함으로써 특정 문제에 대한 개입계획을 세우는 데 유용한 도구이다.

    ③ 가계도에 대한 설명이다.

18 새로운 사회적 위험인 사회적 배제(social exclusion)에 대응하기 위한 전략으로 옳지 않은 것은?

① 빈곤화에 이르는 역동적 과정보다는 결과적 상태를 나타내는 빈곤개념을 강조한다.
② 사회적 위험에 대한 보장을 넘어서 사회적 결속의 증진을 강조한다.
③ 정보, 자원 및 사회적 서비스에 대한 접근성을 확대한다.
④ 가족이나 친구들과 같은 유의미한 사회적 상호작용에 참여한다.

》ADVICE ① 사회적 배제는 결과적 상태를 나타내는 빈곤개념과는 달리 빈곤화에 이르는 역동적 과정을 강조한다.

19 우리나라 노인장기요양보험제도에 대한 설명으로 옳지 않은 것은?

① 장기요양급여는 노인등의 심신상태나 건강 등이 악화되지 아니하도록 의료서비스와 연계하여 제공하여야 한다.
② 장기요양급여는 노인등의 심신상태 · 생활환경과 노인 등 및 그 가족의 욕구 · 선택을 종합적으로 고려하여 적정하게 제공하여야 한다.
③ 장기요양급여는 일상생활 지원과 의료서비스가 제공되는 시설급여를 우선적으로 제공한다.
④ 장기요양기본계획은 5년 단위로 수립 · 시행하여야 한다.

》ADVICE ③ 장기요양급여는 노인등이 가족과 함께 생활하면서 가정에서 장기요양을 받는 재가급여를 우선적으로 제공하여야 한다 〈노인장기요양보험법 제3조 제3항〉.

20 「국민기초생활보장법」에서 생계급여의 수급자 선정 기준으로 옳은 것만을 모두 고르면? (기출변형)

㉠ 근로능력 기준	㉡ 부양의무자 기준
㉢ 거주지역 기준	㉣ 소득인정액 기준

① ㉠, ㉡, ㉢
② ㉠, ㉡, ㉣
③ ㉡, ㉢
④ ㉡, ㉣

》ADVICE 「국민기초생활보장법」 제5조 생계급여의 내용
① 생계급여는 수급자에게 의복, 음식물 및 연료비와 그 밖에 일상생활에 기본적으로 필요한 금품을 지급하여 그 생계를 유지하게 하는 것으로 한다.
② 생계급여 수급권자는 부양의무자가 없거나, 부양의무자가 있어도 부양능력이 없거나 부양을 받을 수 없는 사람으로서 그 소득인정액이 중앙생활보장위원회의 심의 · 의결을 거쳐 결정하는 금액(이하 "생계급여 선정기준"이라 한다) 이하인 사람으로 한다. 이 경우 생계급여 선정기준은 기준 중위소득의 100분의 30 이상으로 한다.
③ 생계급여 최저보장수준은 생계급여와 소득인정액을 포함하여 생계급여 선정기준 이상이 되도록 하여야 한다.

1 사회문제에 대한 설명으로 옳지 않은 것은?

① 사회문제는 시간에 따라 달리 정의될 수 있다.
② 사회문제는 공간에 따라 달리 정의될 수 있다.
③ 사회문제는 가치중립적이다.
④ 사회문제를 정의하는 데에는 기준이 존재한다.

>**ADVICE** 사회문제 ⋯ 어떤 현상이 사회적 가치에서 벗어나는 것을 말하며 그 사회적 가치란 기능주의나 갈등주의 등에 따라 다르게
작용하는 가치지향적인 개념이다.

2 복지활동에 있어 주체의 성격이 다른 하나는?

① 인보관(Settlement House)
② 우애협회(Friendly Society)
③ 구민법의 작업장(Workhouse)
④ 자선조직협회(Charity Organization Society)

>**ADVICE** 해당 문제는 복지활동의 주체에 대한 내용으로 공공과 민간에 의한 활동을 묻고 있다. ③의 구민법의 작업장은 영국에서
1722년 도입된 국가에 의한 공공부조 제도이며 나머지 보기들은 민간에 의한 활동들이다.
① 인보관(Settlement House) : 1884년 중류지식인들에 의한 활동
②④ 우애협회(Friendly Society) · 자선조직협회(Charity Organization Society) : 1869년 부유한 자선가들에 의한 활동

✎ **ANSWER** 18.① 19.③ 20.④ / 1.③ 2.③

3 테일러-구비(Taylor-Gooby)가 말한 새로운 사회적 위험이 아닌 것은?

① 아동 보육이나 노인 부양의 어려움을 감내해야 하는 저숙련여성노동자의 사회적 위험
② 산업재해, 질병, 노후 등에 대처하는 남성 가장의 사회적 위험
③ 연금과 건강서비스의 비용 증가로 인한 노인들의 사회적 위험
④ 기술 발전과 비숙련직 감소로 인한 저교육노동자들의 사회적 배제

> **ADVICE** ② 산업재해, 질병, 노후 등에 대처하는 남성 가장의 사회적 위험은 테일러-구비(Taylor-Gooby)가 말한 새로운 사회적 위험이 아닌 과거의 사회적 위험이다.
>
> ※ 테일러-구비(Taylor-Gooby)의 사회적 위험 분류
>
> ㉠ 과거의 사회적 위험 : 공업화와 도시화로 인한 빈곤문제, 산업재해와 질병의 위험, 실업과 노후의 위험 등에 대처하는 남성 가장을 중심으로 하는 문제를 말한다.
>
> ㉡ 새로운 사회적 위험 : 후기 산업사회로 경제 사회적 구조가 변화하면서 적응하기 힘든 사람들이 처한 문제를 말한다.
> • 노동구조가 남녀평등의 방향으로 변화되면서 특히 가정과 직장에서 아동들에 대한 보육, 노인들에 대한 보호 등의 어려움을 감내해야 하는 저숙련여성노동자들의 사회적 위험
> • 노령화에 따른 사회적 보호의 수요 증가 및 연금과 건강 서비스의 비용 증가로 인한 노인들의 사회적 위험
> • 기술발전으로 인해 노동시장에서 비숙련직이 감소하고 국제 간 노동 이동의 가능성이 증대됨에 따라 교육과 고용의 연계로 인한 저 교육 노동자들의 사회적 배제 문제
> • 민영화와 복지 축소로 인한 사적(私的) 서비스 부문의 팽창은 비효과적인 규제 기준 설정의 가능성과 그에 따른 일반 시민들의 불만스러운 선택을 야기할 수 있다.

4 사회복지 관련 개념들에 대한 설명으로 옳지 않은 것은?

① 일반적으로 사회복지는 정책과 제도적인 측면을 강조할 때 사용하고, 사회사업은 개인이나 집단을 돕는 전문적인 방법이나 기술에 초점을 두는 개념이다.
② 광의적 개념의 사회복지는 사회정책, 보건, 의료, 주택, 고용 등을 포괄한다.
③ 사회복지를 보편주의 원칙으로 모든 국민에게 제공하려는 시도는 제도적 개념보다 잔여적 개념의 사회복지라고 할 수 있다.
④ 사회사업은 사후적, 치료적 성격을 갖는 반면에 사회복지는 사전적, 예방적 성격을 갖는다고 볼 수 있다.

> **ADVICE** ③ 사회복지에서의 보편주의 … 모든 국민을 대상으로 하고 사회문제에 대한 사회적 책임을 강조하면서 국가의 시장 개입을 찬성하는 제도적 개념을 말한다.

5 우리나라 사회복지사 윤리강령의 전문에 명시하고 있는 기본이념에 해당하는 것만을 모두 고른 것은? (기출변형)

　　㉠ 인간의 존엄성　　　　　　　　　　㉡ 평등과 자유
　　㉢ 사회 정의　　　　　　　　　　　　㉣ 문화적 다양성

---

① ㉠, ㉡　　　　　　　　　　　　② ㉠, ㉡, ㉢

③ ㉠, ㉡, ㉣　　　　　　　　　　④ ㉠, ㉡, ㉢, ㉣

> **ADVICE** ㉣ 문화적 다양성은 명시되어 있지 않다.
>
> ※ 사회복지사 윤리강령 전문
>
> 사회복지사는 인본주의 · 평등주의 사상에 기초하여, 모든 인간의 존엄성과 가치를 존중하고 천부의 자유권과 생존권의 보장활동에 헌신한다. 특히, 사회적 · 경제적 약자들의 편에 서서 사회정의와 평등 · 자유와 민주주의 가치를 실현하는 데 앞장선다. 또한 도움을 필요로 하는 사람들의 사회적 지위와 기능을 향상시키기 위해 저들과 함께 일하며, 사회제도 개선과 관련된 제반 활동에 주도적으로 참여한다.
>
> 사회복지사는 개인의 주체성과 자기결정권을 보장하는 데 최선을 다하고, 어떠한 여건에서도 개인이 부당하게 희생되는 일이 없도록 한다. 이러한 사명을 실천하기 위하여 전문적 지식과 기술을 개발하고, 사회적 가치를 실현하는 전문가로서의 능력과 품위를 유지하기 위해 노력한다.
>
> 이에 우리는 클라이언트 · 동료 · 기관 그리고 지역사회 및 전체사회와 관련된 사회복지사의 행위와 활동을 판단 · 평가하며 인도하는 윤리기준을 다음과 같이 선언하고 이를 준수할 것을 다짐한다.

6 우리나라 사회복지 관련 용어들에 대한 설명으로 옳은 것은?

① 노년부양비는 전체 인구 중 65세 이상 인구의 비율이다.
② 전체 인구 중에서 65세 이상 노인 인구가 차지하는 비율이 14%에 도달한 사회는 고령사회에 해당한다.
③ 노령화지수는 경제활동 인구 중 65세 이상 인구의 비율이다.
④ 제1차 베이비붐 세대는 1970년대 경제성장기에 태어난 세대이다.

> **ADVICE** ① 노년부양비는 생산연령인구와 노인인구의 비율이다.
> ③ 노령화지수는 연소인구와 노인인구의 비율이다.
> ④ 제1차 베이비붐 세대는 1953~1965년(1945~1965년 혹은 1955~1963년) 사이에 태어난 세대이다.
> ※ 노인인구비율
> 　㉠ 고령화사회(Aging Society) : 전체인구 중 65세 이상 노인인구가 7% 이상~14% 미만
> 　㉡ 고령사회(Aged Society) : 전체인구 중 65세 이상 노인인구가 14% 이상~20% 미만
> 　㉢ 초고령사회(Ultra-aged Society) : 전체인구 중 65세 이상 노인인구가 20% 이상

ANSWER 3.② 4.③ 5.② 6.②

7 다음 제시문 〈보기 1〉의 대화에 적합한 〈보기 2〉의 이론을 올바르게 연결한 것은?

〈보기 1〉

㉠ "요즘에 은퇴하고 쉬는 게 뭐가 나쁜가? 나이 들면 신체적으로 약해지니까 직장생활 그만하고 쉬는 게 사회적으로도 개인적으로도 이롭지."

㉡ "나이가 들어도 건강한 사람은 여전히 왕성하게 사회생활을 할 수 있네. 아무래도 사회활동을 하면 보람도 있고 내가 아직 가치 있는 사람이라는 느낌도 생기고 말이야."

㉢ "하지만 사회에서 노인들을 대하는 것이 어디 우리 어릴 적만 하던가? 쓸모없는 노인네 취급하지. 자식들도 분가해서 따로 살고 말이야."

㉣ "돈이 많아서 자식들한테 용돈도 자주 주고 건강해서 손자들 키워주면 대우가 다르잖아. 스마트폰이나 인터넷 검색을 잘해서 맛집 정보라도 알려주면 자식들도 고맙다고 외식도 시켜준다고 하던데."

〈보기 2〉

㈎ 성공적 노화이론   ㈏ 교환이론
㈐ 분리이론   ㈑ 현대화이론
㈒ 활동이론

	㉠	㉡	㉢	㉣
①	㈐	㈎	㈏	㈑
②	㈐	㈒	㈑	㈏
③	㈑	㈎	㈐	㈏
④	㈑	㈒	㈐	㈏

ADVICE ㉠ 분리이론 ㉡ 활동이론 ㉢ 현대화이론 ㉣ 교환이론

※ 노인이론

역동이론	노후에는 신체와 지적 퇴화로 인해 젊었을 때와는 달리 사회활동에 적극적으로 참여할 수도 없고 나아가 사회적 지위나 활동으로부터의 전적인 단절은 오히려 노화를 재촉할 수 있다는 점에서 개인에게 일(역할)과 보상이 주어진다면 성공적인 노후를 보낼 수 있을 것이라 주장하는 이론
교환이론	전통사회에서 산업사회로 발달됨에 따라서 노인의 재산소유 및 통제권의 약화와 노인 지식의 낙후, 노인의 생산성 약화 나아가 도시화와 핵가족화로 인한 가족공동체적 유대성의 약화 등으로 노인의 교환자원이 점점 약화된다는 이론
분리이론	노인은 젊은 사람에 비해 건강이 약화되고 죽음을 맞이할 확률이 높기 때문에 개인 입장에서의 최적의 만족과 사회 체계 입장에서의 중단 없는 계속을 위해 노인과 사회는 상호 간에 서로 분리되기를 원하며 이런 분리는 정상적이고 피할 수 없는 것이라고 주장하는 이론
현대화이론	현대화의 진행(보건기술의 발전, 경제적 생산기술의 발전, 도시화의 촉진, 교육의 대중화 등)에 따라 노인들의 지위가 낮아지고 역할이 상실된다는 이론
활동이론	노인의 사회적 참여정도가 높을수록 노인의 심리적 만족감이나 생활만족도는 높아지므로 성공적인 노년기를 위해서는 활동적인 생활을 해야 한다는 이론

8 우리나라 사회보장체계에서 사회보험이 아닌 것은?

① 국민연금
② 기초노령연금
③ 군인연금
④ 사립학교교직원연금

>**ADVICE** ② 기초노령연금 : 65세 이상 저소득 노인에게 자산조사를 통하여 지급하는 공공부조에 해당한다.

9 사회복지실천의 종결단계에서 이루어지는 일이 아닌 것은?

① 종결 이후 사후관리 계획 수립
② 개입 목표의 달성 정도 평가
③ 종결과 관련된 클라이언트의 정서적 반응 대처
④ 클라이언트의 문제와 욕구에 대한 다차원적인 조사

>**ADVICE** ④ 클라이언트의 문제와 욕구에 대한 다차원적인 조사는 조사단계에서 이루어진다.
　　　 ※ 일반적인 사회복지실천 과정의 단계
　　　　 ㉠ 초기단계 : 접수(intake), 자료수집, 사정, 계획
　　　　 ㉡ 중간단계 : 개입(계획의 실행)
　　　　 ㉢ 종결단계 : 종결 및 평가

✎ **ANSWER** 7.② 8.② 9.④

10 정책 결정과정에서 조직화된 무정부 상태 속에서의 우연성을 강조하는 사회복지 정책 모형은?

① 합리모형　　　　　　　　　　　　　② 점증모형
③ 최적모형　　　　　　　　　　　　　④ 쓰레기통모형

>ADVICE 쓰레기통모형 … 문제, 해결방안, 선택기회, 정책결정 참여자 등의 요소가 우연히 모이면 정책결정이 이루어진다.

　　　※ 정책결정모형

합리모형	고도의 합리성을 전제로 비용편익 분석 등을 통해 가장 합리적인 최선의 정책 대안을 선택한다.
만족모형	제한된 합리성을 전제로 여러 대안 중에서 가장 만족스러운 대안을 선택한다.
점증모형	정치적 합리성을 전제로 다원주의 사회에서 다수가 선호하는 정치적 실현가능성이 높은 대안을 선택한다.
혼합모형	합리모형과 점증모형의 결합을 통한 종합적인 합리성을 전제로 하며 근본적인 내용은 합리적으로 선택하고, 세부적인 내용은 점증적으로 선택한다.
최적모형	경제적 합리성과 초 합리성(직관, 판단, 통찰력)의 조화를 강조한다.
쓰레기통모형	문제, 해결방안, 선택기회, 정책결정 참여자 등의 요소가 우연히 모이면 정책결정이 이루어진다.

11 우리나라의 장애인복지법령에 따른 장애 유형은 크게 신체적 장애와 정신적 장애로 구분되는데, 이러한 방법으로 장애의 범주화를 시도할 때 장애의 성격이 다른 것은?

① 정신장애　　　　　　　　　　　　　② 뇌병변장애
③ 지적장애　　　　　　　　　　　　　④ 자폐성장애

>ADVICE ② 뇌병변장애는 신체적 장애에 해당한다.

　　　※ 장애인 복지법에 따른 장애분류〈장애인복지법 시행령 별표1〉

신체적 장애	외부 신체기능 장애	지체장애, 뇌병변장애, 시각장애, 청각장애, 언어장애, 안면장애
	내부기관 장애	신장장애, 심장장애, 간장애, 호흡기장애, 장루·요루장애, 뇌전증장애
정신적 장애		지적장애, 정신장애, 자폐성장애

12 다음의 특징을 모두 포함하는 국민건강보험제도의 요양급여비용지불제도는?

> • 과잉 진료를 억제하고 환자의 의료비 부담을 줄인다.
> • 의사에게 환자 1인당 혹은 진료일수 1일당 아니면 질병별로 보수 단가를 설정하여 보상한다.
> • 새로운 약의 사용이나 새로운 의과학 기술의 적용에는 적합하지 못하다.

① 총액계약제　　　　　　　　　　② 행위별수가제
③ 포괄수가제　　　　　　　　　　④ 인두제

> ADVICE ① 보험자 측과 의사단체 간에 국민에게 제공되는 의료서비스에 대한 진료비 총액을 미리 추계·협의하고 결정하고 이렇게 결정된 진료비총액을 지급하는 방식이다.
> ② 환자가 제공받은 의료서비스의 종류, 양 등 의료행위 항목에 따라 각각 가격으로 합산하여 요양급여비용을 산정하는 방식으로 과잉진료 또는 의료 오·남용 증가, 심사 기관과의 마찰이나 심사과정의 행정비용의 증가 등의 단점이 있다.
> ④ 일정 수의 가입자가 특정 의료공급자에게 등록을 하고 의료공급자는 진료비를 등록자당 일정액을 지불받는 방식으로 이는 등록자가 실제 진료를 받았는지 여부에 상관없이 진료비를 지급하게 되는 것이 원칙이다.
> ※ 포괄수가제 … 우리나라는 보통 행위별 수가제를 원칙으로 하는데 행위별 수가제가 진료비 상승을 가져오는 문제를 보완하기 위하여 4개 진료과 7개 질병군(안과 – 백내장수술, 이비인후과–편도 및 아데노이드수술, 외과–항문수술·탈장수술·맹장수술, 산부인과 – 제왕절개분만·자궁 및 자궁부속기수술)에 대한 포괄수가제가 2013년 7월부터 강제로 시행되고 있다.
> ※ 신포괄수가제 … 기존의 포괄수가제에 행위별수가제의 성격이 혼합된 요양급여비용지불제도로, 7개 질병군에 대한 포괄수가제 적용에 더해 4대 중증질환(암·뇌·심장·희귀난치성질환)까지 포함시켜 지불하는 제도이다. 2009년 4월부터 공공병원을 중심으로 도입, 2018년 8월부터 민간병원 자율참여 확대로 이어지고 있다.

13 사회복지사상에 대한 설명으로 옳지 않은 것은?

① 신자유주의는 국가복지에 대해 부정적이다.
② 케인즈주의는 국가의 개입을 긍정적으로 생각한다.
③ 사회민주주의는 복지의 탈상품화를 적극적으로 추구한다.
④ 자유주의는 빈곤의 원인을 사회로 돌린다.

> ADVICE ④ 자유주의는 빈곤 등 사회적 위험 등을 사회적 책임보다는 개인의 나태나 게으름과 같이 개인적 책임으로 간주함으로써 국가의 시장개입을 반대하는 이념이다.

ANSWER　10.④　11.②　12.③　13.④

14 다음 글에 해당하는 사회복지사의 역할은?

> 다양한 기관, 조직, 시설에서 제공하고 있는 적합한 서비스에 클라이언트를 연결하고 서비스를 활용하도록 조정함으로써 개인과 가족에게 지속적으로 서비스를 제공한다. 또한 다양한 욕구를 지닌 클라이언트의 기능을 최적화하기 위해서 공식적, 비공식적 지원망을 창조하고 조정한다.

① 옹호　　　　　　　　　　　　② 아웃리치
③ 중재　　　　　　　　　　　　④ 사례관리

> **》ADVICE** ④ 사례관리 : 다양하고 복합적인 욕구를 가진 클라이언트에게 공식적, 비공식적인 지원망을 창조하고 조정하는 실천모델로써 보기에 나와 있는 옹호, 아웃리치를 포함하는 광범위한 개념이라 할 수 있다.
> ① 옹호 : 기존 제도로부터 클라이언트가 불이익을 받을 때 클라이언트를 위해 정보를 수집하고 요구사항을 분명히 함으로써 기존 제도에 도전토록 지도력을 발휘하는 적극적이고 직접적인 역할을 말한다.
> ② 아웃리치 : 표적인구에서 개별 클라이언트를 확인하고 서비스를 따로 찾지 않는 잠재적 클라이언트를 직접 찾아 나서는 것이다.
> ③ 중재 : 양자 간 논쟁에 개입하여 중립을 지키며 타협이나 차이점, 조정 및 상호 만족스러운 합의점에 도달하도록 이끄는 역할이다.

15 사회복지 전달체계 구축의 원칙에 해당되지 않는 것은?

① 연속성　　　　　　　　　　　② 접근성
③ 책임성　　　　　　　　　　　④ 수익성

> **》ADVICE** 사회복지 서비스 전달체계 구축의 주요원칙 … 전문성의 원칙, 적절성의 원칙, 포괄성의 원칙, 지속성(연속성)의 원칙, 통합성의 원칙, 평등성의 원칙, 책임성의 원칙, 접근 용이성의 원칙 등

16 공적 연금의 재정운영 방식 중 부과방식(pay-as-you-go)의 제도적 장점만을 모두 고른 것은?

> ㉠ 인플레이션의 영향을 비교적 받지 않는다.
> ㉡ 제도 성숙기에 자원의 활용이 가능하다.
> ㉢ 시행 초기에 재정적 부담이 적다.
> ㉣ 연금의 장기적 수리 추계가 불필요하다.

① ㉠, ㉡

② ㉠, ㉢

③ ㉠, ㉢, ㉣

④ ㉠, ㉡, ㉢, ㉣

> **ADVICE** ㉡ 제도 성숙기에 자원이 활용이 가능한 것은 적립방식의 장점으로 적립기금을 경제발전에 활용할 수 있다. 반면 부과방식은 적립기금이 없으므로 경제발전에 활용할 수 없다.
>
> ※ 국민연금 재정방식에서의 적립방식과 부과방식의 특징 비교

적립방식	부과방식
• 퇴직기간 비율이 낮은 경우에 유리하다.	• 노령 부양률이 낮은 경우에 유리하다.
• 재정안정, 인구구조 변화(노령화)에 강하다.	• 재정 불안정, 인구구조 변화(노령화)에 취약하다.
• 초기에 높은 보험료-후기에 낮은 보험료를 낸다.	• 초기에 낮은 보험료-후기에 보험료의 부담이 증가한다.
• 재정의 장기적인 예측이 곤란하다.	• 연금수리 추계가 불필요하다.
• 이자율이 높은 경우에 유리하다.	• 근로자 실질임금 수준이 높은 경우에 유리하다.
• 물가 상승 시 실질가치 보호가 곤란하다.	• 물가 상승 시 실질가치 보호가 가능하다.
• 시행당시 노령 보호가 곤란(초기에 연금 수급이 곤란)하다.	• 시행 당시 노령보호가 가능(초기에 연금수급이 가능)하다.
• 경제성장 결과 배분이 곤란하다.	• 경제성장 결과 배분이 가능하다.
• 투자 위험이 존재한다.	• 세대 간 계약 파기 가능성이 있다.

17 국민기초생활보장법령상 용어에 대한 설명으로 옳지 않은 것은? (기출변형)

① "수급자"란 「국민기초생활보장법」에 따른 급여를 받을 수 있는 자격을 가진 사람을 말한다.
② "부양의무자"란 수급권자를 부양할 책임이 있는 사람으로서 수급권자의 1촌의 직계혈족 및 그 배우자를 말한다.
③ "최저보장수준"이란 국민의 소득·지출 수준과 수급권자의 가구 유형 등 생활실태, 물가상승률 등을 고려하여 급여의 종류별로 공표하는 금액이나 보장수준을 말한다.
④ "소득인정액"이란 개별가구의 소득평가액과 재산의 소득환산액을 합산한 금액을 말한다.

> **ADVICE** ① 수급권자에 대한 설명이다.
>
> ※ 수급자 … 국민기초생활보장법에 따른 급여를 받는 사람〈제2조 정의〉

ANSWER 14.④ 15.④ 16.③ 17.①

18 다음 제시문의 ⑦~ⓒ에 들어갈 용어가 바르게 연결된 것은?

> 사회복지사업법에서 사회복지서비스 제공시에는 (⑦)를 원칙적인 급여 제공의 형태로 규정하고 있다. (⑦)는
> (ⓒ)에 비해 목적 달성에 충실할 수 있지만 선택의 자유를 제한하는 단점이 있어서 (ⓒ)로 불리는 급여 형태
> 도 인정하고 있다.

	⑦	ⓒ	ⓒ
①	현물급여	현금급여	바우처
②	현금급여	바우처	현물급여
③	바우처	현금급여	현물급여
④	현금급여	현물급여	바우처

> **ADVICE** 사회복지사업법에서 사회복지 서비스를 제공할 때 복지급여 형태는 크게 현물, 현금, 증서·이용권 이렇게 세 가지로 나
> 눌 수 있다. 이 중 현물은 현금에 비해 목표효율성(목적 달성)이 높고, 현금은 현물에 비해 선택의 자유가 높다. 그리고
> 이 두 가지 장점을 살린 제3의 급여형태가 증서(voucher) 또는 이용권이다.
>
> ※ 사회복지사업법 제5조의2(사회복지서비스 제공의 원칙)
> ① 보호대상자에 대한 서비스 제공은 현물(現物)로 제공하는 것을 원칙으로 한다.
> ② 시장·군수·구청장은 국가 또는 지방자치단체 외의 자로 하여금 제1항의 서비스 제공을 실시하게 하는 경우에는 보호
> 대상자에게 사회복지서비스 이용권을 지급하여 국가 또는 지방자치단체 외의 자로부터 그 이용권으로 서비스 제공
> 을 받게 할 수 있다.

19 「협동조합기본법」에 대한 설명으로 옳지 않은 것은?

① 협동조합 및 사회적협동조합의 최소 설립 인원은 5인 이상이며 시·도지사에게 신고하면 설립된다.
② 사회적협동조합은 비영리법인으로 한다.
③ 협동조합 조합원은 출자좌수에 관계없이 각각 1개의 의결권과 선거권을 가진다.
④ 협동조합 등 및 사회적협동조합 등은 투기를 목적으로 하는 행위와 일부 조합원등의 이익만을 목적으로 하
는 업무와 사업을 하여서는 아니 된다.

> **ADVICE** ① 사회적협동조합은 기획재정부 장관에게 인가를 받아야 한다.
> ※ 협동조합기본법 제85조(설립인가 등) … 사회적협동조합을 설립하고자 하는 때에는 5인 이상의 조합원 자격을 가진 자
> 가 발기인이 되어 정관을 작성하고 창립총회의 의결을 거친 후 기획재정부 장관에게 인가를 받아야 한다.

20 다음 제시문 〈보기 1〉의 의문사항이 발생하였을 때, 〈보기 2〉의 조사 방법이 바르게 연결된 것은?

〈보기 1〉

㉠ 이번 사항은 위원들의 합의가 중요한데 의견을 조사하면서 의견 일치에 도달할 수 있도록 하는 방법은 없을까?

㉡ 실험 설계처럼 완벽하지 않지만, 독립변수 조작과 외적 변수 통제가 가능하고 비교집단을 설정할 수 있는 상황인데 어떤 방법이 좋을까?

㉢ 베이비부머들의 은퇴 시기가 다가오는데 이들의 노후 준비 상황이 매년 어떻게 변하는지를 알 수 없을까?

〈보기 2〉

(가) 초점 집단 인터뷰	(나) 델파이 기법
(다) 비실험 설계	(라) 유사실험 설계(준실험 설계)
(마) 횡단적 조사 설계	(바) 종단적 조사 설계

	㉠	㉡	㉢
①	(가)	(다)	(마)
②	(가)	(라)	(바)
③	(나)	(다)	(바)
④	(나)	(라)	(바)

> **ADVICE** ㉠ 델파이 기법 : 전문가의 경험적 지식을 통한 문제해결 및 미래예측을 위한 기법으로 의견수립, 중재, 타협의 방식으로 반복적인 피드백을 통한 하향식 의견 도출 방법으로 문제를 해결한다.
>
> ㉡ 유사실험 설계 : 실험적인 방법이 원인적 가설검증을 위해 분명히 우세함에도 많은 현실적 문제로 인해 적용상에 제약을 받는 경우에 선택하는 방식으로 처치, 결과 측정 그리고 실험적 상황을 갖고 있지만 처치상황에 대한 무작위 선정, 할당을 지니지 않은 실험 설계이다.
>
> ㉢ 종단적 조사 설계 : 하나의 분석대상을 장기간에 걸쳐 일정한 시간 간격을 두고 여러 차례 반복적으로 측정함으로써 자료를 수집하는 방법이다. 여기에는 패널조사, 경향조사, 동년배조사 등이 있다.
> • 패널조사 : 장기간에 걸쳐 동일한 주제를 가지고 동일한 응답자에게 반복해서 면접이나 관찰을 행하는 조사 방법이다.
> • 경향조사 : 장기간에 걸쳐 동일한 주제에 대해 반복해서 면접이나 관찰을 행하지만 패널조사와는 달리 응답자가 매 조사 때마다 바뀌어 이루어지는 조사 방법이다.
> • 동년배조사 : 5년이나 10년 이내의 좀 더 좁고 구체적인 범위 안에 속한 인구집단의 변화를 조사하기 위한 조사 방법이다.

✎ **ANSWER** 18.① 19.① 20.④

1 국가에 의한 사회복지의 필요성을 주장할 때, '시장실패론'에 근거하지 않은 것은?

① 사회복지제도는 긍정적 외부효과를 발생시킨다.
② 사회보험은 민간보험에 비해 수직적 소득재분배 효과가 크다.
③ 사회복지제도는 공공재로서의 성격을 가지고 있다.
④ 의료서비스는 정보의 비대칭성으로 국가개입이 필요한 대표적인 사례이다.

>ADVICE 시장실패의 요인
 ㉠ 외부효과의 문제 : 외부효과가 존재하면 시장은 자원을 효율적으로 배분하는 역할을 하지 못하므로 국가의 개입이나 규제가 필요하다.
 ㉡ 공공재의 문제 : 공공재는 국가가 생산하여 불특정 다수인이 혜택을 보는 재화로서, 비배제성·비경합성·비시장성의 속성을 지니므로 그 충분한 공급을 위하여 국가가 개입하게 된다.
 ㉢ 불완전정보의 문제 : 거래에 참여하는 양쪽 중 한쪽만 정보를 가지고 있을 경우에는 정보의 편재로 시장이 효율적으로 작동할 수 없기 때문에 국가개입이 요구된다.
 ㉣ 불완전경쟁의 문제 : 소수생산주체에 의해 과점체제가 형성되는 경우 이들에 의하여 상품가격이 좌우되므로 이에 대한 규제의 필요성에 의해 국가개입이 요구된다.
 ㉤ 소득분배의 불공평성 : 시장메커니즘은 능률성을 추구하므로 소득분배를 보장할 수 없다. 그러므로 빈부 격차의 심화를 완화시키기 위해 국가는 규제를 통하여 경제적 약자의 생존권을 보호해야 한다.

2 사회복지조사방법에서 외적 타당성(external validity)에 대한 설명으로 옳지 않은 것은?

① 조사 반응성(research reactivity)이 높을수록 외적 타당성이 높다.
② 연구표본, 환경 및 절차의 대표성이 높을수록 외적 타당성이 높다.
③ 외적 타당성을 확보하기 위해서는 플라시보 효과(placebo effect)를 통제해야 한다.
④ 외적 타당성이란 조사의 연구결과를 다른 조건의 환경이나 집단으로 일반화할 수 있는 정도를 말한다.

>ADVICE ① 연구결과의 일반화의 정도인 외적 타당성은 조사반응성이 높으면 연구의 객관성이 떨어지게 되므로 외적 타당성이 낮아지게 된다.

3 브래드쇼(Bradshaw)가 분류한 인간의 욕구와 사례가 바르게 연결된 것은?

① 감지적 욕구(felt need) - 전문가, 행정가 등이 최저생계비를 규정한 경우
② 기능적 욕구(functional need) - 장애인 스스로 치료와 재활이 필요하다고 인식하는 경우
③ 표현적 욕구(expressed need) - 의료·보건 분야에서 서비스를 신청한 사람의 수로 판명하는 경우
④ 규범적 욕구(normative need) - A지역 주민의 욕구를 B지역 주민의 욕구와 비교하여 나타내는 경우

> **ADVICE** ① 규범적 욕구 ② 감지된 욕구 ④ 비교적 욕구
>
> ※ 브래드쇼(Bradshow)의 사회적 욕구이론
> ㉠ 규범적 욕구 : 전문가, 행정가, 사회과학자들이 욕구의 상태를 규정하는 것으로, 미리 바람직한 욕구충족의 수준을 정해놓고 이 수준과 실제 상태와의 차이에 의하여 욕구의 정도를 규정하거나 최고의 욕구수준을 정해놓고 실제 상태와의 차이에 의하여 욕구의 정도를 규정하는 것이다.
> ㉡ 감지된 욕구 : 욕구상태에 있는 당사자의 느낌에 의해 인식되는 것인데, 이것은 어떤 욕구상태에 있는지 또는 어떤 서비스를 필요로 하고 있는지 물어서 파악하는 욕구이다.(= 느낀 욕구, 느껴진 욕구, 감촉적 욕구)
> ㉢ 표현적 욕구 : 감지된 욕구가 실제의 욕구충족 행위로 나타난 것이며, 수요라고도 할 수 있다.(= 표출된 욕구, 표현된 욕구)
> ㉣ 비교적 욕구 : 어떤 서비스를 받고 있는 사람들과 비슷한 특성을 갖고 있으면서도 서비스를 받지 않고 있는 사람들을 욕구상태에 있는 것으로 규정하는 것을 말한다.(= 상대적 욕구)

4 장애인의 역량을 강화하기 위해 '권한부여(empowerment)모델'을 적용할 경우, 적합하지 않은 것은?

① 사회복지사는 대화를 통해 장애인의 상황, 욕구 및 강점 등을 파악한다.
② 사회복지사와 장애인은 협력적인 파트너십을 기반으로 하여 문제해결과정에 참여한다.
③ 사회복지사는 장애인이 보유하고 있는 자원을 사정하여 바람직한 결과를 위한 계획을 작성한다.
④ 사회복지사는 장애인이 직면한 문제를 해결할 수 있도록 장애인이 처해 있는 환경을 변화시켜 준다.

> **ADVICE** ④ 권한부여모델은 장애인이 처해 있는 환경을 변화시키는 것이 아니라 장애인의 상황과 욕구 및 강점을 파악하여 문제의 해결책을 찾아내는 데에 역점을 둔다.

✎ **ANSWER** 1.② 2.① 3.③ 4.④

5 「아동복지법」에서 명시하고 있는 아동학대 신고의무자에 해당하는 자만을 모두 고르면?

㉠ 초·중등학교 교직원	㉡ 의료인
㉢ 사회복지 전담공무원	㉣ 학원의 강사

① ㉠, ㉡, ㉢　　　　　　　　　　　　② ㉠, ㉢, ㉣

③ ㉡, ㉢, ㉣　　　　　　　　　　　　④ ㉠, ㉡, ㉢, ㉣

> **ADVICE** 아동학대범죄 신고의무와 절차〈아동학대범죄의 처벌 등에 관한 특례법 제10조〉
>
> ① 누구든지 아동학대범죄를 알게 된 경우나 그 의심이 있는 경우에는 특별시·광역시·특별자치시·도·특별자치도(이하 "시·도"라 한다), 시·군·구(자치구를 말한다. 이하 같다) 또는 수사기관에 신고할 수 있다.
>
> ② 다음 중 어느 하나에 해당하는 사람이 직무를 수행하면서 아동학대범죄를 알게 된 경우나 그 의심이 있는 경우에는 시·도, 시·군·구 또는 수사기관에 즉시 신고하여야 한다.
>
> ㉠ 「아동복지법」에 따른 아동권리보장원 및 가정위탁지원센터의 장과 그 종사자
>
> ㉡ 아동복지시설의 장과 그 종사자
>
> ㉢ 「아동복지법」에 따른 아동복지전담공무원
>
> ㉣ 「가정폭력방지 및 피해자보호 등에 관한 법률」에 따른 가정폭력 관련 상담소 및 가정폭력피해자 보호시설의 장과 그 종사자
>
> ㉤ 「건강가정기본법」에 따른 건강가정지원센터의 장과 그 종사자
>
> ㉥ 「다문화가족지원법」에 따른 다문화가족지원센터의 장과 그 종사자
>
> ㉦ 「사회보장급여의 이용·제공 및 수급권자 발굴에 관한 법률」에 따른 사회복지전담공무원 및 「사회복지사업법」에 따른 사회복지시설의 장과 그 종사자
>
> ㉧ 「성매매방지 및 피해자보호 등에 관한 법률」에 따른 지원시설 및 성매매피해상담소의 장과 그 종사자
>
> ㉨ 「성폭력방지 및 피해자보호 등에 관한 법률」에 따른 성폭력피해상담소, 같은 법 성폭력피해자보호시설의 장과 그 종사자 및 성폭력피해자통합지원센터의 장과 그 종사자
>
> ㉩ 「119구조·구급에 관한 법률」에 따른 119구급대의 대원
>
> ㉪ 「응급의료에 관한 법률」에 따른 응급의료기관 등에 종사하는 응급구조사
>
> ㉫ 「영유아보육법」에 따른 육아종합지원센터의 장과 그 종사자 및 어린이집의 원장 등 보육교직원
>
> ㉬ 「유아교육법」에 따른 유치원의 장과 그 종사자
>
> ㉭ 아동보호전문기관의 장과 그 종사자
>
> ⓐ 「의료법」에 따른 의료기관의 장과 그 의료기관에 종사하는 의료인 및 의료기사
>
> ⓑ 「장애인복지법」에 따른 장애인복지시설의 장과 그 종사자로서 시설에서 장애아동에 대한 상담·치료·훈련 또는 요양 업무를 수행하는 사람
>
> ⓒ 「정신건강증진 및 정신질환자 복지서비스 지원에 관한 법률」에 따른 정신건강복지센터, 정신의료기관, 정신요양시설 및 정신재활시설의 장과 그 종사자
>
> ⓓ 「청소년기본법」에 따른 청소년시설 및 청소년단체의 장과 그 종사자
>
> ⓔ 「청소년 보호법」에 따른 청소년 보호·재활센터의 장과 그 종사자

ⓕ 「초·중등교육법」에 따른 학교의 장과 그 종사자

ⓖ 「한부모가족지원법」에 따른 한부모가족복지시설의 장과 그 종사자

ⓗ 「학원의 설립·운영 및 과외교습에 관한 법률」에 따른 학원의 운영자·강사·직원 및 교습소의 교습자·직원

ⓘ 「아이돌봄 지원법」에 따른 아이돌보미

ⓙ 「아동복지법」에 따른 취약계층 아동에 대한 통합서비스지원 수행인력

ⓚ 「입양특례법」에 따른 입양기관의 장과 그 종사자

ⓛ 「영유아보육법」에 따른 한국보육진흥원의 장과 그 종사자로서 어린이집 평가 업무를 수행하는 사람

6 사회복지 실천이론에 대한 설명으로 옳은 것은?

① 행동주의모델의 주요한 이론적 배경은 정신역동이론이다.

② 위기개입모델은 클라이언트 스스로 문제를 인식하게 하고 클라이언트의 자기결정권을 강조한다.

③ 심리사회모델은 클라이언트의 개별성을 강조하며 클라이언트의 심리적 변화와 사회환경적인 변화를 시도한다.

④ 생태체계모델은 클라이언트의 행동변화를 위한 체계적인 개입을 강조하며 변화 목표를 명확하게 설정하고 개입과정을 모니터링·기록·평가하는 것을 중요시한다.

> ADVICE ① 심리사회모델의 주요한 이론적 배경은 정신역동이론이다.
> ② 클라이언트 스스로 문제를 인식하게 하고 클라이언트의 자기결정권을 강조하는 것은 과제중심모델에 해당한다.
> ④ 클라이언트의 행동변화를 위한 체계적인 개입을 강조하며 변화 목표를 명확하게 설정하고 개입과정을 모니터링·기록·평가하는 것을 중요시하는 것은 행동주의모델에 해당한다.

7 먼저 실시된 순서대로 바르게 나열한 것은?

㉠ 국민기초생활보장제도	㉡ 사회복지통합관리망
㉢ 긴급복지지원제도	㉣ 사회복지사 1급 국가시험

① ㉠ - ㉡ - ㉣ - ㉢
② ㉠ - ㉣ - ㉢ - ㉡
③ ㉣ - ㉡ - ㉢ - ㉠
④ ㉣ - ㉢ - ㉠ - ㉡

> ADVICE ㉠ 국민기초생활보장제도(2000)
> ㉡ 사회복지통합관리망(2010)
> ㉢ 긴급복지지원제도(2006)
> ㉣ 사회복지사 1급 국가시험(2003)

ANSWER 5.④ 6.③ 7.②

8 성격이론을 인간의 발달단계와 연관시켜 설명하지 않은 학자는?

① 아들러(Adler)　　　　　　　　　　　② 에릭슨(Erikson)

③ 프로이트(Freud)　　　　　　　　　　④ 융(Jung)

> **ADVICE** ① 아들러는 인간의 발달은 5세경에 거의 형성되며 그 이후에는 근본적인 변화가 없다고 가정한다.

　　　※ 아들러의 개인심리이론의 기본가정

　　　　ⓐ 인간은 독특하고, 더 이상 분해할 수 없으며, 자아 일치적이고, 통합된 실체다.

　　　　ⓑ 발달이란 완전한 것을 향상 능동적인 노력, 즉 성장을 위한 노력이다.

　　　　ⓒ 유전, 문화적 압력이나 본능적 욕구는 발달에 영향을 미치는 요인이긴 하지만 대부분의 발달은 개인의 능동적 선택에 의하여 이루어진다.

　　　　ⓓ 발달은 5세경에 거의 형성되며, 이후에는 근본적인 변화가 없다.

　　　　ⓔ 개인은 환경을 주관적으로 파악하고, 이러한 주관적 신조나 믿음에 따라 행동한다.

　　　　ⓕ 자아는 창조적 힘을 가지고 있으며, 열등에 대한 보상과 미완성을 극복하고 완성을 추구하고자 하는 성향을 지니고 있다.

　　　　ⓖ 심리적 건강은 개인이 우월성을 추구하는 과정에서 환경적 방해를 어느 정도 극복하느냐와 사회적 관심정도에 달려 있다.

　　　　ⓗ 치료과정은 보다 지시적이며, 치료자는 능동적 참여자다.

9 정신건강사회복지에 대한 설명으로 옳지 않은 것은 ?(용어 변경-기출변형)

① 보건복지부장관은 정신건강전문요원의 자격증을 교부할 수 있으며, 정신건강전문요원은 정신건강사회복지사 · 정신건강임상심리사정신건강간호사 및 정신건강작업치료사로 구분된다.

② 정신건강사회복지사는 정신질환자에 대한 개인력 조사 및 사회조사, 정신질환자와 그 가족에 대한 사회사업지도 및 방문지도 등을 업무로 한다.

③ 정신질환자사회복귀시설은 정신질환자를 정신의료기관 및 정신요양시설에 입원(입소)시키지 아니하고 사회복귀촉진을 위한 훈련을 행하는 시설을 말한다.

④ 정신건강사회복지사 수련제도가 시행되고 있으며, 정신건강복지사는 1급, 2급, 3급으로 구분되어 있다.

> **ADVICE** ④ 정신건강사회복지사는 사회복지사 1급 자격증 소지자로서 정신건강분야에서 일정한 수련기간을 거친 전문사회복지사를 말하며 수련기간 및 경력에 따라 1급, 2급으로 구분된다.

10 사회복지서비스 정책의 최근 변화 경향으로 옳은 것만을 모두 고르면?

> ㉠ 서비스 대상 인구가 보편적 방향으로 확대되고 있다.
> ㉡ 서비스 재원은 점차 일반조세로 일원화되고 있다.
> ㉢ 서비스 공급기관이 다양화되면서 공공부문이 서비스를 직접 공급하는 역할 비중이 커지고 있다.
> ㉣ 서비스 재정지원방식은 서비스 구매계약(POSC)이나 바우처(voucher) 제공방식보다 시설보조금(subsidy)
> 방식이 급속히 확대되고 있다.

① ㉠   ② ㉠, ㉡

③ ㉠, ㉣   ④ ㉠, ㉡, ㉢, ㉣

>ADVICE ㉡ 서비스의 재원은 점차 다양화되고 있다.
> ㉢ 서비스 공급기관이 다양화되면서 공공부문이 차지하는 비중이 점차 줄어들고 있다.
> ㉣ 서비스 재정지원방식은 시설보조금 방식보다는 서비스 구매계약이나 바우처 방식이 확대되고 있다.

11 입양에 대한 설명으로 옳은 것은?

① 아동의 권리보호를 위해 입양기관을 통하지 않은 입양은 금지되어 있다.
② 입양기관의 장은 국내에서 양친이 되려는 사람을 찾지 못하였을 경우에 한하여 국외입양을 추진할 수 있다.
③ 입양을 하면 친부모는 법적으로 아동에 대한 권리는 포기해야 하지만 의무가 없어지는 것은 아니다.
④ 「입양특례법」에 따르면 입양기관의 장은 입양이 성립된 후 3년 동안 사후서비스를 제공해야 한다.

>ADVICE ① 입양기관이 아닌 경우에도 입양되는 경우가 있다. 국민기초생활보장법상 보장시설에 의뢰된 아동도 입양이 가능하다.
> ③ 입양을 하게 되면 친부모는 법적으로 아동의 권리와 의무가 사라진다.
> ④ 입양특례법에 따르면 입양기관의 장은 입양이 성립된 후 1년 동안 사후서비스를 제공해야 한다.

ANSWER 8.①   9.④   10.①   11.②

12 사회보장정책의 기본방향으로 「사회보장기본법」에서 명시하고 있지 않은 것은?

① 소득의 보장   ② 사회서비스의 보장

③ 사례관리 시스템의 구축   ④ 평생사회안전망의 구축 및 운영

> **ADVICE** 사회보장기본법 제4장 사회보장정책의 기본방향
> ㉠ 평생사회안전망의 구축·운영〈제22조〉 : 국가와 지방자치단체는 모든 국민이 생애 동안 삶의 질을 유지·증진할 수 있도록 평생사회안전망을 구축하여야 한다. 또한 국가와 지방자치단체는 평생사회안전망을 구축·운영함에 있어 사회적 취약계층을 위한 공공부조를 마련하여 최저생활을 보장하여야 한다.
> ㉡ 사회서비스 보장〈제23조〉 : 국가와 지방자치단체는 모든 국민의 인간다운 생활과 자립, 사회참여, 자아실현 등을 지원하여 삶의 질이 향상될 수 있도록 사회서비스에 관한 시책을 마련하여야 한다. 또한 국가와 지방자치단체는 사회서비스 보장과 제24조에 따른 소득보장이 효과적이고 균형적으로 연계되도록 하여야 한다.
> ㉢ 소득보장〈제24조〉 : 국가와 지방자치단체는 다양한 사회적 위험 하에서도 모든 국민들이 인간다운 생활을 할 수 있도록 소득을 보장하는 제도를 마련하여야 한다. 또한 국가와 지방자치단체는 공공부문과 민간부문의 소득보장제도가 효과적으로 연계되도록 하여야 한다.

13 조지(George)와 윌딩(Wilding)의 사회복지 이념모형에 대한 설명으로 옳은 것은?

① 반(反)집합주의는 소극적 자유를 강조하며 현존하는 불평등은 경제성장에 기여할 수 있다고 본다.

② 마르크스주의는 자본주의가 효율적이고 공정하게 기능하기 위해서는 국가에 의한 규제와 통제가 필요하다고 본다.

③ 소극적 집합주의는 자유시장 체제를 수정·보완해야 한다고 주장하며 토오니(Tawney)와 티트머스(Titmuss)가 대표적인 인물에 해당한다.

④ 페이비언주의는 적극적 자유를 중심 가치로 추구하며 복지국가에 대해 반대하는 입장으로 밀리반드(Miliband)가 대표적인 인물에 해당한다.

> **ADVICE** ②③ 페이비언주의에 대한 설명이다.
> ④ 마르크스주의에 대한 설명이다.

14 사회복지서비스 전달체계의 운영주체로서 중앙정부에 비해 지방정부가 가진 장점으로 볼 수 없는 것은?

① 경쟁을 유발시켜 서비스 가격과 질을 수급자에게 유리하게 할 수 있다.
② 정책 결정에 수급자가 참여할 기회가 높아 수급자의 입장을 반영하기 쉽다.
③ 프로그램을 통합·조정하거나 프로그램을 지속적이고 안정적으로 유지하는 데 유리하다.
④ 창의적이고 실험적인 서비스 개발이 용이하여 수급자의 변화하는 욕구에 탄력적으로 대처할 수 있다.

>ADVICE ③ 지방정부에 의한 전달체계는 중앙정부에 비해 프로그램의 지속성과 안정성이 떨어진다.
　　　　※ 지방정부에 의한 전달체계의 장·단점
　　　　　㉠ 장점
　　　　　　• 지역주민의 욕구에 민감하고 신속하게 대처할 수 있다.
　　　　　　• 지방의 특색에 맞는 프로그램 개발이 용이하다.
　　　　　　• 사회복지 정책과 프로그램의 결정과정에 지역민들의 참여도가 높다.
　　　　　　• 지방정부간의 경쟁으로 인하여 재화의 가격과 질적 측면에서 유리하다.
　　　　　㉡ 단점
　　　　　　• 서비스 제공을 위한 재원확보가 중앙정부보다 어려울 수 있다.
　　　　　　• 프로그램의 지속성과 안정성이 떨어진다.
　　　　　　• 각 지방 간의 서비스 격차로 인하여 사회통합에 불리하고 불평등이 초래된다.
　　　　　　• 규모의 경제 효과가 중앙정부보다 낮으므로 효율성에서 떨어진다.

15 외국의 사회복지 역사에 대한 설명으로 옳은 것은?

① 독일에서 최초로 실시된 사회보험은 질병(의료)보험이다.
② 영국의 자선조직협회는 빈곤문제 해결을 위해 정부가 주도하여 설립한 것이다.
③ 미국의 의료보험(Medicare)은 「사회보장법」이 제정된 1935년에 실시되었다.
④ 영국의 「신구빈법」(1834년)에서 '열등처우의 원칙'은 최저생활기준에 미달되는 임금의 부족분을 보조해주는 것을 말한다.

>ADVICE ② 영국의 자선조직협회는 시대적 상황을 극복하고 서비스의 효과적인 제공을 위해 찰머스(T. Chalmers), 데니슨(E. Denison), 힐(O. Hill), 로크(C. Loch) 등이 창설한 민간협회이다.
　　　　③ 1935년에 제정된 사회보장법은 사회보험 프로그램(연방 노령보험체계, 연방과 주가 함께 하는 실업보상제도), 공공부조 프로그램(노령부조, 요보호맹인부조, 요보호 아동부조 등을 위해 연방이 지원하는 제도), 보건 및 복지 서비스 프로그램 (모자보건서비스, 장애아동을 위한 서비스, 아동복지서비스, 직업재활 및 공중보건 서비스 등)으로 구성되어 있다.
　　　　④ 열등처우의 원칙은 구빈법으로 구제받는 빈민의 상태는 구제받지 않는 최하층 노동자보다 낮은 수준이어야 한다는 것 이다.

 ANSWER 12.③ 13.① 14.③ 15.①

16 알코올 중독자인 남편의 금주치료를 위해 부인이 사회복지사를 찾아왔을 경우, 콤튼(Compton)과 갤러웨이 (Gallaway)의 6가지 사회복지 실천체계 중 이 남편에게 해당하는 체계는?

① 행동체계
② 표적체계
③ 변화매개체계
④ 의뢰－응답체계

>**ADVICE** 콤튼과 갤러웨이의 6가지 사회복지 실천체계 모델
　　㉠ 변화매개체계 : 사회복지사 및 사회복지사를 조직하는 기관 및 조직 등 사회복지실천 현장에 소속되어 원조 업무를 돕는 사람과 변화노력을 주도하는 사람 전체를 포함하여 이르는 개념
　　㉡ 클라이언트체계 : 서비스나 도움을 필요로 하는 사람들, 변화매개인과 계약이 이루어 졌을 때 비로소 클라이언트가 됨
　　㉢ 표적체계 : 변화매개인이 목표로 한 것을 달성하기 위해 영향을 주거나 변화를 시키는 것이 필요한 사람들, 때로 클라이언트 체계와 중복되기도 함
　　㉣ 행동체계 : 변화매개자들이 변화노력을 달성하기 위해 서로 상호작용하는 사람들, 이웃, 가족, 전문가들이 해당됨
　　㉤ 전문체계 : 사회복지사들의 전문가 단체, 사회복지사를 준비시키는 교육체계, 전문적 실천의 가치와 재가
　　㉥ 의뢰-응답체계 : 서비스를 요청한 사람이 의뢰체계, 강요에 의해서 오거나 보내진 사람이 응답체계

17 노인장기요양보험에 대한 설명으로 옳은 것은?

① 일정한 소득 이하인 경우에만 급여를 신청할 수 있다.
② 비영리법인만이 노인장기요양서비스를 제공할 수 있다.
③ 국민연금공단의 장기요양등급판정위원회에서 요양등급을 판정한다.
④ 신체 · 정신 · 성격 등의 사유로 가족 등으로부터 장기요양을 받아야 하는 자에게 현금급여를 지급할 수 있다.

>**ADVICE** ① 장기요양인정을 신청할 수 있는 자는 노인 등으로서 장기요양보험가입자 또는 그 피부양자 및 의료급여법에 따른 의료급여수급권자이다.
　　② 영리법인의 경우도 노인장기요양서비스를 제공할 수 있다.
　　③ 요양등급의 판정은 국민건강보험공단의 장기요양등급판정위원회에서 한다.

18 「사회복지사업법」에서 정하고 있는 사회복지사업을 규정하고 있지 않은 법률은?

① 「한부모가족지원법」　　　　　　　　② 「정신보건법」
③ 「청소년기본법」　　　　　　　　　　④ 「식품기부 활성화에 관한 법률」

>ADVICE 사회복지사업이란 다음의 법률에 따른 보호·선도(善導) 또는 복지에 관한 사업과 사회복지상담, 직업지원, 무료 숙박, 지역사회복지, 의료복지, 재가복지(在家福祉), 사회복지관 운영, 정신질환자 및 한센병력자의 사회복귀에 관한 사업 등 각종 복지사업과 이와 관련된 자원봉사활동 및 복지시설의 운영 또는 지원을 목적으로 하는 사업을 말한다〈법 제2조〉.

　ㄱ 국민기초생활 보장법
　ㄴ 아동복지법
　ㄷ 노인복지법
　ㄹ 장애인복지법
　ㅁ 한부모가족지원법
　ㅂ 영유아보육법
　ㅅ 성매매방지 및 피해자보호 등에 관한 법률
　ㅇ 정신건강증진 및 정신질환자 복지서비스 지원에 관한 법률
　ㅈ 성폭력방지 및 피해자보호 등에 관한 법률
　ㅊ 입양특례법
　ㅋ 일제하 일본군위안부 피해자에 대한 생활안정지원 및 기념사업 등에 관한 법률
　ㅌ 사회복지공동모금회법
　ㅍ 장애인·노인·임산부 등의 편의증진 보장에 관한 법률
　ㅎ 가정폭력방지 및 피해자보호 등에 관한 법률
　ⓐ 농어촌주민의 보건복지증진을 위한 특별법
　ⓑ 식품등 기부 활성화에 관한 법률
　ⓒ 의료급여법
　ⓓ 기초연금법
　ⓔ 긴급복지지원법
　ⓕ 다문화가족지원법
　ⓖ 장애인연금법
　ⓗ 장애인활동 지원에 관한 법률
　ⓘ 노숙인 등의 복지 및 자립지원에 관한 법률
　ⓙ 보호관찰 등에 관한 법률
　ⓚ 장애아동 복지지원법
　ⓛ 발달장애인 권리보장 및 지원에 관한 법률
　ⓜ 청소년복지 지원법
　ⓝ 그 밖에 대통령령으로 정하는 법률

✎ **ANSWER** 16.② 17.④ 18.③

19 사회복지관에 대한 설명으로 옳은 것만을 모두 고르면?

> ㉠ 사회복지관은 설립법인에 따라 정치 및 종교 활동에서 중립적이지 않을 수 있다.
> ㉡ 사회복지관의 기능은 크게 사례관리기능, 서비스제공기능, 지역조직화기능으로 구분된다.
> ㉢ 지역사회연계사업, 지역욕구조사, 실습지도는 사회복지관의 사례관리기능에 해당한다.
> ㉣ 서비스제공기능에 해당하는 지역사회보호사업의 세부 사업에는 급식서비스, 보건의료서비스, 재가복지봉사서비스 등이 있다.

① ㉠, ㉡   ② ㉡, ㉣
③ ㉢, ㉣   ④ ㉡, ㉢, ㉣

> **ADVICE** ㉠ 사회복지관은 정치 활동, 영리 활동, 특정 종교 활동 등에 이용되지 않게 중립성이 유지되어야 한다.
> ㉢ 지역사회연계사업, 지역욕구조사, 실습지도는 사회복지관의 지역조직화기능 중 복지네트워크 구축에 해당한다.

20 아동복지에 대한 설명으로 옳은 것만을 모두 고르면?

> ㉠ 국가 또는 지방자치단체 외의 자는 아동복지시설을 설치할 수 없다.
> ㉡ 가정위탁지원센터의 장 및 아동복지시설의 장은 보호하고 있는 15세 이상의 아동을 대상으로 매년 개별 아동에 대한 자립지원계획을 수립해야 한다.
> ㉢ 지역아동센터는 아동의 보호·교육, 건전한 놀이와 오락의 제공, 보호자와 지역사회의 연계 등 아동의 건전육성을 위하여 종합적인 아동복지서비스를 제공하는 시설을 말한다.
> ㉣ 시장·군수·구청장은 아동의 친권자가 친권을 남용할 경우 아동의 복지를 위하여 필요하다고 인정할 때에는 친권을 제한할 수 있다.

① ㉠   ② ㉡, ㉢
③ ㉢, ㉣   ④ ㉡, ㉢, ㉣

> **ADVICE** ㉠ 국가 또는 지방자치단체 외의 자는 관할 시장·군수·구청장에게 신고하고 아동복지시설을 설치할 수 있다〈아동복지법 제50조 제2항〉.
> ㉣ 시·도지사, 시장·군수·구청장 또는 검사는 아동의 친권자가 그 친권을 남용하거나 현저한 비행이나 아동학대, 그 밖에 친권을 행사할 수 없는 중대한 사유가 있는 것을 발견한 경우 아동의 복지를 위하여 필요하다고 인정할 때에는 법원에 친권행사의 제한 또는 친권상실의 선고를 청구하여야 한다〈아동복지법 제18조 제1항〉.

1 「노인장기요양보험법」상 장기요양급여에 포함되지 않는 것은?

① 방문요양
② 주·야간보호
③ 도시락배달
④ 방문목욕

> ADVICE 노인장기요양보험법상 장기요양급여의 종류〈제23조 참조〉로는 재가급여(방문요양, 방문목욕, 방문간호, 주·야간 보호, 단기보호, 기타재가급여), 시설급여, 특별현금급여(가족요양비, 특례요양비, 요양병원간병비)가 있다.

2 다음 설명에 해당하는 조사방법은?

일정 기간 동안 동일한 응답자에게 동일한 주제에 대해 시차를 두고 반복하여 행하는 조사

① 패널(panel)조사
② 설문(survey)조사
③ 횡단(cross sectional)조사
④ 추이(trend)조사

> ADVICE ② 설문조사: 어떤 분야에 대하여 고객들의 만족도, 신뢰도, 개선할 사항 등을 조사하는 것으로 이를 통해 기업체 또는 회사 발전에 큰 도움을 줄 수 있다.
> ③ 횡단조사: 특정한 시점을 기준으로 하여 한 번의 측정을 통해 집단 간의 차이를 연구하는 조사방법이다.
> ④ 추이조사: 시간의 흐름에 따른 집단이 변화를 관찰하기 위한 조사로 미래 예측을 위해 사용된다.

✎ **ANSWER** 19.② 20.② / 1.③ 2.①

3 사회복지실천기술에 대한 설명으로 옳지 않은 것은?

① 바꾸어 말하기(paraphrasing) : 클라이언트가 말한 내용을 말의 뜻에 초점을 맞춰 재진술하는 것
② 해석(interpretation) : 클라이언트가 말한 내용과 행동 사이의 불일치를 지적하는 것
③ 명료화(clarification) : 클라이언트의 메시지가 추상적이고 애매모호할 때 구체화하는 것
④ 요약(summarization) : 클라이언트가 말한 내용을 축약하여 정리하는 것

>ADVICE ② '직면'에 대한 설명이다.
　　　　※ 해석 … 클라이언트가 표현한 문제에 숨겨진 의미를 발견하고자 하는 것

4 베버리지 보고서의 내용으로 옳지 않은 것은?

① 사회보험이 모든 사람과 욕구를 포괄해야 한다는 포괄성의 원칙을 제시하였다.
② 영국 사회가 극복해야 할 5대 사회악으로 빈곤, 질병, 무지, 불결, 나태를 제시하였다.
③ 소득에 따라 보험료와 급여를 달리하는 차등기여, 차등급여 원칙을 제시하였다.
④ 기여금과 급여를 단일한 사회보험기금으로 운영하는 통합적 행정 책임의 원칙을 제시하였다.

>ADVICE ③ 베버리지 보고서에는 정액급여, 정액기여의 원칙을 제시하였다.

5 잔여적 개념에 따른 사회복지의 특성으로 옳지 않은 것은?

① 가족이나 시장경제가 제 기능을 원활하게 수행하지 못할 경우 파생되는 문제를 해결하기 위해 필요하다.
② 사회를 유지하는 데 필수적 기능을 수행하지 않는다.
③ 일시적, 임시적, 보충적인 성격을 갖는다.
④ 국민 전 계층을 사회복지의 대상에 포함한다.

>ADVICE ④ 제도적 개념에 따른 사회복지의 특성이다.

6 사회복지발달이론에 대한 설명으로 옳지 않은 것은?

① 권력자원론은 노동자계급의 정치적 세력이 확대되면 그 결과로 사회복지가 발전한다고 본다.
② 시민권이론은 역사적으로 공민권, 정치권에 이어 사회권(복지권)이 확대되었다고 본다.
③ 수렴이론은 산업화에 의해 새로운 욕구가 만들어지고 이를 해결하기 위해 사회복지가 확대된다고 본다.
④ 확산이론은 다양한 이익집단들의 활동으로 인해 사회복지가 발전한다고 본다.

>ADVICE ④ 확산이론 : 한 나라의 사회복지 정책이 다른 나라에 영향을 미친다는 데 초점을 맞춘 이론으로 긴밀한 관계에 있는 국가나 인접한 국가 간의 제도가 서로 닮아간다는 이론이다.

7 다음 특징을 포함하고 있지 않은 사회복지 급여는?

일정한 범위 내에서 재화나 서비스를 선택할 수 있으며, 지정된 용도 이외의 목적으로 사용할 수 없다.

① 영유아보육제도의 보육서비스
② 장애인활동지원제도의 활동지원급여
③ 고용보험제도의 구직급여
④ 장애아동복지지원제도의 발달재활서비스

>ADVICE ③ 위에 제시된 특징은 바우처 제도에 대한 내용으로 현재 고용보험제도의 구직급여와 관련하여 우리나라에서는 바우처 제도를 시행하고 있지 않다.

8 「영유아보육법」에 규정된 내용으로 옳지 않은 것은?

① "영유아"란 7세 미만의 취학 전 아동을 말한다.
② "보육"이란 영유아를 건강하고 안전하게 보호ㆍ양육하고 영유아의 발달 특성에 맞는 교육을 제공하는 어린이집 및 가정양육 지원에 관한 사회복지서비스를 말한다.
③ 보건복지부장관은 이 법의 적절한 시행을 위해 보육실태조사를 3년마다 하여야 한다.
④ 보건복지부장관은 어린이집 원장과 보육교사의 자질 향상을 위한 보수교육을 실시하여야 한다.

>ADVICE ① "영유아"란 7세 이하의 취학 전 아동을 말한다. 〈영유아보육법 제2조 제1호〉

9 우리나라 사회복지의 역사적 사실을 먼저 일어난 순서대로 바르게 나열한 것은?

> ㉠ 사회복지법인에 대한 법적 근거가 만들어졌다.
> ㉡ 정신건강전문요원으로서 정신건강사회복지사 자격제도를 도입하였다.
> ㉢ 사회복지전문요원제도가 시행되었다.
> ㉣ 「생활보호법」이 제정되었다.

① ㉠ → ㉣ → ㉡ → ㉢　　　　　　② ㉣ → ㉠ → ㉢ → ㉡
③ ㉠ → ㉡ → ㉣ → ㉢　　　　　　④ ㉣ → ㉢ → ㉠ → ㉡

>ADVICE ② 생활보호법 제정(1961) → 사회복지법인에 대한 법적 근거 마련(1970) → 사회복지전문요원제도 시행(1987) → 정신건강
전문요원으로서 정신건강사회복지사 자격제도의 도입(1995)

10 우리나라 사회복지사 윤리강령에 명시된 내용으로 옳은 것만을 모두 고른 것은?

> ㉠ 사회복지사는 인본주의·평등주의 사상에 기초하여, 모든 인간의 존엄성과 가치를 존중하고 천부의 자유
> 　권과 생존권의 보장활동에 헌신한다.
> ㉡ 사회복지사는 클라이언트의 지불능력에 상관없이 서비스를 제공해야 하며, 이를 이유로 차별대우를 해서
> 　는 안 된다.
> ㉢ 사회복지사는 동료의 클라이언트에게도 상시적으로 상담을 제공하며 전문적 관계를 맺어야 한다.
> ㉣ 사회복지사는 필요한 사회서비스를 개발하기 위한 사회정책의 수립·발전·입법·집행에 적극적으로 참여
> 　하고 지원해야 한다.

① ㉠　　　　　　　　　　　　　　② ㉠, ㉢
③ ㉠, ㉡, ㉣　　　　　　　　　　④ ㉠, ㉡, ㉢, ㉣

>ADVICE ㉢ 사회복지사는 적법하고도 적절한 논의 없이 동료 혹은 다른 기관의 클라이언트와 전문적 관계를 맺어서는 안 된다.
㉠ 사회복지사 윤리강령 전문에 나와 있다.
㉡ 사회복지사 윤리강령 중 전문가로서의 자세에 대한 내용 중 하나이다.
㉣ 사회복지사 윤리강령 중 사회복지사의 사회에 대한 윤리기준의 내용 중 하나이다.

11 집단 내 성원들 간의 상호작용을 상징을 사용하여 그림으로 나타냄으로써 집단 내 소외자, 하위집단, 연합 등을 파악할 수 있게 해주는 사회복지실천의 도구는?

① 이고그램(egogram)
② 소시오그램(socio-gram)
③ 생태도(ecomap)
④ 가계도(genogram)

> **ADVICE** ① 복잡한 사람의 성격을 5가지 성향으로 구분하고 이를 수치화하여 그래프로 나타낸 것이다.
> ③ 가족과 그 가족의 생활공간 내에 있는 사람 및 환경 또는 자원과의 연계 등을 하나의 그림으로 그려 나타낸 것이다.
> ④ 2~3세대에 걸친 가족성원에 대한 정보와 그들 간의 관계를 도표로 작성하는 것이다.

12 사회복지조사방법에서 초점집단 인터뷰(Focus Group Interview)에 대한 설명으로 옳은 것만을 모두 고른 것은?

> ⊙ 집단구성원 간의 활발한 토의와 상호작용을 의도적으로 강조한다.
> ⊙ 조사결과의 외적 타당성이 높다.
> ⊙ 응답자들을 통제한 상태에서 질문에 대한 명확한 답변을 도출할 수 있다.
> ⊙ 참여자들이 직접적 대면관계 없이 반복적 의견개진 방식으로 합의적 견해를 도출하는 데 유용하다.

① ㉠
② ㉠, ㉣
③ ㉡, ㉢
④ ㉡, ㉢, ㉣

> **ADVICE** 초점집단 인터뷰 … 보통 6~10명 정도의 사람들이 어떤 제품이나 서비스 또는 조직에 대해 훈련된 면접자와 1~2시간 동안 이야기하게 하는 정성조사방법의 하나로 여기서는 연구자의 역할이 중요하며 밀폐된 공간에서 자유토론방식으로 진행된다. 또한 참가자들은 해당 분야의 전문성을 갖추고 있어야 한다.

13 길버트와 테렐이 제시한 사회복지정책 분석틀에 해당하지 않는 것은?

① 누구에게 급여를 지급할 것인가? (the bases of social allocation)
② 급여의 형태는 무엇인가? (the types of social provisions)
③ 어떠한 전달체계를 통하여 급여를 전달할 것인가? (the strategies for the delivery)
④ 어느 시점에 급여를 전달할 것인가? (the timing of interventions)

> **ADVICE** 길버트와 테렐의 사회복지정책 분석틀 … 크게 4가지 질문(누가 급여를 받는가?, 무엇을 받는가?, 어떻게 급여를 받는가?, 누가 급여를 지불하는가?)을 통해 사회복지정책 분석의 기본 틀을 제시하고 있다.

ANSWER 9.② 10.③ 11.② 12.① 13.④

14 사회복지의 필요성을 촉진시키는 현대 사회의 특성으로 옳지 않은 것은?

① 저출산 · 고령화   ② 이혼 증가

③ 실업률 감소   ④ 소득 양극화

>ADVICE 사회복지의 필요성을 촉진시키는 현대 사회의 특성으로 저출산 · 고령화, 이혼 증가, 실업률 증가, 소득 양극화 등을 들 수 있다.

15 「사회보장기본법」상 사회보장에 관한 국민의 권리로 옳지 않은 것은?

① 모든 국민은 사회보장 관계 법령에서 정하는 바에 따라 사회보장급여를 받을 권리를 가진다.

② 국가는 관계 법령에서 정하는 바에 따라 최저생계비와 최저임금을 매년 공표하여야 하고, 이를 고려하여 사회보장급여의 수준을 결정하여야 한다.

③ 사회보장수급권은 정당한 권한이 있는 기관에 서면으로 통지하여 포기할 수 있으며, 사회보장수급권의 포기는 취소할 수 없다.

④ 사회보장수급권은 관계 법령에서 정하는 바에 따라 다른 사람에게 양도하거나 담보로 제공할 수 없으며, 이를 압류할 수 없다.

>ADVICE ③ 사회보장수급권은 정당한 권한이 있는 기관에 서면으로 통지하여 포기할 수 있으며 사회보장수급권의 포기는 취소할 수 있다〈사회보장기본법 제14조 제1항, 제2항〉.
      ① 사회보장기본법 제9조
      ② 사회보장기본법 제10조 제2항, 제3항
      ④ 사회보장기본법 제12조

16 프로그램평가검토기법(PERT, Program Evaluation Review Technique)에 대한 설명으로 옳지 않은 것은?

① 조직구성원 개인별 목표를 취합한 후 공통 목적을 집합적으로 찾아가는 과정이다.

② 개별 활동들을 앞당기거나 늦추는 것이 전체 프로젝트에 미칠 영향력을 파악할 수 있게 해 준다.

③ 전체 프로젝트를 완수하는 데 걸리는 시간을 추정할 수 있다.

④ 프로젝트 완수를 위해 필요한 과업들을 전체 그림을 통해 보여 준다.

>ADVICE ① 목표관리기법(MBO)에 대한 설명이다.

17 먼저 제정된 순서대로 바르게 나열한 것은?

> ⊙ 「사회보장기본법」　　　　　　　⊙ 「영유아보육법」
> ⓒ 「국민건강보험법」　　　　　　　ⓔ 「노인장기요양보험법」

① ⊙ → ⓒ → ⓒ → ⓔ　　　　　　② ⊙ → ⓒ → ⓔ → ⓒ
③ ⓒ → ⊙ → ⓔ → ⓒ　　　　　　④ ⓒ → ⊙ → ⓒ → ⓔ

>ADVICE 「영유아보육법」(1991) → 「사회보장기본법」(1995) → 「국민건강보험법」(1999) → 「노인장기요양보험법」(2007)

18 「국민기초생활 보장법」의 내용으로 옳지 않은 것은? (기출변형)

① 수급자 선정기준으로 기준중위소득을 활용한다.
② 모든 법정급여의 수급자 선정기준은 동일하다.
③ 교육급여는 교육부장관의 소관으로 한다.
④ 자활센터의 사업 수행기관으로 사회적 협동조합 등 비영리법인과 단체도 지정할 수 있다.

>ADVICE ② 각 급여에 따라 선정기준이 서로 다르다.
> • 주거급여의 선정기준 : 기준 중위소득의 100분의 43 이상으로 한다〈국민기초생활 보장법 부칙−법률 제12933호,
>   2014. 12. 30 제7조 제3항〉.
> • 생계급여의 선정기준 : 기준 중위소득의 100분의 30 이상으로 한다〈국민기초생활 보장법 제8조 제2항〉.
> • 교육급여의 선정기준 : 기준 중위소득의 100분의 50 이상으로 한다〈국민기초생활 보장법 제12조 제3항〉.
> • 의료급여의 선정기준 : 기준 중위소득의 100분의 40 이상으로 한다〈국민기초생활 보장법 제12조의3 제2항〉.

19 장애인 연금에 대한 설명으로 옳은 것은?

① 모든 장애인의 노후생활을 보장하기 위해 연금을 제공한다.

② 급여 선정기준으로 연령기준은 활용되지만 소득기준은 활용되지 않는다.

③ 보건복지부장관은 수급자에 대한 장애인연금 지급의 적정성을 확인하기 위하여 매년 연간조사계획을 수립하고, 필요한 사항을 조사하여야 한다.

④ 연령에 따라 기초급여와 부가급여가 차등적으로 지급된다.

> **ADVICE** ③ 장애인연금법 제11조 제1항 수급자에 대한 사후관리
>
> ①② 수급권자는 18세 이상의 중증장애인으로서 소득인정액이 그 중증장애인의 소득 · 재산 · 생활수준과 물가상승률 등을 고려하여 보건복지부장관이 정하여 고시하는 금액(이하 "선정기준액"이라 한다) 이하인 사람으로 한다〈장애인연금법 제4조 제1항〉.
>
> ④ 부가급여는 연령에 따라 차등적으로 지급되지만〈장애인연금법 시행령 제6조 별표1 참고〉기초급여는 연령에 따라 차등 지급되지 않는다. 다만 기초급여는 수급권자와 그 배우자가 모두 기초급여를 받는 경우〈장애인연금법 제6조 제3항 참고〉와 소득인정액과 기초급여액을 합한 금액이 선정기준액 이상이 되는 경우〈장애인연금법 제6조 제4항 참고〉에 일부 감액하여 지급할 수 있다.

20 우리나라 사회보장제도의 내용에 대한 설명으로 옳은 것만을 모두 고른 것은?

> ⊙ 국민연금액은 지급사유에 따라 기본연금액과 부양가족연금액을 기초로 산정한다.
> ⓒ 건강보험에서 본인부담액의 연간 총액이 법령이 규정하는 일정금액을 넘는 경우, 그 넘는 금액을 건강보험공단이 부담한다.
> ⓒ 산재보험의 법정급여 중에는 장해급여가 있다.
> ⓐ 고용보험료의 체납관리는 근로복지공단에서 수행한다.

① ⊙, ⓐ

② ⊙, ⓒ, ⓒ

③ ⓒ, ⓒ, ⓐ

④ ⊙, ⓒ, ⓒ, ⓐ

> **ADVICE** ⓐ 보험료 등의 고지 및 수납, 그리고 체납관리는 국민건강보험공단이 고용노동부장관으로부터 위탁을 받아 수행한다.〈고용보험 및 산업재해보상보험의 보험료징수 등에 관한 법률 제4조〉

1 윌렌스키와 르보(Wilensky & Lebeaux)가 제시한 사회복지의 개념에 대한 설명으로 옳지 않은 것은?

① 전통적으로 잔여적 개념의 사회복지 기능이 강했으나, 산업화가 진전되면서 제도적 개념이 강조되었다.

② 잔여적 개념의 사회복지는 가족이나 시장경제가 제 기능을 원활히 수행하지 못할 경우에 파생되는 문제를 보완 내지는 해소하기 위한 제도로 필요하다고 보았다.

③ 잔여적 개념의 사회복지는 소극적이고 한정적인 사회복지개념으로 복지 대상자를 사회적 약자나 요보호 대상자로 제한한다.

④ 제도적 개념의 사회복지는 사회문제의 발생 원인에 있어 개인의 책임을 강조한다.

〉**ADVICE** ④ 제도적 개념의 사회복지는 사회문제의 발생 원인에 있어 사회의 책임을 강조한다. 개인의 책임을 강조하는 것은 잔여적 개념의 사회복지이다.

※ 잔여적 개념과 제도적 개념의 사회복지

잔여적 개념	제도적 개념
개인의 욕구는 비정상적인 것으로 간주한다.	개인의 요구는 산업화로 인해 필연적으로 발생한다.
문제가 되는 상황은 긴급 상황 또는 위기 상황이다.	문제 상황은 복잡한 현대사회에서 항상 나타난다.
개인이 가진 자원이 모두 소진된 이후에야 사회복지가 제공된다.	사회복지는 문제가 심각해지기 전에 제공된다.
사회복지에는 낙인이 뒤따른다.	사회복지에 낙인은 없다.
사회복지는 문제를 일시적으로 완화시킬 뿐이며, 최후로 기댈 수 있는 자선이나 사회로서 가급적 단기간에 종결한다.	사회복지에는 예방과 재활이 제도화되어 있으며, 항구적으로 제공된다.

—

2 복지다원주의(welfare pluralism)에 관한 내용으로 옳은 것만을 모두 고른 것은?

> ㉠ 복지공급형태의 다양성   ㉡ 서비스 이용자의 선택권 축소
> ㉢ 제3섹터의 배제   ㉣ 시민참여에 의한 정책결정

① ㉠, ㉢   ② ㉠, ㉣
③ ㉡, ㉢   ④ ㉡, ㉣

> ⟩ADVICE 복지다원주의의 특징
> ㉠ 복지공급형태의 다양성
> ㉡ 서비스 이용자의 선택권 확대
> ㉢ 제3섹터의 강조
> ㉣ 시민참여에 의한 정책결정

3 다음 설명에 해당하는 사회복지 예산편성방식은?

> 다가오는 해의 계획된 총비용을 파악하기 위해 기관의 모든 수입과 지출을 단순하게 목록화한 것으로, 가장 기본적이며 널리 사용된다. 또한 전년도 예산을 근거로 하여 일정한 양만큼 증가시켜 나가는 점진주의적 특성을 가지고 있다.

① 영기준예산   ② 품목별예산
③ 성과주의예산   ④ 계획예산

> ⟩ADVICE ① 기존 사업과 새로운 사업을 구분하지 않고 매년 모든 사업의 타당성을 영기준에서 엄밀히 분석해 예산을 편성하는 제도를 말한다.
> ③ 자금소유의 목표와 이들의 달성을 위해 제안되는 여러 계획비용, 그리고 각 계획하에서 수행되는 성과와 작업의 양적 측정자료가 표시되는 예산을 말한다.
> ④ 정부의 장기적인 계획 수립과 단기적인 예산편성을 유기적으로 결합시킴으로써 자원배분에 관한 의사결정을 합리적으로 행하고자 하는 예산제도를 말한다.

4 매슬로우(Maslow)가 주장한 인간의 5가지 위계적 욕구를 순서대로 바르게 나열한 것은?

㉠ 생리적 욕구   ㉡ 소속과 애정의 욕구

㉢ 안전의 욕구   ㉣ 자아실현의 욕구

㉤ 자기존중의 욕구

---

① ㉠ - ㉡ - ㉢ - ㉣ - ㉤   ② ㉠ - ㉡ - ㉢ - ㉤ - ㉣

③ ㉠ - ㉢ - ㉡ - ㉣ - ㉤   ④ ㉠ - ㉢ - ㉡ - ㉤ - ㉣

》ADVICE 매슬로우(Maslow)의 욕구 5단계

성장욕구, 자기완성	**자아실현 욕구**	체험, 끊임없는 자기 능력 발휘 욕구
자기발전, 성장, 정신적 가치 욕구	**자기존중욕구**	지위, 존경, 인정 받고자 하는 욕구
사랑, 애정욕구	**사회적 욕구**	사회적 소속감, 친교욕구
위험감소, 외부 세계설명 욕구	**안전욕구**	치안 욕구
식욕, 성욕 등 생존본능	**생리적 욕구**	탈출 호기심 학습욕구

✎ **ANSWER** 2.② 3.② 4.④

5 다음 설명에 해당하는 복지국가 발달이론은?

> 복지국가의 발전원인을 국가의 정치적 역할에서 찾는 이론으로, 다양한 집단 간 경쟁과정에서 희소한 사회적 자원의 배분을 둘러싼 갈등이 발생하면 그것을 국가가 중재하게 되는데 그 결과로 복지국가가 발전한다는 견해이다.

① 산업화이론   ② 국가중심이론
③ 이익집단이론   ④ 권력자원이론

> **ADVICE** ① 경제발전이 이루어짐에 따라 사회복지도 발전하게 된다는 이론이다. 수렴이론 혹은 기술결정론이라고도 한다.
> ② 사회복지정책의 산출이 제집단의 요구를 반영한 것이 아니라 독립된 위치에 있는 정부 관료제 등 국가가 문제를 인식하고 대안을 찾는 일련의 정책과정으로 보는 이론으로, 스카치폴 등이 대표적인 학자이다.
> ④ 사회복지의 확대에 있어 좌파정당과 노동조합의 영향을 강조한 이론이다.

6 다음 설명에 해당하는 자아 방어기제의 종류는?

> 부모의 사랑을 독차지하던 아이가 동생이 태어나 사랑을 빼앗기게 되면, 부모의 주의를 더 많이 끌기 위해 그리고 부모가 자신을 소홀히 여기게 될까 두려워하여 그 대처방법으로 옷에 오줌을 싸거나 손가락을 빠는 것과 같은 유아적인 행동을 한다.

① 투사   ② 억압
③ 승화   ④ 퇴행

> **ADVICE** ① 개인이 용납할 수 없는 사고, 감정, 행동들을 다른 사람이나 환경에 귀인시키는 과정을 일컫는다. 자신의 잘못을 다른 사람이나 사물에 전가할 수 있도록 해준다.
> ② 자아가 위협적인 내용을 의식 밖으로 밀어내거나 혹은 그러한 자료를 의식하지 않으려는 적극적인 노력이다.
> ③ 치환의 한 유형으로서 용납할 수 없는 성적 충동이나 공격적 충동들을 사회적으로 바람직한 방향으로 표현하는 것을 말한다.

7 장애인복지에 관한 설명으로 옳은 것만을 모두 고른 것은?

> ⊙ 재활모델은 장애인의 문제를 장애인 당사자가 가장 잘 이해하고 있다는 관점을 취한다.
> ⓛ 장애범주는 각 국가의 정치적, 사회적, 경제적, 문화적 환경에 따라 차이가 있다.
> ⓒ 청각장애 및 언어장애는 신체 내부기관 장애에 해당한다.
> ⓔ 선진국의 경우에는 일반적으로 저개발 국가들에 비하여 장애인의 범위가 포괄적이다.

① ㉠, ㉢
② ㉠, ㉣
③ ㉡, ㉢
④ ㉡, ㉣

> ❯ADVICE ㉠ 재활모델이 아닌 자립생활모델이 장애인의 문제를 장애인 당사자가 가장 잘 이해하고 있다는 관점을 취한다.
> ㉢ 청각장애 및 언어장애는 외부 신체기능의 장애에 해당한다.

8 우리나라의 사회보험제도를 도입 순서대로 바르게 나열한 것은?

① 산업재해보상보험 - 고용보험 - 국민연금 - 노인장기요양보험
② 국민연금 - 산업재해보상보험 - 노인장기요양보험 - 고용보험
③ 산업재해보상보험 - 국민연금 - 고용보험 - 노인장기요양보험
④ 고용보험 - 산업재해보상보험 - 노인장기요양보험 - 국민연금

> ❯ADVICE ③ 산업재해보상보험 - 의료보험(국민건강보험) - 국민연금 - 고용보험 - 노인장기요양보험 순서로 발전하였다.

✎ **ANSWER** 5.③ 6.④ 7.④ 8.③

9 「사회복지사업법」상 사회복지시설의 설치에 대한 내용으로 옳은 것은?

① 둘 이상의 사회복지사업은 하나의 시설에서 통합하여 수행할 수 없다.

② 국가나 지방자치단체가 설치한 사회복지시설은 필요한 경우 사회복지법인이나 영리법인에 위탁하여 운영하게 할 수 있다.

③ 사회복지시설의 위탁운영 기준·기간 및 방법 등에 관하여 필요한 사항은 보건복지부령으로 정한다.

④ 국가 또는 지방자치단체 외의 자가 사회복지시설을 설치·운영하려는 경우에는 해당 지방자치단체의 조례에서 정하는 바에 따라 시장·군수·구청장에게 신고하여야 한다.

> **ADVICE** ① 둘 이상의 사회복지사업은 하나의 시설에서 통합하여 수행할 수 있다〈사회복지사업법 제34조의2 제1항〉.
> ② 국가나 지방자치단체가 설치한 사회복지시설은 필요한 경우 사회복지법인이나 비영리법인에 위탁하여 운영하게 할 수 있다〈사회복지사업법 제34조 제5항〉.
> ④ 국가 또는 지방자치단체 외의 자가 시설을 설치·운영하려는 경우에는 보건복지부령으로 정하는 바에 따라 시장·군수·구청장에게 신고하여야 한다〈사회복지사업법 제34조 제2항〉.

10 다음 설명에 해당하는 제도와 관련된 법은?

> 지역의 식량가격을 기준으로 최저생계비를 설정하여 최저생활기준에 미달되는 임금의 부족액을 보조하는 일종의 임금보조제도이다.

① 엘리자베스 구빈법(The Elizabethan Poor Law, 1601)

② 스핀햄랜드법(The Speenhamland Act, 1795)

③ 길버트법(The Gilbert's Act, 1782)

④ 정주법(The Settlement Act, 1662)

> **ADVICE** ① 최초로 빈민구제에 대한 국민의 책임을 명시했다는 점에서 근대적 사회 복지의 출발점이었다. 그 전까지 빈민들을 구제하는 책임은 교구의 교회가 졌으나 이 법의 발효 이후 지방기금으로 지방관리에 의한 지방 빈민에 대한 구빈 행정의 원칙이 세워졌다.
> ③ 작업장법에서 추구하는 원내구조 중심에서 일부 원외구조를 도입한 법이다. 원외구조를 시행 시 전문가가 반드시 필요하게 된다. 자원봉사자 성격을 가졌던 빈민감도관이 아닌 유급직 구빈 사무원을 고용하였다. 이것이 바로 현재의 사회복지 전담공무원의 시초이다. 토마스 길버트법의 특징은 일을 못하는 노동자들에게 현금 급여를 제공했다고 하는데 이것이 지금의 실업수당의 모습이다.
> ④ 빈민의 소속교구를 명확히 하고 도시유입 빈민을 막기 위해서 재정되었다. 이 법에 의해 정주는 출생, 결혼, 도제, 상속 등에 의해서 결정되었다.

11 다음에서 설명하는 사정도구는?

> 2 ~ 3세대까지 확장해서 가족구성원에 관한 정보와 그들 간의 관계를 도표로 작성하는 방법이다.

① 가계도

② 생태도

③ 가족생활주기표

④ 사회적 관계망표

>ADVICE ① 가계도란 2~3세대에 걸친 가족관계를 도표로 제시함으로써 현재 제시된 문제의 근원을 찾는 것으로, 사회복지사와 클라이언트가 함께 작성한다. 가족 내에서 반복되는 정서적, 행동적 패턴을 확인하고 이해할 수 있으며, 구성원의 성격, 의사소통의 유형 등을 알 수 있다.

12 과제중심모델에 대한 설명으로 옳지 않은 것은?

① 과제중심모델의 이론적 관점은 인본주의 철학을 중심으로 한다.

② 과제중심모델은 단기개입과 구조화된 접근을 강조한다.

③ 문제규명단계에서 클라이언트가 제시한 문제에 개입하기 위해서는 표적문제를 구체적으로 설정해야 한다.

④ 실행단계에서는 매 회기마다 클라이언트가 수행한 과제의 내용을 점검하고 상황에 따라 과제를 수정 보완해 나간다.

>ADVICE ① 인간중심모델에 관한 설명이다.

> ※ 과제중심모델의 특징
> ㉠ 치료초점이 특정화되어 2~3가지 문제로 구체화된다.
> ㉡ 클라이언트의 표현된 욕구에 초점을 두어 이를 존중해야 한다.
> ㉢ 클라이언트의 심리 내적인 과정보다는 현재의 활동을 강조한다.
> ㉣ 절차나 단계가 구조화되어 있어 고도의 구조성이 요구된다.
> ㉤ 객관적인 조사연구를 강조하는 경험지향의 유형이다.

13 다음 설명에 해당하는 사회복지실천의 기본원칙은?

> 사회복지사가 각 클라이언트의 독특한 특성과 자질을 알고 이해하는 것으로, 클라이언트의 문제해결을 위해서 각기 다른 원리나 방법을 활용하는 것이다.

① 통제된 정서적 관여　　　　　　　　② 개별화
③ 수용　　　　　　　　　　　　　　　④ 비심판적 태도

>**ADVICE** ① 클라이언트의 감정에 민감성과 이해로써 반응해야 한다.
　　　　③ 클라이언트를 있는 그대로 인정하고 받아들여야 한다.
　　　　④ 클라이언트를 심판하거나 비난하지 않아야 한다.

14 사례관리의 등장배경으로 옳지 않은 것은?

① 분산된 서비스 체계를 개선할 필요성
② 복잡하고 다양한 욕구를 지닌 클라이언트의 증가
③ 시설보호를 강조하는 시설화의 영향
④ 클라이언트와 그 가족에게 부과되는 과도한 책임을 완화할 필요성

>**ADVICE** 사례관리의 등장배경
　　　㉠ 클라이언트의 양적 증가
　　　㉡ 다양한 문제와 욕구를 가진 클라이언트의 증가
　　　㉢ 탈시설화
　　　㉣ 서비스 공급주체의 다원화
　　　㉤ 복잡하고 분산된 서비스 체계
　　　㉥ 클라이언트와 그 가족에게 부과되는 과도한 책임
　　　㉦ 사회적 지지체계의 중요성에 대한 인식
　　　㉧ 복지국가의 재정적 위기

15 「청소년복지 지원법」상 청소년 복지시설에 해당하지 않는 것은?

① 청소년 수련관
② 청소년 쉼터
③ 청소년 자립지원관
④ 청소년 치료재활센터

> **ADVICE** ① 청소년 수련관은 청소년 수련시설의 하나이다.
>
> ※ 청소년 복지시설과 수련시설
>   ㉠ 청소년 복지시설 : 청소년 쉼터, 청소년 자립지원관, 청소년 치료재활센터, 청소년회복지원시설〈청소년복지 지원법 제31조〉
>   ㉡ 청소년 수련시설 : 청소년 수련관, 청소년 수련원, 청소년 문화의 집, 청소년 특화시설, 청소년 야영장, 유스호스텔 〈청소년활동 진흥법 제10조〉

16 조지와 윌딩(George & Wilding)이 제시한 사회복지의 이념에 대한 설명으로 옳지 않은 것은?

① 밝고 약한 녹색주의는 환경을 무질서한 착취로부터 보호하고 방어해야 한다는 자각 아래 환경친화적 경제 성장과 소비를 주장한다.
② 중도노선은 국가 차원의 복지정책을 통해 자본주의의 사회적 폐해를 완화할 필요성이 있다고 여긴다.
③ 민주적 사회주의는 평등, 자유, 우애를 중심 사회가치로 여기며, 시장사회주의를 지향한다.
④ 신우파는 반집합주의의 성향을 갖고 있으며, 평등을 최고의 가치로 여긴다.

> **ADVICE** ④ 신우파는 반집합주의 성향을 가지고 있지만, 신우파의 중심 사회가치는 자유, 개인주의, 불평등이다. 평등을 최고의 가치로 여기는 것은 민주적 사회주의이다.

17 다음 사례에 해당하는 표집방법은?

성인의 정치의식을 조사하기 위하여 소득을 기준으로 최상, 상, 하, 최하로 구분한 다음, 각각의 계층이 모집단에서 차지하고 있는 비율에 맞추어 1,000명의 표본을 4개의 소득계층별로 무작위 표집하였다.

① 체계적 표집
② 층화표집
③ 할당표집
④ 단순무작위표집

》**ADVICE** ① 확률적·객관적 표집방법의 하나로서, 전집의 모든 사례를 어떤 순서로 나열하였을 때 필요한 표집수를 일정한 K번째의 사례만을 표집하여 얻는 방법이다.
③ 모집단의 일부로부터 할당에 의해 선택되는 모집단의 표집을 말한다. 할당표집의 방법은 무작위표집의 정상적인 요구사항들을 충족시킬 수 없다.
④ 아무런 의식적 조작없이 표본을 추출하는 방법이다. 모집단의 각 사례는 표본으로 선택되는 데 동등한 기회를 가지고 있다.

18 다음 설명에 해당하는 휴먼서비스 기획·관리 기법은?

일회성으로 끝나거나 종합적 파악이 중요한 프로젝트에 유용한 기법으로, 프로젝트의 목표에 따라 이와 관련된 과업과 활동, 세부활동 간의 관계를 논리적으로 시간 순서에 따라 도식화한 것이다.

① 프로그램평가검토기법(Program Evaluation and Review Technique)
② 목표관리(Management by Objectives)
③ 전략적 기획(Strategic Planning)
④ 클라이언트 흐름도(Client Flow Chart)

》**ADVICE** ① 프로그램평가검토기법(PERT) : 1958년에 미 해군이 폴라리스 핵잠수함 무기 시스템의 구축과 관련하여 개발한 매우 정교한 기획 및 통제기법으로, 목표달성 기한을 정하여 목표달성을 위해 설정된 목표와 활동의 상호관계와 시간계획을 연결시킨 도표를 말한다. 명확한 목표를 가진 프로그램을 조직화하고 진행 시간표를 작성하고 예산을 수립하여 프로그램 진행사항을 추적해 나가는 데 매우 유용한 기법이다.

19 다음의 상황에서 사회복지사 A가 직면한 윤리적 딜레마는?

> 종합사회복지관에 근무하는 사회복지사 A는 방과 후 프로그램을 운영하고 있다. 방과 후 프로그램을 이용하는 아동 B의 결석이 잦아, 사회복지사 A는 이 문제에 대한 상담을 위해 가정방문을 하였다. 사회복지사 A는 가정방문을 통해 아동 B의 실직한 아버지와 도박중독인 어머니, 그리고 치매 증상을 보이는 할아버지를 만나게 되었다. 사회복지사 A는 이러한 상황 속에서 어떠한 문제에 먼저 개입해야 할지 결정하기가 쉽지 않은 상황에 직면하였다.

① 다중 클라이언트체계의 문제
② 가치 상충
③ 충성심과 역할 상충
④ 힘과 권력의 불균형

> ADVICE ① 잦은 결석을 하는 아동 B, 실직한 아버지, 도박중독인 어머니, 치매 증상을 보이는 할아버지까지 개입해야 할 문제를 가진 클라이언트가 여러 사람이기 때문에 사회복지사 A는 윤리적 딜레마 상황에 직면해 있다.

20 「아동학대범죄의 처벌 등에 관한 특례법」의 내용으로 옳지 않은 것은? (기출변형)

① 아동학대범죄를 알게 된 경우나 그 의심이 있는 경우에는 누구든지 아동보호전문기관 또는 수사기관에 신고할 수 있다.
② 아동학대범죄 신고를 접수한 기관의 직원은 신고인 및 피해아동의 인적사항을 지체 없이 관할 지방자치단체의 장에게 통보하여야 한다.
③ 「119구조·구급에 관한 법률」에 따른 119 구급대의 대원은 아동학대범죄의 신고의무자에 해당한다.
④ 아동학대범죄 신고의무자가 보호하는 아동에 대하여 아동학대범죄를 범한 때에는 그 죄에 정한 형의 2분의 1까지 가중처벌한다.

> ADVICE ② 아동학대범죄 신고를 접수한 사법경찰관리나 아동학대전담공무원은 지체 없이 아동학대범죄의 현장에 출동하여야 한다. 이 경우 수사기관의 장이나 시·도지사 또는 시장·군수·구청장은 서로 동행하여 줄 것을 요청할 수 있으며, 그 요청을 받은 수사기관의 장이나 시·도지사 또는 시장·군수·구청장은 정당한 사유가 없으면 사법경찰관리나 아동학대전담공무원이 아동학대범죄 현장에 동행하도록 조치하여야 한다〈아동학대범죄의 처벌 등에 관한 특례법 제11조 제1항〉.

✎ **ANSWER** 17.② 18.① 19.① 20.②

1 우리나라의 사회보험에 해당하지 않는 것은?

① 산업재해보상보험   ② 국민기초생활보장

③ 고용보험   ④ 노인장기요양보험

> **ADVICE** ② 우리나라는 의료보험, 국민연금, 산업재해보상보험, 고용보험, 노인장기요양보험 등 5대 사회보험제도를 실시하고 있다. 국민기초생활보장은 공공부조제도이다.

2 사회복지에 대한 설명으로 옳지 않은 것은?

① 복지 다원주의(welfare pluralism)는 정부뿐만 아니라 민간부문의 조직들도 복지제공의 주체가 된다고 본다.
② 에스핑 앤더슨(Esping-Andersen)은 복지국가의 유형을 분류하는데 있어 탈상품화 정도가 높을수록 복지 선진국을 의미한다고 보았다.
③ 윌렌스키와 르보(Wilensky & Lebeaux)는 사회복지의 개념을 '잔여적 개념'과 '제도적 개념'으로 구분하였다.
④ 조지와 윌딩(George & Wilding)이 제시한 '신우파'는 소극적 집합주의 성향을 가지며 자유보다 평등과 우애를 옹호한다.

> **ADVICE** ④ 조지와 윌딩(George & Wilding)이 제시한 '신우파'는 반집합주의 성향을 가지며 평등과 우애보다 자유를 옹호한다. 신우파의 3대 가치는 자유, 개인주의, 불평등이다.

3 사회복지 대상의 선정기준에 대한 설명으로 옳지 않은 것은?

① 보편주의(universalism)는 복지 수혜 자격과 기준을 균등화하여 낙인감을 감소시킨다.
② 선별주의(selectivism)는 자산조사 등을 통해 사회복지 대상자들을 선정한다.
③ 선별주의는 기여자와 수혜자를 구별하지 않아 사회통합에 더 효과적이다.
④ 보편주의는 사회복지 급여를 국민의 권리로 생각한다.

》**ADVICE** 보편주의는 기여자와 수혜자를 구별하지 않아 사회통합에 더 효과적이다.

구분	선별주의	보편주의
의미	개인의 복지 문제는 능력에 따라 '개인책임'으로 해결토록 하되, 개인적으로 해결할 수 없는 경우에 한하여 국가가 관여한다.	국가가 평등하게 모든 국민의 욕구를 충족시켜 주어야 한다는 것이다.
장점	• 국가의 책임을 극소화하고 한정된 자원을 효율적으로 이용할 수 있다. • 도움을 가장 필요로 하는 사람에게 집중적으로 사회복지 서비스를 제공해 줌으로써 자원의 낭비가 적다. • 불필요한 의존심을 키워 주지 않는다. • 목표효율성을 높일 수 있다.	• 낙인감을 심어주지 않으며, 사회통합에 효과적이다. • 인간 존엄성의 보장이라는 사회적 효과성이 있다. • 절차가 간단하고 복지 서비스의 균일성을 보장할 수 있다. • 경제적 안정과 성장에 이바지할 수 있다.
단점	• 자산조사에 많은 시간과 비용이 소모되고, 효율성이 떨어진다. • 서비스 대상자로 하여금 낙인감을 느끼게 할 수 있다. • 대상자에서 제외된 차상위계층에 대한 문제가 있다.	• 꼭 필요한 사람이 서비스를 제대로 받을 수 없는 경우가 생길 수 있다. • 국가에 대한 의존심을 높일 수 있다. • 자원의 낭비가 발생하는 등 목적효율성이 떨어진다. • 국가책임을 가중시킨다.

4 우리나라가 국가적인 경제위기를 경험한 1997년 이후 제정한 법률에 해당하지 않는 것은?

① 「국민기초생활 보장법」
② 「최저임금법」
③ 「장애인차별금지 및 권리구제 등에 관한 법률」
④ 「국민건강보험법」

》**ADVICE** ② 「최저임금법」 : 1986년
① 「국민기초생활 보장법」 : 1999년
③ 「장애인차별금지 및 권리구제 등에 관한 법률」 : 2007년
④ 「국민건강보험법」 : 1999년

 ANSWER 1.② 2.④ 3.③ 4.②

5 19세기 자선조직협회(Charity Organization Society)에 대한 설명으로 옳은 것만을 모두 고른 것은?

> ㉠ 빈곤문제의 책임이 사회구조보다는 개인에게 있다고 보았다.
> ㉡ 빈민보호를 위한 조직화와 입법활동 등을 통하여 사회 개혁에 힘썼다.
> ㉢ 자선의 중복과 낭비를 막기 위해 자선단체들을 등록하여 그들의 활동을 조정하였다.

① ㉠, ㉡   ② ㉠, ㉢
③ ㉡, ㉢   ④ ㉠, ㉡, ㉢

>**ADVICE** ㉠ 자선조직협회에서는 빈곤문제의 책임을 개인에게 있다고 보았지만, 인보관운동에서는 사회구조에 있다고 보았다.
> ㉢ 자선조직협회는 자선단체의 난립으로 인한 서비스의 중복, 누락, 소외, 비효율적 운영, 재원의 낭비 등을 막기 위하여 자선단체들을 등록하여 그들의 활동을 조절할 목적으로 결성되었다.
> ㉡ 빈민보호를 위한 조직화는 자선조직협회에 대한 설명이 맞지만, 입법활동 등을 통하여 사회개혁에 힘쓴 것은 인보관운동에 대한 설명이다.

6 영국의 빈민정책에 대한 설명으로 옳은 것은?

① 엘리자베스 구빈법(1601년)은 노동능력과 상관없이 모든 빈민에게 동일한 구호를 제공하였다.
② 정주법(1662년)은 빈민들의 이동을 금지하여 빈곤문제를 교구 단위로 해결하고자 하였다.
③ 스핀햄랜드법(1795년)은 최저생계를 보장하여 결과적으로 근로동기를 강화시켰다.
④ 신구빈법(1834년)은 노동능력이 있는 자에 대해 원외구제를 지속하고, 노동능력이 없는 자에게는 원내구제를 제공하였다.

>**ADVICE** ② 정주법(1662년)은 노동자의 이동에 관한 조건을 법령으로 규제하였고, 빈민들의 이동을 금지하여 빈곤문제를 교구 단위로 해결하고자 하였다.
> ① 엘리자베스의 구빈법(1601년)은 노동능력이 있는 빈민은 작업장에, 노동능력이 없는 빈민은 구빈원에, 빈곤아동은 직업훈련 등으로 노동능력 유무에 따라 범주화하여 차별처우 하였다.
> ③ 스핀햄랜드법(1795년)은 최저생계를 보장을 통한 생존권 보장을 목적으로 하였지만, 수급자들의 근로동기 저하 및 도덕적 해이 등의 문제를 발생시켰다.
> ④ 신구빈법(1834년)은 노동능력이 있는 자는 작업장에 배치하여 원내구제를 제공하고, 노인·유아·병약자와 아동을 거느린 과부 등 노동능력이 없는 자에게는 원외구제가 지속되었다.

7 빈곤에 대한 설명으로 옳은 것만을 모두 고른 것은?

> ⊙ 절대적 빈곤은 최소한의 생활수준에 미치지 못하는 것을 의미한다.
> ⓒ 빈곤갭(poverty gap)은 자력으로 일을 해서 가난으로부터 벗어나려 하기보다 사회복지급여에 의존하여 생계를 해결하려는 의존심이 생기는 현상을 의미한다.
> ⓒ 상대적 빈곤은 한 사회의 평균적인 생활수준과 비교하여 빈곤을 규정하는 것이다.
> ⓔ 전물량방식과 반물량방식은 상대적 빈곤 산정방식이다.

① ⊙, ⓒ   ② ⓒ, ⓒ
③ ⓒ, ⓔ   ④ ⊙, ⓒ, ⓔ

>ADVICE ⊙ 절대적 빈곤은 최소한의 생활수준에 미치지 못하는 것, 즉 최저생활을 유지하는 데 필요한 소득이 결여된 상태를 말한다.
> ⓒ 빈곤 갭은 빈곤층의 평균소득과 빈곤선의 격차를 나타내는 비율로 빈곤 선 이하의 사람들의 소득을 빈곤선 수준까지 끌어올리기 위해 어느 정도의 소득이 필요한지 보여주는 지표이다. 자력으로 일을 해서 가난으로부터 벗어나려 하기보다 사회복지급여에 의존하여 생계를 해결하려는 의존심이 생기는 현상은 빈곤의 덫(빈곤함정)이다.
> ⓒ 상대적 빈곤은 다른 사람들과 비교해 상대적으로 적게 가지고 있는 상태를 말하며, 한 사회의 평균적인 생활수준과 비교하여 빈곤을 규정하는 것이다.
> ⓔ 전물량방식과 반물량방식은 상대적 빈곤이 아니라 절대적 빈곤 산정방식이다.

8 우리나라 '사회복지사 윤리강령'에 명시된 윤리기준으로 옳지 않은 것은?

① 사회복지사는 긴급한 사정으로 인해 동료의 클라이언트를 맡게 된 경우, 동료의 전문적 관계를 훼손하지 않기 위해 최소한의 서비스를 제공한다.
② 사회복지사는 전문가로서 성실하고 공정하게 업무를 수행하며 이 과정에서 어떠한 부당한 압력에도 타협하지 않는다.
③ 사회복지사는 한국사회복지사협회 등이 실시하는 제반교육에 적극 참여하여야 한다.
④ 사회복지사는 필요한 경우에 제공된 서비스에 대해 공정하고 합리적으로 이용료를 책정해야 한다.

>ADVICE 사회복지사의 클라이언트에 대한 윤리기준 중 '동료의 클라이언트와의 관계'
> • 사회복지사는 적법하고도 적절한 논의 없이 동료 혹은, 다른 기관의 클라이언트와 전문적 관계를 맺어서는 안 된다.
> • 사회복지사는 긴급한 사정으로 인해 동료의 클라이언트를 맡게 된 경우, 자신의 의뢰인처럼 관심을 갖고 서비스를 제공한다.

ANSWER 5.② 6.② 7.① 8.①

9 사회복지의 기본 가치 중 평등에 대한 설명으로 옳은 것은?

① 비례적 평등은 개인의 욕구 등에 따라 사회적 자원을 상이하게 배분하는 것으로, 형평(equity)을 평등의 개념으로 본다.

② 조건의 평등은 개인의 능력이나 장애와 상관 없이 기회를 모든 사람에게 균등하게 제공하고, 동일한 업적에 대해 동일한 보상을 제공한다.

③ 수량적 평등은 개인의 기여도와 상관 없이 사회적 자원을 똑같이 분배하는 것을 강조하며, 어느 사회에서나 현실적으로 실현가능하다.

④ 기회의 평등은 참여와 시작 단계에서부터 평등을 강조하기 때문에 가장 적극적인 평등개념이라 할 수 있다.

> **ADVICE** ① 비례적 평등 : 개인의 욕구, 능력, 노력, 기여에 따라 사회적 자원을 상이하게 배분하는 것으로 흔히 형평 또는 공평이라고 부른다.
> ② 조건의 평등 : 기회의 평등과 연결되는 개념이며, 사회적 기회를 획득하려는 자유경쟁의 출발조건을 정비하고자 노력하는 것이다. 동일한 업적에 대해 동일한 보상을 제공하는 것은 비례적 평등에 해당한다.
> ③ 수량적 평등 : 평등의 개념 중 가장 적극적인 것으로 결과의 평등이라 할 수 있으며, 개인의 기여도와 상관없이 사회적 자원을 똑같이 분배하는 것을 강조한다. 하지만 이러한 평등은 현실적으로 실현하기가 어렵다.
> ④ 기회의 평등 : 참여와 시작단계에서의 평등을 강조하지만, 결과의 평등은 보장하지 않기 때문에 가장 소극적인 평등의 개념이라고 볼 수 있다.

10 다음의 사례관리(case management)에 대한 설명으로 옳은 것만을 모두 고른 것은?

㉠ 사례관리는 장기적인 보호를 필요로 하는 클라이언트를 시설에서 비용 – 효율적으로 관리하기 위해 고안된 실천방법이다.

㉡ 사례관리는 클라이언트의 욕구를 개별화하고, 그들의 참여와 자기결정을 중요시한다.

㉢ 사례관리의 목표는 클라이언트의 무의식을 분석하여 자신의 문제를 깨닫도록 돕는 것이다.

㉣ 사례관리는 포괄적인 서비스를 제공하고, 서비스의 조정과 점검을 실시한다.

---

① ㉠, ㉢   ② ㉠, ㉣

③ ㉡, ㉢   ④ ㉡, ㉣

> **ADVICE** ㉠ 사례관리는 장기적인 보호를 필요로 하는 클라이언트를 대상으로 '지역사회에서' 비용 – 효율적으로 관리하기 위해 고안된 실천방법이다.
> ㉢ 클라이언트의 무의식을 분석하여 자신의 문제를 깨닫도록 돕는 것을 목표로 하는 것은 프로이드의 정신분석이론(정신역동모델)이다.

11 우리나라 장애인복지법령의 내용으로 옳은 것은?

① 발달 장애는 신체적 장애에 포함된다.
② 장애인 거주시설이란 장애인을 입원 또는 통원하게 하여 상담, 진단·판정, 치료 등 의료재활서비스를 제공하는 시설을 말한다.
③ 국가와 지방자치단체는 학생, 공무원, 근로자, 그 밖의 일반국민 등을 대상으로 장애인에 대한 인식개선을 위한 교육 및 공익광고 등 홍보사업을 실시하여야 한다.
④ 보건복지부장관은 장애인 복지정책의 수립에 필요한 기초 자료로 활용하기 위하여 5년마다 장애실태조사를 실시하여야 한다.

> **ADVICE** ③ 국가와 지방자치단체는 학생, 공무원, 근로자, 그 밖의 일반국민 등을 대상으로 장애인에 대한 인식개선을 위한 교육 및 공익광고 등 홍보사업을 실시하여야 한다〈법 제25조〉.
> ① 발달장애 또는 정신 질환으로 발생하는 장애는 정신적 장애에 포함된다〈법 제2조〉.
> ② 장애인 거주시설이란 거주공간을 활용하여 일반가정에서 생활하기 어려운 장애인에게 일정 기간 동안 거주·요양지원 등의 서비스를 제공하는 동시에 지역사회생활을 지원하는 시설이다〈법 제58조〉.
> ④ 보건복지부장관은 장애인 복지정책의 수립에 필요한 기초 자료로 활용하기 위하여 3년마다 장애실태조사를 실시하여야 한다〈법 제31조〉.

12 아동학대 피해아동의 가족에게 아동보호전문기관을 소개해 주는 사회복지사의 역할은?

① 교육자(educator)
② 중재자(mediator)
③ 중개자(broker)
④ 옹호자(advocate)

> **ADVICE** 사회복지사의 역할
> ㉠ 교육자 : 사회복지사는 정보를 제공하고 행동과 기술을 지도하는 등 클라이언트가 자신의 능력을 강화시킬 수 있도록 가르치는 역할을 한다.
> ㉡ 조력자 : 사회복지사는 클라이언트의 대처능력을 강화시키고, 자원을 발견하여 활용할 수 있도록 도와주는 역할이다.
> ㉢ 중개자 : 사회복지사는 도움을 필요로 하는 개인이나 집단을 지역사회의 자원 및 서비스와 연결하는 역할을 한다.
> ㉣ 중재자 : 사회복지사는 클라이언트와 상대방 등이 서로 간에 갈등을 해결하도록 설득 및 화해의 절차들을 통해 공동의 기반을 발견하도록 조력한다.
> ㉤ 옹호자 : 사회복지사는 클라이언트를 대신해서 계약된 목적을 달성하기 위해 클라이언트 개인이나 가족의 권리를 주장하고 옹호하며 정책적 변화를 모색하기 위한 활동을 한다.

ANSWER 9.① 10.④ 11.③ 12.③

13 「아동학대범죄의 처벌 등에 관한 특례법」상 아동학대의 신고의무자만을 모두 고른 것은?

㉠ 「성매매방지 및 피해자보호 등에 관한 법률」에 따른 성매매피해상담소의 장
㉡ 「아동복지법」에 따른 가정위탁지원센터의 장
㉢ 「학원의 설립 · 운영 및 과외교습에 관한 법률」에 따른 학원 강사
㉣ 「아이돌봄 지원법」에 따른 아이돌보미

---

① ㉠, ㉢
② ㉠, ㉣
③ ㉡, ㉢, ㉣
④ ㉠, ㉡, ㉢, ㉣

》ADVICE 아동학대범죄 신고의무와 절차〈아동학대범죄의 처벌 등에 관한 특례법 제10조 제2항〉

① 누구든지 아동학대범죄를 알게 된 경우나 그 의심이 있는 경우에는 시 · 도, 시 · 군 · 구 또는 수사기관에 신고할 수 있다.

② 다음 중 어느 하나에 해당하는 사람이 직무를 수행하면서 아동학대범죄를 알게 된 경우나 그 의심이 있는 경우에는 시 · 도, 시 · 군 · 구 또는 수사기관에 즉시 신고하여야 한다.

㉠ 「아동복지법」에 따른 아동권리보장원 및 가정위탁지원센터의 장과 그 종사자

㉡ 아동복지시설의 장과 그 종사자

㉢ 「아동복지법」에 따른 아동복지전담공무원

㉣ 「가정폭력방지 및 피해자보호 등에 관한 법률」에 따른 가정폭력 관련 상담소 및 가정폭력피해자 보호시설의 장과 그 종사자

㉤ 「건강가정기본법」에 따른 건강가정지원센터의 장과 그 종사자

㉥ 「다문화가족지원법」에 따른 다문화가족지원센터의 장과 그 종사자

㉦ 「사회보장급여의 이용 · 제공 및 수급권자 발굴에 관한 법률」에 따른 사회복지전담공무원 및 「사회복지사업법」에 따른 사회복지시설의 장과 그 종사자

㉧ 「성매매방지 및 피해자보호 등에 관한 법률」에 따른 지원시설 및 성매매피해상담소의 장과 그 종사자

㉨ 「성폭력방지 및 피해자보호 등에 관한 법률」에 따른 성폭력피해상담소, 성폭력피해자보호시설의 장과 그 종사자 및 성폭력피해자통합지원센터의 장과 그 종사자

㉩ 「119구조 · 구급에 관한 법률」에 따른 119구급대의 대원

㉪ 「응급의료에 관한 법률」에 따른 응급의료기관등에 종사하는 응급구조사

㉫ 「영유아보육법」에 따른 육아종합지원센터의 장과 그 종사자 및 어린이집의 원장 등 보육교직원

㉬ 「유아교육법」에 따른 유치원의 장과 그 종사자

㉭ 아동보호전문기관의 장과 그 종사자

ⓐ 「의료법」 의료기관의 장과 그 의료기관에 종사하는 의료인 및 의료기사

ⓑ 「장애인복지법」에 따른 장애인복지시설의 장과 그 종사자로서 시설에서 장애아동에 대한 상담 · 치료 · 훈련 또는 요양 업무를 수행하는 사람

ⓒ 「정신건강증진 및 정신질환자 복지서비스 지원에 관한 법률」에 따른 정신건강복지센터, 정신의료기관, 정신요양시설 및 정신재활시설의 장과 그 종사자

ⓓ 「청소년기본법」에 따른 청소년시설 및 청소년단체의 장과 그 종사자

ⓔ 「청소년 보호법」에 따른 청소년 보호·재활센터의 장과 그 종사자

ⓕ 「초·중등교육법」에 따른 학교의 장과 그 종사자

ⓖ 「한부모가족지원법에 따른 한부모가족복지시설의 장과 그 종사자

ⓗ 「학원의 설립·운영 및 과외교습에 관한 법률」에 따른 학원의 운영자·강사·직원 및 교습소의 교습자·직원

ⓘ 「아이돌봄 지원법」에 따른 아이돌보미

ⓙ 「아동복지법」에 따른 취약계층 아동에 대한 통합서비스지원 수행인력

ⓚ 「입양특례법」에 따른 입양기관의 장과 그 종사자

ⓛ 「영유아보육법」에 따른 한국보육진흥원의 장과 그 종사자로서 어린이집 평가 업무를 수행하는 사람

14 다음 내용에 해당하는 사회복지 면담기술은?

> 클라이언트의 억압된 감정, 특히 부정적 감정인 분노, 슬픔, 죄의식 등이 문제 해결을 방해하거나 그러한 감정 자체가 문제가 되는 경우, 이를 표출하도록 함으로써 감정의 강도를 약화시키거나 해소시킨다.

① 환기(ventilation)

② 직면(confrontation)

③ 재보증(reassurance)

④ 일반화(universalization)

> ADVICE ① 환기는 클라이언트의 문제나 상황과 관련된 감정을 클라이언트로 하여금 표출하도록 하는 기법이다.
> ② 직면은 클라이언트의 부정적인 감정, 생각, 행동들을 클라이언트로 하여금 인식하도록 돕는 매우 직접적인 방법이다.
> ③ 재보증은 사회복지사가 클라이언트에 대한 신뢰를 표현함으로써 클라이언트의 자신감을 향상시키는 기법이다.
> ④ 일반화는 클라이언트가 겪는 일이 자신만이 가지고 있는 문제가 아니라는 것을 인식하게 하는 기법이다.

ANSWER 13.④ 14.①

15 「국민기초생활 보장법」상 국민기초생활보장에 대한 설명으로 옳은 것만을 모두 고른 것은?

> ㉠ 수급자 및 차상위자는 상호 협력하여 자활기업을 설립·운영할 수 있다.
> ㉡ 국가 또는 시·도가 직접 수행하는 보장업무에 드는 비용은 국가 또는 해당 시·도가 부담한다.
> ㉢ 부양의무자란 수급권자를 부양할 책임이 있는 사람으로서 수급권자의 1촌의 직계혈족 및 그 형제자매를 말한다.
> ㉣ 급여의 종류에는 생계급여, 주거급여, 의료급여, 교육급여, 해산급여, 장제급여, 자활급여가 있다.

① ㉠, ㉣ 　　　　　　　　　　② ㉠, ㉡, ㉢
③ ㉠, ㉡, ㉣ 　　　　　　　　④ ㉡, ㉢, ㉣

>ADVICE ㉢ '부양의무자'란 수급권자를 부양할 책임이 있는 사람으로서 수급권자의 1촌의 직계혈족 및 그 배우자를 말한다. 다만, 사망한 1촌의 직계혈족의 배우자는 제외한다〈법 제2조〉.
> ㉠ 수급자 및 차상위자는 상호 협력하여 자활기업을 설립·운영할 수 있다〈법 제18조 제1항〉.
> ㉡ 국가 또는 시·도가 직접 수행하는 보장업무에 드는 비용은 국가 또는 해당 시·도가 부담한다〈법 제43조 제1항〉.
> ㉣ 이 법에 따른 급여의 종류는 생계급여, 주거급여, 의료급여, 교육급여, 해산급여(解産給與), 장제급여(葬祭給與), 자활급여이다〈법 제7조 제1항〉.

16 우리나라 노인장기요양보험법령에 대한 내용으로 옳은 것은?

① 장기요양급여는 의료서비스와 연계하여 제공하기가 용이한 시설급여를 재가급여보다 우선적으로 제공하여야 한다.
② 장기요양등급은 장기요양등급판정위원회에서 판정하고, 세밀한 판정을 위해 7개 등급의 체계로 운용한다.
③ 「노인장기요양보험법」은 고령이나 노인성 질병 등의 사유로 일상생활을 혼자서 수행하기 어려운 노인등에게 제공하는 신체활동 또는 가사활동 지원 등의 장기요양급여에 관한 사항을 규정하고 있다.
④ 노인장기요양보험의 관리운영기관은 노후생활과 밀접히 연관이 되어 있는 국민연금공단이다.

>ADVICE ③ 이 법은 고령이나 노인성 질병 등의 사유로 일상생활을 혼자서 수행하기 어려운 노인 등에게 제공하는 신체활동 또는 가사활동 지원 등의 장기요양급여에 관한 사항을 규정하여 노후의 건강증진 및 생활안정을 도모하고 그 가족의 부담을 덜어줌으로써 국민의 삶의 질을 향상하도록 함을 목적으로 한다〈법 제1조〉.
> ① 장기요양급여는 노인 등이 가족과 함께 생활하면서 가정에서 장기요양을 받는 재가급여를 우선적으로 제공하여야 한다〈법 제3조 제3항〉.
> ② 장기요양인정 및 장기요양등급 판정 등을 심의하기 위하여 공단에 장기요양등급판정위원회를 둔다〈법 제52조 제1항〉. 등급판정기준은 장기요양1~5등급과 장기요양인지지원등급으로 나눈다〈시행령 제7조〉.
> ④ 장기요양사업의 관리운영기관은 국민건강보험공단으로 한다〈법 제48조 제1항〉.

17 사회보장급여의 이용 · 제공 및 수급권자 발굴에 관한 법령상 지역사회보장계획에 대한 설명으로 옳은 것만을 모두 고른 것은?

㉠ 시 · 도지사는 시 · 도의 사회보장 증진을 위하여 시 · 도 사회보장위원회를 둔다.

㉡ 보장기관의 장은 지역사회보장계획의 수립 및 지원 등을 위하여 지역사회보장조사를 4년마다 실시한다. 다만, 필요한 경우에는 수시로 실시할 수 있다.

㉢ 지역사회보장계획에는 지역사회보장 수요의 측정, 목표 및 추진전략과 사회보장급여의 사각지대 발굴 및 지원방안이 포함된다.

㉣ 시장 · 군수 · 구청장은 지역사회보장계획안의 주요 내용을 20일 이상 공고하여 지역주민 등 이해관계인의 의견을 들은 후 시 · 군 · 구의 지역사회보장계획을 수립하여야 한다.

---

① ㉠, ㉡
② ㉠, ㉣
③ ㉡, ㉢, ㉣
④ ㉠, ㉡, ㉢, ㉣

》**ADVICE** ㉠ 시 · 도지사는 시 · 도의 사회보장 증진을 위하여 시 · 도사회보장위원회를 둔다〈법 제40조〉.

㉡ 보장기관의 장은 지역사회보장계획의 수립 및 지원 등을 위하여 지역 내 사회보장 관련 실태와 지역주민의 사회보장에 관한 인식 등에 관하여 필요한 조사(지역사회보장조사)를 실시할 수 있으며, 시 · 도지사 및 시장 · 군수 · 구청장은 지역사회보장계획 수립 시 지역사회보장조사 결과를 반영할 수 있다〈법 제35조 제7항〉. 법 제35조 제7항에 따른 지역사회보장조사는 4년마다 실시한다. 다만, 필요한 경우에는 수시로 실시할 수 있다〈시행령 제21조〉.

㉢ 시 · 군 · 구 지역사회보장계획은 다음 각 호의 사항을 포함하여야 한다〈법 제36조 제1항〉.
  • 지역사회보장 수요의 측정, 목표 및 추진전략
  • 지역사회보장의 목표를 점검할 수 있는 지표(지역사회보장지표)의 설정 및 목표
  • 지역사회보장의 분야별 추진전략, 중점 추진사업 및 연계협력 방안
  • 지역사회보장 전달체계의 조직과 운영
  • 사회보장급여의 사각지대 발굴 및 지원 방안
  • 지역사회보장에 필요한 재원의 규모와 조달 방안
  • 지역사회보장에 관련한 통계 수집 및 관리 방안
  • 지역 내 부정수급 발생 현황 및 방지대책
  • 그 밖에 대통령령으로 정하는 사항

㉣ 특별자치시장 및 시장 · 군수 · 구청장은 지역사회보장계획안의 주요 내용을 20일 이상 공고하여 지역주민 등 이해관계인의 의견을 들은 후 특별자치시 및 시 · 군 · 구의 지역사회보장계획을 수립하여야 한다〈시행령 제20조 제2항〉.

---

18 권한부여(empowerment) 모델의 특징으로 옳지 않은 것은?

① 사회적, 조직적 환경에 대한 클라이언트의 통제력을 증가시키기 위한 개입모델이다.

② 전문적 지식과 기술을 활용한 치료계획을 통해 클라이언트의 증상을 치료하는 구조적인 접근방법이다.

③ 클라이언트와 사회복지사는 협력적인 파트너십을 토대로 문제 해결 과정에 함께 참여한다.

④ 클라이언트의 강점과 자원에 초점을 두어 역량을 강화시키는 것을 목적으로 한다.

〉**ADVICE** ② 전문적 지식과 기술을 활용한 치료계획을 통해 클라이언트의 증상을 치료하는 구조적인 접근방법은 병리(pathology) 관점이다.

   ※ 권한부여 모델(임파워먼트 모델)
   • 생태체계 관점과 강점 관점을 이론적 기반으로 한다.
   • 개인은 독특한 존재이며, 강점과 재능 및 자원 등을 가진다.
   • 변화를 위한 자원은 개인·가족·지역사회의 장점과 능력이다.
   • 클라이언트와 사회복지사는 협력적인 파트너십을 가진다.

19 1952년 국제노동기구(ILO)가 제정한 「사회보장의 최저기준에 관한 조약」의 사회보장 급여에 포함되지 않는 것은?

① 실업급여   ② 교육급여

③ 유족급여   ④ 노령급여

〉**ADVICE** ② 1952년 국제노동기구(ILO)가 제정한 「사회보장의 최저기준에 관한 조약」의 사회보장 급여는 의료급여, 질병(상병)급여, 실업급여, 노령급여, 산재급여(업무상재해급여, 고용재해급여), 가족급여, 모성급여(출산급여), 폐질급여(장애급여), 유족급여가 있다.

20 사회복지조사에서 조사도구가 측정하고자 의도하였던 개념을 정확히 측정하는지를 나타내는 것은?

① 신뢰도   ② 타당도

③ 자유도   ④ 산포도

〉**ADVICE** ② 타당도 : 측정하고자 하는 것을 얼마나 정확하게 측정하였는지
   ① 신뢰도 : 측정하고자 하는 것을 얼마나 일관성 있게 측정하였는지
   ③ 자유도 : 어떤 물체의 운동을 설명하기 위해 필요한 변수의 개수
   ④ 산포도 : 대표값을 중심으로 자료들이 흩어져 있는 정도

1 탈상품화 개념에 대한 설명으로 옳지 않은 것은?

① 노동자가 자신의 노동력을 팔지 않고 살아갈 수 있는 정도를 의미한다.
② 에스핑 앤더슨(Esping Andersen)은 탈상품화 수준에 따라 사회복지모델을 잔여적 복지와 제도적 복지로 구분하였다.
③ 탈상품화 수준이 높을수록 권리로서의 복지가 강조되는 경향이 있다.
④ 일반적으로 자유주의복지국가보다 사회민주주의복지국가의 탈상품화 수준이 높다.

>ADVICE ② 에스핑 앤더슨은 탈상품화와 사회 계층화를 기준으로 하여 사회복지모델을 자유주의적 복지국가, 조합주의적 복지국가, 사회민주주의적 복지국가로 구분하였다. 탈상품화 수준에 따라 사회복지모델을 잔여적 복지와 제도적 복지로 구분한 것은 윌렌스키와 르보이다.

2 민영보험과 사회보험의 차이에 대한 설명으로 가장 적절하지 않은 것은?

① 민영보험은 자발적 가입을, 사회보험은 강제 가입을 원칙으로 한다.
② 민영보험은 계약에 의해 급여수준이 결정되며, 사회보험은 법률에 의해 급여수준이 정해진다.
③ 민영보험은 최저수준의 소득 보장을, 사회보험은 지불능력에 따른 급여 보장을 목적으로 한다.
④ 민영보험에서 보험급여액은 개별적 공평성이, 사회보험의 보험급여액은 사회적 적정성이 강조된다.

>ADVICE ③ 사회보험은 최저수준의 소득 보장을, 민영보험은 지불능력에 따른 급여 보장을 목적으로 한다.

3 「사회보장기본법」에서 정의하는 다음의 제도는?

> 국가 · 지방자치단체 및 민간부문의 도움이 필요한 모든 국민에게 복지, 보건의료, 교육, 고용, 주거, 문화, 환경 등의 분야에서 인간다운 생활을 보장하고 상담, 재활, 돌봄, 정보의 제공, 관련 시설의 이용, 역량 개발, 사회참여 지원 등을 통하여 국민의 삶의 질이 향상되도록 지원하는 제도

① 공공부조   ② 사회안전망
③ 사회복지서비스   ④ 사회서비스

> **ADVICE** ④ 사회서비스 : 국가 · 지방자치단체 및 민간부문의 도움이 필요한 모든 국민에게 복지, 보건의료, 교육, 고용, 주거, 문화, 환경 등의 분야에서 인간다운 생활을 보장하고 상담, 재활, 돌봄, 정보의 제공, 관련 시설의 이용, 역량 개발, 사회참여 지원 등을 통하여 국민의 삶의 질이 향상되도록 지원하는 제도를 말한다.
> ① 공공부조 : 국가와 지방자치단체의 책임 하에 생활 유지 능력이 없거나 생활이 어려운 국민의 최저생활을 보장 하고 자립을 지원하는 제도를 말한다.
> ② 평생사회안전망 : 생애주기에 걸쳐 보편적으로 충족되어야 하는 기본욕구와 특정한 사회위험에 의하여 발생하는 특수욕구를 동시에 고려하여 소득 · 서비스를 보장하는 맞춤형 사회보장제도를 말한다.

4 사회보장제도의 발전 역사에 대한 설명으로 옳은 것은?

① 세계에서 가장 먼저 도입된 사회보험제도는 독일의 산업재해보험제도이다.
② 영국의 국민보험법(1911)은 노령연금과 건강보험 제도를 도입하는 내용이었다.
③ 미국은 사회보장법(1935)의 제정으로 노령연금, 산재보험, 공공부조의 세 가지 제도가 도입되었다.
④ 베버리지보고서는 사회보험의 원칙 가운데 하나로 소득에 관계없이 동일한 금액의 기여금을 낼 것을 제시하였다.

> **ADVICE** ① 세계에서 가장 먼저 도입된 사회보험제도는 독일의 질병보험이다.
> ② 영국의 국민보험법(1911)은 건강보험과 실업보험 제도를 도입하는 내용이었다.
> ③ 미국은 사회보장법(1935)의 제정으로 사회보험(노령보험과 실업보험), 공공부조, 보건복지서비스의 세 가지 제도가 도입되었다.

5 사회복지의 가치와 원리에 대한 설명으로 가장 적절하지 않은 것은?

① 인간존중 : 모든 사람은 인간으로서의 가치, 품위, 존엄성을 갖는다.
② 사회연대 : 누구나 겪을 수 있는 공통의 위험에 대비하기 위하여 상호책임을 갖는다.
③ 개인주의 : 사회는 개인에게 균등한 기회를 차별 없이 제공해야 한다.
④ 자기결정 : 모든 사람은 타인의 권리를 침해하지 않는 한 자신과 관련된 것을 스스로 결정할 자유를 갖는다.

>ADVICE ③ 기회균등 : 사회는 개인에게 균등한 기회를 차별 없이 제공해야 한다.

6 프로그램의 효과성을 판단하는 다음의 연구설계에서 내적 타당성을 저해하는 요인으로 가장 적절하지 않은 것은?

> 학교폭력의 피해를 당한 지 1주일 이내인 학생들을 대상으로, '정서불안완화' 프로그램을 실행하였다. 프로그램 참여를 원하는 17명의 학생들에 대해서 프로그램 시작 전에 불안증 수준을 측정하는 검사지로 사전검사를 실시하였다. 2주에 걸쳐 하루 2시간씩 참여하는 프로그램을 실시한 후, 종료 시까지 남은 10명의 참여자들을 대상으로 동일한 검사지를 통해 불안증 수준을 재측정하는 사후검사를 실시하였다. 사후검사 결과 사전검사에 비해 불안증 수준이 감소하였다. 이에 이 프로그램은 불안증을 완화시키는 데 효과적이라고 결론을 내렸다.

① 도구효과(instrumentation effect)
② 성숙효과(maturation effect)
③ 외부사건(history)
④ 연구대상의 상실(experimental mortality)

>ADVICE ① 제시된 연구설계에서 도구효과가 발생할 가능성은 거의 없다.
※ 도구효과 … 사전검사와 사후검사에서 조사도구가 바뀌거나, 동일한 조사도구라도 신뢰도가 낮은 도구를 사용하면 사후검사 시 종속변수에 변화가 있더라도 이것이 독립변수 때문이라고 주장할 수 없어 내적 타당성을 저해하는 것을 말한다.

ANSWER 3.④ 4.④ 5.③ 6.①

7 사회서비스 바우처(voucher)에 대한 설명으로 옳지 않은 것은?

① 일종의 교환권으로 사용처에 제한을 둔 상태에서 수급자에게 선택기회를 제공할 수 있는 급여 형태이다.
② 현금 급여와 현물 급여의 특성을 혼합한 것으로 두 급여의 단점을 보완하려는 것이다.
③ 공급자 지원방식의 대표적인 정책수단이다.
④ 이 방식은 서비스 생산자들 간 경쟁을 통해 서비스 질의 제고를 목적으로 한다.

❯ADVICE 바우처(voucher)는 일정한 용도 내에서 수급자로 하여금 원하는 재화나 서비스를 자유롭게 선택할 수 있게 하는 방법이다.
③ 현물급여와 현금급여 형태의 중간적 성격으로 인해 주요한 급여형태로 쓰이지 못한다.

8 「국민기초생활 보장법」의 내용으로 옳지 않은 것은? (기출 변형)

① 수급자 가구별로 자활지원계획을 수립하지 않는다.
② 기준 중위소득을 산정한다.
③ 교육급여는 교육부장관의 소관으로 한다.
④ 주거급여에 관하여 필요한 사항은 따로 법률에서 정한다.

❯ADVICE ① 시장·군수·구청장은 수급자의 자활을 체계적으로 지원하기 위하여 보건복지부장관이 정하는 바에 따라 조사 결과를
고려하여 수급자 가구별로 자활지원계획을 수립하고 그에 따라 이 법에 따른 급여를 실시하여야 한다〈법 제28조〉.
② 기준 중위소득은 통계청이 공표하는 통계자료의 가구 경상소득(근로소득, 사업소득, 재산소득, 이전소득을 합산한 소득
을 말한다)의 중간값에 최근 가구소득 평균 증가율, 가구규모에 따른 소득수준의 차이 등을 반영하여 가구규모별로 산
정한다〈법 제6조의2〉.
③ 교육급여는 수급자에게 입학금, 수업료, 학용품비, 그 밖의 수급품을 지급하는 것으로 하되, 학교의 종류·범위 등에
관하여 필요한 사항은 대통령령으로 정한다. 교육급여는 교육부장관의 소관으로 한다〈법 제12조〉.
④ 주거급여는 수급자에게 주거 안정에 필요한 임차료, 수선유지비, 그 밖의 수급품을 지급하는 것으로 한다. 주거급여에
관하여 필요한 사항은 따로 법률에서 정한다〈법 제11조〉.

9 우리나라의 현행 근로장려세제에 대한 설명으로 옳지 않은 것은?

① 소득지원제도로서 일정 금액 이하의 저소득 근로자가구를 대상으로 한다.
② 근로의욕을 높여서 실질소득을 지원하기 위한 환급형 세액제도이다.
③ 「조세특례제한법」을 근거로 한다.
④ 근로장려금의 크기는 소득구간이 높아질수록 비례하여 커진다.

❯ADVICE ④ 근로장려금의 크기는 소득구간이 높아질수록 비례하여 작아진다.

10 우리나라 사회복지법제의 연혁에 대한 설명으로 옳은 것은?

① 1960년대 초 인간다운 생활을 할 권리 보장 조항을 헌법에 포함함으로써, 향후 사회복지입법의 토대를 마련하였다.

② 1980년대 초에 제정된 「국민복지연금법」으로 국민연금제도가 본격적으로 실행되었다.

③ 1990년대 후반부터 분권교부세에 근거한 사회복지사업의 지방이양이 이루어졌다.

④ 2000년대 초에 제정된 「영유아보육법」을 근간으로 보육서비스 지원확대가 이루어지고 있다.

>**ADVICE** ② 국민복지연금법은 1973년에 제정되었다.

③ 분권교부세에 근거한 사회복지사업의 지방이양은 2000년대부터 이루어졌다.

④ 영유아보육법은 1991년에 제정되었다.

11 사회복지사들이 당면하는 까다롭고 복잡한 윤리적 의사결정에 대해 로웬버그(Lowenberg)와 돌고프(Dolgoff)는 윤리원칙의 적용 순서를 규정한 윤리적 원칙 심사표(Ethical Principles Screen)를 제시한다. 여기에 포함된 원칙들의 적용순서를 바르게 나열한 것은?

㉠ 삶의 질의 원칙	㉡ 사생활 보호와 비밀보장의 원칙
㉢ 생명보호의 원칙	㉣ 진실성과 정보개방의 원칙
㉤ 최소한 손실의 원칙	㉥ 평등과 불평등의 원칙
㉦ 자율성과 자유의 원칙	

	1순위	2순위	3순위	4순위	5순위	6순위	7순위
①	㉠	㉢	㉤	㉦	㉡	㉣	㉥
②	㉢	㉥	㉦	㉤	㉠	㉡	㉣
③	㉤	㉠	㉣	㉦	㉥	㉢	㉡
④	㉦	㉤	㉠	㉣	㉢	㉥	㉡

>**ADVICE** 로웬버그와 돌고프의 윤리원칙 적용 순서 … 생명보호의 원칙 → 평등과 불평등의 원칙 → 자율성과 자유의 원칙 → 최소한 손실의 원칙 → 삶의 질의 원칙 → 사생활 보호와 비밀보장의 원칙 → 진실성과 정보개방의 원칙

12 「아동복지법」이 금지하고 있는 다음 행위 중에서 유죄가 인정되었을 경우 벌금형 없이 징역형에만 처하도록 규정되어 있는 것은?

① 아동에게 음란한 행위를 시키는 행위
② 아동의 신체를 손상시키는 학대행위
③ 자신의 보호 감독을 받는 아동을 유기하는 행위
④ 아동을 매매하는 행위

>ADVICE ④ 아동을 매매하는 행위를 한 자는 10년 이하의 징역에 처한다.

13 콤튼(Compton)과 갤러웨이(Galaway)에 따른 사회복지실천의 면접에 대한 특성으로 옳지 않은 것은?

① 면접을 위한 장(setting)이 있다.
② 면접자와 피면접자의 정해진 역할이 있다.
③ 구체적인 목표를 추구하는 의도적 과정이다.
④ 자유로운 분위기를 위해 계약을 지양한다.

>ADVICE ④ 사회복지실천의 면접은 계약에 의한다.

14 사회복지프로그램의 대상자 선정에 있어 집단 구분에 대한 설명으로 옳지 않은 것은?

① 인구집단을 일반집단 – 위기집단 – 표적집단 – 클라이언트 집단으로 구분할 수 있다.
② 위기집단은 위기를 겪어서 프로그램에 참여하는 모든 집단이다.
③ 표적집단은 위기집단 내에서 프로그램 혜택을 받을 자격을 갖춘 집단이다.
④ 클라이언트 집단은 표적집단 중에서 프로그램을 제공받는 수혜자집단이다.

>ADVICE ② 위기집단은 일반인구의 하위집단으로 위기에 노출될 위험에 있거나 욕구가 있는 집단이다. 실제 프로그램에 참여하는 집단은 클라이언트 집단이다.

15 사회복지 전달체계에서 지방자치단체에 비해 중앙정부가 기능적으로 우위인 이유로 제시되는 것 중 가장 적절하지 않은 것은?

① 지역별 다양한 사회복지 서비스 욕구에 탄력적으로 대응하기 쉽다.
② 사회복지가 추구하는 평등과 소득재분배의 목적을 달성하는 데 유리하다.
③ 서비스의 안정성과 규모의 경제성을 제고하는 데 효과적이다.
④ 공공재의 성격이 강하여 모든 국민을 대상으로 하는 서비스의 제공에 적합하다.

》ADVICE ① 지역별 다양한 사회복지 서비스 욕구에 탄력적으로 대응하기 쉬운 것은 지방자치단체이다.

16 사회복지실천의 통합적 접근방법이 등장한 배경으로 가장 적절하지 않은 것은?

① 체계이론적 관점과 생태학적 관점을 활용하면서 이론적 기반이 형성되었다.
② 클라이언트의 문제와 욕구들이 점차 표준화되었다.
③ 제한된 특정문제에 대한 개입만을 중요시하는 전통적 사회복지접근의 한계가 나타났다.
④ 인간과 환경은 서로 분리되어 있는 것이 아니라 지속적 상호교류를 하는 하나의 체계로 이해되었다.

》ADVICE ② 클라이언트의 문제와 욕구들이 점차 복잡하고 다양해지면서 사회복지실천의 통합적 접근방법이 등장하였다.

17 우리나라의 현행 노인복지제도에 대한 설명으로 옳은 것은?

① 노인복지주택에 입소할 수 있는 자는 65세 이상으로 소득인정액이 보건복지부장관이 정하여 고시하는 금액 이하인 사람으로 한다.
② 기초연금은 65세 이상의 모든 노인에게 제공되는 보편적 현금 급여이다.
③ 「노인복지법」에 의한 노인여가복지시설에는 노인복지관, 경로당, 노인교실이 포함된다.
④ 장기요양보험제도는 요양시설에 거주하는 중증질환 노인들만을 대상으로 실시하고 있다.

》ADVICE ① 노인복지주택에 입소할 수 있는 자는 60세 이상의 노인으로 한다.
② 기초연금은 65세 이상인 사람으로서 소득인정액이 보건복지부장관이 정하여 고시하는 금액 이하인 사람에게 지급하는 급여이다.
④ 장기요양보험제도는 요양시설에 거주하지 않거나(재가급여), 경증의 노인성 치매 등과 같이 중증질환이 아닌 사람들도 대상으로 한다.

ANSWER 12.④ 13.④ 14.② 15.① 16.② 17.③

18 사회복지사로서 역할 수행 중 다음과 같은 성찰이 생길 때 이에 대한 실마리를 제공하는 개념이 가장 적절하게 연결된 것은?

〈성찰 내용〉

㉠ 기초생활수급자가 현재 빈곤한 상태인지만을 가지고 업무를 진행하면 이들이 빈곤한 상태로 이르게 되는 맥락을 간과하는 것이 아닐까?

㉡ 경제활동에 참여하면서도 빈곤을 벗어나지 못하는 사람들이 있는데 이것은 왜 그럴까?

㉢ 우리 시(군)에 장애인들이 지역사회의 동등한 일원으로 살아갈 수 있도록 할 수는 없을까?

㉣ 우리지역의 복지예산이 부족한데 일인시위, 거리행진 등을 통해 이것을 이슈화하면 추후에 개선이 이루어지지 않을까?

〈개념〉

A. 신빈곤   B. 상대적 빈곤

C. 사회적 배제   D. 정상화

E. 사회행동   F. 지역사회개발

	㉠	㉡	㉢	㉣			㉠	㉡	㉢	㉣
①	A	B	C	D		②	C	A	D	E
③	E	F	B	C		④	F	D	E	A

> **ADVICE** C. 사회적 배제 : 빈곤을 포함한 다차원적 불리함, 즉 전반적인 사회문제를 나타내는 새로운 개념으로, 빈곤을 단순히 소득의 결핍이 아닌 빈곤의 다차원적인 측면을 강조한다. →㉠
>
> A. 신빈곤 : 근로능력이 있어도 일자리가 없거나 경제활동에 참여하고 있어도 실질적인 소득이 낮아 빈곤한 경우이다. →㉡
>
> D. 정상화 : 장애인의 생활환경과 조건을 일반인의 생활표준에 최대한 가깝게 하여 장애인을 비정상이 아닌 정상적 사회구성원으로 인식하는 것이다. →㉢
>
> E. 사회행동 : 불우계층에 처한 사람들이 사회정의와 민주주의에 입각해 지원의 확대와 처우의 향상을 요구하는 행동을 말한다. →㉣

19 「장애인차별금지 및 권리구제 등에 관한 법률」상 금지하는 차별에 해당될 수 있는 경우를 모두 고른 것은?

> ㉠ 정당한 사유 없이 장애인에 대하여 정당한 편의 제공을 거부한 경우
> ㉡ 정당한 사유 없이 장애인에 대한 제한·배제·분리·거부 등 불리한 대우를 표시·조장하는 광고를 직접 행하는 경우
> ㉢ 장애인보조기구의 정당한 사용을 방해하는 경우
> ㉣ 보조견의 정당한 사용을 방해하는 경우

① ㉠, ㉡, ㉢　　　　　　　　　　　　　② ㉠, ㉢, ㉣
③ ㉡, ㉣　　　　　　　　　　　　　　④ ㉠, ㉡, ㉢, ㉣

>ADVICE 차별행위〈장애인차별금지 및 권리구제 등에 관한 법률 제4조 제1항〉… 이 법에서 금지하는 차별이라 함은 다음의 어느 하나에 해당하는 경우를 말한다.
> • 장애인을 장애를 사유로 정당한 사유 없이 제한·배제·분리·거부 등에 의하여 불리하게 대하는 경우
> • 장애인에 대하여 형식상으로는 제한·배제·분리·거부 등에 의하여 불리하게 대하지 아니하지만 정당한 사유 없이 장애를 고려하지 아니하는 기준을 적용함으로써 장애인에게 불리한 결과를 초래하는 경우
> • 정당한 사유 없이 장애인에 대하여 정당한 편의 제공을 거부하는 경우
> • 정당한 사유 없이 장애인에 대한 제한·배제·분리·거부 등 불리한 대우를 표시·조장하는 광고를 직접 행하거나 그러한 광고를 허용·조장하는 경우. 이 경우 광고는 통상적으로 불리한 대우를 조장하는 광고효과가 있는 것으로 인정되는 행위를 포함한다.
> • 장애인을 돕기 위한 목적에서 장애인을 대리·동행하는 자(장애아동의 보호자 또는 후견인 그 밖에 장애인을 돕기 위한 자임이 통상적으로 인정되는 자를 포함)에 대하여 위의 4가지 행위를 하는 경우. 이 경우 장애인 관련자의 장애인에 대한 행위 또한 이 법에서 금지하는 차별행위 여부의 판단대상이 된다.
> • 보조견 또는 장애인보조기구 등의 정당한 사용을 방해하거나 보조견 및 장애인보조기구 등을 대상으로 위의 4번째에 따라 금지된 행위를 하는 경우

20 사회복지실천의 개념 중 '사회복지사가 과거에 다른 사람에게 가졌던 감정을 현재의 클라이언트에게서 느끼는 현상'을 의미하는 것은?

① 라포(rapport)　　　　　　　　　　　② 자유연상(free association)
③ 역전이(counter-transference)　　　　　④ 임파워먼트(empowerment)

>ADVICE 역전이(counter-transference) … 사회복지사가 과거에 다른 사람에게서 가졌던 감정을 현재의 클라이언트에게서 느끼고 반응하는 현상을 말한다. 역전이는 전이와 마찬가지로 강한 비현실적 감정이며 긍정적 변화를 방해하고 왜곡시킨다.

ANSWER 18.② 19.④ 20.③

1 다음 제시문의 (   ) 안에 들어갈 용어가 바르게 연결된 것은?

> 사회보장급여의 수준에 관해 「사회보장기본법」에는 국가와 지방자치단체는 모든 국민이 (㉠)하고 (㉡)적인 생활을 유지할 수 있도록 사회보장급여의 수준 향상을 위하여 노력하여야 한다고 규정하고 있다.

	㉠	㉡
①	건강	문화
②	행복	창조
③	건강	인간
④	행복	도덕

》ADVICE 국가와 지방자치단체는 모든 국민이 건강하고 문화적인 생활을 유지할 수 있도록 사회보장급여의 수준 향상을 위하여 노력하여야 한다〈사회보장기본법 제10조(사회보장급여의 수준) 제1항〉.

2 우리나라 국민의 급여액 산정에 영향을 미치는 요소와 거리가 먼 것은?

① 가입기간
② 전체 가입자 평균소득
③ 본인의 최종소득
④ 전국소비자물가변동률

》ADVICE 급여액의 산정은 연금액＝기본연금액 × 지급률＋부양가족연금액으로, 가입기간과 연금보험료 납부액에 따라 차이가 생긴다. 기본연금액＝[소득대체율 비례상수(A＋B) × (연도별 가입월수/전체 가입월수)] × (1＋0.05n/12)인데, A는 연금수급전 3년간 전체 가입자의 평균소득월액의 평균액을 의미하고, B값은 가입자 개인의 가입기간 중 기준소득월액의 평균액을 의미하며, n은 20년 초과 가입월수를 의미한다. 비례상수는 1988~1998년은 2.4, 1999~2007년은 1.8, 2008년은 1.5, 2009~2027년은 매년 0.015씩 감소(2009년 1.185, 2027년 1.215), 2028년 이후 1.2이다. 본인의 최종소득은 국민연금의 급여액 산정에 영향을 미치지 않는다.

3 시장 기능만으로는 자원이 효율적으로 배분되지 못하는 시장 실패가 발생하는 원인으로 옳지 않은 것은?

① 불완전 경쟁이 발생할 경우
② 파생적 외부성이 발생할 경우
③ 서비스나 재화가 공공재일 경우
④ 정보의 비대칭성으로 인한 역선택 문제가 발생할 경우

➤ADVICE ② 파생적 외부성은 정부실패의 원인 중 하나로, 정부가 시장에 개입함으로써 발생하는 잠재적·비의도적 확산효과나 부작용을 말한다.

4 방어기제에 대한 설명 중 옳은 것을 모두 고른 것은?

> ㉠ 스스로를 보호하기 위해 의식적으로 작동되는 심리기제이다.
> ㉡ 주로 사용하는 방어기제를 통해 그 사람의 성격적 특성을 알 수 있다.
> ㉢ 한 사람은 한 번에 하나의 방어기제만을 사용한다.
> ㉣ 일부 방어기제는 불안 감소뿐만 아니라 긍정적 결과도 가져온다.

① ㉠, ㉡   ② ㉠, ㉣
③ ㉡, ㉢   ④ ㉡, ㉣

➤ADVICE ㉠ 방어기제는 무의식적으로 작동되는 심리기제이다.
㉢ 한 사람은 한 번에 한 가지 이상의 방어기제를 사용하기도 한다.

5 사회복지법인에 대한 다음 설명으로 옳은 것은?

① 「사회보장기본법」에 근거한다.

② 사회복지법인이 아니면 사회복지시설을 운영할 수 없다.

③ 사회복지법인을 설립하려면 시 · 도지사의 인가를 받아야 한다.

④ 사회복지법인은 이사 7명 이상과 감사 2명 이상을 두어야 한다.

>ADVICE ① 사회복지사업법에 근거한다.

② 사회복지법인이 아니어도 사회복지시설을 운영할 수 있다. 국가 또는 지방자치단체 외의 자가 사회복지시설을 설치 · 운영하려는 경우에는 보건복지부령으로 정하는 바에 따라 시장 · 군수 · 구청장에게 신고하여야 한다.

③ 사회복지법인을 설립하려면 시 · 도지사의 허가를 받아야 한다.

6 사회복지실천모델에 대한 설명 중 옳지 않은 것은?

① 심리사회모델 : 인간의 문제를 심리적(정서적)인 동시에 사회적(환경적)인 문제로 이해하고, 클라이언트의 문제를 상황 속에서 파악하고 심리사회적으로 개입해야 함을 강조한다.

② 해결중심모델 : 클라이언트 문제의 개입 초반부터 문제의 해결을 모색할 수 있도록 클라이언트를 지원하고 격려하는 것을 강조한다.

③ 행동주의모델 : 단기개입, 구조화된 접근, 클라이언트의 자기결정권에 대한 존중, 클라이언트의 환경에 대한 개입, 개입의 책임성 등을 강조한다.

④ 인지행동주의모델 : 클라이언트가 자신의 사고와 행동을 통제하기 위한 대체기제를 학습하는 교육적 접근을 강조한다.

>ADVICE ③ 단기개입, 구조화된 접근, 클라이언트의 자기결정권에 대한 존중, 클라이언트의 환경에 대한 개입, 개입의 책임성 등을 강조하는 것은 과제중심모델의 특징이다. 행동주의모델은 관찰가능한 행동과 환경에 초점을 두고 이를 분석하고 변화시킴으로써 클라이언트의 욕구를 충족시키고자 한다.

7 다음의 비스텍(Biesteck)이 제시한 사회복지사와 클라이언트 사이의 관계 형성의 원칙 중 하나를 설명한 것이다. 〈보기〉 내용에 가장 부합하는 원칙은?

〈보기〉

사회복지사는 클라이언트를 인간으로서의 존엄성과 가치를 지니는 독특한 개체로 인식해야 한다. 모든 인간은 독특한 자질과 특성을 가지고 있으며 개별적 욕구를 가지고 있으므로, 사회복지사는 각 클라이언트의 특수성을 이해하고, 다양한 원리와 방법을 활용해야 한다.

① 자기결정   ② 비심판적 태도
③ 개별화   ④ 수용

>**ADVICE** 제시된 내용은 개별화 원칙에 부합한다.
　　　※ 비스텍(Biestek)의 7가지 원칙
　　　　㉠ 개별화
　　　　㉡ 의도된 감정표현
　　　　㉢ 통제된 정서적 관여
　　　　㉣ 수용
　　　　㉤ 비심판적 태도
　　　　㉥ 자기결정
　　　　㉦ 비밀보장

8 스핀햄랜드법(Speenhamland Act)에 관한 다음의 설명 중 옳은 것을 모두 고른 것은?

㉠ 빈민의 독립심과 노동능률을 저하시킨 법이다.
㉡ 오늘날의 가족수당 또는 최저생활보장의 기반이 된 법이다.
㉢ 스핀햄랜드법 제정에 따라 구빈세 부담이 줄어들고 노동자의 임금이 상승하였다.
㉣ 스핀햄랜드법의 핵심 내용이 개정구빈법(Poor Laws Reform of 1834)에 의해 폐지되었다.

① ㉠, ㉣   ② ㉠, ㉡, ㉣
③ ㉡, ㉢, ㉣   ④ ㉠, ㉡, ㉢, ㉣

>**ADVICE** ㉢ 스핀햄랜드법은 노동자의 임금 및 생활 개선에는 도움을 주지 못한 채, 고용주들의 임금 인하와 노동자들의 근로의욕 저하 등을 초래하였고 그로 인해 구빈세 지출이 급증했다.

✎ **ANSWER** 5.④ 6.③ 7.③ 8.②

9 산업화 이전과 산업화 이후의 사회복지 대상에 대한 인식과 범위의 변화를 설명한 것으로 옳지 않은 것은?

① 자선에서 시민의 권리로 변화되어 왔다.
② 최저수준에서 최적수준의 급여로 변화되어 왔다.
③ 보편성에서 특수성으로 변화되어 왔다.
④ 개인의 변화에서 사회개혁으로 변화되어 왔다.

❯❯ADVICE ③ 특수성에서 보편성으로 변화되어 왔다. 산업화 이전의 사회복지 대상이 빈민에 한정되었다면, 산업화 이후의 사회복지 대상은 전 국민으로 인식과 범위의 변화가 있었다.

10 사회복지조직의 일반환경 중 사회인구학적 조건에 해당하지 않는 것은?

① 사회계층   ② 노동윤리
③ 인구구조   ④ 소득수준

❯❯ADVICE 사회인구학적 조건에는 인구구조, 사회계층, 소득수준, 가구형태 등이 있다.
  ※ 사회복지조직의 일반환경
    ㉠ 경제적 조건 : 자원공급의 절대량과 서비스 수요에 영향
    ㉡ 사회인구학적 조건 : 장기적인 서비스의 수요 변동과 예측에 영향
    ㉢ 문화적 조건 : 사회의 가치와 규범, 사회복지조직의 목표와 기술에 영향
    ㉣ 정치적·법적 조건 : 자원의 흐름에 대한 통제에 영향
    ㉤ 기술적 조건 : 사회의 기술적 진보 혹은 변화가 초래하는 영향

11 지역사회복지실천에서 활용될 수 있는 기술로서 옹호에 대한 설명으로 옳지 않은 것은?

① 옹호란 클라이언트나 시민의 이익 또는 권리를 위해 싸우거나, 대변하거나, 방어하는 활동이다.
② 거시적 실천기술로서 옹호는 개별적 문제를 공공의 쟁점으로 또는 개인적 문제를 사회적 쟁점으로 전환시킨다.
③ 시민권 확보를 위한 입법운동, 장애인 등을 포함한 위험에 처한 인구집단의 권리를 위한 투쟁 등은 대의옹호(cause advocacy)의 대표적 예이다.
④ 옹호활동은 개별 사례나 클라이언트 개인의 문제를 다루는 미시적 실천에서는 활용되기 어려우며 주로 지역사회 옹호나 정책옹호를 통해 이루어진다.

❯❯ADVICE ④ 자기옹호, 개인옹호 등 옹호활동은 개별 사례나 클라이언트 개인의 문제를 다루는 미시적 실천에서도 활용될 수 있다.

12 핀커스(Allen Pincus)와 미나한(Anne Minahan)의 사회복지실천의 4체계와 아래 상황이 바르게 연결된 것은?

> A가정의 남편은 자상하고 가정적이었지만 술을 마시기만 하면 늘 아내를 폭행하였다. 남편의 문제를 해결하기 위해 아내는 B복지관의 사회복지사를 찾아가 남편의 행동을 변화시켜 줄 것을 요청하였다. 이에 사회복지사는 A가정의 아내와 계약을 맺고, 남편의 폭행을 근절시키기 위해 가족치료전문가의 도움을 받아 어제부터 개입하기 시작하였다.

① 변화매개체계 – 남편 　　　　　　　　클라이언트체계 – 아내
② 클라이언트체계 – 아내 　　　　　　　표적체계 – 남편
③ 표적체계 – 남편 　　　　　　　　　　행동체계 – 사회복지사
④ 행동체계 – 가족치료전문가 　　　　　클라이언트체계 – 남편

> ⟩ADVICE ② 사회복지사를 찾아가 도움을 요청하고 계약을 맺은 아내는 클라이언트체계, 변화의 대상이 되는 남편은 표적체계에 해당한다.

13 다음 중에서 「한부모가족지원법」에 의한 국가와 지방자치단체의 한부모가족에 대한 복지 조치에 해당하지 않는 것은?

① 영양·건강에 대한 교육, 건강검진 등의 의료서비스를 지원할 수 있다.
② 아동교육비, 의료비, 주택자금 등의 복지자금을 대여할 수 있다.
③ 청소년 한부모가 학업을 할 수 있도록 교육비 등을 지원할 수 있다.
④ 공공시설에 매점을 허가할 경우 한부모가족에게 우선적으로 허가할 수 있다.

> ⟩ADVICE 한부모가족지원법 제2장 복지의 내용과 실시에는 국가와 지방자치단체의 한부모가족에 대한 복지 조치로 지원대상자 조사, 복지급여의 신청, 복지급여수급계좌, 복지 자금의 대여, 고용의 촉진, 고용지원 연계, 공공시설에 매점 및 시설 설치, 시설 우선이용, 가족지원서비스, 청소년 한부모에 대한 교육 지원, 자녀양육비 이행지원, 청소년 한부모의 자립지원, 아동·청소년 보육·교육, 국민주택의 분양 및 임대, 한부모가족 상담전화의 설치 등이 규정되어 있다.

14 사회복지서비스 전달체계 구축의 주요 원칙 중 하나는 '접근용이성'의 원칙이다. 다음 중에서 서비스 접근의 장애 요인에 해당되지 않는 것은?

① 서비스에 관한 정보 부족 또는 결여

② 소외의식이나 사회복지사와의 거리감 등 심리적 장애

③ 서비스 수혜 절차의 까다로움이나 긴 시간 소요 등 선정 절차 장애

④ 유사한 서비스 제공 기관들의 난립에 따른 선택 장애

> **ADVICE** ④는 클라이언트의 개인적 특성으로 보는 것이 적절하다.
> ※ 사회복지서비스 접근의 장애요인
> ㉠ 서비스에 대한 정보의 결여 또는 부족
> ㉡ 지리적·시간적 장애
> ㉢ 심리적 장애
> ㉣ 선정절차상의 장애
> ㉤ 자원의 부족

15 다음 설명에서 설명하고 있는 척도는?

> 다수의 항목으로 인간의 태도 및 속성을 측정하여 응답한 각 항목의 점수를 합산하여 전체적인 특성을 측정하는 방법으로 총화평정척도라고도 한다. 한 문항보다 여러 문항을 하나의 척도로 사용해야 한다는 논리로 사회과학에서 많이 사용된다.

① 거트만 척도(Guttman scale)

② 보가더스 척도(Bogardus scale)

③ 서스톤 척도(Thurstone scale)

④ 리커트 척도(Likert scale)

> **ADVICE** 리커트 척도 … 특정 대상에 대한 개인의 생각, 태도 등을 측정하는 데 사용되는 척도의 한 유형이다. 응답자는 측정대상에 대한 태도를 측정하는 것으로 간주되는 일련의 문항들에 대해 강한 찬성, 찬성, 보통, 반대, 강한 반대 등의 다섯 가지 중 하나를 선택하게 하고, 이 결과로 얻은 값을 모든 문항에 대해서 합친 총점 혹은 그것을 문항 수로 나누어 얻은 평균 값을 특정 대상에 대한 개인의 태도 점수로 보는 것이다.

16 사례관리(case management)에 대한 설명으로 옳은 것은?

① 서비스 전달체계의 단편성 및 서비스의 연속성 결여의 문제를 해결하기 위하여 서비스에 대하여 통합적으로 접근한다.

② 사례관리자는 대상자의 문제해결을 위해서 클라이언트 개인을 변화시키기 위한 직접적 서비스 제공에 초점을 두고 활동한다.

③ 시설보호에 초점을 두고, 시설에서 생활하는 클라이언트의 복합적인 욕구를 해결하기 위한 포괄적인 서비스 제공 체계를 구축하기 위해 시작되었다.

④ 클라이언트의 심리치료나 상담 등에 초점을 두고 개인적 변화를 달성하기 위한 것으로 환경보다는 개인을 강조하는 실천방법이다.

>ADVICE ② 사례관리자는 대상자의 문제해결을 위해서 클라이언트 개인을 변화시키기 위한 직·간접적인 서비스를 통합적으로 제공하는 것에 초점을 두고 활동한다.

③ 사례관리는 탈시설화를 배경으로 한다. 사례관리는 지역사회에서 생활하는 클라이언트의 복합적인 욕구를 해결하기 위한 포괄적 서비스 제공 체계를 구축하기 위해 시작되었다.

④ 클라이언트의 심리치료나 상담뿐만 아니라 서비스 연결, 공식적 자원과 비공식적 자원의 동시 활용, 사례관리기관 상호 간 조정 등 다양한 기능을 수행하며, 개인과 환경을 모두 중요시한다.

17 사회보험제도의 도입 역사에 대한 다음 서술 중 옳은 것은?

① 세계 최초의 사회보험제도는 독일의 산업재해보험(1883년)이다.

② 영국 국민보험법(1911년)은 질병보험과 노령연금으로 구성되었다.

③ 미국 사회보장법(1935년)은 노령연금과 실업보험을 도입하였다.

④ 베버리지보고서(1942년)는 사회보험 6대 원칙 중 하나로 소득에 비례한 기여를 제안하였다.

>ADVICE ① 세계 최초의 사회보험제도는 독일의 건강보험(1883년)이다.

② 영국 국민보험법(1911년)은 건강보험과 실업보험으로 구성되었다.

④ 베버리지보고서(1942년)는 사회보험 6대 원칙 중 하나로 균일기여를 제안하였다.

ANSWER 14.④ 15.④ 16.① 17.③

18 로스만(Rothman)의 지역사회복지 실천모델에 대한 설명으로 옳은 것은?

① 지역사회개발모델은 자조에 기반하며, 과업목표 지향적이다.
② 사회계획모델에서는 변화전략으로 주로 클라이언트의 임파워먼트(empowerment)가 사용된다.
③ 사회행동모델은 세 모델 중 전문가의 역할이 가장 중요하며, 이의제기, 데모 등 대항전략을 많이 사용한다.
④ 사회계획모델은 클라이언트의 역할이 가장 최소화된 모델이다.

>**ADVICE** ① 지역사회개발모델은 자조에 기반하며, 과정목표 지향적이다.
② 사회계획모델에서는 변화전략으로 주로 문제에 대한 자료수집과 가장 합리적인 행동조치의 결정이 사용된다.
③ 세 모델 중 전문가의 역할이 가장 중요한 것은 사회계획모델이다.

19 국제노동기구(ILO)는 「사회보장 최저기준에 관한 조약」(1952년)을 통해 국가가 현대 산업사회에서 나타나는 사회적 위험으로부터 시민들을 보호하기 위해 사회보장 급여를 제공할 것을 권고하였다. 다음 중 이 조약에서 열거한 사회적 위험에 해당하지 않는 것은?

① 빈곤(poverty)
② 질병(sickness)
③ 실업(unemployment)
④ 임신 및 출산(maternity)

>**ADVICE** 국제노동기구(ILO)가 제정한 「사회보장의 최저기준에 관한 조약」의 사회보장 급여에는 의료 · 질병 · 실업 · 노령 · 업무상 재해 · 가족 · 모성 · 폐질 · 유족 급여가 있다.

20 우리나라 사회복지 역사의 다음 사건들을 먼저 일어난 것부터 순서대로 바르게 나열한 것은?

> ㉠ 국민기초생활보장제도 시행
> ㉡ 최저임금제도 도입
> ㉢ 4대 사회보험체제 완비
> ㉣ 저출산 · 고령사회기본계획 수립

① ㉠→㉡→㉣→㉢
② ㉡→㉢→㉠→㉣
③ ㉢→㉣→㉡→㉠
④ ㉣→㉡→㉠→㉢

>**ADVICE** ㉡ 최저임금제도 도입(1986년 최저임금법 제정, 1988년 적용) → ㉢ 4대 사회보험체제 완비(1995년) → ㉠ 국민기초생활보장제도 시행(2000년) → ㉣ 저출산 · 고령사회기본계획 수립(2005년 저출산 · 고령사회기본법 제정, 2006년 기본계획 및 시행계획)

사회복지직 시행

1 사회복지의 대상자를 결정할 때 기준이 되는 선별주의와 보편주의에 대한 설명으로 옳은 것은?

① 선별주의는 자산이나 욕구에 관계없이 특정 범주에 속한 모든 사람이 급여나 서비스를 받을 수 있음을 의미한다.

② 보편주의를 적용한 제도에는 빈곤층을 위한 공동주택, 공공부조 등이 있다.

③ 선별주의는 서비스가 필요한 대상을 선정하여 급여를 제공하기 때문에 비용의 효율성이 있다.

④ 보편주의는 개인의 소득을 조사하는 데서 기인하는 비인간화 과정을 수반한다.

>**ADVICE** ① 보편주의는 자산이나 욕구에 관계없이 특정 범주에 속한 모든 사람이 급여나 서비스를 받을 수 있음을 의미한다.
　　② 선별주의를 적용한 제도에는 빈곤층을 위한 공동주택, 공공부조 등이 있다.
　　④ 선별주의는 개인의 소득을 조사하는 데서 기인하는 비인간화 과정을 수반한다.

2 카두신(Kadushin)이 제시한 아동복지서비스의 유형 중 지지적 서비스(supportive service)에 해당하지 않는 것은?

① 아동상담

② 가정위탁

③ 부모교육

④ 가족치료

>**ADVICE** ② 가정위탁은 대리적 서비스에 해당한다.
　　※ 카두신의 아동복지서비스 유형
　　　㉠ 지지적 서비스 : 부모와 아동의 능력을 지원하고 강화시켜 주는 서비스
　　　㉡ 보충적 서비스 : 가정 내 부모 역할의 일부를 보조·보충해 주는 서비스
　　　㉢ 대리적 서비스 : 정상적 가정을 유지하기 어려울 때, 부모 양육을 일시적 혹은 영구적으로 대리해 주는 서비스

✎ **ANSWER** 18.④ 19.① 20.② / 1.③ 2.②

3 「청소년기본법」에 의한 청소년의 연령은?

① 18세 미만   ② 만 19세 미만
③ 9세 이상 24세 이하   ④ 15세 이상 25세 이하

〉**ADVICE** 청소년이란 9세 이상 24세 이하인 사람을 말한다. 다만, 다른 법률에서 청소년에 대한 적용을 다르게 할 필요가 있는 경우에는 따로 정할 수 있다〈청소년기본법 제3조 제1호〉.

4 다음 설명에 해당하는 사회복지사의 역할은?

> 클라이언트가 어려움에 스스로 대처하도록 그의 문제해결능력을 향상시키고 자원을 찾아 회복하게 하는 역할로서, 사회복지사가 이러한 변화를 일으키는 것이 아니라 클라이언트가 자신의 노력으로 변화되는 경험을 하도록 돕는 것이 중요함

① 옹호자(advocate)   ② 중재자(mediator)
③ 창시자(initiator)   ④ 조력자(enabler)

〉**ADVICE** 제시된 내용은 조력자로서의 사회복지사의 역할에 대한 설명이다. 사회복지사는 중개자, 조력자, 교육자, 중재자, 옹호자 등 다양한 역할을 수행한다.

5 드림스타트(Dream Start)에 대한 설명으로 옳은 것만을 모두 고른 것은?

> ㉠ 아동과 가족을 대상으로 맞춤형 통합서비스 제공
> ㉡ 시 · 군 · 구가 아동통합서비스지원기관 설치 · 운영
> ㉢ 아동에 대한 사회투자의 중요성 강조
> ㉣ 아동의 사회진출 시 필요한 자립자금 마련

① ㉠, ㉡   ② ㉠, ㉢
③ ㉠, ㉡, ㉢   ④ ㉡, ㉢, ㉣

〉**ADVICE** 드림스타트는 취약계층 아동에게 맞춤형 통합서비스를 제공하여 아동의 건강한 성장과 발달을 도모하고 공평한 출발기회를 보장함으로써 건강하고 행복한 사회구성원으로 성장할 수 있도록 지원하는 사업이다.
㉣ 아동의 사회진출 시 필요한 자립자금을 마련해 주는 것은 아니다.

6 확률표집방법에 해당하는 것만을 모두 고른 것은?

> ㉠ 단순무작위표집　　　　　　　　　㉡ 체계적 표집
> ㉢ 집락표집　　　　　　　　　　　　㉣ 할당표집
> ㉤ 층화표집

① ㉠, ㉡, ㉢　　　　　　　　　　　② ㉡, ㉣, ㉤
③ ㉠, ㉡, ㉢, ㉤　　　　　　　　　④ ㉠, ㉢, ㉣, ㉤

》ADVICE ㉣ 할당표집은 비확률표집방법이다.
　　　　　※ 확률표집방법과 비확률표집방법의 예
　　　　　　　㉠ 확률표집방법 : 단순무작위표집, 체계적 표집, 집락표집, 층화표집 등
　　　　　　　㉡ 비확률표집방법 : 할당표집, 편의표집, 유의표집, 눈덩이표집 등

7 에스핑－앤더슨(Esping-Andersen)의 복지국가 유형화에 대한 설명으로 옳지 않은 것은?

① 탈상품화는 사람들이 시장 질서에 의존하지 않고 생계를 유지할 수 있는 정도를 말한다.
② 스웨덴 등 북유럽 복지국가 모델은 탈상품화의 정도가 가장 낮은 것으로 평가된다.
③ 탈상품화와 계층화의 개념을 사용하여 복지국가를 유형화하였다.
④ 복지국가를 자유주의 복지국가, 보수주의 복지국가, 사회민주주의 복지국가로 유형화하였다.

》ADVICE ② 스웨덴 등 북유럽 복지국가 모델은 탈상품화의 정도가 가장 높은 것으로 평가된다.
　　　　　※ 에스핑-앤더슨의 복지국가 유형화 특징
　　　　　　　㉠ 복지국가 유형화에 관한 가장 최근의 연구이다.
　　　　　　　㉡ 탈상품화와 계층화를 기준으로 한다.
　　　　　　　㉢ 탈상품화는 노동자가 자신의 노동력을 상품으로 시장에 내다 팔지 않고도 삶을 영위할 수 있는 정도이다.
　　　　　　　㉣ 탈상품화 정도가 높을수록 복지선진국을 의미한다.
　　　　　　　㉤ 자유주의적 복지국가 < 보수-조합주의적 복지국가 < 사회민주적 복지국가로 갈수록 탈상품화 수준이 높다.

ANSWER　3.③　4.④　5.③　6.③　7.②

8 잔여적 사회복지와 제도적 사회복지에 대한 설명으로 옳은 것은?

① 잔여적 사회복지는 사회구성원 간의 상부상조를 주요기능으로 하고, 다른 사회제도의 기능과 구별되며 독립적으로 수행되는 제도이다.
② 제도적 사회복지는 사회복지 급여나 서비스를 국민에 대한 시혜로 간주한다.
③ 잔여적 사회복지는 사회복지 대상자에 대한 낙인감(stigma)을 수반하지 않는 것을 기본전제로 한다.
④ 잔여적 사회복지는 안전망 기능만을 수행하고, 제도적 사회복지는 제일선 기능을 수행한다.

> **ADVICE** ① 제도적 사회복지는 사회구성원 간의 상부상조를 주요기능으로 하고, 다른 사회제도의 기능과 구별되어 독립적으로 수행되는 제도이다.
② 잔여적 사회복지는 사회복지의 급여나 서비스를 국민에 대한 시혜로 간주한다.
③ 제도적 사회복지는 사회복지 대상자에 대한 낙인감을 수반하지 않는 것을 기본전제로 한다.

9 리머(Reamer)가 제시한 윤리적 의사결정의 준거틀에 대한 설명으로 옳지 않은 것은?

① 타인의 자기결정권은 개인의 기본적인 복지권보다 우선한다.
② 개인의 자기결정권은 그 자신의 기본적 복지권보다 우선한다.
③ 자발적으로 동의한 법률, 규칙, 규정을 준수해야 하는 개인의 의무는 이러한 법률, 규칙, 규정과 갈등을 일으키는 방식으로 자유롭게 행동할 수 있는 개인의 권리보다 일반적으로 우선한다.
④ 개인의 복지에 대한 권리는 그와 갈등을 일으키는 법률, 규칙, 규정 및 자원단체의 협정보다 우선한다.

> **ADVICE** ① 개인의 기본적인 복지권은 타인의 자기결정권보다 우선한다.
※ 리머의 윤리적 결정지침 … 리머는 사회복지실천 현장에서 직면하는 윤리적 갈등의 유형을 분류하고 각각 사회복지사가 우선적으로 고려해야 하는 윤리적 가치와 그에 근거한 근무 및 행위를 제시하였다.
ㄱ 인간활동에 필수적인 전제조건에 대한 위해와 관련된 규범들은 거짓정보 제공이나 비밀의 폭로, 오락, 교육, 부 등과 같은 부차적인 것들의 위해와 관련된 규범에 우선한다.
ㄴ 어떤 개인이 가진 기본적인 안녕에 대한 권리는 타인이 가진 자기결정권에 우선한다.
ㄷ 어떤 개인이 가지는 자기결정에 관한 권리는 자신의 기본적인 안녕에 대한 권리에 우선한다.
ㄹ 자신이 자유로운 상태에서 스스로 동의한 법률, 규칙, 규정을 준수하는 것은 이러한 법률, 규칙, 규정과 상충되는 방식으로 자유롭게 행동할 수 있는 개인의 권리에 우선한다.
ㅁ 개인이 가지는 안녕에 대한 권리가 자신이 자발적으로 참여한 단체의 법률, 규정, 협정 등과 충돌할 때에는 행복에 대한 권리가 우선한다.
ㅂ 기아 등과 같은 기본적인 해악을 예방해야 된다는 의무와 주택, 교육, 공적부조 등과 같은 공공재를 제공해야 된다는 의무는 개인이 자신의 재산에 대해서 전적으로 가지는 처분권에 우선한다.

10 사회복지 급여의 형태 중 현물급여의 장점이 아닌 것은?

① 사회복지 정책목표의 효율성을 높일 수 있다.
② 규모의 경제를 실현함으로써 효과적인 분배가 가능하다.
③ 무제한 선택의 자유를 보장함으로써 비합리적 선택의 문제를 방지할 수 있다.
④ 급여용도 외로 사용될 가능성이 낮다.

>**ADVICE** ③ 현물급여는 복지서비스를 현물의 형태로 제공하는 것으로 선택의 자유를 제한한다는 단점이 있다. 선택의 자유를 보장하는 것은 현금급여이다.

11 사회복지 프로그램의 성과목표 설정에 대한 설명으로 옳지 않은 것은?

① 목표는 측정가능하여야 한다.
② 목표는 획득가능하여야 한다.
③ 목표는 시간이 설정되어야 한다.
④ 목표는 과정지향적이어야 한다.

>**ADVICE** ④ 성과목표는 사회복지 프로그램을 통해 클라이언트가 변화된 결과를 나타내는 최종적인 목표이고 과정목표는 최종목표를 달성하기 이전에 사회 복지 프로그램의 수행과정별로 설정하는 과정상의 목표이다.

12 과제중심모델에 대한 설명으로 옳은 것은?

① 개인의 내적 사고와 갈등 감정을 잘 이해하도록 도움으로써 사회적 기능을 향상하고자 한다.
② 개인의 비합리적 신념이나 인지적 오류를 변화시킴으로써 부정적 감정을 극복하고 긍정적인 행동 변화를 이끈다.
③ 클라이언트의 문제해결 능력을 향상하기 위하여 심리적인 변화와 사회환경적인 변화를 시도한다.
④ 리드(Reid)와 엡스타인(Epstein)이 대표적 학자이고, 클라이언트가 인식한 문제에 초점을 둔 단기개입을 한다.

>**ADVICE** 과제중심모델은 리드와 엡스타인 등에 의해 소개된 것으로 클라이언트가 인식한 문제에 초점을 둔 단기 개입을 한다. 클라이언트가 자신에게 주어진 행동적 과업을 통해 스스로 문제를 해결할 수 있도록 돕는 실천방법이다.

 ANSWER 8.④ 9.① 10.③ 11.④ 12.④

13 사회복지실천에서 관계형성 및 유지 기술에 대한 설명으로 옳지 않은 것은?

① 통제된 정서적 관여 – 사회복지사는 클라이언트가 과도한 정서를 표출하지 않도록 통제해야 한다.

② 의도적 감정표현 – 사회복지사는 정서적 지지를 통해 클라이언트가 자신의 의견과 감정을 자연스럽게 표현할 수 있도록 기회를 마련해 주어야 한다.

③ 비밀보장 – 사회복지사는 클라이언트의 비밀을 보장해야 하지만 사례회의에서 면담내용이 공개될 수 있다.

④ 수용 – 사회복지사는 클라이언트를 있는 그대로 인정하고 받아들여야 하지만 일탈적 행동을 허용한다는 것은 아니다.

> **ADVICE** 통제된 정서적 관여의 의미
> ㉠ 정서적 관여는 클라이언트의 감정에 대한 사회복지사의 민감성, 그의 감정이 의미하는 것에 대한 이해, 그의 감정에 대한 의도적이고 적절한 반응을 의미한다.
> ㉡ 클라이언트는 표현된 감정에 대한 공감적 반응을 얻고 싶어하고, 사회복지사의 적절한 정서적 관여는 클라이언트로 하여금 수용된다는 느낌을 가지게 하여 심리적 안정을 찾는다.
> ㉢ 관여는 통제되는 것으로, 상담의 총체적 목적과 클라이언트의 변화하는 욕구나 사회복지사의 진단적 사고에 따라 의도적이며 적절한 반응의 방향이 설정되어야 한다.

14 다문화가족의 적응력 향상을 위한 한국문화체험 프로그램을 논리모델(logic model)로 구성하였을 때, 다음 예시 ㈎~㈐에 해당하는 요소를 바르게 연결한 것은?

> ㈎ 교육이수자 ○○명, 교육이수 ○○시간, 자격취득자 ○○명
> ㈏ 한국어 능력 향상, 한국문화 이해도 증진, 가족기능 강화
> ㈐ 건강가정사 ○명, 한국어강사 ○명, 사회복지사 ○명
> ㈑ 한국어 교육, 문화답사, 가족캠프

	㈎	㈏	㈐	㈑
①	산출	성과	투입	활동
②	투입	성과	산출	활동
③	투입	활동	산출	성과
④	산출	활동	성과	투입

> **ADVICE** 논리모델 프로그램의 과정
> ㉠ 투입 : 프로그램에 투여되거나 프로그램에 의해 소비된 자원→㈐
> ㉡ 활동 : 임무를 수행하기 위해 프로그램에서 하는 활동→㈑
> ㉢ 산출 : 프로그램 활동의 직접적 결과물 및 실적 등→㈎
> ㉣ 성과 : 프로그램 활동중 또는 활동 이후 참여자들이 얻은 이익 또는 혜택→㈏

15 사례관리의 특성으로 옳지 않은 것은?

① 서비스의 접근성 향상
② 공식적·비공식적 자원의 연계 및 조정
③ 직접적·간접적 서비스 수행
④ 서비스 비용의 증대 추구

>ADVICE ④ 사례관리는 서비스 비용 절감을 추구한다.

16 자선조직협회와 인보관운동에 대한 설명으로 옳지 않은 것은?

① 자선조직협회와 인보관운동은 모두 빈민 구제를 목적으로 하였다.
② 자선조직협회의 주된 활동층은 중산층의 부인이었으나 인보관운동은 의식 있는 대학생이었다.
③ 자선조직협회는 활동 목표를 개인의 변화에 두었으나 인보관운동은 사회의 변화에 두었다.
④ 자선조직협회는 빈곤의 원인을 사회구조적인 책임으로, 인보관운동은 개인의 책임으로 보았다.

>ADVICE ④ 자선조직협회는 빈곤의 원인을 개인의 책임으로 인보관운동은 사회구조적인 책임으로 보았다.

17 사회복지실천모델에 대한 설명으로 옳지 않은 것은?

① 심리사회모델은 상황 속의 인간(person-in-situation)을 강조한다.
② 위기개입모델은 초점화된 단기개입으로 클라이언트의 심리내적 변화에 일차적인 목표를 둔다.
③ 권한부여모델은 전문가적 접근성보다는 협력적인 파트너십과 해결지향적 접근을 강조한다.
④ 해결중심모델은 클라이언트의 문제 그 자체보다는 성공경험과 강점을 강화함으로써 해결책을 모색한다.

>ADVICE ② 위기개입모델은 초점화된 단기개입으로 클라이언트의 증상의 완화에 일차적인 목표를 둔다.

ANSWER 13.① 14.① 15.④ 16.④ 17.②

18 우리나라 사회복지사 윤리강령의 내용으로 옳지 않은 것은?

① 사회복지사는 자기가 속한 전문가 조직의 권익옹호를 최우선의 가치로 삼고 행동해야 한다.

② 사회복지사는 인권존중과 인간평등을 위해 헌신해야 하며, 사회적 약자를 옹호하고 대변하는 일을 주도해야 한다.

③ 사회복지사는 사회정의 실현과 클라이언트의 복지 증진에 헌신하며, 이를 위한 환경 조성을 국가와 사회에 요구해야 한다.

④ 사회복지사는 기관의 부당한 정책이나 요구에 대하여, 전문직의 가치와 지식을 근거로 이에 대응하고 즉시 사회복지윤리위원회에 보고해야 한다.

>ADVICE ① 사회복지사는 사회적 · 경제적 약자들의 편에 서서 사회정의와 평등 · 자유와 민주주의 가치를 실현하는 데 앞장선다.

② 사회복지사 윤리강령 전문에 포함된 내용이다.

③ 사회복지사의 기본적 윤리기준 중 전문가로서의 자세에 해당하는 내용이다.

④ 사회복지사의 기관에 대한 윤리기준에 포함된 내용이다.

19 사회보험에 비해 공공부조의 장점은?

① 근로동기를 저해하는 부작용이 적다.

② 수직적인 소득재분배 효과가 높다.

③ 수급자가 낙인감(stigma)을 적게 느낀다.

④ 행정절차가 간소하여 비용이 적게 든다.

>ADVICE ① 공공부조는 근로동기를 저해하는 단점이 있다.

③ 수급자가 낙인감을 크게 느낀다.

④ 공공부조를 위한 자산조사에 비용이 많이 든다.

※ 사회보험과 공공부조의 비교

구분	사회보험	공공부조
대상자	전국민	빈민층
자산조사	불필요	필요
욕구의 종류	예상되는 욕구	드러난 욕구
낙인감	없음	있음
재정 예측성	비교적 쉬움	예측이 어려움
재정충당 방식	보험료	일반조세

20 반두라(Bandura)의 사회학습이론에 대한 설명으로 옳은 것만을 모두 고른 것은?

> ㉠ 학습은 개인의 경험뿐만 아니라 관찰학습을 통해서 이루어진다.
> ㉡ 모방, 열등감, 조작적 조건화 등이 주요 개념이다.
> ㉢ 개인의 내적요인, 행동, 환경이 상호작용한다고 보는 상호결정론을 강조한다.
> ㉣ 성격의 지형학적 구조를 의식, 전의식, 무의식으로 나누었다.

① ㉠, ㉢   ② ㉠, ㉣
③ ㉡, ㉢   ④ ㉡, ㉣

>**ADVICE** ㉡ 열등감은 아들러의 개인심리이론의 주요 개념이고, 조작적 조건화는 스키너의 행동주의이론의 주요 개념이다.
> ㉣ 성격의 지형학적 구조를 의식, 전의식, 무의식으로 나눈 것은 프로이트이다.

1 강점 관점(strength perspective)에 대한 설명으로 옳지 않은 것은?

① 클라이언트의 문제를 사정하고 해결하기 위해 과거를 중요하게 본다.
② 클라이언트가 갖고 있는 내적·외적 자원을 활용하고자 한다.
③ 클라이언트의 문제를 도전, 전환점, 성장의 기회로 간주한다.
④ 클라이언트를 변화할 수 있는 능력을 가진 존재로 본다.

>ADVICE ① 클라이언트의 문제를 사정하고 해결하기 위해 과거를 중요하게 보는 것은 프로이트의 정신분석이론과 관련된 설명이다. 강점 관점(strength perspective)은 클라이언트의 강점을 중심으로 해결 중심 접근을 중요하게 본다.

2 1601년 엘리자베스 구빈법에 대한 설명으로 옳지 않은 것은?

① 노동능력에 따라 빈민을 구분하고 차등적으로 처우하였다.
② 빈민구제를 국가책임으로 인식하였다.
③ 빈민구제를 담당하는 행정기관을 설립하고 구빈세를 부과하였다.
④ 구빈 수급자의 구제수준은 최하층 노동자의 생활수준보다 높지 않아야 한다는 원칙을 확립하였다.

>ADVICE ④ 구빈 수급자의 구제수준은 최하층 노동자의 생활수준보다 높지 않아야 한다는 열등처우의 원칙은 1834년 개정된 신빈민법에서 규정되었다.
※ 신빈민법의 구빈행정체제 원칙
ㄱ 전국 균일처우의 원칙
ㄴ 열등처우의 원칙
ㄷ 작업장 활용의 원칙

3 인보관운동에 대한 설명으로 옳지 않은 것은?

① 영국의 토인비홀과 미국의 헐하우스가 대표적인 인보관이다.
② 사회조사를 통해 빈곤지역의 생활환경을 개선하고자 노력하였다.
③ 빈곤가정에 우애방문자를 파견함으로써 문제를 해결하고자 하였다.
④ 집단사회복지 발전의 기초가 되었다.

>**ADVICE** ③ 빈곤가정에 우애방문자를 파견함으로써 문제를 해결하고자 하였던 것은 자선조직협회이다.

4 로스만(Rothman)이 제시한 지역사회복지 실천모델이 아닌 것은?

① 지역사회보호모델
② 지역사회개발모델
③ 사회계획모델
④ 사회행동모델

>**ADVICE** 로스만(Rothman)이 제시한 지역사회복지 실천모델은 지역사회개발모델, 사회계획(및 정책)모델, 사회행동모델이다.
  ① 지역사회보호모델은 포플(Popple)이 제시한 지역사회복지 실천모델이다.
  ※ 포플(Popple)의 지역사회복지 실천모델
    ㉠ 지역사회보호
    ㉡ 지역사회조직
    ㉢ 지역사회개발
    ㉣ 사회·지역계획
    ㉤ 지역사회교육
    ㉥ 지역사회행동
    ㉦ 여권주의적 지역사회사업
    ㉧ 인종차별철폐 지역사회사업

ANSWER 1.① 2.④ 3.③ 4.①

5 핀커스(Pincus)와 미나한(Minahan)이 제시한 사회복지사의 활동체계에 대한 설명으로 옳지 않은 것은?

① 변화매개체계는 사회복지사와 사회복지사를 고용하고 있는 기관 및 조직을 의미한다.
② 클라이언트체계는 변화노력을 달성하기 위해 상호작용하는 모든 체계들을 의미한다.
③ 행동체계는 변화목표를 설정하거나 표적에 영향을 미치기 위해 활용될 수 있다.
④ 표적체계는 목표달성을 위하여 직접적으로 영향을 주거나 변화가 필요한 사람들이다.

》**ADVICE** ② 변화노력을 달성하기 위해 상호작용하는 모든 체계들을 의미하는 것은 행동체계이다. 클라이언트체계는 클라이언트와 그 문제 해결에 잠재적 영향을 주는 환경에 있는 사람들을 의미한다.

6 다음의 상황에서 사회복지사 A가 겪을 수 있는 윤리적 쟁점은?

사회복지사 A는 신입사회복지사 B의 이야기를 듣고 상사에게 보고해야 하는지에 대한 고민이 생겼다. 동료사회복지사 C가 신입사회복지사 B에게 자신의 프로그램 운영에 필요한 자료 제작을 지시하였을 뿐만 아니라, 개인적인 대학원 과제도 시키는 일이 있어 어떻게 해야 할지 난감하다고 하였기 때문이다.

① 제한된 자원의 공정한 분배
② 전문적 동료관계
③ 진실성 고수와 알 권리
④ 클라이언트의 이익과 사회복지사의 이익

》**ADVICE** 사회복지사 A는 동료사회복지사인 C와의 전문적 동료관계에 대한 윤리적 고민을 겪을 수 있다.
※ 사회복지실천의 전문적 윤리
ⓐ 클라이언트의 자기결정권
ⓑ 비밀보장
ⓒ 제한된 자원의 공정한 분배
ⓓ 진실성 고수와 알 권리
ⓔ 상충되는 의무와 기대
ⓕ 전문적 관계 유지
ⓖ 클라이언트의 이익과 사회복지사의 이익
ⓗ 전문적 동료관계
ⓘ 규칙과 정책 준수

7 로웬버그(Loewenberg)와 돌고프(Dolgoff)가 제시한 윤리적 원칙 심사표(Ethical Principles Screen)의 윤리원칙을 우선순위대로 바르게 나열한 것은?

> ㉠ 생명보호의 원칙   ㉡ 사생활과 비밀보장의 원칙
> ㉢ 삶의 질의 원칙   ㉣ 평등과 불평등의 원칙
> ㉤ 진실성과 완전공개의 원칙 ㉥ 최소 해악의 원칙
> ㉦ 자율성과 자유의 원칙

① ㉠ → ㉣ → ㉡ → ㉦ → ㉥ → ㉤ → ㉢
② ㉠ → ㉣ → ㉦ → ㉥ → ㉢ → ㉡ → ㉤
③ ㉠ → ㉦ → ㉢ → ㉣ → ㉤ → ㉥ → ㉡
④ ㉠ → ㉦ → ㉣ → ㉥ → ㉡ → ㉢ → ㉤

> **ADVICE** 로웬버그 & 돌고프의 윤리원칙 우선순위
> • 1순위 : 생명보호의 원칙
> • 2순위 : 평등과 불평등의 원칙
> • 3순위 : 자율성과 자유의 원칙
> • 4순위 : 최소 해악의 원칙
> • 5순위 : 삶의 질의 원칙
> • 6순위 : 사생활과 비밀보장의 원칙
> • 7순위 : 진실성과 완전공개의 원칙

8 행동주의모델의 치료기법이 아닌 것은?

① 체계적 둔감화   ② 자기주장훈련
③ 자유연상   ④ 이완훈련

> **ADVICE** ③ 자유연상은 프로이트의 정신분석이론과 관련 있다.

ANSWER 5.② 6.② 7.② 8.③

9 「노인복지법」상 노인복지시설의 종류에 해당하는 것만을 모두 고른 것은?

> ㉠ 노인주거복지시설　　　　　　　㉡ 노인의료복지시설
> ㉢ 재가노인복지시설　　　　　　　㉣ 노인보호전문기관
> ㉤ 노인여가복지시설

① ㉠, ㉣, ㉤　　　　　　　　　　　② ㉡, ㉢, ㉤

③ ㉠, ㉡, ㉢, ㉣　　　　　　　　　④ ㉠, ㉡, ㉢, ㉣, ㉤

> **ADVICE** 노인복지시설의 종류〈노인복지법 제31조〉
> ㉠ 노인주거복지시설
> ㉡ 노인의료복지시설
> ㉢ 노인여가복지시설
> ㉣ 재가노인복지시설
> ㉤ 노인보호전문기관
> ㉥ 노인일자리지원기관
> ㉦ 학대피해노인 전용쉼터

10 에릭슨(Erikson)의 심리사회적 발달 단계에서 제6단계(성인초기)의 심리사회적 위기는?

① 자아통합 대 절망
② 정체감 대 정체감 혼란
③ 친밀감 대 고립감
④ 생산성 대 침체

> **ADVICE** 에릭슨의 심리사회적 발달 단계
> ㉠ 유아기 : 신뢰감 대 불신감
> ㉡ 초기아동기 : 자율성 대 수치 및 의심
> ㉢ 학령전기 : 주도성 대 죄책감
> ㉣ 학령기 : 근면성 대 열등감
> ㉤ 청소년기 : 자아정체감 대 역할혼미
> ㉥ 성인초기 : 친밀감 대 고립감
> ㉦ 성인기 : 생산성 대 침체
> ㉧ 노년기 : 자아통합 대 절망

11 공적연금에 대한 설명으로 옳지 않은 것은?

① 대표적인 4대 공적연금 중 가장 먼저 시행된 것은 군인연금이다.
② 공적연금에는 국민연금과 특수직역연금이 있다.
③ 사립학교교직원연금은 공적연금에 해당한다.
④ 노령연금은 국민연금의 급여 종류에 해당한다.

》ADVICE ① 대표적인 4대 공적연금 중 가장 먼저 시행된 것은 1960년에 제정·시행된 공무원연금이다. 군인연금은 1963년에 제정·시행되었다.

12 장애인복지의 이념에 대한 설명으로 옳지 않은 것은?

① 자립생활이란 다른 사람에게 의존하지 않고 장애인 자신이 삶의 주체가 되어 자기결정권을 행사하는 것이다.
② 평등은 장애를 가진 사람도 비장애인과 동일한 의무와 권리가 인정되고 평등한 기회를 보장받는 것이다.
③ 사회통합이란 장애인이 가지고 있는 불리를 경감하고 해소하여 의미 있는 사회참여를 할 수 있도록 하는 것이다.
④ 정상화는 장애인만의 생활방식과 리듬을 강조하면서 장애인이 정상적인 발달경험을 할 수 있도록 시설에 보호하는 것이다.

》ADVICE ④ 정상화는 일상적이고 정상적인 생활방식과 리듬을 강조하면서 장애인이 정상적인 발달경험을 할 수 있도록 탈시설보호 또는 지역사회보호를 추구한다.

13 제도적 사회복지에 대한 설명으로 옳지 않은 것은?

① 사회문제에 대한 사회적 책임을 강조한다.
② 보충성 원칙에 입각하고 있다.
③ 주요 사회보장제도는 사회보험이다.
④ 사회통합의 기능을 한다.

》ADVICE ② 보충성 원칙에 입각하고 있는 것은 보충적 사회복지이다. 제도적 사회복지는 빈곤 등 사회문제가 사회적으로 구조화되어 있어서 제도적으로 국민전체에 대한 복지를 이루어야 한다는 관점이다.

✎ **ANSWER** 9.④ 10.③ 11.① 12.④ 13.②

14 「국민기초생활 보장법」의 내용으로 옳지 않은 것은?

① 이 법은 생활이 어려운 사람에게 필요한 급여를 실시하여 이들의 최저생활을 보장하고 자활을 돕는 것을 목적으로 한다.

② 생계급여 최저보장수준은 생계급여와 소득인정액을 포함하여 생계급여 선정기준 이상이 되도록 하여야 한다.

③ 보장기관은 대통령령으로 정하는 바에 따라 근로능력이 있는 수급자에게 자활에 필요한 사업에 참가할 것을 조건으로 하여 생계급여를 실시할 수 있고 이 경우 자활지원계획을 고려하여 조건을 제시하여야 한다.

④ 이 법에 따른 급여는 부양의무자의 부양과 다른 법령에 따른 보호에 우선하여 행하여지는 것으로 한다.

> ADVICE ④ 부양의무자의 부양과 다른 법령에 따른 보호는 이 법에 따른 급여에 우선하여 행하여지는 것으로 한다. 다만, 다른 법령에 따른 보호의 수준이 이 법에서 정하는 수준에 이르지 아니하는 경우에는 나머지 부분에 관하여 이 법에 따른 급여를 받을 권리를 잃지 아니한다〈국민기초생활 보장법 제3조(급여의 기본원칙) 제2항〉.
> ① 국민기초생활 보장법 제1조(목적)
> ② 국민기초생활 보장법 제8조(생계급여의 내용 등) 제3항
> ③ 국민기초생활 보장법 제9조(생계급여의 방법) 제5항

15 길버트(Gilbert)와 테렐(Terrell)이 제시한 사회복지정책 분석틀을 구성하는 주요 선택의 차원에 대한 설명으로 옳지 않은 것은?

① 할당, 급여, 전달, 재정으로 구성되어 있다.

② 할당은 수급자를 누구로 할 것인가에 관한 것이다.

③ 급여는 재정마련의 방법에 관한 것으로 공공, 민간, 혼합 형태가 있다.

④ 전달은 서비스 전달 방식과 주체에 관한 것이다.

> ADVICE ③ 급여는 현금, 현물, 바우처, 기회 등의 형태가 있다. 재정은 재정마련의 방법에 관한 것으로 공공, 민간, 혼합 형태가 있다.

16 사회복지조사에서 내적 타당도(internal validity)의 저해요인이 아닌 것은?

① 통계적 회귀(statistical regression)
② 도구 효과(instrumentation effect)
③ 외부 사건(history)
④ 무작위 오류(random error)

)ADVICE 내적 타당도를 저해하는 요인으로는 통계적 회귀, 도구 효과, 외부 사건, 성장 요인, 검사 요인, 상실 요인 등이 있다.
④ 무작위 오류는 측정 과정에서 조사 체계와 관계없이 발생하는 오류이다.

17 사회복지 정책결정모형에 대한 설명으로 옳은 것은?

① 쓰레기통모형은 정책결정자가 높은 합리성을 가지고 주어진 상황에서 최선의 정책 대안을 찾아낼 수 있다고 본다.
② 혼합모형은 합리적 요소와 함께 직관, 판단, 통찰력과 같은 초합리적 요소를 바탕으로 정책결정을 한다고 본다.
③ 최적모형은 과거의 정책결정을 기초로 하여 약간의 변화를 추구하면서 새로운 정책대안을 검토하고 점증적으로 수정하는 과정을 거친다고 본다.
④ 만족모형은 정책결정 과정에서 모든 정책대안이 다 고려되지 않고 고려될 수도 없다고 본다.

)ADVICE ① 합리모형은 정책결정자가 높은 합리성을 가지고 주어진 상황에서 최선의 정책 대안을 찾아낼 수 있다고 본다.
② 최적모형은 합리적 요소와 함께 직관, 판단, 통찰력과 같은 초합리적 요소를 바탕으로 정책결정을 한다고 본다.
③ 점증모형은 과거의 정책결정을 기초로 하여 약간의 변화를 추구하면서 새로운 정책대안을 검토하고 점증적으로 수정하는 과정을 거친다고 본다.

✎ ANSWER 14.④ 15.③ 16.④ 17.④

18 로마니쉰(Romanyshyn)이 제시한 사회변화에 따른 사회복지 개념의 변화로 옳은 것만을 모두 고른 것은?

> ㉠ 최적생활 보장에서 최저생활 보장으로 변화
>
> ㉡ 자선에서 시민의 권리로 변화
>
> ㉢ 특수성에서 보편성의 성향으로 변화
>
> ㉣ 공공지원에서 민간지원으로 변화
>
> ㉤ 개인의 변화에서 사회의 개혁으로 변화

① ㉠, ㉡, ㉣

② ㉠, ㉢, ㉣

③ ㉡, ㉢, ㉤

④ ㉢, ㉣, ㉤

〉ADVICE 로마니쉰(Romanyshyn)이 제시한 사회변화에 따른 사회복지개념 변화

㉠ 보완적인 것→제도적인 것

㉡ 자선을 베푼다는 입장→시민의 당연한 권리

㉢ 특수한 봉사 활동→보편적인 활동

㉣ 최저 조건의 조성→최적(最適) 조건의 조성

㉤ 개인적 차원→사회적 차원

㉥ 자발적인 것→공공적인 것

㉦ 빈민구제→복지사회의 건설

19 다음은 「사회보장기본법」상 사회보장의 정의에 대한 설명이다. ㉠～㉢에 들어갈 용어를 바르게 연결한 것은?

> 사회보장이란 (㉠), (㉡), (㉢), 노령, 장애, 질병, 빈곤 및 사망 등의 사회적 위험으로부터 모든 국민을 보호하고 국민 삶의 질을 향상시키는 데 필요한 소득·서비스를 보장하는 사회보험, 공공부조, 사회서비스를 말한다.

	㉠	㉡	㉢
①	재해	자립	고용
②	출산	재해	실업
③	양육	고용	자립
④	출산	양육	실업

>ADVICE "사회보장"이란 출산, 양육, 실업, 노령, 장애, 질병, 빈곤 및 사망 등의 사회적 위험으로부터 모든 국민을 보호하고 국민 삶의 질을 향상시키는 데 필요한 소득·서비스를 보장하는 사회보험, 공공부조, 사회서비스를 말한다〈사회보장기본법 제3조 제1호〉.

20 집단사회복지실천의 주요 개념에 대한 설명으로 옳지 않은 것은?

① 집단규범은 집단 성원 모두가 집단에서 적절한 행동방식이라고 믿고 있는 신념이나 기대를 의미한다.
② 집단응집력은 '우리'라는 강한 일체감 또는 소속감을 의미한다.
③ 집단문화는 특정 성원이 집단 내에서 수행해야 할 구체적인 과업이나 기능과 관련된 행동을 의미한다.
④ 집단역동성은 집단 내에서 작용하는 사회적인 힘과 상호작용을 의미한다.

>ADVICE ③ 집단문화는 집단 구성원 사이에 존재하는 공통적인 가치나 신념, 전통 등을 의미한다.

1 자조집단을 만드는 동기는?

① 경쟁
② 자선
③ 상부상조
④ 기업의 사회적 책임감

>**ADVICE** 자조집단(self-help group) … 공통된 문제에 대해 이야기하고 격려하며 서로 도움을 주고받는 집단이다. 문제를 가진 당사자나 가족들이 자발적으로 참여하며 문제에 대한 공유를 통해 치유와 같은 공통된 목표를 추구한다.

2 다음 사회복지시설 중 이용시설은?

① 노인여가복지시설
② 아동양육시설
③ 장애인거주시설
④ 모자가족복지시설

>**ADVICE** 사회복지시설은 이용 방법에 따라 생활시설과 이용시설로 구분한다.
>　　① 이용시설　②③④ 생활시설

3 사회복지급여 수급권에 대한 설명으로 옳지 않은 것은?

① 사회복지급여 수급권은 정당한 이유 없이 불이익하게 변경될 수 없다.
② 사회복지급여 수급권은 상속될 수 없다.
③ 사회복지급여 수급권을 행사하는 자는 수급 절차 및 과정에서 각종 보고와 자료제출 등의 의무를 이행해야 한다.
④ 사회복지급여 수급권은 행정기관의 재량행위에 의해 인정된다.

>**ADVICE** ④ 사회복지급여 수급권은 법률에 의해 인정된다.

4 〈보기 1〉의 급여형태와 〈보기 2〉의 예시를 바르게 연결한 것은?

〈보기 1〉

㉠ 현금급여 ㉡ 현물급여

㉢ 증서 ㉣ 기회

〈보기 2〉

A. 「장애인고용촉진 및 직업재활법」의 장애인의무고용

B. 보건복지부의 사회서비스 전자바우처

C. 「노인장기요양보험법」의 방문목욕

D. 「국민연금법」의 노령연금

---

① ㉠ - D ② ㉡ - B

③ ㉢ - A ④ ㉣ - C

>ADVICE ㉠ 현금급여 - D. 국민연금법의 노령연금

㉡ 현물급여 - C. 노인장기요양보험법의 방문목욕

㉢ 증서 - B. 보건복지부의 사회서비스 전자바우처

㉣ 기회 - A. 장애인고용촉진 및 직업재활법의 장애인의무고용

5 소득재분배에 대한 설명으로 옳지 않은 것은?

① 사회보장제도에서 보호하는 위험의 종류와 적용대상 범위는 소득재분배의 효과에 영향을 미친다.

② 자녀가 없는 계층으로부터 자녀가 있는 계층으로 소득이 재분배되는 형태는 수평적 재분배에 해당한다.

③ 공적연금제도의 재정조달방식에서 적립방식은 부과방식보다 세대 간 재분배 효과가 더 뚜렷하게 나타난다.

④ 누진세를 재원으로 하는 공공부조제도는 기여금을 재원으로 하는 사회보험제도보다 수직적 소득재분배 효과가 더 크다.

>ADVICE ③ 부과방식은 당해 연도에 필요한 급여재원을 그 해의 연금 가입자에게 부과하는 세금이나 기여금 등으로 조달해서 지급하는 방식이다. 즉, 현 세대 노령층의 급여비용을 현 세대 근로계층이 부담하는 방식으로 적립방식보다 세대 간 재분배 효과가 더 뚜렷하게 나타난다.

ANSWER 1.③ 2.① 3.④ 4.① 5.③

6 사회복지실천모델의 기본 가정과 주요 개입 기술을 모두 바르게 연결한 것은?

	사회복지실천모델	기본 가정	주요 개입 기술
①	심리사회모델	인간은 개인적·환경적·인지적 영향력 사이에서 끊임없이 상호작용하면서 행동하는 존재다.	인지 재구조화
②	해결중심모델	인간은 누구나 문제해결능력을 가지고 있으며, 변화는 불가피하다.	예외 질문
③	인지행동모델	인간의 현재 행동을 이해하기 위해서는 과거 경험에 대한 탐색이 중요하다.	발달적 고찰
④	위기개입모델	인간은 감당하기 어려운 상황에 직면하게 되면 균형상태가 깨져 혼란 상태에 놓인다.	관계성 질문

> **ADVICE** 사회복지실천모델의 기본 가정과 주요 개입 기술

사회복지실천모델	기본 가정	주요 개입 기술
심리사회모델	인간의 현재 행동을 이해하기 위해서는 과거 경험에 대한 탐색이 중요하다.	발달적 고찰
해결중심모델	인간은 누구나 문제해결능력을 가지고 있으며, 변화는 불가피하다.	예외 질문, 관계성 질문
인지행동모델	인간은 개인적·환경적·인지적 영향력 사이에서 끊임없이 상호작용하면서 행동하는 존재다.	인지 재구조화
위기개입모델	인간은 감당하기 어려운 상황에 직면하게 되면 균형상태가 깨져 혼란 상태에 놓인다.	―

7 다음 그림에서 임계경로(critical path)로 옳은 것은?

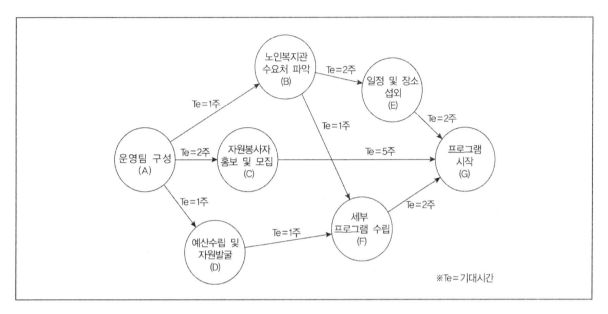

① A → B → E → G

② A → B → F → G

③ A → C → G

④ A → D → F → G

>**ADVICE** 임계경로란, 여러 단계의 과정을 거치는 작업에서 그것을 완성하려면 여러 과정의 경로가 동시에 수행되어야 한다고 할
때, 그 중 가장 긴 경로를 말한다. 따라서 보기 중 가장 긴 기대시간인 7주가 필요한 A → C → G가 임계경로이다.

8 테일러-구비(Taylor-Gooby)가 주장하는 신사회적 위험의 발생 원인으로 옳지 않은 것은?

① 저출산에 따른 생산가능인구의 감소로 인한 국가 경쟁력 하락
② 여성의 경제활동참여 증가에 따른 일–가정 양립의 어려움
③ 미숙련 생산직의 비중 하락을 가져온 생산기술의 변동으로 인한 저학력자들의 사회적 배제
④ 고령화에 따른 노인돌봄을 위해 가족구성원의 경제활동 포기로 인한 소득 감소

> **ADVICE** 테일러-구비는 신사회위험을 '후기산업사회로의 이행과 연관된 경제, 사회변동과 연관된 결과로서 사람들의 생애기간에 직면하는 위험들로 규정하면서 신사회위험의 발생 경로를 네 측면에서 고찰하였다.
> ㉠ 맞벌이 부부의 증가와 여성교육의 향상으로 여성들의 노동시장 참여가 급증하면서 일과 가정을 양립하기 어려운 저숙련 여성층에서 신사회위험이 나타난다.
> ㉡ 노인인구의 증가로 노인케어의 부담이 급증하고 있다. 노인케어는 상당부분 여성에게 주어져 있고 여성이 케어와 직장을 병행하기 어려워 노동시장에서 철수하면 홑벌이 부부가 되기 때문에 빈곤의 가능성이 높아진다.
> ㉢ 무숙련 생산직의 비중을 줄여온 생산기술의 변동, 그리고 저임금의 비교우위를 이용한 국가간 경쟁의 격화로 발생하는 노동시장구조의 변화는 교육수준이 낮은 사람들이 사회적으로 배제되는 위험을 발생시킨다. 즉, 교육수준이 낮을수록 실업에 빠질 확률과 장기빈곤에 빠질 위험성이 높아진다.
> ㉣ 일부국가에서 민영화된 공적연금, 의료보험 등에서 소비자가 선택을 잘못할 경우 혹은 민영보험에 대한 규제가 잘 이루어지지 않을 경우 새로운 위험이 발생할 수 있다.

9 리더십이론에 대한 설명으로 옳은 것은?

① 리더십 특성이론은 리더가 가진 특성이나 자질을 강조하면서, 그러한 특성과 자질을 학습하면 누구나 리더가 될 수 있다고 주장한다.
② 허시와 블랜차드(Hersey & Blanchard)의 상황이론에서는 리더십 유형의 유효성을 높일 수 있는 상황조절변수로 리더의 성숙도를 들고 있다.
③ 피들러(Fiedler)의 상황이론에서는 상황의 주요 구성요소로 리더와 부하의 관계, 과업이 구조화되어 있는 정도, 관리자의 지위권력 정도를 제시한다.
④ 블레이크와 머튼(Blake & Mouton)이 제시하는 관리격자이론에서는 중도(middle-of-the-road)형 리더십을 가장 이상적인 리더십으로 간주한다.

> **ADVICE** ① 리더십 특성이론은 리더가 가진 특성이나 자질을 강조하였으나, 각 리더마다 독특한 리더십 특성을 갖고 있어 리더와 추종자, 유능한 리더와 무능한 리더를 항상 차별화시킬 수 있는 특성 집합을 제시하지는 못했다는 비판을 받는다.
> ② 허시와 블랜차드의 상황이론에서는 리더십 유형의 유효성을 높일 수 있는 상황조절변수로 부하의 성숙도를 들고 있다.
> ④ 블레이크와 머튼이 제시하는 관리격자이론에서는 팀중심형(단합형) 리더십을 가장 이상적인 리더십으로 간주한다.

10 〈보기 1〉의 ㉠ ~ ㉣에 들어갈 말을 〈보기 2〉의 ⓐ ~ ⓗ에서 바르게 연결한 것은?

〈보기 1〉

• (㉠)는(은) 어머니를 미워하는 것이 자아에 수용될 수 없으므로 나 자신이 미운 것으로 대치시키는 것으로서 우울증을 야기하는 중요한 기제로도 여겨진다.

• (㉡)는(은) 보상과 속죄의 행위를 통해 죄책감을 일으키는 충동이나 행동을 중화 또는 무효화하는 것이다.

• (㉢)는(은) 실패가능성이 있거나 심한 좌절, 불안감을 느낄 때 초기의 발달단계나 행동양식으로 후퇴하는 것이다.

• (㉣)는(은) 받아들일 수 없는 욕망, 기억, 사고 따위를 의식 수준에서 몰아내어 무의식으로 추방하는 것이다.

〈보기 2〉

ⓐ 반동형성   ⓑ 퇴행
ⓒ 취소   ⓓ 전환
ⓔ 합리화   ⓕ 투사
ⓖ 투입   ⓗ 억압

	㉠	㉡	㉢	㉣			㉠	㉡	㉢	㉣
①	ⓓ	ⓒ	ⓐ	ⓗ		②	ⓖ	ⓒ	ⓑ	ⓗ
③	ⓓ	ⓔ	ⓐ	ⓕ		④	ⓖ	ⓔ	ⓑ	ⓕ

ADVICE ⓐ 반동형성 : 무의식 속에서 용납할 수 없는 충동을 반대의 감정으로 대치시켜 표현하는 것

ⓑ 퇴행 : 심한 좌절 또는 스트레스를 받았을 때 유치한 수준(주로 고착 시기)으로 후퇴하는 현상

ⓒ 취소 : 자신의 욕구와 행동으로 인하여 타인에게 피해를 주었다고 느낄 때, 원상복구하려는 일종의 속죄 행위

ⓓ 전환 : 심리적 갈등이 신체 감각이나 수의근육계의 증상으로 표출되는 것

ⓔ 합리화 : 인식하지 못하고 있는 어떤 동기에서 나온 행동을 나름의 이론체계에 맞춰 이유를 들어 설명하는 것

ⓕ 투사 : 소망이나 충동을 타인이나 또는 그 문제에 관련된 외부세계에 있는 어떤 대상에게 책임을 전가하는 것

ⓖ 투입 : 애증과 같은 강한 감정을 직접적으로 표현하는 것을 피하기 위해 다른 사람을 자기로 간주하여 합일화하는 것

ⓗ 억압 : 가장 많이 사용되는 방어기제로서, 의식에서 용납하기 힘든 생각, 욕망, 충동들을 무의식 속으로 눌러 넣어 버리는 것

ANSWER 8.① 9.③ 10.②

11 최근 우리나라의 가족생활주기 변화현상에 대한 설명으로 옳지 않은 것은?

① 초혼 연령이 높아지면서 가족생활주기가 시작되기 전까지의 기간이 길어지고 있다.
② 첫 자녀결혼 시작에서 막내 자녀결혼 완료까지의 기간은 출산 자녀 수의 감소로 짧아지고 있다.
③ 평균수명 증가, 자녀 수 감소 등으로 인해 가족생활주기가 변화되고 있다.
④ 새로운 가족유형이 나타나면서 가족생활주기별 구분이 보다 더 뚜렷해지고 있다.

》ADVICE ④ 이혼 및 재혼 가족, 한부모가족, 비혈연가족, 1인 가족 등 새로운 가족유형이 나타나면서 가족생활주기별 구분이 점차
　　　　　모호해지고 있다.

12 다음 설명에 해당하는 의사결정기법은?

> • 어떤 주제에 대해 전문가들의 합의를 얻으려고 할 때 적용될 수 있다.
> • 전문가들에게 우편으로 의견이나 정보를 수집한 후, 분석한 결과를 다시 응답자들에게 보내 의견을 묻는 방식이다.
> • 전문가가 자유로운 시간에 의견을 제시할 수 있는 장점이 있지만, 시간이 많이 걸리고 반복하는 동안 응답자의 수가 줄어드는 문제가 있다.

① 의사결정나무분석기법　　　　　　　② 브레인스토밍
③ 명목집단기법　　　　　　　　　　　④ 델파이기법

》ADVICE 제시된 내용은 델파이기법에 대한 설명이다.
　　　　① 의사결정나무분석기법 : 의사결정 규칙(Decision Tree)을 도표화하여 관심대상이 되는 집단을 몇 개의 소집단으로 분류
　　　　　하거나 예측을 수행하는 계량적 분석방법
　　　　② 브레인스토밍 : 창의적이고 비구조화된 방법으로 다양한 아이디어를 생성하는 사고 기법
　　　　③ 명목집단기법 : 개별 아이디어를 서면으로 제출한 후, 제한적 토의를 거쳐 투표로 의사를 결정하는 기법

13 마셜(Marshall)이 제시한 시민권에 대한 설명으로 옳지 않은 것은?

① 시민권은 사회권, 참정권, 공민권의 순서로 발달하였다.
② 공민권이란 법 앞에서의 평등, 신체의 자유, 언론의 자유 등과 같은 권리를 의미한다.
③ 사회권을 보장하기 위한 대표적인 장치로 교육과 사회복지제도를 제시하였다.
④ 투표할 수 있는 권리와 정치과정에 참여할 수 있는 권리는 참정권에 해당한다.

》ADVICE ① 시민권은 공민권(18세기), 참정권(19세기), 사회권(20세기 중반)의 순서로 발달하였다.

14 클라이언트의 고지된 동의(informed consent)에 대한 설명으로 옳지 않은 것은?

① 사회복지사는 클라이언트가 받는 서비스의 범위와 내용에 대해 정확하고 충분한 정보를 제공하고 클라이언트의 동의를 얻어야 한다.

② 고지된 동의는 클라이언트의 자기결정의 가치를 실현하기 위한 윤리원칙이다.

③ 원칙적으로 고지된 동의가 이루어지기 위해서는 클라이언트가 충분한 정보를 제공받아서 지식을 갖추고 있고, 자발적으로 동의를 해야 하며, 동의를 할 수 있는 능력을 갖추고 있어야 한다.

④ 클라이언트를 대상으로 연구하는 사회복지사는 클라이언트로부터 고지된 동의를 얻을 필요가 없다.

〉ADVICE ④ 클라이언트를 대상으로 연구하는 사회복지사는 클라이언트로부터 고지된 동의를 얻어야 한다.

15 로렌츠 곡선에 대한 설명으로 옳지 않은 것은?

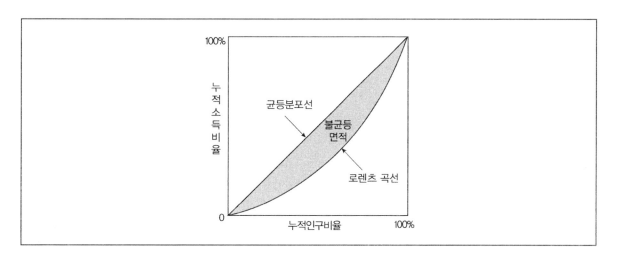

① 균등분포선과 로렌츠 곡선이 이루는 면적(빗금 친 부분)이 클수록 소득불평등도는 커진다.

② 로렌츠 곡선과 균등분포선이 일치하는 사회에서는 누적인구비율 20%의 누적소득비율은 20%가 된다.

③ 로렌츠 곡선은 전체적인 소득불평등 상태를 알아보는 데 유용하다.

④ 한 사회의 모든 구성원의 소득이 같다면 지니계수는 1이 된다.

〉ADVICE ④ 지니계수는 소득분배의 불평등도를 나타내는 수치로, 0에 가까울수록 소득분포가 평등하다고 보며 1에 가까울수록 불평등하다고 본다. 한 사회의 모든 구성원의 소득이 같다면 지니계수는 0이 된다.

 ANSWER 11.④ 12.④ 13.① 14.④ 15.④

16 다음 사례에서 컴튼(Compton)과 갤러웨이(Galaway)가 분류한 사회복지실천체계를 바르게 연결한 것은?

> 알코올중독자인 남편 甲은 술만 먹으면 배우자인 乙에게 폭력을 행사한다. 이를 견디다 못한 乙은 사회복지사 丙을 찾아가 甲의 알코올중독에 따른 가정폭력 문제를 호소하였다. 丙은 乙의 문제를 함께 해결해 가기 위해 계약을 맺고, 甲의 가정폭력을 해결할 수 있는 방안을 찾기로 했다.
> 한편, 甲과 乙의 고등학생 아들인 丁은 비행을 저질러 법원(戊)으로부터 보호관찰처분에 따른 부가처분으로 상담을 명받아 丙을 찾아왔다.

① 甲 : 클라이언트체계, 丙 : 변화매개체계   ② 甲 : 표적체계, 乙 : 클라이언트체계
③ 乙 : 클라이언트체계, 丙 : 행동체계   ④ 丁 : 의뢰체계, 戊 : 변화매개체계

> **ADVICE** 컴튼과 갤러웨이의 6체계이론
>   ㉠ 변화매개체계 : 사회복지사와 그를 고용한 기관 및 조직
>   ㉡ 클라이언트체계 : 서비스나 도움이 필요한 사람
>   ㉢ 표적체계 : 변화매개체계가 목표를 성취하기 위하여 영향을 주거나 변화시킬 필요가 있는 사람
>   ㉣ 행동체계 : 사회복지사가 변화 노력에서 과업을 완수하고 목표를 달성하기 위해 상호작용하는 사람들
>   ㉤ 전문체계 : 전문가단체, 전문가를 육성하는 교육체계, 전문적 실천의 가치와 사회적 인가 등
>   ㉥ 의뢰-응답체계 : 서비스를 요청한 사람

17 다음 사례에서 甲에게 적용되는 사회보험 급여는?

> 甲은 4대 사회보험(국민건강보험, 산업재해보상보험, 고용보험, 국민연금)이 적용되는 제조업체에서 일하는 30대 정규직 근로자이다. 甲은 휴일에 중학교 동창 친구들과 나들이를 갔다가 손목을 다쳤다. 장애 판정을 받을 만큼 심각하지 않았기 때문에, 퇴근 후 거주지 부근 정형외과를 다니며 치료를 받았다. 업무를 수행할 때 약간 불편하지만, 일을 그만둘 정도는 아니므로 현재 정상적으로 근무하는 중이다.

① 국민건강보험에 의한 요양급여   ② 국민연금에 의한 노령연금
③ 산업재해보상보험에 의한 장해급여   ④ 고용보험에 의한 조기재취업수당

> **ADVICE** 휴일에 중학교 동창 친구들과 나들이를 갔다가 손목을 다쳐 퇴근 후 거주지 부근 정형외과를 다니며 치료 → 국민건강보험에 의한 요양급여
>   ※ 가입자와 피부양자의 질병, 부상, 출산 등에 대하여 진찰 · 검사, 약제(藥劑) · 치료재료의 지급, 처치 · 수술 및 그 밖의 치료, 예방 · 재활, 입원, 간호, 이송(移送)의 요양급여를 실시한다〈국민건강보험법 제41조 요양급여〉.

18 단일사례조사에 대한 설명으로 옳지 않은 것은?

① 사회복지실천에서 단일사례조사는 개입 전과 후를 비교하여 그 효과를 증명하는 데 활용된다.
② 단일사례조사 결과 분석 방법 가운데 경향선 접근은 기초선이 안정적일 때 사용한다.
③ 시각적 분석은 기초선단계와 개입단계에 그려진 그래프를 보면서 개입변화 여부를 확인하는 방식이다.
④ 단일사례조사에서 표적행동은 개입에 따라 변화가 기대되는 대상으로서 종속변수가 된다.

>ADVICE ② 단일사례조사 결과 분석 방법 가운데 경향선 접근은 기초선이 불안정하여 단순 평균 비교가 곤란할 때 사용한다.

19 사회복지조직이론에 대한 설명으로 옳은 것은?

① 과학적 관리론(scientific management theory)에 따르면 조직은 갈등과 불화가 존재하는 체계이며, 조직의 목표가 분명치 않아 조직관리자가 우선순위를 정하기 어렵다.
② 사회복지서비스의 질은 객관성 있게 측정될 수 있기 때문에 총체적품질관리(TQM : Total Quality Management)는 사회복지조직에 적용하기에 적합한 관리기법이다.
③ 제도이론(institutional theory)은 폐쇄체계적 관점에서 조직 자체의 규범이나 규칙 등과 같은 제도에 의해 조직 성격이 규정되고 조직생존이 결정된다고 주장한다.
④ 조직군생태학이론(population-ecology theory)은 조직을 개방체계로 인식하면서 조직의 생존은 결국 환경이 결정한다는 결정론적 입장을 취한다.

>ADVICE ① 과학적 관리론은 조직의 갈등과 불화 등을 무시한다. 조직의 목표가 분명하고 표준화된 작업방법의 개발과 훈련을 중요시한다.
　　　② 사회복지서비스의 질은 객관성 있게 측정할 수 없기 때문에 총체적품질관리를 적용하기에 적합하지 않다.
　　　③ 제도이론은 개방체계적 관점에서 조직 자체의 규범이나 규칙 등과 같은 제도에 의해 조직 성격이 규정되고 조직생존이 결정된다고 주장한다.

ANSWER 16.② 17.① 18.② 19.④

20 다음 법을 먼저 제정된 순서대로 바르게 나열한 것은?

> ㉠ 「사회보장급여의 이용·제공 및 수급권자 발굴에 관한 법률」
> ㉡ 「장애인차별금지 및 권리구제 등에 관한 법률」
> ㉢ 「청소년복지지원법」
> ㉣ 「학교 밖 청소년 지원에 관한 법률」

① ㉠ → ㉡ → ㉢ → ㉣
② ㉡ → ㉢ → ㉠ → ㉣
③ ㉢ → ㉡ → ㉣ → ㉠
④ ㉢ → ㉣ → ㉡ → ㉠

>ADVICE ㉢ 「청소년복지지원법」 2004. 2. 9 제정
㉡ 「장애인차별금지 및 권리구제 등에 관한 법률」 2007. 4. 10 제정
㉣ 「학교 밖 청소년 지원에 관한 법률」 2014. 5. 28 제정
㉠ 「사회보장급여의 이용·제공 및 수급권자 발굴에 관한 법률」 2014. 12. 30 제정

1 사회복지관 사업의 3대 기능분야가 아닌 것은?

① 사례관리기능　　　　　　　　② 지역조직화기능

③ 서비스제공기능　　　　　　　④ 역량강화기능

>ADVICE 사회복지관의 사업〈사회복지사업법 시행규칙 별표 3〉

기능	사업분야
사례관리기능	사례발굴, 사례개입, 서비스연계
서비스제공기능	가족기능강화, 지역사회보호, 교육문화, 자활지원 등 기타
지역조직화기능	복지네트워크 구축, 주민조직화, 자원 개발 및 관리

2 질적 연구에 대한 설명으로 옳은 것은?

① 과학적 실증주의(positivism)를 기반으로 한다.

② 인과관계의 법칙과 작용을 밝혀내며 가치중립적이다.

③ 귀납적 논리방법이 대부분 사용된다.

④ 주로 이론을 바탕으로 가설을 도출한 다음에 가설을 검증한다.

>ADVICE ① 양적 연구에 대한 설명이다.
②④ 실증주의에 대한 설명이다.

3 현재 시행되고 있는 복지제도에 대한 설명으로 옳은 것은?

① 국민기초생활보장제도는 수급권자 본인이 신청하지 않으면 수급권이 주어지지 않는다.

② 국민연금의 노령연금 수급연령은 90세까지이다.

③ 노인장기요양보험은 65세 미만이어도 요양등급을 받으면 혜택을 받을 수 있다.

④ 고용보험은 실업 사유와 상관없이 모든 실업자는 실업급여를 받을 수 있다.

>**ADVICE** ① 수급권자와 그 친족, 그 밖의 관계인은 관할 시장·군수·구청장에게 수급권자에 대한 급여를 신청할 수 있다〈국민기초생활 보장법 제21조(급여의 신청) 제1항〉.

② 가입기간이 10년 이상인 가입자 또는 가입자였던 자에 대하여는 60세(특수직종근로자는 55세)가 된 때부터 그가 생존하는 동안 노령연금을 지급한다〈국민연금법 제61조(노령연금 수급권자) 제1항〉.

④ 고용보험법에 따르면 실업의 사유 등에 따라 실업급여를 받지 못할 수 있다. 실업급여는 구직급여와 취업촉진 수당으로 구분하며, 취업촉진 수당의 종류는 조기(早期)재취업 수당, 직업능력개발 수당, 광역 구직활동비, 이주비이다〈고용보험법 제37조 실업급여의 종류〉.

4 사회복지실천의 사정(assessment) 도구에 대한 설명을 바르게 연결한 것은?

> (가) 가족과 환경체계의 관계를 다양한 선으로 표현함으로써 가족과 환경체계 간의 상호작용 양상을 파악할 수 있다.
>
> (나) 가족의 2 ~ 3세대 이상에 대한 정보를 제공해 주며, 가족 내에서 반복되는 정서적·행동적 패턴을 이해할 수 있다.

	(가)	(나)
①	가계도	생태도
②	생태도	소시오그램
③	소시오그램	가계도
④	생태도	가계도

>**ADVICE** (가) 생태도, (나) 가계도

※ 사정 도구

㉠ 가계도 : 혈연 또는 결혼관계를 나타낸 그림으로, 주로 의학이나 생물학에서 환자와 환자 가족 간의 관계를 나타내기 위해 사용한다.

㉡ 생태도 : 가족 및 가족구성원과 환경간의 상호작용을 그림으로 나타낸 것이다.

㉢ 소시오그램 : 사회 집단에서 개인 사이의 관계를 나타낸 도표로, 집단의 구성원이 서로 가지고 있는 감정이나 태도를 바탕으로 하여 구성원 상호 간의 선택, 거부, 무관심 따위의 관계를 나타낸다.

5 다음 사례관리실천에서 사용된 사례관리자의 관점은?

> • 힘든 역경 속에서도 지금까지 어떻게 그렇게 버티어 올 수 있었나요?
> • 살아오면서 지금보다 조금 나았을 때는 언제였나요?
> • 어려운 상황에서도 나에게 조금이라도 도움이 되어준 것은 무엇이었나요?

① 생태체계적 관점   ② 강점 관점
③ 옹호 관점   ④ 네트워크 관점

> **ADVICE** 제시된 사례관리실천에서 사용된 사례관리자의 관점은 강점 관점이다. 강점 관점이란 클라이언트의 다양성을 인정하고 존중하면서 클라이언트의 결점보다는 강점에 초점을 두고 가능한 모든 자원을 활용하여 클라이언트의 역량을 실현해 나가도록 돕는 것이다.

6 자선조직협회(COS)에 대한 설명으로 옳은 것만을 모두 고르면?

> ㉠ 개별사회사업(casework) 발전에 기여
> ㉡ 과학적 자선(scientific charity)에 기여
> ㉢ 지역사회복지(community welfare)의 기본적인 모형 제공
> ㉣ 사회조사(social survey) 기술의 발전 도모

① ㉠, ㉡   ② ㉠, ㉡, ㉣
③ ㉠, ㉢, ㉣   ④ ㉠, ㉡, ㉢, ㉣

> **ADVICE** ㉠ 자선조직협회는 개인변화를 주창하여 개별사회사업에 영향을 미쳤다.
> ㉡ 자선조직협회는 단순한 구호 활동을 넘어 합리적이고 효율적인 자선, 즉 과학적 자선을 지향하였다.
> ㉣ 자선조직협회는 방문조사, 환경조사 등을 실시하여 사회조사 기술의 발전을 도모하였다.

ANSWER 3.③ 4.④ 5.② 6.②

7 길버트와 테렐(Gilbert & Terrell)이 분류한 할당의 원리와 관련하여 할당의 세부원칙, 원칙의 결정기준, 사례를 연결한 것으로 옳지 않은 것은?

	할당의 세부원칙	원칙의 결정기준	사례
①	귀속적 욕구	욕구에 대한 경제적 기준에 근거한 집단지향적 할당	도시재개발에 의해 피해를 입은 사람
②	보상	욕구에 대한 규범적 기준에 근거한 집단지향적 할당	사회보험 가입자
③	진단적 구분	욕구의 기술적·진단적 기준에 근거한 개인별 할당	「장애인복지법」상의 수급자
④	자산조사에 의한 욕구	욕구에 대한 경제적 기준에 근거한 개인별 할당	「국민기초생활 보장법」상의 수급자

> **ADVICE** ① 귀속적 욕구는 기존의 제도에 의해서는 충족되지 않는 욕구를 가진 집단 모두를 대상자로 선정하는 규범적 판단에 의한 범주적 할당 원칙으로 국민건강보험제도, 기초노령연금, 아동수당 등이 그 사례이다.

8 로스만(Rothman)의 지역사회복지실천 모델에 대한 설명으로 옳지 않은 것은?

① 지역사회개발모델은 주민의 참여를 바탕으로 지역사회 내 문제를 주민들 스스로 해결할 수 있도록 하여 긍정적인 환경을 만드는 것이다. 따라서 역량강화기술이 강조된다.

② 사회계획모델은 지역사회 내 권력과 자원의 재분배, 사회적 약자에 대한 의사결정의 접근성을 강화함으로써 지역사회의 변화에 초점을 두고 있다. 따라서 갈등, 대결, 직접적 행동, 협상 등의 전술을 사용한다.

③ 사회행동모델은 소수인종집단, 학생운동, 여성해방 혹은 여권신장운동, 복지권운동, 소비자보호운동 등에서 주로 사용된다.

④ 지역사회개발모델에서 지역복지실천가는 조력자, 조정자, 안내자, 문제해결기술 훈련자의 역할을 담당한다.

> **ADVICE** ② 사회행동모델에 대한 설명이다. 사회계획모델은 사회문제를 해결하고자 하는 계획적 과정을 강조하며, 지역사회가 해결하고자 하는 문제에 대한 전문지식을 가지고 합리적이고 과학적인 대안을 제시하고 실행한다.

9 아동복지 대상과 서비스 분류에 대한 설명으로 옳지 않은 것만을 모두 고르면?

> ⊙ 지지적 서비스는 가정을 이탈한 아동이 다른 체계에 의해 보호를 받는 동안 부모를 지원하여 가족 기능을 강화하도록 하는 상담서비스이다.
> ⊙ 선별주의 원칙에 따라 보호가 필요한 아동으로, 보편주의 원칙에 따라 일반 아동으로 구분한다.
> ⊙ 일하는 어머니를 도와주는 보육서비스는 보완적(보충적) 서비스에 해당된다.
> ⊙ 아동에 대한 가정 외 서비스에는 시설보호, 위탁가정, 일시보호소, 쉼터 서비스 등이 포함된다.
> ⊙ 가장 예방적인 접근인 대리적 서비스는 재가서비스 형태로 이루어진다.

① ㉠, ㉢   ② ㉠, ㉤
③ ㉡, ㉢   ④ ㉡, ㉣

> **ADVICE** ㉠ 지지적 서비스는 기본적으로 가족관계를 유지하면서 부모와 아동이 각자의 역할을 효율적으로 수행할 수 있도록 지지하여 가족 기능을 강화하도록 하는 서비스이다. 가정을 이탈한 아동이 다른 체계에 의해 보호를 받는 것은 대리적 서비스이다.
> ㉤ 가장 예방적인 접근으로 재가서비스 형태로 이루어지는 것은 지지적 서비스이다. 대리적 서비스는 대리가정이나 수용시설에서 부모의 양육을 대행하는 서비스로 가장 사후적인 접근이다.

10 에스핑 – 앤더슨(Esping-Andersen)의 복지국가 유형화 논의에 대한 설명으로 옳지 않은 것은?

① 자유주의 복지체제에서는 탈상품화 정도가 낮다.
② 보수주의 복지체제에서는 사회보험이 발달되어 탈상품화 효과는 제한적이다.
③ 사회민주주의 복지체제에서는 선별주의와 자조의 원칙에 따라 탈상품화 효과가 크다.
④ 탈상품화와 계층화 등의 개념으로 복지국가체제를 유형화하였다.

> **ADVICE** ③ 자유주의 복지체제에 대한 설명으로 볼 수 있다. 자유주의 복지체제에서는 선별주의와 자조의 원칙에 따라 탈상품화 효과가 작다. 사회민주주의 복지체계에서는 보편주의와 평등의 원칙에 따라 탈상품화 효과가 크다.

ANSWER 7.① 8.② 9.② 10.③

11 선별적 사회복지의 특징으로 옳은 것만을 모두 고르면?

> ㉠ 예외주의 이념에 기반을 두고 있다.
> ㉡ 사회복지의 대상을 사회적 약자나 요보호대상자로 한정한다.
> ㉢ 서비스를 받는 것에 대한 낙인이 없다.
> ㉣ 사회복지를 국민의 권리로 간주한다.
> ㉤ 사회문제는 사회체계의 불완전성과 불공평성에서 기인한다고 본다.

① ㉠, ㉡

② ㉡, ㉢

③ ㉠, ㉡, ㉣

④ ㉡, ㉢, ㉤

〉**ADVICE** ㉢㉣㉤은 보편적 사회복지의 특징이다.

12 우리나라의 노후 소득보장정책에 대한 설명으로 옳은 것은? (기출변형)

① 국민기초생활보장제도는 공공부조 프로그램으로 선별주의 제도이다.

② 노후 소득보장정책은 기초연금제도와 기초노령연금제도로 이원화되어 있다.

③ 국민연금 가입대상에서 제외되는 직군은 공무원과 군인뿐이다.

④ 노인수당인 경로연금제도를 운영하고 있다.

〉**ADVICE** ② 우리나라의 노후 소득보장정책은 기초연금제도, 국민연금제도, 국민기초생활보장제도, 국민연금 등으로 다원화되어 있다.
③ 국내에 거주하는 국민으로서 18세 이상 60세 미만인 자는 국민연금 가입 대상이 된다. 다만, 공무원연금법, 군인연금법, 사립학교교직원 연금법 및 별정우체국법을 적용받는 공무원, 군인, 교직원 및 별정우체국 직원, 그 밖에 대통령령으로 정하는 자는 제외한다〈국민연금법 제6조(가입 대상)〉.
④ 경로연금제도는 폐지되었고, 2018년 이후 기초연금제도를 운영하고 있다.

13 사회복지사가 청소년과의 면담에서 사용한 기법 ㉠, ㉡을 바르게 연결한 것은?

청소년 : 우리 부모님은 폭군이에요. 항상 자기들 마음대로 해요. 나를 미워하고 내가 불행해지기를 바라는 것 같아요. 가출하고 싶을 때가 한두 번이 아니에요.

사회복지사 : 부모님 때문에 숨이 막힐 것처럼 느끼는구나. (㉠)

내가 보기에는 부모님이 과격하게 사랑을 표현한 것 같아. (㉡)

힘들었을 텐데 지금까지 잘 견뎌왔구나.

	㉠	㉡
①	해석	직면
②	공감	직면
③	공감	재명명
④	명료화	재보증

>**ADVICE** 주요 면접기법

㉠ 명료화 : 클라이언트가 진술한 내용의 실체를 요약해 주는 기법

㉡ 직면화 : 클라이언트가 가지고 있는 그릇된 감정이 기만적인 형태임을 인정하게 하는 것

㉢ 해석 : 산재해 있는 행동과 사고, 감정 등의 유형을 클라이언트에게 설명하는 것

㉣ 재보증 : 사회복지사가 신뢰를 표현함으로써 클라이언트의 자신감을 향상시키는 기법

㉤ 재명명 : 클라이언트가 부정적인 의미를 부여하는 것에 대해 새롭게 수정하여 긍정적인 의미로 변화시키는 기법

㉥ 공감 : 클라이언트의 입장에 감정을 이입하여 이해하고 이를 표현하는 능력

14 정보화에 따른 사회복지부문의 통합 전산 정보시스템 구축에 대한 설명으로 적절하지 않은 것은?

① 2000년대 이후 보편적 사회서비스의 확대로 인해 정부부처들과 지방자치단체 및 민간부문의 정보들이 연결될 필요성이 높아졌다.
② 사회보장정보시스템(행복e음)은 지방자치단체에서 수행하는 복지사업을 지원하기 위한 통합 정보시스템이다.
③ 사회복지시설정보시스템은 민간부문의 사회복지서비스기관들이 생산하는 자료들을 직접 수집하지 않는다.
④ 통합 정보를 통한 트래킹 시스템(tracking system, 이력관리 시스템)은 생애주기별 사례관리에 긴요하지만, 클라이언트 비밀 보장이나 개인정보 보호에 취약성을 가질 수 있다.

>**ADVICE** ③ 사회복지시설정보시스템은 사회복지시설 업무의 표준화 및 투명화와 사회복지업무의 전자화를 위한 사회복지시설 통합 업무관리시스템이다. 사회복지시설정보시스템을 통해 국민, 업무종사자(민간), 공무원, 연계기관 등이 정보를 공유한다.

※ 사회복지시설정보시스템
　㉠ 사회복지시설 업무의 표준화
　　• 아동시설, 노인시설, 장애인시설, 부랑인시설, 정신요양시설, 모·부자 시설의 내부 관리업무 분석 및 단일 표준화
　　• 시설의 종별에 관계없이 모든 생활시설 및 이용시설에서 공통으로 사용가능
　㉡ 업무처리 간소화와 효율화
　　• 한 시설 내 수기문서 관리 및 복잡한 업무처리를 간소화함
　　• 시스템 내 모든 업무가 연결성을 갖고 처리되어 업무의 중복을 방지함
　　• 과거의 자료 조회의 간편성 제공, 필요한 통계자료 산출의 자동 수행함
　㉢ 외부 제출자료 작성의 편의성
　　• 외부 제출자료 작성의 편의성 증진
　　• 기본적이고 다양한 감사자료 제공
　　• 사용자의 목적에 맞게 다양한 별지서식(세입세출명세·현금 및 예금명세서 등) 제공
　㉣ 웹기반 시스템
　　• 처음 시스템 도입시 별도의 시스템 설치가 필요 없으며, 인터넷에 접속하여 시설 코드(발급에 2~3일 소요), 아이디, 비밀번호를 입력하여 사용함
　　• 100% 인터넷 기반으로서, 시설의 필요에 따라 사용자 아이디가 제한 없이 발급되며, 아이디별 권한이 시설에서 원하는 대로 엄격히 제한될 수 있음
　　• 출장지나 퇴근 후에도 시스템에 접근하여 사용 가능함
　　• 국가IDC의 철저한 보안체계 속에 2~3중의 백업시스템이 24시간 가동

15 「노인복지법」상 같은 종류의 노인복지시설에 해당하지 않는 것은?

① 노인전문병원, 주 · 야간보호서비스
② 양로시설, 노인공동생활가정
③ 노인요양시설, 노인요양공동생활가정
④ 노인복지관, 경로당

>ADVICE 노인복지시설의 종류〈노인복지법 제31조 등 참조〉
　　ㄱ 노인주거복지시설 : 양로시설, 노인공동생활가정, 노인복지주택
　　ㄴ 노인의료복지시설 : 노인요양시설, 노인요양공동생활가정
　　ㄷ 노인여가복지시설 : 노인복지관, 경로당, 노인교실
　　ㄹ 재가노인복지시설 : 방문요양서비스, 주 · 야간보호서비스, 단기보호서비스, 방문목욕서비스
　　ㅁ 노인보호전문기관
　　ㅂ 노인일자리지원기관
　　ㅅ 학대피해노인 전용쉼터

16 비에스텍(Biestek)이 제시한 사회복지실천 관계의 기본원칙에 대한 설명으로 옳지 않은 것은?

① 의도적인 감정 표현 – 사회복지사는 클라이언트가 자신의 감정을 자유롭게 표현하도록 하며, 클라이언트가 표현한 많은 것을 적극적으로 경청해야 한다.
② 개별화 – 사회복지서비스의 대상자를 각각 독특한 자질을 가진 사람으로 인정해야 한다.
③ 수용 – 클라이언트의 말과 감정에 동조하거나 비난하는 태도를 보이지 않고 있는 그대로 받아들인다.
④ 자기결정 – 사회복지사는 실천과정에 함께 참여하도록 하고, 클라이언트의 능력에 상관없이 클라이언트 스스로 모든 사항을 직접 결정할 수 있도록 원조해야 한다.

>ADVICE ④ 자기결정은 사회복지사는 실천과정에 클라이언트가 함께 참여하도록 하고, 모든 사항을 직접 결정할 수 있도록 원조해야 한다는 원칙이다. 단, 클라이언트의 정신적 능력에 한계가 있거나, 클라이언트가 원하는 것이 법률 또는 도덕에 위배되는 경우 등에는 자기결정이 제한될 수 있다.

✎ **ANSWER** 14.③ 15.① 16.④

17 다음 사례에 적용된 학교사회복지 접근모델은?

> 낙후지역인 A지역에 소재한 B중학교 학생들의 생활실태를 조사하였다. 그 결과, 한부모가정의 비율이 높고, 부모의 직업은 일용직 · 임시직 비율이 높았다. 학생들은 수업이 끝난 후 혼자 방치되거나 오락실이나 PC방에서 대부분의 시간을 보내면서 식사는 결식 또는 인스턴트식품으로 해결하는 등 물리적 방임과 의료적 방임을 경험하고 있었다. 또한 이들 학생들은 학업성취도가 낮고 집단따돌림을 당하는 등 학교적응이 어려운 상황이었다.
>
> B중학교 학교사회복지사는 이들을 표적집단으로 선정한 후, 교육서비스와 복지서비스를 제공할 수 있도록 계획을 수립하였다. 우선 가까운 대학에 있는 사회복지학과 학생들과 일대일 멘토링프로그램을 통하여 정서지원서비스를 제공하고, 사범대학 학생들의 도움을 받아 방과후 학생들에게 학업지원서비스를 제공하였다. 또한 인근 사회복지관과 연계하여 가정도우미를 추천받아 학생의 가정에 정기적으로 방문하여 저녁밥 서비스를 제공하는 사업을 기획하였다.

① 학교변화모델
② 사회적 상호작용모델
③ 지역사회학교모델
④ 학교 – 지역사회 – 학생관계모델

> **ADVICE** 학교–지역사회–학생관계모델 … 학생들이 경험하는 문제를 사회적 상황의 특징으로 바라보는 관점으로 특정 학생집단과 그들이 속한 상황에 관심을 가진다. 기본적인 목표는 학생, 학교와 지역사회 간의 상호작용에 변화를 꾀함으로써 학교의 바람직하지 못한 제도적 관습 과정 정책을 수정하는 데 있다.

18 정책결정모형에 대한 설명으로 옳은 것만을 모두 고르면?

> ⊙ 점증모형은 기존의 정책에 기반한 약간의 정책 개선이나 수정을 강조하는 정책결정모형으로 이상적·경제적 합리성보다는 시민의 지지를 얻을 수 있는 정치적 합리성을 더 추구하는 모형이라 할 수 있다.
> ⓒ 쓰레기통 모형은 조직화된 무질서 상태를 가정하면서 정책결정이 일정한 규칙에 따라 이루어지는 것이 아니라 정책결정에 필요한 여러 가지 흐름이 우연히 한곳에 모여져 정책결정이 이루어진다고 보는 모형이다.
> ⓒ 만족모형은 합리모형과 점증모형의 절충적인 형태로서 중요한 문제의 경우에는 합리모형에서와 같이 포괄적 관찰을 통해 기본적인 정책결정을 하고, 이후 기본적인 결정을 수정·보완하면서 세부적인 사안을 점증적으로 결정한다는 모형이다.
> ⓔ 합리모형은 인간이 매우 이성적이며 고도의 합리성에 따라 행동하고 결정한다는 전제하에 정책결정에는 경제적 합리성과 함께 직관, 통찰력, 창의력 등을 동시에 고려해야 한다는 모형이다.

① ⊙, ⓒ   ② ⓒ, ⓔ

③ ⓒ, ⓔ   ④ ⊙, ⓒ, ⓒ

>ADVICE ⓒ 혼합모형에 대한 설명이다.
> ⓔ 최적모형에 대한 설명이다.

19 다음 표에서 임계경로(critical path)를 순서대로 바르게 나열한 것은?

작업	선행 작업	소요 기간(일)
A	없음	2
B	A	6
C	A	4
D	B, C	2
E	D	4
F	D	3
G	E	2
H	E	4
I	F	2
J	F	1
K	G, H	2
L	I, K	2
M	J, L	3

① A→B→D→E→G→K→L→M

② A→B→D→E→H→K→L→M

③ A→C→D→E→G→K→L→M

④ A→C→D→F→H→K→L→M

> **ADVICE** 임계경로란, 여러 단계의 과정을 거치는 작업에서 그것을 완성하려면 여러 과정의 경로가 동시에 수행되어야 한다고 할 때, 그 중 가장 긴 경로를 말한다. 따라서 보기 중 가장 긴 소요 기간이 걸리는 ②가 임계경로이다.
> 선행 작업(A)→작업(B) : 소요 기간 6일
> 선행 작업(B, C)→작업(D) : 소요 시간 2일
> 선행 작업(D)→작업(E) : 소요 기간 4일
> 선행 작업(E)→작업(H) : 소요 기간 4일
> 선행 작업(G, H)→작업(K) : 소요 기간 2일
> 선행 작업(I, K)→작업(L) : 소요 기간 2일
> 선행 작업(J, L)→작업(M) : 소요 기간 3일

20 〈보기 1〉의 사회복지 전달체계 문제 상황에서 ㉠ ~ ㉢에 들어갈 말을 〈보기 2〉의 ⓐ ~ ⓓ에서 바르게 연결한 것은?

〈보기 1〉

약물중독문제를 가지고 있는 실업자인 한부모 A는 딸 B를 주간보호센터에 맡기고, 본인은 약물재활치료를 받은 후 나머지 시간에 자활 근로훈련을 받는다. 만약 주간보호센터와 재활클리닉, 훈련프로그램이 각각 다른 장소와 일정으로 운영되어 중복의 문제가 발생한다면 이는 (㉠)의 문제이다. A의 거주지가 약물재활치료센터 및 지역자활센터와 거리가 멀어서 재활치료나 근로훈련을 받을 수 없다면 이는 (㉡)의 문제이다. 클라이언트가 이러한 상황에 대한 불만을 토로할 수단이 없다면 이는 (㉢)의 문제이다.

〈보기 2〉

ⓐ 단편성(fragmentation)　　　　　ⓑ 비연속성(discontinuity)
ⓒ 무책임성(unaccountability)　　　ⓓ 비접근성(inaccessibility)

	㉠	㉡	㉢
①	ⓐ	ⓑ	ⓓ
②	ⓐ	ⓓ	ⓒ
③	ⓒ	ⓓ	ⓑ
④	ⓓ	ⓒ	ⓑ

> **ADVICE** ㉠ 단편성, ㉡ 비접근성, ㉢ 무책임성
> 사회복지전달체계의 문제로 단편성, 비연속성, 무책임성, 몰접근성(inaccessibility) 등을 들 수 있다. 효율적인 서비스 전달체계가 되기 위해서는 서비스 전달자와 수혜자들 사이가 접근 가능해야 하고(접근가능성), 서비스가 통합되어 있어야 하며(통합성, 포괄성), 책임성이 있어야 하고(책임성), 서비스 전달체계 간에 의사소통이 원활해야 하는(지속성, 계속성) 원칙이 지켜져야 한다.

1   품목예산(line-item budgeting)의 특징으로 옳은 것을 〈보기〉에서 모두 고른 것은?

〈보기〉

㉠ 통제보다는 기획에 초점을 둔다.
㉡ 서비스 효율성에 대한 정보를 알기 어렵다.
㉢ 전년도 예산을 기준으로 증감방식을 활용한다.
㉣ 구체적인 품목은 프로그램의 목적에 의해 구분된다.

① ㉠, ㉡   ② ㉠, ㉣
③ ㉡, ㉢   ④ ㉢, ㉣

〉ADVICE 품목예산은 지출의 대상인 급여 · 시설비 · 방위비 등의 각 품목을 표시하여 편성하는 예산제도를 말한다.
         ㉠ 통제보다는 기획에 초점을 두는 것은 기획예산이다.
         ㉣ 구체적인 품목은 지출 용도에 따라 구분된다.

2   국민기초생활보장제도에 대한 설명으로 가장 옳지 않은 것은?

① 조세를 재원으로 한다.
② 급여수준은 소득인정액과 상관없다.
③ 자산을 조사하여 수급여부를 결정하고 제공한다.
④ 부양의무자의 존재여부와 부양의무자의 부양능력이 수급 여부에 영향을 미친다.

〉ADVICE ② 급여수준은 소득인정액 등을 고려하여 차등지급할 수 있다.

3 〈보기〉가 정의하는 「사회보장기본법」상의 개념은?

> 〈보기〉
> "생애주기에 걸쳐 보편적으로 충족되어야 하는 기본욕구와 특정한 사회위험에 의하여 발생하는 특수욕구를 동시에 고려하여 소득 및 서비스를 보장하는 맞춤형 사회보장제도를 말한다."

① 사회보험 및 사회서비스
② 국민기초생활보장제도
③ 평생사회안전망
④ 사회보장

>**ADVICE** 〈보기〉는 사회보장기본법 제3조(정의) 제5호에서 규정하고 있는 '평생사회안전망'에 대한 정의이다.
> ※ 사회보장기본법 제3조(정의)
> ㉠ 사회보장 : 출산, 양육, 실업, 노령, 장애, 질병, 빈곤 및 사망 등의 사회적 위험으로부터 모든 국민을 보호하고 국민 삶의 질을 향상시키는 데 필요한 소득·서비스를 보장하는 사회보험, 공공부조, 사회서비스
> ㉡ 사회보험 : 국민에게 발생하는 사회적 위험을 보험의 방식으로 대처함으로써 국민의 건강과 소득을 보장하는 제도
> ㉢ 공공부조 : 국가와 지방자치단체의 책임 하에 생활 유지 능력이 없거나 생활이 어려운 국민의 최저생활을 보장하고 자립을 지원하는 제도
> ㉣ 사회서비스 : 국가·지방자치단체 및 민간부문의 도움이 필요한 모든 국민에게 복지, 보건의료, 교육, 고용, 주거, 문화, 환경 등의 분야에서 인간다운 생활을 보장하고 상담, 재활, 돌봄, 정보의 제공, 관련 시설의 이용, 역량 개발, 사회참여 지원 등을 통하여 국민의 삶의 질이 향상되도록 지원하는 제도
> ㉤ 평생사회안전망 : 생애주기에 걸쳐 보편적으로 충족되어야 하는 기본욕구와 특정한 사회위험에 의하여 발생하는 특수욕구를 동시에 고려하여 소득·서비스를 보장하는 맞춤형 사회보장제도
> ㉥ 사회보장행정데이터 : 국가, 지방자치단체, 공공기관 및 법인이 법령에 따라 생성 또는 취득하여 관리하고 있는 자료 또는 정보로서 사회보장정책수행에 필요한 자료 또는 정보

ANSWER 1.③ 2.② 3.③

4 현행 법령상 노인장기요양보험에 대한 설명으로 가장 옳은 것은? (기출변형)

① 장기요양 1등급은 장기요양점수가 최소 65점 이상이다.
② 장기요양보험료는 국민연금과 통합하여 징수한다.
③ 경증의 치매환자에게도 장기요양급여를 제공할 수 있도록 장기요양 5등급과 장기요양 인지지원 등급을 두었다.
④ 국가는 당해 연도 장기요양보험료 예상수입액의 100분의 50에 상당하는 금액을 지원한다.

> **ADVICE** ①③ 등급판정기준 등〈노인장기요양보험법 시행령 제7조〉
> • 장기요양 1등급 : 심신의 기능상태 장애로 일상생활에서 전적으로 다른 사람의 도움이 필요한 자로서 장기요양인정 점수가 95점 이상인 자
> • 장기요양 2등급 : 심신의 기능상태 장애로 일상생활에서 상당 부분 다른 사람의 도움이 필요한 자로서 장기요양인정 점수가 75점 이상 95점 미만인 자
> • 장기요양 3등급 : 심신의 기능상태 장애로 일상생활에서 부분적으로 다른 사람의 도움이 필요한 자로서 장기요양인정 점수가 60점 이상 75점 미만인 자
> • 장기요양 4등급 : 심신의 기능상태 장애로 일상생활에서 일정부분 다른 사람의 도움이 필요한 자로서 장기요양인정 점수가 51점 이상 60점 미만인 자
> • 장기요양 5등급 : 치매(노인성 질병에 해당하는 치매로 한정)환자로서 장기요양인정 점수가 45점 이상 51점 미만인 자
> • 장기요양 인지지원등급 : 치매(노인성 질병에 해당하는 치매로 한정)환자로서 장기요양인정 점수가 45점 미만인 자
> ② 장기요양보험료는 국민건강보험법에 따른 보험료(건강보험료)와 통합하여 징수한다. 이 경우 공단은 장기요양보험료와 건강보험료를 구분하여 고지하여야 한다〈노인장기요양보험법 제8조 제2항〉.
> ④ 국가는 매년 예산의 범위 안에서 당해 연도 장기요양보험료 예상수입액의 100분의 20에 상당하는 금액을 공단에 지원한다〈노인장기요양보험법 제58조 제1항〉.

5 사회보장에 관한 현행 법령의 내용으로 옳은 것을 〈보기〉에서 모두 고른 것은?

〈보기〉
㉠ 모든 인간은 인간다운 생활을 할 권리를 가진다.
㉡ 사용자는 사회보장의 증진에 노력할 의무를 진다.
㉢ 질병, 노령 등으로 생활능력이 없는 국민은 법률이 정한 바에 따라 국가의 보호를 받는다.
㉣ 「사회보장기본법」상 사회보장은 사회보험, 공공부조, 사회서비스로 이루어진다.

---

① ㉡, ㉢
② ㉠, ㉡
③ ㉠, ㉢, ㉣
④ ㉠, ㉡, ㉢, ㉣

6 로웬버그(F. Loewenberg)와 돌고프(R. Dolgoff)의 윤리원칙심사(EPS) 기준이 아닌 것은?

① 자율과 자유의 원칙

② 생명보호의 원칙

③ 자기결정의 원칙

④ 성실의 원칙

7 슈퍼비전(supervision)에 대한 설명으로 가장 옳지 않은 것은?

① 사회복지사의 지식과 기술을 향상시키는 교육적 기능을 한다.

② 사회복지사의 위상을 확립하고 권익을 실현하는 기능을 한다.

③ 업무의 장애요소를 제거해 주고 사회복지사가 일을 잘 감당할 수 있도록 지지적 기능을 한다.

④ 사회복지사가 기관의 규정과 절차에 맞게 서비스를 제공하도록 관리하는 행정적 기능을 한다.

 ANSWER 4.③ 5.③ 6.③ 7.②

8 〈보기〉가 설명하는 사회복지조사방법으로 가장 옳은 것은?

〈보기〉
- 대상자의 행동을 현장에서 직접 포착할 수 있다.
- 대상자가 면접을 거부하거나 비협조적인 경우에 가능하다.
- 대상자에게 질문을 통해 자료를 얻을 수 없을 때 가능하다.

① 질문지 조사법
② 관찰 조사법
③ 면접 조사법
④ 전자 조사법

〉ADVICE 제시된 내용은 관찰 조사법에 대한 설명이다. 관찰 조사법은 관찰대상에 의도적인 조작을 하지 않고 단지 행동 관찰을 통해 자료를 수집하는 방법이다.

9 우리나라 사회복지 전달체계로 2010년 구축된 '사회복지통합관리망(행복e음)'에 대한 설명으로 가장 옳지 않은 것은?

① 국민이 필요할 때 언제든지 도움을 요청할 수 있는 체계구성을 위해 만들어졌으며, 보건복지 관련 상담 및 안내서비스를 원스톱으로 제공하기 위하여 희망의 전화가 개통되었다.
② 신속하고 정확한 소득 및 재산 조사와 업무처리 간소화를 통해 행정효율화를 도모하였다.
③ 급여의 부정 및 중복수급 차단으로 복지재정의 효율화를 도모하였다.
④ 복지서비스의 통합신청과 찾아가는 복지서비스 확대에 기여하였다.

〉ADVICE 사회보장정보시스템(행복e음) … 각종 사회복지 급여 및 서비스 지원 대상자의 자격과 이력에 관한 정보를 통합 관리하고, 지방자치단체의 복지업무 처리를 지원하기 위해 기존 시·군·구별 새올행정시스템의 업무 지원시스템 중 복지분야를 분리하여 개인별, 가구별 DB를 통합 구축한 정보시스템
① 보건복지상담센터의 희망의 전화 129에 대한 설명이다.

10 사회복지의 제도적 개념에 대한 내용으로 가장 옳지 않은 것은?

① 낙인이나 응급처치적 요소와는 거리가 멀다.
② 빈곤으로부터의 자유, 우애를 기본적인 가치로 한다.
③ 절대적 빈곤의 개념에 따라 빈곤수준을 낮게 책정한다.
④ 보편주의를 선호하며, 국가 책임을 점차적으로 확대한다.

>ADVICE ③ 사회복지의 잔여적 개념에 대한 설명이다.

　　　※ 잔여적 개념과 제도적 개념

구분	잔여적 개념	제도적 개념
급여 수준	미흡	적정
급여 범위	제한적	포괄적
수혜 범위	소수	대다수
프로그램 성격	선별적(요보호자 대상)	보편적(전 국민 대상)
재원 조달 방식	기여금/요금	조세
민간 조직의 역할	크다	작다
국가개입 수준	최소주의	개입주의

11 1834년 개정 구빈법에서 명문화된 열등처우의 원칙에 대한 설명으로 가장 옳은 것은?

① 국가로부터 부조를 받는 자의 처우는 최하층 노동자의 생활조건보다 낮아야 한다.
② 근로능력이 있는 빈민을 국가가 고용하여 작업하도록 한다.
③ 빈민구제에 대한 가족의 1차적 책임을 강조하는 것이다.
④ 빈곤 근로자들에게 임금을 보조해주어야 한다.

>ADVICE ① 구빈 수급자의 구제수준은 최하층 노동자의 생활수준보다 높지 않아야 한다는 열등처우의 원칙은 1834년 개정된 신빈
　　　민법에서 규정되었다.

　　　※ 신빈민법의 구빈행정체제 원칙
　　　　㉠ 전국 균일처우의 원칙
　　　　㉡ 열등처우의 원칙
　　　　㉢ 작업장 활용의 원칙

12 공공부조를 시행할 때 무엇보다 먼저 수급자가 갖고 있는 능력을 활용하고, 그 후에도 수급자가 최저생활을 유지할 수 없을 경우에 비로소 국가가 그 부족한 부분을 보충해 주는 것을 원칙으로 삼는 원리는?

① 최저생활보장의 원리   ② 생존권 보장의 원리

③ 국가책임의 원리   ④ 보충성의 원리

>**ADVICE** 공공부조의 원리

    ㉠ 생존권 보장의 원리 : 국가가 모든 국민의 건강하고 문화적 최저한의 생활을 보호하여야 하며 국민은 생존권을 보호받을 수 있는 권리를 보장받는다.

    ㉡ 국가책임의 원리 : 공공부조를 통하여 생활이 어려운 국민의 생존권을 보장하는 것을 국가의 책임으로 규정하는 것으로 필요한 비용도 모두 국가가 부담하여야 한다.

    ㉢ 최저생활보장의 원리 : 공공부조의 보호수준은 최저한의 생활 즉, 최저한의 요구가 충족되는 정도여야 한다.

    ㉣ 보충성의 원리 : 국가에 의한 최저생활을 보장한다고 하더라도 어디까지나 보충의 차원에서 제공하는 것을 원칙으로 한다.

    ㉤ 자립조장의 원리 : 공공부조가 단순한 치료적 성격의 부조가 아니고, 궁극적으로는 보호대상자의 자립을 조성하는 데 목적이 있다.

    ㉥ 무차별평등의 원리 : 공공부조를 받을 수 있는 자격은 빈곤하다는 사실만으로 충분한 것이며 보호내용에서 차별을 받지 않는다.

13 「사회보장기본법」에 명시되어 있는 사회적 위험에 해당되는 것을 〈보기〉에서 모두 고른 것은?

<table>
<tr><td colspan="2" align="center">〈보기〉</td></tr>
<tr><td>㉠ 출산</td><td>㉡ 양육</td></tr>
<tr><td>㉢ 주거</td><td>㉣ 빈곤</td></tr>
<tr><td>㉤ 산재</td><td></td></tr>
</table>

① ㉠, ㉡, ㉢, ㉣, ㉤   ② ㉠, ㉢, ㉣, ㉤

③ ㉠, ㉢, ㉤   ④ ㉠, ㉡, ㉣

>**ADVICE** 사회보장이란 출산, 양육, 실업, 노령, 장애, 질병, 빈곤 및 사망 등의 사회적 위험으로부터 모든 국민을 보호하고 국민 삶의 질을 향상시키는 데 필요한 소득·서비스를 보장하는 사회보험, 공공부조, 사회서비스를 말한다〈사회보장기본법 제3조 제1호〉.

14 조사 설계에 대한 설명으로 옳은 것을 〈보기〉에서 모두 고른 것은?

〈보기〉

⊙ 실험설계는 외적타당도가 높다.
⊙ 유사실험설계에는 무작위할당이 시행된다.
⊙ 사전검사는 내적타당도를 위협하는 요인이면서 외적타당도를 위협하기도 한다.
⊙ 사전조사에서 매우 높은 값이나 낮은 값을 응답한 경우 사후조사에서 통계적 회귀가 일어나 내적타당도에 위협이 나타난다.

① ⊙, ⊙   ② ⊙, ⊙
③ ⊙, ⊙   ④ ⊙, ⊙

>**ADVICE** ⊙ 실험설계는 복잡한 현상을 연구의 관심이 있는 변수만 선정해서 이들과의 관계를 관찰하고 분석하는 방법으로, 실험변인 외의 다른 변인들을 통제할 수 있기 때문에 타당성이 높다. 외적타당도는 연구결과를 다른 상황이나 다른 대상에 적용할 수 있는 정도로, 사전검사와 실험처치의 상호작용, 선택과 실험조치의 상호작용, 특수한 실험실 상황에 대한 반응, 복수실험처치의 간섭작용 등에 의해 저해되기도 한다.
⊙ 유사실험설계는 통제집단을 사용함으로써 내적타당도 저해 요인을 크게 감소시킬 수 있으나 무작위할당이 이루어지지 않으므로 실험집단과 통제집단이 이질적일 가능성이 크다.

15 사회복지 기관 및 시설의 예로 가장 옳지 않은 것은?

① 1차 기관 – 사회복지관
② 2차 기관 – 노인복지관
③ 이용시설 – 지역아동센터
④ 생활시설 – 장애인거주시설

>**ADVICE** ② 노인복지관은 사회서비스 제공이 주된 목적인 1차 기관이다.

16 〈보기〉와 같은 상황에서 요구되는 사회복지서비스 전달체계 구축의 가장 바람직한 원칙은?

〈보기〉

K복지관을 찾은 갑(甲)은 결혼이주민으로, 현재 이혼 상태이며 한부모 가정의 여성 가장이다. 갑(甲)은 초등학교 1학년 된 딸과 함께 빌라 지하 월세방에서 생활하고 있다. 안정적인 직업을 갖지 못하고 낮에는 건물 청소일을 하며 저녁에는 같은 나라 출신의 친구가 운영하는 가게에서 주방일을 하고 있다. 갑(甲)은 하루하루 돈벌이에 바빠 딸의 교육에는 전혀 신경을 쓰지 못하고 있다. 갑(甲)은 신장기능이 저하되어 건강이 좋지 못하다.

① 자활 및 재활의 원칙　　　　　　　② 적정성의 원칙
③ 평등성의 원칙　　　　　　　　　　④ 포괄성의 원칙

》 **ADVICE** 사회복지서비스 전달체계의 원칙
　　㉠ 전문성의 원칙 : 사회복지서비스는 자신의 전문적 업무에 대한 권위와 자율적 결정권 및 책임성을 지닌 전문가가 제공해야 함
　　㉡ 통합성의 원칙 : 클라이언트의 문제는 복합적이고 상호 연관되어 있기 때문에 이러한 문제를 해결하기 위한 사회복지서비스도 통합적으로 제공해야 함
　　㉢ 포괄성의 원칙 : 사회복지서비스는 수혜자의 다양한 욕구 또는 문제를 동시에 또는 순차적으로 해결하기 위하여 포괄적인 서비스 제공이 필요함
　　㉣ 적절성의 원칙 : 사회복지서비스는 그 양과 질과 제공하는 기간이 클라이언트의 욕구충족과 서비스 목표 달성을 위해 충분해야 함
　　㉤ 연속성의 원칙 : 한 개인이 필요로 하는 다양한 서비스를 조직 또는 지역사회 내에서 연속적이고 지속적으로 제공할 수 있어야 함
　　㉥ 평등성의 원칙 : 선별적 서비스를 제외하고는 모든 국민에게 성별, 연령, 소득, 지역, 종교, 지위 등에 관계없이 사회복지서비스를 제공해야 함
　　㉦ 책임성의 원칙 : 사회복지조직은 국가가 시민의 권리로 인정한 서비스 전달을 위임 받은 조직이므로 서비스 전달에 대한 책임을 져야 함
　　㉧ 접근성의 원칙 : 사회복지서비스는 필요로 하는 사람이면 누구나 쉽게 받을 수 있도록 클라이언트가 접근하기에 용이하여야 함

17 사회복지실천의 개입 유형 중 직접적 개입에 해당하지 않는 것은?

① 정서, 인지에 개입하는 기술   ② 사회적 지지체계 개발

③ 문제해결 향상 기술   ④ 행동 변화 기술

> **ADVICE** ② 사회적 지지체계 개발은 클라이언트의 문제해결에 직접적으로 개입하지 않는 간접적 개입에 해당한다.

18 사회복지실천과정을 순서대로 나열한 것으로 가장 옳은 것은?

① 계획 → 개입 → 사정 → 평가 → 종결

② 계획 → 사정 → 개입 → 종결 → 평가

③ 사정 → 개입 → 계획 → 평가 → 종결

④ 사정 → 계획 → 개입 → 평가 → 종결

> **ADVICE** 사회복지실천과정의 순서
> 접수와 자료수집 → 사정 → 계획 → 개입 → 평가 → 종결

19 〈보기〉가 설명하는 피아제(J. Piaget)의 인지발달 개념으로 가장 옳은 것은?

〈보기〉

인간이 주변세계를 이해하고 그것에 대해 생각하는 이해의 틀이다. 또한 연령이 증가함에 따라 많은 경험을 통해 인지구조가 발달하면서 질적인 변화를 하게 된다.

---

① 도식(scheme)   ② 적응(adaptation)

③ 평형(equilibrium)   ④ 조직화(organization)

> **ADVICE** 제시된 내용은 '도식'에 대한 설명이다.
> ② 적응 : 자기 주변 환경의 조건들을 조정하는 능력으로 동화와 조절의 평형화 과정에 의해 발달
> ③ 평형 : 외부 세계에 대한 개인의 이해와 해석이 모순이 없는 상태를 유지하려는 경향성
> ④ 조직화 : 상이한 도식들을 자연스럽게 결합시키는 과정

ANSWER 16.④ 17.② 18.④ 19.①

20 귤릭(L. Gulick)과 어위크(L. Urwick)가 구분한 사회복지행정 과정인 POSDCoRB 중 '작업의 할당이 규정되고 조정되는 공식적인 구조의 설정'과 관련된 것은?

① 기획(planning)
② 조직(organizing)
③ 지휘감독(directing)
④ 통합조정(coordinating)

> **ADVICE** 귤릭과 어위크의 POSDCoRB
>   ㉠ 기획(Planning) : 조직목표를 달성하기 위한 방법에 대하여 구체적인 윤곽을 수립
>   ㉡ 조직(Organizing) : 수립한 계획에 따라 업무를 효율적으로 수행할 수 있도록 작업과 권한을 할당하여 공식적인 구조를 설정
>   ㉢ 인사행정(Staffing) : 신규 직원들을 채용·훈련시키며, 알맞은 근무조건을 유지
>   ㉣ 지휘감독(Directing) : 부하 직원들로 하여금 업무상의 명령이나 지시에 따르도록 감독
>   ㉤ 통합조정(Coordinating) : 조직 내의 여러 부서 상호 간에 협력과 원만한 관계를 유지
>   ㉥ 보고(Reporting) : 상사나 관리자에게 부하직원에 맡긴 업무의 진행과정, 결과 등을 보고
>   ㉦ 예산(Budgeting) : 조직의 목표나 업무를 수행할 수 있도록 재정 기획이나 회계를 담당

1 길버트(Gilbert)와 스펙트(Specht)가 제시한 모든 사회가 공통적으로 수행해야 하는 다섯 가지 주요 기능에 대한 설명으로 가장 옳지 않은 것은?

① 사회구성원들이 일상생활을 영위하는 데 필요로 하는 재화와 서비스를 생산, 분배, 소비하는 과정과 관련된 기능은 주로 경제제도에 의해 수행된다.

② 사회가 향유하고 있는 지식, 사회적 가치 그리고 행동양태를 사회구성원에게 전달하는 사회화의 기능은 가장 일차적으로 가족제도에 의해 수행된다.

③ 공공부조를 시행하면서 자활사업의 참여를 강제하는 조건부 수급은 사회구성원들이 사회의 규범을 순응하게 만드는 사회통합의 기능을 수행한다.

④ 현대 산업사회에서 주요 사회제도에 의해 자신들의 욕구를 충족할 수 없는 경우 필요한 상부상조의 기능은 정부, 민간사회복지단체, 종교단체, 경제단체, 자조집단 등에 의해 수행된다.

>**ADVICE** ③ 규범에 순응하게 만드는 사회통제 기능은 정치제도에 의해 수행된다. 사회통합의 기능은 종교제도가 일차적 기능을 담당한다.

※ 길버트와 스펙트의 지역사회의 기능

㉠ 생산, 분배, 소비의 기능 : 일상생활을 하는 데 있어서 필요로 하는 서비스 및 재화를 생산하고 분배하며 소비하는 과정과 관련된 기능→경제제도

㉡ 사회화의 기능 : 일반적인 지식, 사회적 가치 및 행동 유형들을 사회구성원들에게 전달시키는 기능→가족제도

㉢ 사회통제의 기능 : 사회구성원들에게 사회적인 규범(법, 도덕, 규칙)에 순응하게 하는 기능→정치제도

㉣ 사회통합의 기능 : 사회체계의 정상적 기능을 위한 관계 간 결속력과 사기를 증진하는 기능→종교제도

㉤ 상부상조의 기능 : 갑작스러운 질병, 실업, 사고, 사망 등 개인적인 이유와 경제적 제도의 부적절한 운용으로 인하여 위의 기능들의 욕구를 충족할 수 없는 경우 필요한 기능→사회복지제도

2 사회복지실천의 가치에 대한 설명으로 가장 옳지 않은 것은?

① 사회복지사는 클라이언트가 사회적으로 용납할 수 없는 특별한 행동을 하거나 신념을 지녔더라도 인간으로서의 존엄성을 인정해야 한다.

② 사회복지사는 고정관념이나 편견에서 벗어나기 위해서 클라이언트 개인의 독특성(uniqueness)을 존중해야 한다.

③ 클라이언트의 자기결정권은 다른 사람들의 권리를 침해하거나 법률을 위반할 위험이 있는 경우 제한된다.

④ 원조를 목적으로 하는 모든 경우에 클라이언트에 대한 정보는 전문가들 사이에서 공유될 수 있다.

>**ADVICE** ④ 사회복지실천에 있어 클라이언트의 정보에 대한 비밀보장은 기본적인 원칙이다. 원조를 목적으로 하는 등 일부 상황에서 그 정보가 전문가들 사이에 공유될 수는 있지만, 모든 경우에 해당하는 것은 아니다.

3 사회복지행정 모델에 대한 설명으로 가장 옳지 않은 것은?

① 과학적 관리모형은 조직의 생산성을 높이기 위해서는 분업화, 개개인의 기본동작과 형태와 소요시간의 표준화, 수행과정과 보상의 연결 등을 통한 관리를 요구한다.

② 인간관계모형은 물리적 환경보다 노동자의 사회, 심리적 요소가 조직의 개별 생산성에 더 많은 영향을 미친다고 가정한다.

③ 관료제모형은 조직 내부의 개별 구성원의 행동과 조직 외부의 환경에 대한 이해가 중요하다고 가정한다.

④ 정치경제이론은 조직의 생존과 서비스의 생산에 필요한 정치적 자원과 경제적 자원을 확보하는 것이 중요하다고 강조한다.

>**ADVICE** 관료제모형은 엄격한 권한의 위임과 전문화된 직무의 체계를 가지고 합리적인 규칙에 따라 능률적으로 목표를 실현하는 관리운영체제이다. 집단 또는 조직 내에서의 직무를 합리적·계층적으로 나누어 대규모적인 행정관리 활동을 수행하는 모형으로, 조직 내부와 외부 환경의 상호작용 등을 고려하지 않는 폐쇄적인 특징이 있다.

4 신자유주의에 기반한 복지국가의 변화 경향에 대한 설명으로 가장 옳지 않은 것은?

① 복지비용을 삭감하고 지출구조를 변화시킨다.

② 공공부문의 민영화, 기업규제를 통해 정부의 역할을 축소하였다.

③ 빈곤층에 대한 복지제공의 조건으로 근로를 요구하는 근로연계복지를 강화하였다.

④ 만성적 불안정 고용층, 저숙련 노동자 등에 대한 복지제도의 축소는 사회적 양극화 문제를 초래하였다.

>ADVICE ② 신자유주의에 기반한 복지국가는 작은 정부를 지향한다. 따라서 공공부문의 민영화는 옳은 설명이지만, 기업규제는 잘못된 설명이다. 신자유주의에 기반한 복지국가의 경우 탈규제화를 추구하여 정부의 역할을 축소한다.

5 사회복지실천과정에서 수행되는 사회복지사의 역할에 대한 설명을 옳게 짝지은 것은?

① 옹호자(advocate) – 클라이언트의 정당한 권리를 대변하고 정책적 변화를 추구하는 활동을 한다.
② 교사(teacher) – 클라이언트에게 적합한 서비스를 연결하고 그러한 서비스를 활용하도록 조정한다.
③ 중개자(broker) – 클라이언트에게 부정적 영향을 주는 프로그램이나 정책을 변화시키기 위한 운동을 지지한다.
④ 계획가(planner) – 전문적 사회복지실천 이론의 발전과 프로그램의 향상을 꾀한다.

>ADVICE ② 중개자, ③ 행동가, ④ 연구자로서의 사회복지사의 역할에 대한 설명이다.

6 고용보험에 대한 설명으로 옳은 것은?

① 근로자를 사용하지 않거나 50명 미만의 근로자를 사용하는 사업주도 고용보험의 의무가입대상이다.
② 근로자와 사업주는 실업급여사업과 고용안정사업 및 직업능력개발사업의 보험료를 절반씩 부담한다.
③ 고용보험료 고지, 수납 및 체납관리는 국민건강보험공단에서 한다.
④ 구직급여는 연령과 상관없이 가입기간에 따라 90~270일 동안 받을 수 있다.

>ADVICE ① 자영업자 고용보험제도란 자영업자의 생활안정 및 재취업을 지원하는 제도로, 0~49인의 근로자가 있는 자영업자는 본인이 희망하는 경우에 가입이 가능하다.
② 실업급여사업의 보험료는 근로자와 사업주가 절반씩 부담하지만, 고용안정사업 및 직업능력개발사업의 보험료는 사업주가 전액 부담한다.
④ 구직급여는 연령과 가입기간에 희망하는 경우에 가입 따라 90~270일 동안 받을 수 있다.

7 최근 노동중심적 복지국가의 한계가 부각되면서, 실현 가능한 대안 중 하나로 논의되고 있는 '기본소득(Basic Income)'의 개념적 특성이 아닌 것은?

① 보편성(universality)

② 재정적 지속가능성(financial sustainability)

③ 무조건성(unconditionality)

④ 개별성(individual base)

> **ADVICE** '기본소득'이란 정부나 지방자치단체가 모든 개인에게 조건 없이 정기적으로 지급하는 소득을 의미한다.
>
> ② 기본소득 보장을 위한 재원 마련 등 현실 가능성이 떨어지고 기존 복지체제를 위협할 수 있다는 우려가 있다.

8 마셜(Marshall)의 시민권론에 대한 비판의 내용에 해당하지 않는 것은?

① 남성 백인에게만 유효한 권리 범주에 불과하며, 여성과 흑인 등 다른 집단의 권리는 보장하지 못했다.

② 영국의 사례에 국한된 측면이 있다.

③ 시민권의 발전을 자연적인 진화의 과정으로 간주하여, 투쟁을 통해 실질적으로 획득될 수 있다는 것을 간과하고 있다.

④ 관찰 시점에 따라 상이한 유형으로 구분될 수 있으며, 명확한 구분이 어려운 애매한 사례도 존재한다.

> **ADVICE** 마셜은 사회복지정책을 '시민에게 서비스를 제공하여 복지를 향상시키기 위한 정부의 정책'이라고 정의하면서 사회보험, 공공부조, 보건서비스, 복지서비스, 주택 정책 등이 포함된다고 하였다.
>
> ④ 마셜은 시민권의 변천을 진화론의 입장에서 4가지 유형으로 구분하고 시민권의 요소를 공민적 요소, 정치적 요소, 복지적 요소, 사회적 요소로 보았다.

9 롤스(Rawls)의 정의론에서 제시하는 정의의 원칙으로 옳지 않은 것은?

① 평등한 기본적 자유의 원칙   ② 차등의 원칙

③ 공정한 기회균등의 원칙   ④ 부정의의 시정 원칙

> **ADVICE** 롤스의 정의의 원칙
>
> ㉠ 정의의 제1원칙 : 기본적 자유 평등의 원칙
>
> ㉡ 정의의 제2원칙 : 차등 조정의 원칙
>
> • 공정한 기회균등의 원칙 → 공정한 기회 강조
>
> • 차등의 원칙 → 공정한 결과 강조

10 「사회복지사업법」상 용어에 대한 설명으로 옳지 않은 것은?

① 사회복지사업이란 도움을 필요로 하는 모든 국민에게 사회복지사업을 통한 서비스를 제공하여 삶의 질이 향상되도록 제도적으로 지원하는 것을 말한다.

② 지역사회복지란 주민의 복지증진과 삶의 질 향상을 위하여 지역사회 차원에서 전개하는 사회복지를 말한다.

③ 사회복지시설이란 사회복지사업을 할 목적으로 설치된 시설을 말한다.

④ 보건의료서비스란 국민의 건강을 보호·증진하기 위하여 보건의료인이 하는 모든 활동을 말한다.

>**ADVICE** ① 사회복지서비스에 대한 설명이다. "사회복지사업"이란 「국민기초생활 보장법」, 「아동복지법」, 「노인복지법」, 「장애인복지법」, 「한부모가족지원법」, 「영유아보육법」, 「성매매방지 및 피해자보호 등에 관한 법률」, 「정신건강증진 및 정신질환자 복지서비스 지원에 관한 법률」, 「성폭력방지 및 피해자보호 등에 관한 법률」, 「입양특례법」, 「일제하 일본군위안부 피해자에 대한 생활안정지원 및 기념사업 등에 관한 법률」, 「사회복지공동모금회법」, 「장애인·노인·임산부 등의 편의증진 보장에 관한 법률」, 「가정폭력방지 및 피해자보호 등에 관한 법률」, 「농어촌주민의 보건복지증진을 위한 특별법」, 「식품 등 기부 활성화에 관한 법률」, 「의료급여법」, 「기초연금법」, 「긴급복지지원법」, 「다문화가족지원법」, 「장애인연금법」, 「장애인활동 지원에 관한 법률」, 「노숙인 등의 복지 및 자립지원에 관한 법률」, 「보호관찰 등에 관한 법률」, 「장애아동 복지지원법」, 「발달장애인 권리보장 및 지원에 관한 법률」, 「청소년복지 지원법」, 그 밖에 대통령령으로 정하는 법률 등에 따른 보호·선도 또는 복지에 관한 사업과 사회복지상담, 직업지원, 무료 숙박, 지역사회복지, 의료복지, 재가복지, 사회복지관 운영, 정신질환자 및 한센병력자의 사회복귀에 관한 사업 등 각종 복지사업과 이와 관련된 자원봉사활동 및 복지시설의 운영 또는 지원을 목적으로 하는 사업을 말한다〈사회복지사업법 제2조(정의) 제1호〉.

11 한국 사회복지행정의 대표적인 변화 가운데 시기적으로 가장 빠른 것은?

① 사회복지통합관리망 행복e음 구축

② 노인장기요양보험제도 실시

③ 지역복지계획수립 의무화

④ 사회복지시설 및 기관평가제도 도입

>**ADVICE** ① 사회복지통합관리망 행복e음 구축 : 2010년

② 노인장기요양보험제도 실시 : 2008년

③ 지역복지계획수립 의무화 : 2003년(사회복지사업법에 신설 이후 사회보장급여의 이용·제공 및 수급권자 발굴에 관한 법률 제정으로 지역사회보장계획으로 개정)

④ 사회복지시설 및 기관 평가제도 도입 : 1997년

ANSWER 7.② 8.④ 9.④ 10.① 11.④

12 사회복지기관에서 사용하는 예산양식 중 품목예산(Line-Item Budget)에 대한 설명으로 가장 옳지 않은 것은?

① 전체 예상 지출항목을 열거하고 지출비용을 계산하는 방식으로 이루어진다.

② 상대적으로 단순하고 사용하기에 간편하다.

③ 기관의 투입(input) 요소에 주의를 집중하는 예산양식이다.

④ 기관이 성취하고자 하는 성과나 목표를 제시한다.

>ADVICE ④ 품목예산은 예산을 지출대상별(품목별)로 분류하여 예산을 편성하는 제도로, 기관의 성과나 목표를 제시하지는 않는다.

13 사회복지사 윤리강령상 사회복지사의 윤리기준으로 가장 옳지 않은 것은?

① 적법하고도 적절한 논의 없이 동료 혹은 다른 기관의 클라이언트와 전문적 관계를 맺어도 된다.

② 클라이언트의 지불능력에 상관없이 서비스를 제공해야 한다.

③ 전문가단체 활동에 적극 참여하여 사회복지사의 권익 옹호를 위해 노력해야 한다.

④ 기관의 부당한 정책이나 요구에 대해 즉시 사회복지윤리위원회에 보고해야 한다.

>ADVICE 동료의 클라이언트와의 관계

　　　　㉠ 사회복지사는 적법하고도 적절한 논의 없이 동료 혹은, 다른 기관의 클라이언트와 전문적 관계를 맺어서는 안 된다.

　　　　㉡ 사회복지사는 긴급한 사정으로 인해 동료의 클라이언트를 맡게 된 경우, 자신의 의뢰인처럼 관심을 갖고 서비스를 제공한다.

14 「사회보장기본법」에서 사회보장수급권에 대해 금지하고 있는 행위로 가장 옳지 않은 것은?

① 사회보장수급권은 타인에게 양도할 수 없다.

② 사회보장수급권은 포기할 수 없다.

③ 사회보장수급권은 담보로 제공할 수 없다.

④ 사회보장수급권은 압류할 수 없다.

>ADVICE 사회보장수급권의 포기〈사회보장기본법 제14조〉

　　　　㉠ 사회보장수급권은 정당한 권한이 있는 기관에 서면으로 통지하여 포기할 수 있다.

　　　　㉡ 사회보장수급권의 포기는 취소할 수 있다.

　　　　㉢ ㉠에도 불구하고 사회보장수급권을 포기하는 것이 다른 사람에게 피해를 주거나 사회보장에 관한 관계 법령에 위반되는 경우에는 사회보장수급권을 포기할 수 없다.

15 사례관리(case management)의 과정을 순서대로 바르게 나열한 것은?

① 기획 → 사정 → 개입 → 점검 → 평가
② 사정 → 기획 → 점검 → 개입 → 평가
③ 사정 → 기획 → 개입 → 점검 → 평가
④ 기획 → 사정 → 점검 → 개입 → 평가

>ADVICE 사례관리의 과정은 접수 → 사정 → 기획 → 개입 → 점검 및 재사정 → 종결 및 평가로 진행된다.

16 〈보기〉에서 설명한 오류는?

〈보기〉

자료분석은 자료가 수집된 이후에 수집된 자료를 분석하고 해석하는 일인데, 이는 이론 또는 실제적 목적과 관련해서 수집된 자료를 일반적으로 통계적 방법을 사용하여 분석하고 분석결과의 의미를 해석하는 과정이다. 이때, 분석단위의 적용상 오류가 발생할 수 있다. 집단 또는 집합체에서 발견된 내용을 개인에게 적용할 때, 즉 특정지역의 노령화비율이 높고 그 지역에 특정 정당 지지율도 높다고 해서 해당 지역의 노인이 그 정당을 더 지지한다고 잘못된 결론을 내리는 것을 말한다.

① 퇴행적 오류   ② 인과관계적 오류
③ 생태학적 오류   ④ 환원주의적 오류

>ADVICE 생태학적 오류란 생태학적 상관관계를 개인적 상관관계로 평가함으로써 범하게 되는 통계적 오류를 말한다. 제시된 〈보기〉에서는 노령화비율과 특정 정당 지지율의 두 생태학적 상관관계를 개인적 상관관계로 평가하여 잘못된 결론을 내린 예를 들고 있다.

ANSWER 12.④ 13.① 14.② 15.③ 16.③

17 엘리자베스 구빈법(The Elizabeth Poor Law, 1601)에 대한 설명으로 가장 옳은 것은?

① 근로능력이 있는 건강한 빈민(The able-bodied poor)이 교정원 또는 열악한 수준의 작업장에서 강제노역을 하도록 하였다.

② 공동작업장을 설치하여 임금지불과 직업보도 등을 처음 시작하게 되었다.

③ 빈민의 도시 유입을 막기 위해 농촌 노동력의 이동을 통제하는 제도이다.

④ 저임금 노동자의 생활비를 위해서 임금을 보충해 주는 빈민의 처우 개선 제도이다.

ADVICE ② 작업장법에 대한 설명이다.
③ 정주법에 대한 설명이다.
④ 스핀햄랜드법에 대한 설명이다.

18 「사회복지사업법 시행규칙」상 사회복지관의 사업 중 지역조직화 기능으로 옳지 않은 것은?

① 서비스연계사업

② 주민조직화사업

③ 자원개발 및 관리사업

④ 복지네트워크 구축사업

ADVICE 사회복지관의 사업〈사회복지사업법 시행규칙 별표 3〉
㉠ 사례관리 기능 : 사례발굴, 사례개입, 서비스 연계
㉡ 서비스제공 기능 : 가족기능강화, 지역사회보호, 교육문화, 자활지원 등 기타
㉢ 지역조직화 기능 : 복지네트워크 구축, 주민조직화, 자원개발 및 관리

19 길버트(Gilbert)와 테렐(Terrell)이 제시한 사회복지정책 분석틀의 네 가지 구성요소로 옳지 않은 것은?

① 할당(allocation)의 기반
② 사회적 위험(social risks)의 포괄 범주
③ 전달체계(delivery)의 전략
④ 급여(social provision)의 형태

>**ADVICE** 길버트와 테렐이 제시한 사회복지정책 분석틀의 네 가지 구성요소
　　　㉠ 사회적 할당의 기반은 무엇인가? → 수급자격(대상체계)
　　　㉡ 사회적 급여의 형태는 무엇인가? → 급여종류(급여체계)
　　　㉢ 사회적 급여를 전달하기 위한 전략은 무엇인가? → 전달방법(전달체계)
　　　㉣ 사회적 급여에 필요한 재정을 마련하기 위한 방법은 무엇인가? → 재정마련 방법(재정체계)

20 〈보기〉와 같은 실천 개입기술에 해당하는 것은?

┌───┐
　　　　　　　　　　　　　　　〈보기〉
　㉠ 클라이언트의 말, 행동, 생각 간에 모순을 지적하는 것
　㉡ 클라이언트가 특정 행동이나 경험 혹은 생각에서 벗어나도록 하거나 그런 쪽으로 행동을 취할 수 있도록
　　 도움을 제공하는 것
└───┘

	㉠	㉡
①	재보증(reassurance)	재명명(reframing)
②	직면(confrontation)	격려(encouragement)
③	중재(mediation)	격려(encouragement)
④	조언	정보제공

>**ADVICE** ㉠ 직면 : 클라이언트의 말, 행동, 생각 간에 모순되는 점을 지적하여 줌으로써 클라이언트가 내적인 문제를 발견하고 전환할 수 있도록 돕는 기법으로, 장애가 되는 부분에 대한 인식능력을 향상시키기 위해 사용한다.
　　　㉡ 격려 : 클라이언트가 특정 행동이나 경험 혹은 생각에서 벗어나도록 하거나 그런 쪽으로 행동을 취할 수 있도록 도움을 제공하는 것으로, 주로 클라이언트의 행동이나 감정 등을 칭찬하고 인정하는 방식으로 표현된다.

✎ **ANSWER** 17.① 18.① 19.② 20.②

1 사회복지 분야 자원봉사활동의 위험관리 대책에 대한 설명으로 옳지 않은 것은?

① 위험관리 대상은 자원봉사자와 직원에 한정한다.
② 아동·청소년은 부모의 동의서를 받는다.
③ 자원봉사자들을 자원봉사 상해보험에 가입시킨다.
④ 위험관리 담당자를 지정하고 위험관리위원회를 구성하는 등 위험관리시스템을 구축한다.

>ADVICE 사회복지 분야 자원봉사활동의 위험관리 대상은 다만 자원봉사자와 직원에 한정되는 것이 아니라 자원봉사활동의 대상인 클라이언트와 가족 등 관련 인물과 장비, 시설 등 물적 자원까지 포괄적으로 포함해야 한다.

2 사회복지 실천과정을 순서대로 바르게 나열한 것은?

① 접수 → 자료수집 및 사정 → 개입 → 목표설정 및 계약 → 평가 및 종결
② 접수 → 목표설정 및 계약 → 개입 → 자료수집 및 사정 → 평가 및 종결
③ 접수 → 목표설정 및 계약 → 자료수집 및 사정 → 개입 → 평가 및 종결
④ 접수 → 자료수집 및 사정 → 목표설정 및 계약 → 개입 → 평가 및 종결

>ADVICE 사회복지 실천과정은 '접수 → 자료수집 및 사정 → 목표설정 및 계약 → 개입 → 평가 및 종결'의 순서로 이루어진다.

3 「정신건강증진 및 정신질환자 복지서비스 지원에 관한 법률」상 정신건강전문요원에 해당하지 않는 것은?

① 정신건강의학과 전문의　　　　　　② 정신건강임상심리사
③ 정신건강간호사　　　　　　　　　　④ 정신건강사회복지사

>ADVICE 정신건강증진 및 정신질환자 복지서비스 지원에 관한 법률 제17조(정신건강전문요원의 자격 등) 제1항, 제2항
　　㉠ 보건복지부장관은 정신건강 분야에 관한 전문지식과 기술을 갖추고 보건복지부령으로 정하는 수련기관에서 수련을 받은 사람에게 정신건강전문요원의 자격을 줄 수 있다.
　　㉡ ㉠에 따른 정신건강전문요원은 그 전문분야에 따라 정신건강임상심리사, 정신건강간호사, 정신건강사회복지사 및 정신건강작업치료사로 구분한다.

4 사회복지적 관점에서 볼 때 일반적으로 시장에서 재화들이 효율적으로 배분되기 위한 조건이 아닌 것은?

① 재화의 거래에서 외부효과가 발생하지 말아야 한다.
② 위험의 발생이 상호 의존적이어야 한다.
③ 역의 선택 현상이 나타나지 말아야 한다.
④ 재화에 대해 수요자와 공급자가 충분한 정보가 있어야 한다.

>ADVICE ② 위험의 발생이 상호 의존적이라면 대규모 위험 발생 시 시장에서 제공하는 서비스 상품들이 재정안정을 이루기 어려우며, 이렇게 재정이 안정되지 않은 시장은 재화를 효율적으로 배분하기 어려워진다.

5 다음 (   ) 안에 들어갈 사회복지프로그램 평가유형을 순서대로 바르게 나열한 것은?

> (㉠): 프로그램 진행 중에 원활하고 성공적으로 프로그램이 수행되도록 문제점을 찾아내고 수정 보완할 목적으로 실시된다.
> (㉡): 프로그램 종결 후 연역적 객관적 방법으로 프로그램이 달성하고자 했던 목표를 얼마나 잘 성취했는가의 여부를 평가한다.
> (㉢): 프로그램 평가를 차후에 종합적으로 검토해 보는 평가를 말하며, 평가에 대한 평가로 표현되기도 한다.

	㉠	㉡	㉢
①	형성평가	메타평가	총괄평가
②	메타평가	형성평가	총괄평가
③	총괄평가	메타평가	형성평가
④	형성평가	총괄평가	메타평가

>ADVICE ㉠ 프로그램 진행 중에 수행하는 평가는 형성평가이고, ㉡ 프로그램이 종결된 후 수행하는 평가는 총괄평가이다. ㉢과 같이 프로그램 평가에 대해 차후에 종합적으로 재검토 해보는 것이 메타평가이다.

✎ **ANSWER** 1.① 2.④ 3.① 4.② 5.④

6 에스핑 – 앤더슨(Esping–Andersen)의 복지국가 유형에 대한 설명으로 옳지 않은 것은?

① 사회민주적(social democratic) 복지국가 유형에서는 보편주의 원칙과 사회권을 통한 탈상품화 효과가 가장 크다.
② 자유주의적(liberal) 복지국가 유형에서는 복지와 재분배적 기능을 강조하며 시장의 영향력을 최소화하려 노력한다.
③ 조합(보수)주의적(conservative corporatist) 복지국가 유형에서는 사회적 지위의 차이 유지를 목표로 한다.
④ 복지국가 유형은 탈상품화 정도와 사회계층화, 그리고 국가 – 시장 – 가족의 역할분담의 차이로 분류된다.

》ADVICE ② 복지와 재분배적 기능을 강조하며 시장의 영향력을 최소화하려 노력하는 것은 사회민주적 복지국가 유형이다.

7 점심시간 때 학교 운동장에서 선후배 간 폭력이 발생하여 사상자가 발생하였다. 이에 대해 위기개입모델을 적용하고자 할 때, 학교사회복지사의 역할에 대한 설명으로 옳지 않은 것은?

① 피해학생을 위험으로부터 안전하게 보호하며 심리적 안정을 취할 수 있는 제반 서비스를 실시한다.
② 피해학생이 위기로 인한 분노, 좌절감, 불안, 두려움 등을 적절한 수준에서 표출, 완화할 수 있도록 돕는다.
③ 폭력사건 위기와 관련된 다양한 대상에 대한 다각적인 사정을 통해 클라이언트의 성격 변화에 초점을 둔다.
④ 위기개입팀의 일원으로 학생들에게 위기사건과 관련된 정확한 사실을 설명하고 긴장을 완화하는 디브리핑(debriefing)을 한다.

》ADVICE 위기개입모델은 위기에 처한 클라이언트가 예상치 않았던 사건으로 발생한 정서적, 행동적, 인지적 위기상태를 위기 이전에 가깝게 고쳐가도록 돕는다. 제시된 상황은 폭력으로 사상자가 발생한 심각한 상황으로 ③과 같은 클라이언트의 성격 변화보다는 ①②④ 같은 실질적인 도움에 사회복지사의 역할의 초점이 맞춰져야 한다.

8 「국민기초생활보장법」상 제공하는 급여가 아닌 것은?

① 주거급여　　　　　　　　　　　② 해산급여
③ 의료급여　　　　　　　　　　　④ 장애급여

》ADVICE 급여의 종류〈국민기초생활보장법 제7조 제1항〉
　　㉠ 생계급여
　　㉡ 주거급여
　　㉢ 의료급여
　　㉣ 교육급여
　　㉤ 해산급여(解産給與)
　　㉥ 장제급여(葬祭給與)
　　㉦ 자활급여

9 사회복지서비스 기관들이 관료제 환경에서 나타내기 쉬운 병폐 중 다음에서 설명하는 것은?

> 서비스 기관들이 성과관리 평가제 등의 영향을 과도하게 받게 되면서 나타내기 쉬운 현상들 중 하나이다. 기관들은 서비스 접근성 메커니즘을 조정해서 가급적이면 유순하고 저비용－고성과 클라이언트를 선호하는 반면, 비협조적이고 고비용－저성과 클라이언트들을 배척하려는 경향을 보인다. 문제는 배척하려는 클라이언트들이 보다 절실하게 사회적 도움을 필요로 하는 사람들이기 쉽다는 점이다.

① 크리밍(creaming)
② 아웃리치(outreach)
③ 후광효과(halo effect)
④ 점증주의(incrementalism)

⟩ADVICE 크리밍에 대한 설명이다. 크리밍은 '기름친다'는 뜻으로, 일정한 개입 프로그램의 도움으로 가장 성공 가능성이 높은 사람들이 사회서비스와 프로그램을 이용하는 것을 말한다.
① 아웃리치 : 지역 주민에 대한 기관의 적극적인 봉사활동
③ 후광효과 : 한 대상의 두드러진 특성이 그 대상의 다른 세부 특성을 평가하는 데에도 영향을 미치는 현상

10 다음은 고소공포증이 있는 클라이언트에게 적용한 치료기법으로 이에 대한 모델과 기법을 바르게 연결한 것은?

> 맨 아래에 있는 가장 덜 위협적인 장면에서부터 더 큰 불안을 야기하는 장면인 위쪽으로 점차 나아가면서 단계별로 상상하거나 경험하도록 한다.
> – 63빌딩 꼭대기에서 아래를 내려다보기
> – 63빌딩 꼭대기 층에서 걸어보기
> – 12층 건물에서 창문 밖을 내려다보기
> – 4층 건물의 발코니 난간에서 아래를 내려다보기
> – 4층 건물에서 창문 밖을 내려다보기
> – 초고층 빌딩의 건설에 대한 기사 읽기

① 정신역동모델 – 반동형성
② 인지행동모델 – 시연
③ 인지행동모델 – 체계적 둔감화
④ 정신역동모델 – 투사

⟩ADVICE 고소공포증 치료를 위해 불안이나 공포를 덜 일으키는 자극부터 점차 더 강한 자극으로 단계별로 옮겨가며 행동을 치료하기 위한 기법으로 인지행동모델 기법의 하나인 체계적 둔감화에 해당한다. 체계적 둔감화는 특정 자극이나 상황에 대하여 비정상적으로 강한 불안이나 공포를 나타내는 클라이언트를 치료하기 위해 사용된다.

 ANSWER 6.② 7.③ 8.④ 9.① 10.③

11 최근 한국 가족 변화의 특징에 대한 설명으로 옳은 것은?

① 부부와 미혼자녀로 구성된 전형적인 핵가족형태의 가구 비율이 꾸준히 증가하고 있다.

② 가족주기의 변화로 자녀출산 완료 이후 자녀의 결혼이 시작되기 전까지의 확대완료기가 길어지고 있다.

③ 초혼 연령과 조혼인율이 지속적으로 내려가 저출산 문제가 심각해지고 있다.

④ 가족가치관의 경우 부부간 의사결정방식에 있어 남편주도형이 주를 이루고 있으며, 부부공동형과 아내주도형은 감소하고 있다.

>ADVICE ② 만혼족, 비혼족 등이 늘어가면서 자녀출산 완료 이후 자녀의 결혼이 시작되기 전까지의 확대완료기가 길어지고 있다.

① 부부와 미혼자녀로 구성된 핵가족형태의 가구 비율보다 1인 가구 및 부부로만 구성된 가구의 비율이 꾸준히 증가하고 있다.

③ 조혼인율은 1년간에 발생한 총 혼인건수를 당해 연도의 주민등록 연앙(7월 1일)인구로 나눈 수치를 1,000분비로 나타낸 것으로 인구 1천명당 혼인건수를 말한다. 조혼인율은 지속적으로 내려가고 초혼 연령은 지속적으로 올라가 저출산 문제가 심각해지고 있다. 연앙인구란 출생률과 사망률을 산출할 때 한 해의 중간인 7월 1일을 기준으로 하여 산출한 인구를 말하며 중앙인구라고도 한다.

④ 가족가치관의 경우 부부간 의사결정방식에 있어 과거 남편주도형이 주를 이뤘던 것과 달리 부부공동형과 아내주도형이 증가하고 있다.

12 사회복지조사에서 측정의 신뢰도를 높이는 방법으로 옳지 않은 것은?

① 표준화된 측정도구를 사용한다.

② 응답자가 무관심하거나 잘 모르는 내용은 측정하지 않는 것이 좋다.

③ 측정항목(하위변수) 수를 줄이고 항목의 선택범위(값)는 좁히는 것이 좋다.

④ 측정항목의 모호성을 줄이고 되도록 구체화하여 일관된 측정이 가능케 한다.

>ADVICE ③ 측정의 신뢰도를 높이기 위해서는 측정항목(하위변수) 수를 늘리고 항목의 선택범위(값)는 넓히는 것이 좋다.

13 사회복지 재원의 특징에 대한 설명으로 옳지 않은 것은?

① 일반조세를 재원으로 하는 사회복지정책은 안정성과 지속성을 갖는다.

② 모금은 「사회복지공동모금회법」을 근거로 공동모금제도를 실시하고 있다.

③ 사회보험료는 피보험자의 강제가입에 의해 납부되는 것이 원칙이다.

④ 수익자 부담은 저소득층의 자기존중감을 높여 서비스가 남용된다.

>ADVICE 수익자 부담이 저소득층 및 서비스 이용자들의 자기존중감을 높여 긍정적 영향을 줄 수 있지만, 사용자가 서비스 이용에 드는 모든 비용을 부담해야 하기 때문에 저소득층의 경우 비용 부담으로 인한 이용이 억제될 수 있다는 문제점이 있다.

14 장애인의 자립생활에 대한 설명으로 옳지 않은 것은?

① 자기결정권은 자립생활운동의 핵심가치이다.

② 자립생활은 미국에서 체계화되고 발달된 개념으로서 장애인의 권리를 인식의 토대로 하고 있다.

③ 자립생활은 장애인이 지역에서 자유롭게 독립적으로 살아가는 것을 말하며, 장애가 중증화되어 가면 지역이 아닌 거주시설에서 안전하게 생활해야 한다고 주장한다.

④ 자립생활은 사회복지서비스를 제공하는 데 장애인의 주도적 참여를 보장해야 한다는 이념이자 실천 전략이다.

>ADVICE ③ 자립생활은 장애인이 지역에서 자유롭게 독립적으로 살아가는 것을 말한다. 즉, 탈시설화를 강조한다. 따라서 장애가 중증화되어 간다고 해서 지역이 아닌 거주시설에서 생활해야 한다고 주장하는 것은 장애인의 자립생활과 모순되는 설명이다.

15 다음 사례관리 활동에 대한 설명으로 옳은 것만을 모두 고르면?

> ㉠ 사례관리는 복합적이고 장기적인 욕구를 갖고 있는 사람에 대한 지원활동이다.
> ㉡ 사례관리는 지역사회의 다양한 서비스 기관들을 연계하여 종합적인 서비스를 제공하는 활동이다.
> ㉢ 사례관리자는 서비스를 연계하고 점검하는 간접적 실천활동과 함께 교육, 상담 등 직접 실천활동을 수행한다.
> ㉣ 사례관리 과정에 새로운 욕구가 발견되면 재사정을 통해 서비스를 계속적으로 지원한다.

① ㉠, ㉡

② ㉠, ㉢, ㉣

③ ㉡, ㉢, ㉣

④ ㉠, ㉡, ㉢, ㉣

>ADVICE 모두 옳은 설명이다. 사례관리는 복합적이고 장기적인 욕구를 가진 클라이언트에 대한 종합적이고 지속적인 서비스 제공에 초점을 둔다.

16 안토니 기든스(A. Giddens)가 이론적으로 체계화한 소위 '제3의 길'이 추구하는 전략 개념에 해당하지 않는 것은?

① 직접 급여의 제공보다는 인적자원에 투자
② 복지다원주의의 추구
③ 국가에 대한 경제적 의존을 줄여 위험은 공동 부담하는 의식 전환의 강조
④ 중앙정부의 역할 강화

)ADVICE '제3의 길'이란 영국의 사회학자 안토니 기든스가 자신의 저서에서 주장한 것으로 신자유주의와 사회민주주의를 모두 반대하고 제3의 길이라는 새로운 사회발전 모델을 주창했다. 제3의 길은 중앙정부의 역할을 축소하고 지방정부 및 민간영리부문, 비공식부문 등 공급주체의 다양화를 추구한다. 즉, 복지다원주의를 추구하며, 국가에 대한 경제적 의존을 줄이고 위험은 공동으로 부담할 수 있다는 장점이 있다.

17 사회적 경제조직에 대한 설명으로 옳지 않은 것은?

① 사회적 경제조직은 사회문제를 해결한다는 사회적 측면과 자생력을 가져야 한다는 경제적 측면이 동시에 고려되어야 한다.
② 사회적 경제조직에는 사회적 기업, 협동조합 등이 있다.
③ 사회적 기업이란 정부, 지방자치단체가 출자한 조직이 사회적 기업 인증을 받아 운영하는 공기업이다.
④ 서구에서는 오래전부터 일을 통한 복지(workfare)라는 차원에서 관심이 증가하고 있다.

)ADVICE ③ 사회적기업 육성법 제2조(정의)에 따르면 "사회적 기업"이란 취약계층에게 사회서비스 또는 일자리를 제공하거나 지역사회에 공헌함으로써 지역주민의 삶의 질을 높이는 등의 사회적 목적을 추구하면서 재화 및 서비스의 생산·판매 등 영업활동을 하는 기업으로서 제7조(사회적 기업의 인증)에 따라 인증받은 자를 말한다. 따라서 공기업과는 다른 개념이다.

18 사회복지실천의 관계형성 기술에 대한 설명으로 옳은 것만을 모두 고르면?

> ⊙ 수용 – 클라이언트를 있는 그대로 받아들여 문제행동도 옳다고 인정하고 받아들이는 것을 의미한다.
> ⓒ 비밀보장 – 원조관계에서 알게 된 클라이언트에 대한 정보는 반드시 비밀을 보호해야 한다.
> ⓒ 통제된 정서적 관여 – 클라이언트에게 민감하게 반응함으로써 정서적으로 관여하되 그 반응은 원조의 목적에 적합하게 통제되어야 한다.
> ⓒ 개별화 – 클라이언트의 개인적 특성을 이해하고 개별 특성에 적합한 원조원칙과 방법을 사용해야 한다.

① ㉠, ㉡   ② ㉠, ㉢
③ ㉡, ㉣   ④ ㉢, ㉣

> **ADVICE** ㉠ 수용은 클라이언트의 있는 그대로를 받아들이지만, 문제행동을 옳다고 인정하고 받아들이는 것은 아니다.
> ㉡ 원조관계에서 알게 된 클라이언트에 대한 정보는 비밀보장을 하는 것이 원칙이지만, 클라이언트에게 도움을 주기 위해 어쩔 수 없는 상황이나 범죄 관련 등 비밀보장을 할 수 없는 경우가 존재하므로 반드시 비밀을 보호해야 한다는 것은 옳지 않다.

19 사회복지서비스 중 보편적 서비스에 해당하는 것은?

① 우울증 청소년에 대한 상담
② 학대 아동에 대한 미술 치료
③ 중학생을 대상으로 한 인터넷·약물중독 예방 교육
④ 시각장애인을 위한 직업재활서비스

> **ADVICE** 우울증 청소년, 학대 아동, 시작장애인 등을 대상으로 하는 서비스의 경우 특정 대상에 대한 사후적 서비스이다. ③에서 중학생을 대상으로 하는 인터넷·약물중독 예방 교육의 경우 모든 중학생을 대상으로 서비스가 가능한 사전적 성격의 서비스로 보편적 서비스에 해당한다.

ANSWER 16.④ 17.③ 18.④ 19.③

20 일상생활을 혼자서 수행하기 어려운 노인과 관련한 사례를 접한 A 사회복지사가 현행 노인장기요양보험제도의 급여와 관련하여 처리해야 할 사안 중 옳지 않은 것은?

① 연령이 65세 이상 또는 65세 미만으로서 치매 등 대통령령으로 정하는 노인성 질병여부를 확인한다.

② 재가노인요양보호가 집에서 24시간 재가급여를 제공하기 때문에 시설급여를 제공하는 장기요양기관보다 주간보호센터 등 재가급여 기관을 우선 조사한다.

③ 도서·벽지 등 장기요양기관이 현저하게 부족한 지역은 보건복지부장관이 정하여 고시하는 경우 특별현금급여가 가능하므로 노인의 거주지를 파악한다.

④ 장기요양보험사업의 보험자는 국민건강보험공단이므로 관련 문의사항은 국민건강보험공단에 확인한다.

〉ADVICE ② 현행 노인장기요양보험제도에서 24시간 재가급여를 제공하는 재가노인요양보호는 규정되어 있지 않다. 또한 주간보호센터는 노인에 대한 주간보호를 제공하는 재가급여 기관이다.

1 사회복지급여 제공에서 국가 개입이 필요한 이유가 아닌 것은?

① 사회복지급여의 외부효과
② 사회복지재화의 사유재적 성격
③ 대상자의 역의 선택
④ 대상자의 도덕적 해이

> **ADVICE** 사회복지급여 제공에 국가 개입이 필요한 이유는 사회복지재화의 공공재적 성격 때문이다. ①③④ 외에 정보의 비대칭성, 위험발생의 상호의존, 규모의 경제 등이 사회복지급여 제공에서 국가 개입이 필요한 이유에 해당한다.

2 국민기초생활보장제도에 대한 설명으로 옳지 않은 것은?

① 수급자 선정 시 기준 중위소득을 활용한다.
② 소득인정액은 개별가구의 소득평가액과 재산의 소득환산액을 합산한 금액을 말한다.
③ 급여의 기준은 급여종류에 관계없이 동일한 선정기준이 적용된다.
④ 생계급여는 수급자가 희망하는 경우에 수급자를 보장시설이나 타인의 가정에 위탁하여 실시할 수 있다.

> **ADVICE** ③ 보건복지부장관 또는 소관 중앙행정기관의 장은 급여의 종류별 수급자 선정기준 및 최저보장수준을 결정하여야 한다 〈국민기초생활보장법 제6조(최저보장수준의 결정 등) 제1항〉.

ANSWER 20.② / 1.② 2.③

3 사례관리(Case Management)의 특성으로 옳지 않은 것은?

① 사례관리는 통합적 실천방법이자 체계적인 과정이다.

② 사례관리는 공식적, 비공식적, 개인적, 지역사회적 자원을 조정하는 것에 초점을 둔다.

③ 서비스의 직접적 제공, 연계, 의뢰, 구매 등 다양한 서비스 개입을 활용한다.

④ 시설보호를 통한 집중적인 관리를 강조한다.

>**ADVICE** 사례관리는 복합적이고 장기적인 욕구를 갖고 있는 사람에 대한 지원활동으로, 지역사회의 다양한 서비스 기관들을 연계하여 종합적인 서비스를 제공한다. 즉, 사례관리자는 서비스를 연계하고 점검하는 간접적 실천활동과 함께 교육, 상담 등 직접 실천활동을 수행한다. 또한 사례관리 과정에 새로운 욕구가 발견되면 재사정을 통해 서비스를 계속적으로 지원한다.
④ 사례관리는 탈시설화를 강조한다.

4 사회복지 주요 개념에 대한 설명으로 옳지 않은 것은?

① 보편주의(Universalism)에서 사회복지급여는 모든 국민에게 사회적 권리로 인정된다.

② 적극적 조치(Affirmative Action)는 여성, 장애인, 소수인종집단, 유색인종, 농어촌지역주민 등 사회적으로 불리한 조건에 처한 집단에 대한 입학, 고용, 승진 등에서의 평등을 실현하고자 하는 정책을 말한다.

③ 노동의 탈상품화(Decommodification of Labor)는 자본주의 이전의 사회에서 사람들이 생존을 위해 임금 형태의 소득에 전적으로 의존하지 않던 상태를 말한다.

④ 임파워먼트(Empowerment)는 치료를 통해서가 아니라 클라이언트의 강점을 강조함으로써 클라이언트가 처해 있는 어려움을 해결할 수 있도록 하는 사회복지실천기술이다.

>**ADVICE** ③ 노동의 탈상품화는 개인의 복지가 시장에 의존하지 않고도 이루어질 수 있는 상태로, 즉 특정 개인이 시장에 의존하지 않아도 기존의 삶을 유지할 수 있는 상태를 말한다. 노동의 탈상품화 정도가 높을수록 복지수준이 높다는 것을 의미한다.

5 사회복지서비스 전달체계에 대한 설명으로 옳은 것만을 모두 고르면?

> ㉠ 민간 전달체계는 이용자에게 폭넓은 서비스 선택권을 제공한다는 장점이 있다.
> ㉡ 사회복지법인은 비영리공익법인으로서 「민법」상 재단법인이나 사단법인에 비해 공공성이 강조되는 사회복지서비스 전달기관이다.
> ㉢ 중앙정부가 전달주체가 되면, 서비스의 접근성과 융통성이 커진다.
> ㉣ 공공기관이 제공하던 서비스를 민간기관에 이양 또는 위탁하는 민영화 추세가 강화되고 있다.

① ㉠, ㉡   ② ㉠, ㉡, ㉣
③ ㉠, ㉢, ㉣   ④ ㉡, ㉢, ㉣

> ⟩ADVICE ㉢ 중앙정부가 전달주체가 되면, 지방정부 또는 민간 전달체계가 주체가 될 때보다 서비스의 접근성과 융통성은 떨어진다.

6 에스핑 앤더슨(Esping-Andersen)의 복지국가 유형에 따른 특징을 옳게 짝지은 것은?

	자유주의적 복지국가	조합주의적 복지국가	사회민주주의적 복지국가
① 탈상품화 정도:	매우 높음	높음	매우 낮음
② 계층화 정도:	계층 간 통합 강화	계층 간 차이 유지	계층 간 대립 심화
③ 국가의 역할:	중심적	보조적	주변적
④ 전형적 국가:	미국	프랑스	스웨덴

> ⟩ADVICE 에스핑 앤더슨의 복지국가 유형에 따른 특징

구분	자유주의적 복지국가	조합주의적 복지국가	사회민주주의적 복지국가
탈상품화 정도	매우 낮음	높음	매우 높음
계층화 정도	계층 간 대립 심화	계층 간 차이 유지	계층 간 통합 강화
국가의 역할	주변적	보조적	중심적
전형적 국가	미국	프랑스	스웨덴

ANSWER 3.④ 4.③ 5.② 6.④

7 「긴급복지지원법」상 긴급지원제도에 대한 설명으로 옳은 것만을 모두 고르면?

> ㉠ 긴급지원 요청이 들어오면 소득이나 재산을 조사한 후 최대한 신속하게 지원한다.
> ㉡ 시장·군수·구청장은 긴급지원에도 불구하고 위기상황이 계속되는 경우 긴급지원심의위원회의 심의를 거쳐 지원을 연장할 수 있다.
> ㉢ 다른 법률에 따라 긴급지원의 내용과 동일한 내용의 구호·보호 또는 지원을 받고 있는 경우에는 긴급지원을 하지 않는다.
> ㉣ 긴급지원대상자와 친족, 그 밖의 관계인은 구술 또는 서면으로 관할 시장·군수·구청장에게 긴급지원을 요청할 수 있다.

① ㉠, ㉢
② ㉡, ㉣
③ ㉠, ㉡, ㉢
④ ㉡, ㉢, ㉣

> ADVICE ㉠ 긴급복지지원법에 따른 지원은 위기상황에 처한 사람에게 일시적으로 신속하게 지원하는 것을 기본원칙으로 한다. 따라서 사전조사가 아닌 사후조사를 시행한다.
> ※ 긴급복지지원법 제13조(사후조사) 제1항 ⋯ 시장·군수·구청장은 제8조(현장 확인 및 지원) 제3항에 따라 지원을 받았거나 받고 있는 긴급지원대상자에 대하여 소득 또는 재산 등 대통령령으로 정하는 기준에 따라 긴급지원이 적정한지를 조사하여야 한다.

8 에릭 에릭슨(Erik H. Erikson)의 심리사회적 자아발달의 8단계 과업에 해당하지 않는 것은?

① 희망 대 절망
② 자율성 대 수치심
③ 신뢰감 대 불신감
④ 근면성 대 열등감

> ADVICE 에릭슨의 심리사회적 자아발달 8단계에 따른 과업

단계	과업
1단계(0~1세)	신뢰감 대 불신감
2단계(2~3세)	자율성 대 수치감
3단계(4~6세)	주도성 대 죄책감
4단계(7~11세)	근면성 대 열등감
5단계(청소년기)	자아정체성 대 역할 혼돈
6단계(청년기)	친밀성 대 고립감
7단계(중년기)	생산성 대 침체감
8단계(노년기)	자아통합감 대 절망감

9 사회복지 이론 및 사상에 대한 설명으로 옳은 것은?

① 로버트 노직(Robert Nozick)은 국가가 적극적으로 나서서 국민의 생활과 자유를 보장해야 한다고 주장했다.

② 사회민주주의자들은 개인이 국가의 규제로부터 벗어나 자유를 누리는 것이 정의로운 사회라고 주장했다.

③ 존 롤즈(John Rawls)는 정의론에서 모든 사람은 다른 사람의 유사한 자유와 상충되지 않는 한 기본적 자유에 대해 동등한 권리를 갖는다는 평등한 자유의 원칙(Principle of Equal Liberty)을 제시했다.

④ 마르크스주의는 사회민주주의를 노동계급을 착취하고 소외시키는 비인간적인 체제로 보았다.

>**ADVICE** ① 로버트 노직은 미국의 자유주의 사회철학자로 무정부주의적 자유주의에 대해 국가의 역할을 인정하면서도 국가의 권력이 더 이상의 자유를 제약해서는 안 된다는 자유주의 국가론을 주장했다.

　② 개인이 국가의 규제로부터 벗어나 자유를 누리는 것이 정의로운 사회라고 주장하는 것은 보수주의자들의 주장이다.

　④ 마르크스주의는 자유민주주의를 노동계급을 착취하고 소외시키는 비인간적인 체제로 보았다.

10 「사회보장기본법」에 따른 사회보장급여의 수준에 대한 설명으로 ㉠, ㉡에 들어갈 용어를 바르게 연결한 것은?

> 국가와 지방자치단체는 모든 국민이 건강하고 문화적인 생활을 유지할 수 있도록 사회보장급여의 수준 향상을 위하여 노력하여야 한다. 이를 위해 국가는 관계 법령이 정하는 바에 따라 (㉠)와(과) (㉡)을(를) 매년 공표하여야 하고, 국가와 지방자치단체는 (㉠)와(과) (㉡) 등을 고려하여 사회보장급여의 수준을 결정하여야 한다.

	㉠	㉡
①	최저생계비	최저임금
②	최저보장수준	최저임금
③	기준 중위소득	최저생계비
④	기준 중위소득	최저보장수준

>**ADVICE** 사회보장급여의 수준〈사회보장기본법 제10조〉

　① 국가와 지방자치단체는 모든 국민이 건강하고 문화적인 생활을 유지할 수 있도록 사회보장급여의 수준 향상을 위하여 노력하여야 한다.

　② 국가는 관계 법령에서 정하는 바에 따라 최저보장수준과 최저임금을 매년 공표하여야 한다.

　③ 국가와 지방자치단체는 최저보장수준과 최저임금 등을 고려하여 사회보장급여의 수준을 결정하여야 한다.

✎ **ANSWER** 7.④ 8.① 9.③ 10.②

11 다음 사례의 사례관리자의 활동에 대한 설명으로 옳지 않은 것은?

> A군의 집은 누전 위험, 곰팡이 발생 등으로 주거환경이 좋지 않았지만, 장시간 일하는 A군의 어머니는 청소를 할 시간적 여유가 없었다. 사례관리자는 관내 자원봉사센터의 자원봉사자들을 연결하여 집안 대청소를 실시해 A군의 가족이 위생적이고 안전하게 생활할 수 있는 주거환경을 만들었다. 또한 사례관리자는 A군의 ADHD 치료를 위해 관내 보건소와 정신건강증진센터를 연계하여 도움을 받을 수 있도록 했다.

① 사례관리자는 지역사회 내 다양한 관계망을 활용했다.
② 인적 자원 동원을 통하여 지역사회가 협력하는 기회를 가질 수 있었다.
③ 사례관리자는 자원연계자 역할을 수행했다.
④ 사례관리자는 클라이언트의 역량강화를 위해 노력했다.

>**ADVICE** 제시된 상황에서 사례관리자는 관내 자원봉사센터, 관내 보건소와 정신건강증진센터 등 지역사회 내 다양한 관계망을 활용하고, 자원봉사자들을 활용한 인적자원 동원을 통해 지역사회가 협력하는 기회를 제공했다. 즉, 자원연계자 역할을 수행한 것이다. 그러나 ④의 클라이언트의 역량강화를 위한 노력은 나타나지 않았다.

12 다음 중 비율측정에 해당하는 것만을 모두 고르면?

> ㉠ 명목, 서열, 등간측정의 특성을 모두 가진다.
> ㉡ 절대영점을 가지고 있다.
> ㉢ 사칙연산(+, −, ×, ÷)이 불가능하다.
> ㉣ 온도, 지능지수(IQ)가 해당한다.

① ㉠, ㉡
② ㉠, ㉢
③ ㉡, ㉣
④ ㉢, ㉣

>**ADVICE** ㉢ 사칙연산이 모두 가능하다.
> ㉣ 온도, 지능지수(IQ)는 등간측정에 해당한다.

13 노인장기요양보험법령상 노인성 질병에 해당하는 것만을 모두 고르면?

┌───┐
│ ㉠ 파킨슨병   ㉡ 당뇨병   │
│ ㉢ 뇌경색증   ㉣ 고혈압   │
│ ㉤ 뇌내출혈   ㉥ 류마티스 관절염   │
└───┘

① ㉠, ㉡, ㉢
② ㉠, ㉢, ㉤
③ ㉡, ㉣, ㉥
④ ㉣, ㉤, ㉥

>**ADVICE** 노인성 질병의 종류〈노인장기요양보험법 시행령 별표 1〉
  ㉠ 알츠하이머병에서의 치매
  ㉡ 혈관성 치매
  ㉢ 달리 분류된 기타 질환에서의 치매
  ㉣ 상세불명의 치매
  ㉤ 알츠하이머병
  ㉥ 지주막하출혈
  ㉦ 뇌내출혈
  ㉧ 기타 비외상성 두개내출혈
  ㉨ 뇌경색증
  ㉩ 출혈 또는 경색증으로 명시되지 않은 뇌졸중
  ㉪ 뇌경색증을 유발하지 않은 뇌전동맥의 폐쇄 및 협착
  ㉫ 뇌경색증을 유발하지 않은 대뇌동맥의 폐쇄 및 협착
  ㉬ 기타 뇌혈관질환
  ㉭ 달리 분류된 질환에서의 뇌혈관장애
  ⓐ 뇌혈관질환의 후유증
  ⓑ 파킨슨병
  ⓒ 이차성 파킨슨증
  ⓓ 달리 분류된 질환에서의 파킨슨증
  ⓔ 기저핵의 기타 퇴행성 질환
  ⓕ 중풍후유증
  ⓖ 진전(震顫)
  ⓗ 척수성 근위축 및 관련 증후군
  ⓘ 달리 분류된 질환에서의 일차적으로 중추신경계통에 영향을 주는 계통성 위축
  ⓙ 다발경화증

✎ **ANSWER** 11.④ 12.① 13.②

14 희망복지지원단에 대한 설명으로 옳지 않은 것은?

① 지방자치단체의 읍·면·동 행정복지센터에 설치되어 있다.
② 복합적 욕구를 가진 대상자에게 통합사례관리를 제공한다.
③ 자원의 총괄 관리 업무를 수행한다.
④ 지역사회보장협의체 및 지역 내 관련 기관과의 연계와 협력을 추진한다.

> **ADVICE** 희망복지지원단은 자활하고자 하는 가구에게 맞춤형 서비스를 제공하여 안정적인 삶을 지원·지지하고 빈곤을 예방하는 사업이다.
> ① 지방자치단체의 시·군·구청에 설치되어 있다.

15 사회복지 역사에 대한 설명으로 옳은 것만을 모두 고르면?

> ㉠ 복지국가의 이념적 기반이 되었던 케인즈주의가 쇠퇴한 직후 미국에서는 신자유주의 이념이 영향력을 발휘한 반면, 영국에서는 신자유주의보다는 제3의 길 노선이 강화되었다.
> ㉡ 영국 개정구빈법의 원칙 중 하나인 열등처우의 원칙은 구제를 받는 빈민의 처우가 최하층 독립 근로자의 수준보다 높아서는 안 된다는 원칙이다.
> ㉢ 인도주의적 구빈제도로 평가받는 스핀햄랜드법은 현대의 최저생활보장의 기반이 되었다.
> ㉣ 자선조직협회는 빈곤의 원인을 개인의 성격적 결함으로 인식했으며, 중복 구빈을 없애고 빈민에 대한 적절한 조사를 통해 알맞은 원조를 제공하는 것을 목적으로 하였다.

① ㉠, ㉣
② ㉢, ㉣
③ ㉠, ㉡, ㉢
④ ㉡, ㉢, ㉣

> **ADVICE** ㉠ 케인즈주의가 쇠퇴한 직후 미국과 영국 모두 신자유주의 이념이 영향력을 발휘하였다.

16 「사회복지사업법」상 사회복지법인의 임원에 대한 설명으로 옳지 않은 것은?

① 법인은 대표이사를 제외한 이사 7명 이상과 감사 2명 이상을 두어야 한다.
② 이사의 임기는 3년으로 하고 감사의 임기는 2년으로 하며, 각각 연임할 수 있다.
③ 이사 또는 감사 중에 결원이 생겼을 때에는 2개월 이내에 보충하여야 한다.
④ 외국인인 이사는 이사 현원의 2분의 1 미만이어야 한다.

> **ADVICE** 법인은 대표이사를 포함한 이사 7명 이상과 감사 2명 이상을 두어야 한다〈사회복지사업법 제18조(임원) 제1항〉.

17 「정신건강증진 및 정신질환자 복지서비스 지원에 관한 법률」(이하 정신건강복지법)에 대한 설명으로 옳지 않은 것은?

① 정신건강복지법은 정신질환의 예방·치료, 정신질환자의 재활·복지·권리보장과 정신건강 친화적인 환경 조성에 필요한 사항을 규정하고 있다.

② 2016년 「정신보건법」이 「정신건강복지법」으로 전부개정되었다.

③ 정신건강전문요원은 그 전문분야에 따라 정신건강간호사, 정신건강요양보호사 및 정신건강사회복지사로 구분한다.

④ 국가와 지방자치단체는 정신건강복지센터와 정신건강증진시설, 사회복지시설, 학교 및 사업장 등을 연계하는 정신건강서비스 전달체계를 확립하여야 한다.

> ADVICE 정신건강증진 및 정신질환자 복지서비스 지원에 관한 법률 제17조(정신건강전문요원의 자격 등) 제1항, 제2항
> ㉠ 보건복지부장관은 정신건강 분야에 관한 전문지식과 기술을 갖추고 보건복지부령으로 정하는 수련기관에서 수련을 받은 사람에게 정신건강전문요원의 자격을 줄 수 있다.
> ㉡ ㉠에 따른 정신건강전문요원은 그 전문분야에 따라 정신건강임상심리사, 정신건강간호사, 정신건강사회복지사 및 정신건강작업치료사로 구분한다.

18 사회보장 권리구제에 대한 심사청구와 재심사청구를 규정하고 있지 않은 법률은?

① 산업재해보상보험법　　　　　　　　　② 국민건강보험법
③ 고용보험법　　　　　　　　　　　　　④ 국민연금법

> ADVICE ① 산업재해보상보험법 제6장 심사청구 및 재심사청구
> ③ 고용보험법 제7장 심사 및 재심사청구
> ④ 국민연금법 제7장 심사청구와 재심사청구

19 국민기초생활 보장법령상 자활급여 등에 대한 설명으로 옳지 않은 것은?

① 자활급여는 수급자의 자활을 돕기 위해 자활에 필요한 근로능력의 향상 및 기능습득의 지원, 자활을 위한 근로기회의 제공, 자활에 필요한 자산형성지원 등을 실시하는 것으로 한다.

② 자활급여는 관련 공공기관·비영리법인·시설 등에 위탁하여 실시할 수 있으며, 이 경우 그에 드는 비용은 보장기관이 부담한다.

③ 자활사업에는 직업훈련, 취업알선 등의 제공, 지역자활센터의 사업 등이 해당되나, 「고용정책기본법」에 근거한 공공근로사업은 제외된다.

④ 시장·군수·구청장이 자활근로사업을 실시하는 경우에는 생계급여의 조건이 자활근로인 조건부수급자를 우선적으로 선정하여야 한다.

> **ADVICE** 자활사업〈국민기초생활 보장법 시행령 제10조 제1항〉
>   ㉠ 직업훈련
>   ㉡ 취업알선 등의 제공
>   ㉢ 자활근로
>   ㉣ 직업안정법에 따른 직업안정기관의 장이 제시하는 사업장에의 취업
>   ㉤ 고용정책 기본법에 따른 공공근로사업
>   ㉥ 지역자활센터의 사업
>   ㉦ 자활기업의 사업
>   ㉧ 개인 창업 또는 공동 창업
>   ㉨ 근로의욕 제고 및 근로능력 유지를 위한 자원봉사
>   ㉩ 그 밖에 수급자의 자활에 필요하다고 보건복지부장관이 정하여 고시하는 사업

20 청소년지원사업에 대한 설명으로 옳은 것만을 모두 고르면?

> ㉠ 꿈드림은 학교 밖 청소년을 지원하는 청소년 지원센터이다.
> ㉡ 지역사회 청소년통합지원체계(CYS-Net)는 지역사회 자원을 연계하여 위기청소년에 대한 맞춤형 서비스를 제공한다.
> ㉢ 이주배경청소년지원재단 무지개청소년센터는 탈북청소년, 다문화청소년, 중도입국청소년 등을 지원하는 비영리 재단법인이다.
> ㉣ 청소년쉼터는 가출청소년이 가정·학교·사회로 복귀하여 생활할 수 있도록 가출청소년을 일정 기간 보호하면서 상담·주거·학업·자립 등을 지원한다.

① ㉠, ㉣
② ㉡, ㉢
③ ㉠, ㉢, ㉣
④ ㉠, ㉡, ㉢, ㉣

>ADVICE 모두 옳은 설명이다.

1 퍼니스(Furniss)와 틸톤(Tilton)이 분류한 복지국가 유형 중에서 국민최저수준의 복지를 보장하려는 국가는?

① 적극적 국가(positive state)
② 사회보장국가(social security state)
③ 사회복지국가(social welfare state)
④ 분화복지국가(differentiated state)

>**ADVICE** 퍼니스와 틸톤의 복지국가 유형

구분	적극적 국가	사회보장국가	사회복지국가
국가정책의 목적	자유시장의 불안정성과 재분배의 요구로부터 자본가 보호	국민 전체의 생활안정	국민 평등과 화합
국가정책의 방향	경제성장을 위한 정부와 기업의 협조, 완전고용정책의 극소화	국민 전체에 직접적 혜택부여 및 완전고용정책의 극대화	최하계층의 욕구를 우선고려, 완전고용정책 실현
사회정책의 방향	경제적 효율성에 기여할 수 있는 복지서비스만 실시	국민최저수준의 보장	국민최저수준 이상의 보장
해당 국가	미국 등	영국 등	스웨덴 등

2 사회복지의 잔여적 개념에 대한 설명으로 가장 옳은 것은?

① 사회복지는 가족, 시장과 동등한 위상을 갖는다.
② 사회복지 활동이 필요하지 않은 것이 궁극적인 지향이다.
③ 시장의 불완전한 분배는 불가피하므로 사회복지는 사회 유지에 있어서 필수적이다.
④ 사회복지는 포괄적인 사회제도로서의 위치를 확보한다.

>**ADVICE** 사회복지의 잔여적 개념은 가족, 시장을 통해 개인의 욕구가 충족될 수 있음을 전제로 하며 사회복지는 보충적 성격을 띤다는 것이다. 따라서 사회복지 활동이 필요하지 않은 것이 궁극적인 지향이다.
①③④는 사회복지의 제도적 개념에 대한 설명이다.

3 신뢰도와 타당도에 대한 설명으로 가장 옳은 것은?

① 신뢰도에 대해 질적 연구자와 양적 연구자는 다르게 접근한다.

② 좋은 척도는 100%의 신뢰도를 가질 수 있다.

③ 신뢰도와 타당도는 상관성이 없다.

④ 신뢰도가 높으면 타당도도 항상 높다.

>ADVICE ② 좋은 척도라고 해도 100%의 신뢰도를 가질 수는 없다.

③④ 신뢰도는 타당도의 필요조건이고, 타당도는 신뢰도의 충분조건이다. 타당도가 높으면 신뢰도도 항상 높지만, 신뢰도
가 높을 경우 타당도는 높을 수도 있고 낮을 수도 있다.

4 〈보기〉에서 사회복지 정책결정의 이론적 모형에 대한 설명으로 옳지 않은 것을 모두 고르면?

〈보기〉
㉠ 기존의 정책과 유사한 정책대안에 대한 검토와 보완을 거치는 모형은 점증모형이다.
㉡ 모든 대안들을 합리적으로 검토하여 최선의 정책 대안을 찾을 수 있다고 가정하는 것은 만족모형이다.
㉢ 합리모형과 점증모형의 절충적 성격을 갖는 모형은 혼합모형이다.
㉣ 제한된 합리성을 바탕으로 접근이 용이한 일부 대안에 대한 만족할 만한 수준을 추구하는 것은 합리모형
이다.

① ㉠, ㉡

② ㉡, ㉢

③ ㉡, ㉣

④ ㉢, ㉣

>ADVICE ㉡ 모든 대안들을 합리적으로 검토하여 최선의 정책 대상을 찾을 수 있다고 가정하는 것은 합리모형이다.

㉣ 제한된 합리성을 바탕으로 접근이 용이한 일부 대안에 대한 만족할 만한 수준을 추구하는 것은 만족모형이다.

ANSWER 1.② 2.② 3.① 4.③

5 쿠블러(Kubler)-로스(Ross)의 죽음에 대한 적응 단계로서 옳은 것은?

① 분노 - 부정 - 수용 - 우울 - 타협
② 부정 - 분노 - 타협 - 수용 - 우울
③ 부정 - 분노 - 타협 - 우울 - 수용
④ 부정 - 우울 - 분노 - 수용 - 타협

>**ADVICE** 쿠블러-로스의 죽음의 5단계
ⓐ 부정 : 죽음과 관련한 사실, 정보, 현실 등을 의식적, 무의식적으로 거부하는 단계이다.
ⓑ 분노 : 일부 사람들은 자신에게 화를 내며 자책하기도 하고, 주변의 가까운 사람에게 화를 내기도 하는 등 개인의 성격에 따라 다른 방법으로 표출된다.
ⓒ 타협 : 환자는 자신이 처한 사회적 배경을 중심으로 신이나 절대자에게 귀의하게 된다. 지금까지의 삶의 방식을 버리고 새롭게 시작하려는 노력을 시도하기도 한다.
ⓓ 우울 : 비통함을 준비하는 과정으로 현재 직면한 사실은 피할 수 없는 현실임을 인식하게 되면서 무력감을 느끼고 이와 관련한 감정적 고통을 표출하는 시기라고 할 수 있다.
ⓔ 수용 : 분노와 같이 개인의 환경이나 성격에 따라 다른 방법으로 나타난다. 대부분의 경우 정서적으로 안정되고 객관적으로 현실을 볼 수 있게 된다.

6 종단조사에 대한 설명으로 가장 옳은 것은?

① 한 시기에 여러 연령집단을 조사하는 방법은 동류집단(cohort) 조사이다.
② 동일한 대상을 일정 시차를 두고 추적 조사하는 방법은 패널조사이다.
③ 동류집단 조사는 포괄적인 범위에 속한 인구집단의 변화를 측정하기 위한 조사이다.
④ 동류집단 조사와 패널조사는 조사 대상자 측면에서 동일하다.

>**ADVICE** 동류집단 조사는 동년배 연구, 동시경험집단 조사라고도 하며 시간의 변화에 따른 동류집단의 변화를 관찰한다. 시간의 변화에 따른 동일집단의 변화를 관찰하는 패널조사와 유사하지만, 조사 대상자 측면에서 차이가 있다.

7 〈보기〉는 사회복지실천의 기원에 해당하는 기관에 대한 설명이다. ㉠, ㉡에 들어갈 기관 명칭으로 옳은 것을 순서대로 바르게 짝지은 것은?

〈보기〉
- (㉠)은(는) 빈곤과 고통의 원인이 주로 환경적 요인에 있다고 보고 주택, 공중보건, 고용 착취 등을 개선하기 위한 활동을 하였다.
- (㉡)은(는) 빈곤과 고통의 원인이 도덕적 실패에 있다고 보고 클라이언트의 상황에 대한 철저한 조사와 평가를 기초로 원조를 제공하고자 하였다.

	㉠	㉡
①	사회사업협회	인보관
②	자선조직협회	인보관
③	사회사업협회	자선조직협회
④	인보관	자선조직협회

> **ADVICE** ㉠ 인보관 : 인보사업운동은 빈민지구를 실제로 조사하여 그 지구에 대한 생활실태를 자세히 파악하고 구제의 필요가 있는 사람에게 조력해 준다.
> ㉡ 자선조직협회 : 자선조직협회는 빈곤에 대해 자유주의적 죄악관을 가지고 있었기 때문에 빈곤을 개인의 도덕적 책임으로만 돌리고 빈곤발생의 사회적 기반에 대해서는 등한시하였다.

8 복지국가의 발달을 설명하는 이론 중 〈보기〉의 주장과 가장 밀접한 이론은?

〈보기〉
노동자계급을 대변하는 정치적 집단의 정치적 세력이 커질수록 복지국가가 발전한다.

① 국가중심적 이론   ② 이익집단 정치이론
③ 산업화 이론   ④ 사회민주주의 이론

> **ADVICE** 사회민주주의 이론에 대한 설명이다. 사회민주주의 이론은 사회복지를 자본가계급과 노동자계급의 정치적 투쟁에서 노동자계급을 대변하는 정치적 집단이 승리하여 획득한 것이라고 본다.

ANSWER 5.③ 6.② 7.④ 8.④

9 「국민기초생활 보장법」에 대한 설명으로 가장 옳지 않은 것은?

① 이 법에 따른 급여는 건강하고 문화적인 최저생활을 유지할 수 있는 것이어야 한다.

② 부양의무자란 수급권자를 부양할 책임이 있는 사람으로서 수급권자의 1촌의 직계혈족만을 말한다.

③ 생계급여 최저보장수준은 원칙적으로 생계급여와 소득인정액을 포함하여 생계급여 선정기준 이상이 되도록 하여야 한다.

④ 부양의무자가 「병역법」에 따라 소집된 경우 부양을 받을 수 없는 것으로 본다.

》ADVICE ② "부양의무자"란 수급권자를 부양할 책임이 있는 사람으로서 수급권자의 1촌의 직계혈족 및 그 배우자를 말한다. 다만, 사망한 1촌의 직계혈족의 배우자는 제외한다〈국민기초생활 보장법 제2조(정의) 제5호〉.

10 지역사회복지 실천모델에 대한 설명으로 가장 옳은 것은?

① 지역사회복지 실천모델은 사회복지사에게 지역사회 개입방법을 안내하는 역할을 할 수 있다.

② 지역사회개발모델은 전문가가 지역사회복지의 주도자가 된다.

③ 사회계획모델은 주민들의 자조(self-help)를 강조하는 형태이다.

④ 사회행동모델은 지역사회 내에서 기득권층의 이익을 대표하는 것이다.

》ADVICE ② 사회계획모델에 대한 설명이다.
③ 지역사회개발모델에 대한 설명이다.
④ 사회행동모델은 지역사회 내에서 소외계층의 이익을 대표하는 것이다.

11 사회복지정책 분석틀과 관련된 설명으로 가장 옳은 것은?

① 할당이란 사회복지정책의 대상을 어떤 집단으로 할 것인지를 결정하는 것이다.

② 현물급여는 수급자가 자신이 원하는 재화와 서비스를 선택할 수 있다는 측면에서 수급자의 효용이 극대화된다.

③ 선별주의는 사회급여가 모든 국민에게 하나의 권리로 인정되게 하는 것이다.

④ 바우처는 정부조직을 통한 강제적 징수방법으로 보험의 원리에 의해 보험 가입자가 납부하는 기여금을 의미한다.

》ADVICE ② 현금급여에 대한 설명이다.
③ 보편주의에 대한 설명이다.
④ 사회보험료에 대한 설명이다. 바우처는 정부가 수요자에게 쿠폰을 지급하여 원하는 공급자를 선택하도록 하고, 공급자가 수요자로부터 받은 쿠폰을 제시하면 정부가 재정을 지원하는 방식으로, 이때 지급되는 쿠폰을 바우처라고 한다.

12 〈보기〉가 설명하는 사회복지실천의 접근방법은?

〈보기〉
• 개인의 내적 요소와 사회적 요소를 모두 중시한다.
• 실천의 초점은 개인을 둘러싼 사회환경과 상호작용에 두고 있다.
• 개인이 가진 현재의 기능은 과거의 사건에 영향을 받는다는 입장이다.

① 인지행동적 접근방법　　　　　　② 클라이언트 중심적 접근방법
③ 심리사회적 접근방법　　　　　　④ 과제중심적 접근방법

>ADVICE 개인의 내적 요소, 즉 클라이언트의 심리적 변화와 사회적 요소인 사회환경적 변화를 모두 중시하는 것은 심리사회적 접근방법의 특징이다.

13 〈보기〉의 설명에 해당하는 사회복지사 윤리강령 기준은?

〈보기〉
•사회복지사는 클라이언트의 지불능력에 상관없이 서비스를 제공해야 하며 이를 이유로 차별대우를 해서는 안 된다.
•사회복지사는 전문가로서의 품위와 자질을 유지하고 자신이 맡고 있는 업무에 대해 책임을 진다.

① 기본적 윤리기준　　　　　　　　② 사회에 대한 윤리기준
③ 클라이언트에 대한 윤리기준　　　④ 기관에 대한 윤리기준

>ADVICE 사회복지사의 기본적 윤리기준 중 경제적 이득에 대한 태도와 전문가로서의 자세에 해당되는 내용이다.

14 〈보기〉의 설명에 해당하는 길버트(Gilbert)와 스펙트(Specht)의 사회복지 급여 유형은?

〈보기〉
• 물품과 자원에 대한 통제력을 재분배하는 것과 연관된다.
• 클라이언트 및 다른 사회적 약자 집단의 대표자들을 사회복지 관련 기관의 이사로 선임하는 정책 등을 통하여 추구된다.

① 기회   ② 신용
③ 권력   ④ 서비스

⟩**ADVICE** 사회복지 급여 유형 중 권력에 대한 설명이다. 권력은 물품과 자원에 대한 통제력을 재분배하는 것과 연관된 것으로, 수급자 또는 잠재적 사회복지 대상자에게 보다 많은 자원이 분배될 수 있도록 그들의 정치적, 사회적 힘을 확대시키고자 한다. 구체적으로 클라이언트 및 다른 사회적 약자 집단의 대표자들을 사회복지 관련 기관의 이사로 선임하는 정책 등을 통하여 추구된다.
※ 사회복지 급여의 6가지 형태 … 기회, 서비스, 재화, 상환권 및 요금감면(신용), 현금급여, 권력

15 「고용보험법」에 따른 구직급여 지급일수는 (㉠), (㉡)에 의해서 결정된다. ㉠, ㉡에 들어갈 말을 〈보기〉에서 골라 바르게 짝지은 것은?

〈보기〉
㉠ 재취업을 위한 노력   ㉡ 이직일 현재 연령
㉢ 피보험기간   ㉣ 소득 수준

① ㉠, ㉢   ② ㉠, ㉣
③ ㉡, ㉢   ④ ㉡, ㉣

⟩**ADVICE** 하나의 수급자격에 따라 구직급여를 지급받을 수 있는 날(소정급여일수)은 대기기간이 끝난 다음날부터 계산하기 시작하여 피보험기간과 연령에 따라 별표 1에서 정한 일수가 되는 날까지로 한다〈고용보험법 제50조(소정급여일수 및 피보험기간) 제1항〉.

16 사회보험과 공공부조에 대한 설명으로 가장 옳은 것은?

① 사회보험은 생활유지능력이 없거나 생활이 어려운 국민의 최저생활을 보장하고 자립을 지원하는 제도이다.

② 공공부조는 정부가 조세를 통해 마련한 재원으로 급여나 서비스를 제공한다.

③ 공공부조는 보험적 기술을 이용하여 사회적 위험을 방지하기 위하여 조직된 제도이다.

④ 사회보험은 개인의 사회적 기능 향상을 위하여 교육, 상담 등 간접적 방법으로 비물질적 서비스를 제공하는 것이다.

> **ADVICE** ① 공공부조에 대한 설명이다. 사회보험은 사회구성원의 정상적인 생활을 보장하기 위해, 생활에 위협을 가져오는 사고가 발생할 경우 보험의 원리를 응용해 생활을 보장하고자 하는 사회보장 정책이다.
> ③ 사회보험에 대한 설명이다.
> ④ 사회서비스의 특징에 해당한다.

17 사회복지행정 조직이론에 대한 설명으로 가장 옳은 것은?

① 과학적 관리론은 계층제적 권한구조, 정책과 행정 결정의 분리 등의 특징을 지닌 대규모 조직을 설명하는 이론이다.

② 인간관계이론은 호손 공장의 실험을 계기로 전개되었다.

③ X-Y이론은 목표에 의한 관리를 강조하는 이론을 의미한다.

④ 목표관리이론은 목표보다는 인간관계를 강조한 이론이다.

> **ADVICE** ① 관료제이론에 대한 설명이다.
> ③ 목표에 의한 관리를 강조하는 것은 목표관리이론이다.
> ④ 목표보다 인간관계를 강조한 것은 인간관계이론이다. 목표관리이론은 목표를 강조한다.

18 〈보기〉의 ㉠, ㉡에 들어갈 단어를 순서대로 바르게 짝지은 것은?

> 〈보기〉
>
> 사회복지의 효율성을 논할 때 (㉠) 효율과 (㉡) 효율이 있다. 전자는 더 이상 어떠한 개선이 불가능한 최적의 자원배분 상태를 의미하며, 후자는 특정한 목표를 달성하는 데 가능한 한 적은 자원을 투입하여 최대한의 산출을 얻는 것을 의미한다.

	㉠	㉡
①	자원적	수단적
②	파레토	비용적
③	목표적	자원적
④	파레토	수단적

>ADVICE ㉠ 파레토 효율 : 어떤 자원배분 상태가 실현가능하고 다른 배분 상태와 비교했을 때 이보다 효율적인 배분이 불가능한 배분 상태
>
> ㉡ 수단적 효율 : 특정한 목표를 달성하는 데 가장 적은 자원을 투입하여 가장 많은 산출을 얻을 수 있는 상태(목표 달성이 핵심)

19 「아동권리에 관한 국제협약」에서 규정한 아동의 기본적인 4대 권리로 가장 적절하지 않은 것은?

① 자유권   ② 보호권
③ 발달권   ④ 참여권

>ADVICE 아동의 기본적인 4대 권리
> ㉠ 생존의 권리(RIGHT TO SURVIVAL) : 적절한 생활수준을 누릴 권리, 안전한 주거지에서 살아갈 권리, 충분한 영양을 섭취하고 기본적인 보건서비스를 받을 권리 등 기본적인 삶을 누리는 데 필요한 권리
> ㉡ 보호의 권리(RIGHT TO PROTECTION) : 모든 형태의 학대와 방임, 차별, 폭력, 고문, 징집, 부당한 형사처벌, 과도한 노동, 약물과 성폭력 등 어린이에게 유해한 것으로부터 보호받을 권리
> ㉢ 발달의 권리(RIGHT TO DEVELOPMENT) : 잠재능력을 최대한 발휘하는 데 필요한 권리. 교육받을 권리, 여가를 즐길 권리, 문화생활을 하고 정보를 얻을 권리, 생각과 양심과 종교의 자유를 누릴 수 있는 권리 등
> ㉣ 참여의 권리(RIGHT TO PARTICIPATION) : 자신의 생활에 영향을 주는 일에 대해 의견을 말하고 존중받을 권리. 표현의 자유, 양심과 종교의 자유, 평화로운 방법으로 모임을 자유롭게 열 수 있는 권리, 사생활을 보호받을 권리, 유익한 정보를 얻을 권리 등

20 우리나라 「장애인복지법」에 규정된 내용으로 가장 옳지 않은 것은?

① 매년 장애인의 날부터 1주간을 장애인 주간으로 한다.
② 기본이념은 장애인의 완전한 사회 참여와 평등을 통하여 사회통합을 이루는 데에 있다.
③ 장애인 복지정책 수립에 필요한 기초자료로 활용하기 위하여 장애실태조사는 3년마다 실시하여야 한다.
④ 장애인의 권익과 복지증진을 위하여 3년마다 장애인 정책종합계획을 수립·시행하여야 한다.

>**ADVICE** 장애인정책종합계획〈장애인복지법 제10조의2 제1항, 제2항〉

　㉠ 보건복지부장관은 장애인의 권익과 복지증진을 위하여 관계 중앙행정기관의 장과 협의하여 5년마다 장애인정책종합계획을 수립·시행하여야 한다.
　㉡ 종합계획에는 다음의 사항이 포함되어야 한다.
 • 장애인의 복지에 관한 사항
 • 장애인의 교육문화에 관한 사항
 • 장애인의 경제활동에 관한 사항
 • 장애인의 사회참여에 관한 사항
 • 장애인의 안전관리에 관한 사항
 • 그 밖에 장애인의 권익과 복지증진을 위하여 필요한 사항

1 윌렌스키(Wilensky)와 르보(Lebeaux)의 제도적 개념에 대한 설명으로 옳은 것은?

① 제도적 개념에서는 가족 또는 시장 같은 다른 사회제도의 기능이 원활하게 수행되지 못할 때 사회복지 제도를 활용하는 것으로 본다.

② 제도적 개념에서의 사회복지는 보충적, 일시적, 대체적 성격을 지닌다.

③ 제도적 개념에서는 사회복지가 그 사회의 필수적이고 정상적인 제일선(first line)의 기능을 수행하는 것으로 이해한다.

④ 제도적 개념에서의 사회복지는 대상범위를 기준으로 볼 때 선별적 사회복지와 연결되어 있다.

》ADVICE ③ 윌렌스키와 르보의 제도적 개념에서 사회복지는 1차적 기능이며, 제도적으로 국가가 적극 개입함으로써 개인이나 집단이 만족할 만한 수준의 복지가 구현될 수 있는 모델이다.

①②④는 잔여적 개념에 해당한다.

※ 윌렌스키와 르보의 사회복지의 기능

　㉠ 잔여적 개념(보충적 개념, 보완적 개념)

　　ⓐ 가족이나 시장이 정상적인 기능을 수행하지 못할 때 이의 보완적 기능을 사회복지가 담당한다.

　　ⓑ 사회복지의 혜택을 받는 사람들은 비정상적·병리적인 사람이고 적응을 하지 못하는 사람으로 간주한다.

　　ⓒ 급격한 사회변화를 반영하지 못하고 있으며, 현대 사회복지활동의 다양한 측면들을 충분히 설명하지 못하고 있다.

　　ⓓ 사회복지는 그 기능을 임시로 보충할 뿐이며, 사회복지활동이 사회를 유지하고 발전시키는 데 필수적이라고 생각되지는 않는다.

　　ⓔ 초기산업사회 및 자유주의 국가에서 나타난다.

　㉡ 제도적 개념

　　ⓐ 현대의 산업사회에 있어서 가족과 시장경제 제도는 제 기능을 발휘할 수 없기 때문에 사회복지가 사회유지에 필수적 기능을 해야 한다는 것이다.

　　ⓑ 사회복지서비스가 1차적 기능이며, 제도적으로 국가가 적극 개입함으로써 개인이나 집단이 만족할 만한 수준의 복지가 구현될 수 있는 모델이다.

　　ⓒ 어떤 긴급함이나 비정상적인 문제들에 국한되지 않는 광범위한 제도나 정책을 수립함으로써 사회복지문제에 예방적·조직적·계획적으로 대처하려는 것이다.

　　ⓓ 사회복지는 현대의 산업사회에서 각 개인의 자아완성을 돕기 위해 타당하고 정당한 기능을 수행하는 것으로 받아들여진다.

　　ⓔ 후기산업사회의 복지국가에서 많이 나타난다.

2 우리나라 사회보장제도 가운데 주요 재원조달방식이 다른 것은?

① 국민기초생활보장제도
② 국민연금제도
③ 건강보험제도
④ 고용보험제도

>ADVICE① 국민기초생활보장제도는 공공부조로서 공적 재원인 조세로 조달된다.
②③④ 사회보험으로서 가입자의 보험료로 조달됨이 원칙이다.

3 사회복지실천 방법 중 직접실천에 해당하는 것은?

① 독거어르신 도시락 배달 연계
② 요보호아동 지원 프로그램 개발
③ 정신장애인 취업적응 훈련 실시
④ 장애인 편의시설 확보를 위한 시민공청회

>ADVICE※ 직접실천과 간접실천
㉠ 직접실천 : 클라이언트를 직접 변화시킴으로써 클라이언트의 문제를 해결하는 실천방식이다. 주로 개인, 집단, 가족을 대상으로 클라이언트를 직접 대면하여 개입, 정보제공, 기술교육 제공, 상담 등을 실행한다.
• 의사소통기술 : 클라이언트의 정서적 안정과 인지구조의 변화, 클라이언트 자신과 문제 상황, 자원 등에 대한 상황인식 능력의 향상 등
• 행동변화기술 : 강화, 처벌, 소거, 모델링, 체계적 둔감법
㉡ 간접실천 : 클라이언트를 돕기 위해 클라이언트 이외의 개인, 소집단, 조직 또는 지역사회에 주의를 기울이는 활동들이다.
사회복지 정책, 행정 등으로 사회복지에 필요한 환경을 조성하는 실천유형으로, 비록 클라이언트를 직접 만나는 실천 유형은 아니지만 사회복지의 지속성을 확보하고 효율성을 향상시키는 데 결정적 영향을 미치게 되는 실천방법으로, 서비스 연계, 공청회 개최, 홍보활동, 프로그램 개발, 예산확보 운동, 캠페인 등이 있다.
• 지원서비스 : 재정지원, 의료 서비스 연결, 보육서비스 연결 등
• 서비스 조정에 관련된 활동
• 프로그램 계획과 개발을 위한 활동 등

ANSWER 1.③ 2.① 3.③

4 19세기 인보관운동(settlement house movement)에 대한 설명으로 옳은 것만을 모두 고르면?

> ⊙ 문제의 원인을 개인에게서 찾고자 하였다.
> ⓒ 집단사회사업과 지역사회복지 발전의 기초가 되었다.
> ⓒ 문제의 원인을 사회적 환경에서 찾고자 하였다.
> ⓔ 원조의 중복을 막기 위해 빈민의 생활상태를 조사하였다.

① ⊙, ⓒ

② ⊙, ⓔ

③ ⓒ, ⓒ

④ ⓒ, ⓔ

> **ADVICE** ⊙, ⓔ 자선조직협회(COS)는 빈곤을 개인의 도덕적 책임으로만 돌리고 빈곤발생의 사회적 기반에 대해서는 등한시하였다. 또한 자선기관 간 중복과 재원낭비를 방지하고자 우애방문원에 의한 빈민 가정 방문, 조사, 등록을 하였다.
>
> ※ 자선조직협화와 인보관운동

	자선조직협회	인보관운동
주체	• 신흥자본가, 상류층(기득권층)	• 젊은 대학생과 중류층 중심
빈곤관	• 빈곤은 개인의 책임 • 자유주의 사회개량운동 • 자조윤리를 강조한 빈민개량운동	• 빈곤은 사회구조적 원인 • 실직하게 되는 것은 개인의 무지나 게으름과 같은 도덕적인 문제가 아니라 산업화의 착취의 결과라 주장
이데 올로기	• 사회진화론, 보수주의 • 인도주의적 기능과 사회통제적 기능을 동시에 담당 • 정부가 제공하는 원조에 대한 수혜 자격을 평가 : 조사와 등급제를 통한 빈민통제(사회통제적 기능)	• 진보주의, 급진주의 • 빈곤의 원인이 사회 환경에 있음 • 계층별 도덕성 강조
서비스	• 서비스조정에 초점 • 원조의 중복제공 방지	• 서비스 자체 • 사회개혁 시도
주요 내용	• 개별사회사업을 탄생시킴. 개별원조기술 최초로 발전시킴 사회복지의 과학성을 높임 • 기관등록 : 기관끼리 협력해서 중복 구제를 막음 사회복지 구제의 효율성 높임 • 공공의 구빈정책에는 반대 • 부자와 빈자의 불평등 인정	• 3R운동 Residence(거주), Research(조사), Reform(개혁) • 연구조사를 통해 사회제도를 개혁해야 한다는 기본개념 • 바네트 목사에 의하여 주도 • 박애보다는 법규 중시(입법에 영향)
영향	• 현대 개별사회사업가의 시초 • 기능론적 시각	• 집단사회사업 발달의 효시 • 원인론적 시각

5 소득재분배에 대한 설명으로 옳지 않은 것은?

① 수직적 소득재분배는 고소득층에서 저소득층으로 소득이 이전되는 것을 의미한다.

② 수평적 소득재분배는 동일 계층 내에서 소득이 이전되는 것을 의미한다.

③ 세대 간의 소득재분배는 서로 다른 세대 간에 소득이 이전되는 것을 의미한다.

④ 시간적 소득재분배는 자녀세대의 소비를 위해서 자신의 미래 소비를 포기하고 소득을 이전하는 것을 의미한다.

>ADVICE ④ 시간적 소득재분배 … 한 개인이 일생의 소득을 전 생애기간으로 재분배하는 것으로, 소득이 높았던 시기의 소득을 노후 등 소득이 낮은 시기로 이전함으로써 전 생애동안 안정적인 소비활동을 위한 것이다.

　　　※ 시간적 소득재분배

　　　　㉠ 단기적 재분배 : 사회적 욕구의 충족을 위해 현재의 자원을 사용하여 소득재분배(공공부조)

　　　　㉡ 장기적 재분배 : 생애에 걸쳐, 세대에 걸쳐 이루어지는 소득재분배(국민연금, 적립방식의 연금)

6 「국민기초생활 보장법」상 사회복지시설에 해당하는 것은?

① 사회복지관

② 지역자활센터

③ 노숙인종합지원센터

④ 아동일시보호시설

>ADVICE ② 지역자활센터 : 보장기관은 수급자 및 차상위자의 자활 촉진에 필요한 다음의 사업을 수행하게 하기 위하여 사회복지법인, 사회적협동조합 등 비영리법인과 단체를 법인 등의 신청을 받아 지역자활센터로 지정할 수 있다. 이 경우 보장기관은 법인 등의 지역사회복지사업 및 자활지원사업 수행능력·경험 등을 고려하여야 한다〈국민기초생활 보장법, 제16조〉.

　　　① 사회복지관 : 사회복지사업법 제34조의5에 근거를 두고 있다.

　　　③ 노숙인종합지원센터 : 노숙인 등의 복지 및 자립지원에 관한 법률 제19조에 근거를 두고 있다.

　　　④ 아동일시보호시설 : 아동복지법 제52조에 근거를 두고 있다.

✎ **ANSWER** 4.③ 5.④ 6.②

7 이용권(바우처)의 장점이 아닌 것은?

① 서비스 공급자 간 경쟁을 촉발하여 서비스의 질을 높이는 효과를 거둘 수 있다.
② 현물급여에 비해 서비스 수요자의 '소비자 선택권'을 보장할 수 있다.
③ 사회 내의 불이익집단 또는 특별히 사회에 공헌한 사람들에게 더 많은 기회를 제공할 수 있다.
④ 서비스 사용 용도를 명시하고 있어 현금급여에 비해 정책 목표를 달성하는 데 용이하다.

> **ADVICE** ③ 길버트와 스펙트(테렐)의 급여체계 중 '기회'에 해당하는 내용이다. 기회로 제공되는 경우 기회는 무형의 급여로, 어떤 개인이나 집단에 대해 이전에는 부정되었던 급여에 대해서 접근을 가능하게 만든다. 대부분 고용과 교육에서의 기회를 중요시하며 노동 시장의 경쟁에서 불리함을 제거하는 특징이 있다.

8 사회복지실천에서 성인지 관점(gender-sensitive perspective)에 대한 설명으로 옳지 않은 것은?

① 가족 내 성역할 분업을 강조하는 관점이다.
② 성차별로 인한 문제를 분석하거나 개입할 때 사용할 수 있는 관점이다.
③ 여성과 남성은 생물학적 · 사회문화적 경험의 차이로 서로 다른 이해나 요구를 가진다고 보는 관점이다.
④ 정책이나 개입이 여성과 남성에게 미치는 효과를 평가하고 그것을 반영하도록 하는 관점이다.

> **ADVICE** ① 성인지 관점은 가부장주의 사회에서 당연시되던 남녀의 고정된 역할분담이나 불평등과 같은 기존의 질서와 구조에 의문을 제기하면서 나타났다.
> ※ 성인지 관점…성인지적 관점이란 남성과 여성이 처한 현실에 따라 그 효과가 다를 수 있다는 문제의식에서 출발해 여성과 남성의 삶을 비교하고, 여성 특유의 경험을 반영하며, 특정 개념이 특정 성에게 유리하거나 불리하지 않은지, 성역할 고정관념이 개입되어 있는지 아닌지에 대하여 각종 제도나 정책을 검토하는 관점을 말한다.

9 사례관리(case management)에 대한 설명으로 옳지 않은 것은?

① 다양하고 복잡한 욕구를 가진 클라이언트가 주요 대상이다.
② 클라이언트의 욕구충족을 위해 지역사회 자원을 연계시킨다.
③ 사례관리자는 사정자, 조정자, 중개자, 평가자, 옹호자 등 복합적 기능을 수행할 수 있다.
④ 사례개입의 목표달성을 위해서라면 언제든 클라이언트의 자기결정을 제한하는 것이 정당하다.

> **ADVICE** ④ 사례관리의 개입원칙 중 클라이언트의 자율성 극대화 원칙은 클라이언트의 선택에 대한 자유를 최대화하고 지나친 보호를 하지 않는 것을 의미한다. 이는 클라이언트의 자기결정권을 가능한 보장하고자 하는 것이다.

10 「장애인고용촉진 및 직업재활법」상 사업주의 장애인 고용 의무를 상시 '몇 명' 이상의 근로자를 고용하는 사업주로 규정하고 있는가?

① 10명
② 30명
③ 50명
④ 100명

〉ADVICE ③ 장애인고용촉진 및 직업재활법 제28조(사업주의 장애인 고용 의무)제1항 : 상시 50명 이상의 근로자를 고용하는 사업주(건설업에서 근로자 수를 확인하기 곤란한 경우에는 공사 실적액이 고용노동부장관이 정하여 고시하는 금액 이상인 사업주)는 그 근로자의 총수(건설업에서 근로자 수를 확인하기 곤란한 경우에는 대통령령으로 정하는 바에 따라 공사 실적액을 근로자의 총수로 환산한다)의 100분의 5의 범위에서 대통령령으로 정하는 비율 이상에 해당(그 수에서 소수점 이하는 버린다)하는 장애인을 고용하여야 한다.

11 지적장애인에게 일상생활기술훈련을 실시하는 사회복지사의 역할은?

① 교육자(educator)
② 중재자(mediator)
③ 중개자(broker)
④ 옹호자(advocate)

〉ADVICE ① 교육자 : 사회복지사는 정보를 제공하고 행동과 기술을 지도하는 등 클라이언트가 자신의 능력을 강화시킬 수 있도록 가르치는 역할을 한다.
② 중재자 : 사회복지사는 클라이언트와 상대방 등이 서로 간에 갈등을 해결하도록 설득 및 화해의 절차들을 통해 공동의 기반을 발견하도록 조력한다.
③ 중개자 : 사회복지사는 도움을 필요로 하는 개인이나 집단을 지역사회의 자원 및 서비스와 연결하는 역할을 한다.
④ 옹호자 : 사회복지사는 클라이언트를 대신해서 계약된 목적을 달성하기 위해 클라이언트 개인이나 가족의 권리를 주장하고 옹호하며 정책적 변화를 모색하기 위한 활동을 한다.

12 지역사회에서 이루어지는 활동과 워렌(Warren)이 제시한 지역사회의 기능을 바르게 연결한 것은?

① 지역주민이 자원봉사 활동을 하는 것 : 사회통제 기능
② 아동을 가정과 학교에서 교육시키는 것 : 사회화 기능
③ 이웃 간의 상호작용이나 유대감으로 자신의 행동을 자제하는 것 : 사회통합 기능
④ 지역주민이 지역에서 상품을 생산 · 소비하는 것 : 상부상조 기능

ADVICE ① 사회통합 기능
③ 사회통제 기능
④ 생산 · 분배 · 소비의 기능
※ 워렌(Warren)이 제시한 지역사회의 기능
　㉠ 생산 · 분배 · 소비 기능(경제제도)
　　• 일상생활에 필요한 재화와 서비스를 지역주민 간에 교환하는 경제적 기능을 담당한다. 즉, 경제제도와 일상생활을 영위하는 데 필요로 하는 재화와 서비스를 생산, 분배, 소비하는 기능을 한다.
　㉡ 사회화 기능(가족제도)
　　• 개인들이 사회와 이를 구성하는 사회적 단위들의 지식, 기본적인 가치, 행동유형 등을 터득하는 과정을 말한다.
　　• 가족, 집단, 조직 등 모든 사회적 단위는 그 구성원들이 살아가는 데 필요한 정보를 직접 · 간접적으로 전달하는 기능을 수행한다.
　㉢ 사회통제 기능(정치제도)
　　• 그 지역사회 구성원들이 사회적 역할, 규범, 가치 등에 순응하도록 돕는 과정을 말한다.
　　• 이를 위해 사회적으로 법률, 규칙, 규정 등을 제정하고, 이를 집행함으로써 일정한 강제력을 행사하며 그 지역사회의 질서를 지키고 사회 해체를 막는 기능을 수행한다.
　㉣ 사회통합 기능(종교제도)
　　• 사회구성원 상호간의 신뢰를 바탕으로 사기를 진작시킴으로써 사회적 규범을 자발적으로 따르도록 사회에 대한 충성심을 강화하는 기능이다.
　　• 지역사회 구성원들은 공식적 조직뿐만 아니라 지역교회, 시민조직 또는 비공식적 집단 등을 통해 사회적 상호작용의 기회를 갖게 된다.
　㉤ 상부상조 기능
　　• 지역사회구성원의 개인적 어려움을 보상 없이 지원하는 기능으로, 사회복지제도 사회구성원들이 주요 사회제도로 자기들의 욕구를 충족할 수 없는 경우 필요로 하는 사회적 기능이다.
　　• 가족, 친인척, 이웃, 친구와 같은 1차적 집단에서 정부, 사회복지기관 및 조직 등으로 옮겨지고 있다.
　　• 사회가 다양해지고 복잡해짐에 따라 개인과 집단이 각 기능을 전문적으로 수행하면서 전문화된 사회제도가 생겨나게 된다.

13 강점 관점(strength perspective)에 대한 설명으로 옳지 않은 것은?

① 개인을 진단에 따른 증상을 가진 자로 규정한다.
② 클라이언트의 문제는 그에게 도전과 기회의 원천이 될 수 있다.
③ 변화를 위한 자원은 클라이언트 체계의 장점, 능력, 적응기술이다.
④ 클라이언트의 잠재역량을 인정하여 자신의 삶을 통제할 수 있도록 힘을 부여하는 것이 중요하다.

> **ADVICE** ① 개인을 진단에 따른 증상을 가진 자로 규정하는 것은 병리관점이다.
> ※ 사회복지실천의 관점

구분	병리(pathology)관점	강점(strength)관점
개인	진단에 따른 증상을 가진 자	독특한 존재로 강점, 기질 등 자원을 가진 자
치료의 초점	문제	가능성
클라이언트의 진술	전문가에 의해 재해석되어 진단 활용	그 사람을 알아보고 평가하는 중요 방법의 하나
사회복지사-진술	클라이언트의 진술에 회의적	클라이언트의 진술을 인정
유아기 사건	성인기의 병리를 예측할 수 있는 전조	개인을 약하게도 할 수 있고 강하게도 할 수 있음
치료의 핵심	실무자에 의해 고안된 치료계획	개인, 가족, 지역사회의 참여
클라이언트 삶의 전문가	사회복지사	개인, 가족, 지역사회
개인적 발전	병리에 의해 제한됨	항상 개방되어 있음
변화를 위한 자원	전문가의 지식과 기술	개인, 가족, 지역사회의 장점, 능력, 적응기술
돕는 목적	행동, 감정, 사고, 관계에 부정적인 개인적, 사회적 결과와 증상의 영향을 감소시키는 것	그 사람의 삶에 함께하며 가치를 확고히 하는 것

14 빈곤과 관련된 개념에 대한 설명으로 옳지 않은 것은?

① 주관적 빈곤선은 적절한 생활수준을 유지하는 데 필요한 소득수준에 대한 개인들의 평가에 근거하여 결정된다.
② 빈곤율(poverty rate)은 빈곤개인이 전체인구에서 차지하는 비율로 정의된다.
③ 빈곤갭(poverty gap)은 모든 빈곤층의 소득을 빈곤선 수준으로 끌어올리는 데 필요한 총소득이다.
④ 상대빈곤은 최저생계비를 기준으로 결정된다.

> **ADVICE** ④ 최저생계비를 기준으로 하는 것은 절대적 빈곤의 개념이다. 상대적 빈곤은 평균 또는 중위소득의 비율, 소득 분배상의 일정 비율, 타운젠드 방식 등을 기준으로 한다.

✎ **ANSWER** 12.② 13.① 14.④

15 복지국가 발전 이론에 대한 설명으로 옳지 않은 것은?

① 산업화이론 : 산업화과정에서 발생한 새로운 욕구를 산업화를 통해 확보한 자원으로 해결하는 과정에서 복지국가가 생성되었다.
② 독점자본이론 : 거대자본과 국가가 융합하여 자본주의체제의 영속화를 도모하는 과정에서 국가가 임금문제나 실업문제에 개입하면서 복지국가가 등장하게 되었다.
③ 사회민주주의이론 : 사회적 분배를 둘러싼 다양한 이익집단들의 경쟁에서 정치적 힘이 강해진 집단의 요구를 정치인들이 수용하면서 복지국가가 등장하게 되었다.
④ 국가중심이론 : 중앙집권적이거나 조합주의적인 국가구조의 형태와 정치인의 개혁성 등이 사회복지의 수요를 증대시켜서 복지국가가 발전하게 되었다.

> **ADVICE** ③ 사회민주주의이론은 노동자 계급의 정치세력화로 인하여 복지국가가 등장하게 되었다. 보기의 설명은 다원주의론에 관한 설명이다.
> ※ 다원주의론(이익집단이론)
> ㉠ 민주주의 사회를 전제로 하고 있으며, 다원화된 집단과 이들 간의 경쟁과 제휴정치를 통하여 복지국가가 발전한다고 본다.
> ㉡ 다양한 집단의 정치적 참여를 중시하고, 권력이 국가보다는 시민사회에 분산되어 있으며 국가가 중립적 위치에서 다양한 집단들의 경쟁과 갈등을 조절하고 협의를 이끌어 내는 시스템 관리자로서 기능한다고 본다.

16 국내 노인 대상 복지 서비스 및 제도에 대한 설명으로 옳은 것은?

① 노인돌봄종합서비스와 응급안전서비스는 독거노인만을 대상으로 제공된다.
② 「노인복지법」에 근거하여 매년 10월을 경로의 달로 규정하고 있다.
③ 노인장기요양보험제도는 만 65세 이상 노인에게만 적용된다.
④ 치매국가책임제는 「치매관리법」이 제정되기 이전부터 시행되어 왔다.

> **ADVICE** ① 노인돌봄종합서비스는 만 65세 이상 노인으로 가구 소득이 기준 중위소득 160% 이하인 경우를 대상으로 하고 있고 응급안전서비스는 독거노인, 보호가 필요한 장애인에게 제공된다.
> ③ 노인장기요양보험제도는 만 65세 이상 또는 65세 미만의 노인 등이 노인성질병(치매, 뇌혈관성 질환)이 있는 자에게 적용된다.
> ④ 치매관리법 이후 고령사회로 진입하면서 노인과 그 가족이 전부 떠안아야 했던 치매로 인한 고통과 부담을 정부가 책임지는 복지정책이 치매국가관리제이다. 치매관리법은 2011년 8월에 제정되었다.

17 다음 대화에서 사회복지사가 사용한 상담기술은?

> 클라이언트 : 내가 매일 주민센터 가서 아무리 얘기해도 듣는 건지, 안 듣는 건지…공무원들한테는 얘기해도 소용없어.
> 사회복지사 : 여러 번 주민센터에 가서 얘기하셨는데, 그곳의 공무원들이 잘 들어주지 않는다는 말씀이신가요?

① 직면기술
② 해석기술
③ 재보증기술
④ 명료화기술

> **ADVICE** ④ 명료화 : 클라이언트의 생각이나 감정, 경험을 명확히 이해하기 위해 클라이언트의 진술이 추상적이거나 혼란스러운 경우에 보다 구체적으로 표현하도록 클라이언트에게 요청하는 것이다.
> ① 직면 : 클라이언트의 생각과 행동의 불일치나 모순점을 이야기해주거나, 클라이언트가 자신의 문제의 존재와 문제 내용에 대해 회피, 부정, 왜곡 등을 하거나 자신의 행동의 결과에 대해 인식하기를 거부하는 경우에 자신에 대한 인식력을 향상시키기 위한 기법이다.
> ② 해석 : 클라이언트가 표현한 문제에 숨겨진 의미를 발견하고자 하는 것으로, 문제 이면에 담겨 있는 이슈들을 파악하는 과정이다.
> ③ 재보증 : 자신의 능력이나 자질에 대해 회의적인 클라이언트를 대상으로 이들의 자신감을 향상시키기 위해 활용하는 기술이다.

18 브래드쇼(Bradshaw)의 욕구개념에 대한 설명으로 옳은 것은?

① 감지적 욕구(felt need) : 실제의 욕구충족을 위한 구체적인 행위 혹은 서비스 수요로 파악되는 욕구를 의미한다.
② 표현적 욕구(expressed need) : 특정 집단 구성원의 욕구와 유사한 다른 집단 구성원들의 욕구를 비교할 때 나타나는 욕구를 의미한다.
③ 비교적 욕구(comparative need) : 욕구상태에 있는 당사자의 느낌에 의해 인식되는 욕구를 의미한다.
④ 규범적 욕구(normative need) : 전문가가 규정해 놓은 바람직한 욕구 수준에 미치지 못할 때 그 차이로 규정되는 욕구를 의미한다.

> **ADVICE** ① 감지적 욕구(felt need) : 욕구상태에 있는 당사자의 느낌에 의해 인식되는 것인데, 이것은 어떤 욕구상태에 있는지 또는 어떤 서비스를 필요로 하고 있는지 물어서 파악하는 욕구이다.
> ② 표현적 욕구(expressed need) : 감지된 욕구가 실제의 욕구충족 추구행위로 나타난 것이며, 수요라고도 할 수 있다.
> ③ 비교적 욕구(comparative need) : 어떤 서비스를 받고 있는 사람들과 비슷한 특성을 갖고 있으면서도 서비스를 받지 않고 있는 사람들을 욕구상태에 있는 것으로 규정하는 것을 말한다.

 ANSWER 15.③ 16.② 17.④ 18.④

19 우리나라 사회복지사 윤리강령의 내용으로 옳지 않은 것은?

① 클라이언트를 대상으로 연구하는 사회복지사는 저들의 권리를 보장하기 위해, 자발적이고 고지된 동의를 얻어야 한다.

② 사회복지사는 한국사회복지사협회의 윤리적 권고와 결정을 존중하여야 한다.

③ 사회복지사는 슈퍼바이저의 전문적 지도와 조언을 존중해야 하며, 슈퍼바이저는 사회복지사의 전문적 업무 수행을 도와야 한다.

④ 사회복지사는 동료 혹은, 다른 기관의 클라이언트라 하여도 저들의 이익을 위해 최상의 서비스를 제공하여야 한다.

> **ADVICE** 동료의 클라이언트와의 관계
> ㉠ 사회복지사는 적법하고도 적절한 논의 없이 동료 혹은 다른 기관의 클라이언트와 전문적 관계를 맺어서는 안 된다.
> ㉡ 사회복지사는 긴급한 사정으로 인해 동료의 클라이언트를 맡게 된 경우 자신의 의뢰인처럼 관심을 갖고 서비스를 제공한다.

20 다음 설명에 해당하는 제도를 실시한 조선 시대의 구제기관은?

> 풍년이 들어 곡물 가격이 떨어지면 국가는 곡식을 사들여 저장하고, 흉년이 들어 곡물 가격이 오르면 국가는 저장한 곡물을 방출하여 곡물 가격을 떨어뜨렸다. 이 제도는 곡물 가격의 변동에 따라 생활을 위협받는 일반 농민을 보호하고 물가를 안정시키기 위한 정책이었다.

① 사창
② 의창
③ 흑창
④ 상평창

> **ADVICE** ④ 상평창: 물가를 조절하는 기구로서, 흉년이 들어 곡가가 오르면 시가보다 싼 값으로 내다 팔아 가격을 조절함으로써 백성들의 생활을 안정시켰다.
> ① 사창: 조선시대 각 지방 군현의 촌락에 설치된 곡물 대여 기관이다.
> ② 의창: 흑창이 변화한 것으로 규모가 확대되었으며, 미곡뿐만 아니라 소금이나 기타 생필품을 구휼하였다.
> ③ 흑창: 고구려의 진대법으로부터 영향을 받아 태조 때 설치한 빈민구제기관으로, 평상시에 관곡을 저장하였다가 비상시에 빈궁한 백성에게 대여하고, 수확기에 거두어들이는 것이다.

1 사회복지(social welfare)에서 '사회적(social)'이 의미하는 것으로 적절하지 않은 것은?

① 개인, 집단, 사회 전체 간의 사회 내적인 관계를 의미한다.
② 영리적인 요소보다는 비영리적인 속성을 갖는다는 의미이다.
③ 공동체적 삶의 요소를 중시하는 의미이다.
④ 이타적 속성이 제거된 개인적 삶의 요소를 중시함을 의미한다.

>ADVICE ④ '사회적'이라는 의미는 물질적이거나 영리적인 요소보다는 비영리적이며 이타적 속성의 공동체적 삶의 요소에 관심을 기울이는 것을 말한다.

2 다음에서 설명하는 사회복지제도는?

> 일정 수준 이하의 소득계층에 대해 신청주의 원칙에 입각하여 자산조사를 실시한 후 조세를 재원으로 하여 최저생활 이상의 삶을 보장하는 제도이다.

① 공공부조   ② 공적연금
③ 사회서비스   ④ 사회보험

>ADVICE ② 공적연금 : 국가가 운영주체가 되는 연금으로, 한국에서는 국민연금, 공무원연금, 군인연금, 사립학교교직원연금이 이에 해당한다.
③ 사회서비스 : 사회서비스란 '삶의 질' 향상을 위해 사회적으로는 꼭 필요하지만 민간기업들이 저(低)수익성 때문에 참여하지 않는 복지서비스를 뜻한다.
④ 사회보험 : 사회보장제도의 핵심적 제도로서, 국민에게 발생하는 사회적 위험을 보험방식에 의해 대처함으로써 국민건강과 소득을 보장하는 제도이다.

ANSWER 19.④ 20.④ / 1.④ 2.①

3 사회보험에 대한 설명으로 옳은 것만을 모두 고르면?

⊙ 기여에 근거해 급여가 제공되기 때문에 권리성이 강하다.
ⓒ 자산조사를 통해 급여를 제공한다.
ⓒ 미래에 닥칠 위험에 대응하기 위한 예방적 성격을 갖는다.
ⓐ 누구나 일정한 인구학적 요건만 갖추면 급여를 지급한다.

① ⊙, ⓒ   ② ⊙, ⓒ
③ ⓒ, ⓐ   ④ ⓒ, ⓒ, ⓐ

>ADVICE ⓒ 공공부조에 대한 설명이다.
ⓐ 65세 혹은 70세 이상의 노인이면 누구나 급여자격을 주는 보편적 연금과 아동을 키우는 가구에게는 누구나 자격을 주는 아동수당 등이 해당된다.

4 1980년대 대처리즘과 레이거노믹스의 복지정책 기조가 아닌 것은?

① 복지비용의 삭감 및 지출 구성의 변화
② 공공서비스를 포함한 공공부문의 국가책임 확대
③ 지방정부의 역할 축소
④ 기업에 대한 규제 완화

>ADVICE ② 대처리즘과 레이거노믹스는 신자유주의 이념에 입각하여 사회복지부문에 대한 정부 예산을 대폭 삭감하고 국가의 개입을 축소하였다.
신자유주의는 세계화(또는 지구화)와 지방화(또는 분권화)를 기치로 작은 정부, 큰 시장, 공공부문의 시장화, 규제완화(또는 탈규제화), 민영화, 노동의 유연화(정규직의 축소 및 탄력적 고용·보수체계) 등을 추구한다.

5 서구 사회복지의 발달과정에 대한 설명으로 옳지 않은 것은?

① 중세시대 사회복지는 교회나 수도원을 중심으로 한 자선의 형태로 수행되었다.
② 엘리자베스 구빈법은 빈민구제에 대한 국가의 책임을 인정한 법이다.
③ 영국의 자선조직협회는 우애방문원을 통해 가정방문 및 조사, 지원활동을 실시하였다.
④ 국가주도 사회보험제도는 20세기 초 영국에서 최초로 도입되었다.

④ 19세기 독일에서 세계 최초로 사회보험제도가 등장하였다. 세계 최초의 의료보험, 산재보험, 노령폐질연금 정책을 실시하였으며 노동운동을 선동하는 사회주의자들을 직접적으로 탄압하고 노동자계급을 국가내로 통합시키기 위한 회유책을 동시에 진행하였다.

6 우리나라 사회복지사 윤리강령에 대한 설명으로 옳지 않은 것은?

① 윤리강령은 전문과 윤리기준으로 구성되어 있다.
② 윤리기준은 기본적 윤리기준 이외에 클라이언트, 동료, 협회, 국가에 대한 윤리기준을 각각 제시하고 있다.
③ 기본적 윤리기준에는 전문가로서의 자세, 전문성 개발을 위한 노력 등의 내용으로 구성되어 있다.
④ 사회복지윤리위원회의 구성과 운영에 관한 내용도 포함되어 있다.

② 기본적인 윤리기준 이외에 사회복지사의 클라이언트, 동료, 사회, 기관에 대한 윤리기준을 각각 제시하고 있다.
　① 윤리강령은 전문과 윤리기준으로 구성되어 있다.
　③ 기본적 윤리기준에는 전문가로서의 자세, 전문성 개발을 위한 노력, 경제적 이득에 대한 태도에 대한 윤리기준을 각각 제시하고 있다.
　④ 사회복지윤리위원회의 구성과 운영에 대한 내용도 포함하고 있다.

7 사례와 방어기제의 연결이 옳지 않은 것은?

① 다 엄마 때문에 실패했잖아 - 투사
② 대소변을 잘 가리던 아이가 동생이 태어나자 어머니의 관심을 끌기 위해 다시 대소변을 가리지 못하게 되었다 - 퇴행
③ 당신이 잘못해 놓고 더 화를 내면 어떡해? - 부정
④ 저 남편은 부인을 때리고 나서는 꼭 퇴근 시간에 꽃을 사오더라 - 취소

부정은 자아가 현재의 상황에 있는 위협적 요소를 감당할 수 없는 경우 위험하거나 고통스러운 생각을 인식하지 않으려는 것을 뜻한다. ③번의 사례의 경우 '부정'에 해당하는 사례는 아니며 다양하게 해석될 수 있으나 문제의 책임을 타인에게 전가하고 있으므로 투사에 해당하는 사례로 볼 수 있다.
　① 투사 : 물체에 대한 책임을 타인에게 돌리거나 전가하는 것이다.
　② 퇴행 : 심한 좌절 또는 스트레스를 받았을 때 유치한 수준(주로 고착 시기)으로 후퇴하는 현상을 말한다.
　④ 취소 : 자신의 욕구와 행동으로 인하여 타인에게 피해를 주었다고 느낄 때, 원상복구하려는 일종의 속죄 행위이다.

ANSWER 3.② 4.② 5.④ 6.② 7.③

8 사회복지 실천과정에서 사회복지사의 과업에 대한 설명으로 옳은 것은?

① 접수단계 – 클라이언트와 긍정적 관계조성 및 상호신뢰 확보
② 사정단계 – 개입을 통해 획득한 효과의 유지와 강화
③ 개입단계 – 가계도 및 생태도 등을 활용한 클라이언트의 객관적 정보파악
④ 종결단계 – 클라이언트의 문제해결을 위해 상담, 자원연계, 교육 등 다양한 실천기술 활용

》ADVICE ① 접수단계 – 실천과정의 초기 국면에서 무엇보다 중요한 것은 관계 또는 라포(rapport)를 형성하는 것이다.
② 사정단계 – 수집된 자료들을 해석, 의미부여, 실천적 개입을 위한 계획을 세우는 과정을 말한다.
③ 개입단계 – 사회복지사와 클라이언트가 상호 합의하여 결정한 문제해결을 위한 구체적 행동을 하는 단계이다.
④ 종결단계 – 사회복지사와 클라이언트의 전문적 관계가 종료되는 원조 과정의 마지막 단계이다.

9 사회복지 조사연구의 과정을 순서대로 바르게 나열한 것은?

> ㉠ 조사설계
> ㉡ 문제설정
> ㉢ 자료처리 및 분석
> ㉣ 자료수집
> ㉤ 결과해석 및 보고서 작성

① ㉠→㉡→㉢→㉣→㉤
② ㉠→㉡→㉣→㉢→㉤
③ ㉡→㉠→㉣→㉢→㉤
④ ㉡→㉠→㉢→㉣→㉤

》ADVICE 사회복지 조사연구는 문제설정 → 조사설계 → 자료수집 → 자료처리 및 분석 → 결과해석 및 보고서 작성 순으로 이루어진다.

10 노후소득보장제도에 대한 설명으로 옳지 않은 것은?

① 「기초노령연금법」이 폐지되고 「기초연금법」이 시행되고 있다.

② 기초연금 수급권자 선정기준은 65세 이상 전체 노인 중 소득과 재산이 적은 하위 80%이다.

③ 국민연금의 가입대상은 국내에 거주하는 국민으로 18세 이상 60세 미만인 자이다. 다만, 별정우체국 직원 등 특수직역연금 대상자는 제외한다.

④ 국민연금은 노령, 장애, 사망에 대하여 연금급여가 지급되므로 은퇴뿐만 아니라 다양한 사회적 위험에 대비하여 국민생활안정에 기여하는 목적을 갖는다.

>ADVICE ② 기초연금은 노후 보장과 복지 향상을 위해 65세 이상의 소득인정액 기준 하위 70% 어르신에게 일정 금액을 지급하는 제도이다〈기초연금법 제3조 제1항, 제2항 기초연금 수급권자의 범위 등〉.

11 에스핑 앤더슨(Esping-Andersen)의 복지국가 유형 중 자유주의 복지국가에 대한 설명으로 옳은 것은?

① 탈상품화의 정도가 매우 높다.

② 민간부문의 역할은 미미하고, 공공부문의 역할을 강조한다.

③ 공공부조 프로그램을 상대적으로 중시한다.

④ 보편주의적 원칙을 강조한다.

>ADVICE ① 탈상품화의 정도가 매우 낮다.
② 국가의 역할은 주변적이다.
④ 사회민주적 복지국가에서 보편주의 원칙에 따라 사회권에 기초한 요구들을 충족시켜 준다.
※ 에스핑 앤더슨의 복지국가 유형 간 비교

복지체계	자유주의	보수주의	사민주의
탈상품화 수준	낮음	중간	높음
계층화	계층 간 대립 심화	계층 간 차이 유지	계층 간 연대·통합
사회권의 기초	도움이 필요한 욕구	고용지위	시민 됨
주된 프로그램	공공부조	현금급여	현금급여+사회서비스
급여	낮고 잔여적	기여에 비례	높고 재분배적
국가의 역할	주변적	보조적	중심적
해당 국가	미국, 캐나다 등	독일, 프랑스 등	스웨덴, 노르웨이 등

12 사례관리의 등장 배경이 아닌 것은?

① 시설중심의 서비스 제공
② 복잡하고 분산된 서비스 체계
③ 클라이언트와 그 가족의 과도한 책임
④ 다양한 문제와 욕구를 가진 클라이언트의 증가

⟩**ADVICE** ① 사례관리는 탈시설화 및 재가복지 서비스의 경향으로 그 필요성이 대두되었다.
    ※ 사례관리의 등장 배경
        ㉠ 사회인구학적 변화
        ㉡ 다양한 문제와 욕구를 가진 클라이언트의 증가
        ㉢ 탈시설화
        ㉣ 서비스 공급주체의 다원화 및 서비스의 지방분권화
        ㉤ 복잡하고 분산된, 즉 통합적이지 못한 서비스 체계
        ㉥ 클라이언트와 그 가족에게 부과되는 과도한 책임
        ㉦ 사회적(비공식적) 지지체계의 중요성에 대한 인식
        ㉧ 복지국가의 재정적 위기
        ㉨ 서비스 비용의 억제

13 학생 A의 폭력 문제를 안고 있는 가정을 대상으로 사례관리를 실시하려고 한다. 사례관리 과정을 순서대로 바르게 나열한 것은?

> ㉠ 문제와 관련된 전문가들이 모여 필요한 서비스를 확인하고 서비스의 우선순위를 정한다.
> ㉡ 학생 A의 폭력 정도와 이유에 대해 학생 A 및 가족들과 인터뷰한다.
> ㉢ 서비스를 제공하면서 학생 A의 폭력성 변화 여부를 점검한다.
> ㉣ 가족구성원에게 사례관리에 대해 어떻게 느꼈는지 조사한다.

① ㉠ → ㉡ → ㉢ → ㉣   ② ㉡ → ㉠ → ㉢ → ㉣
③ ㉣ → ㉠ → ㉡ → ㉢   ④ ㉣ → ㉡ → ㉠ → ㉢

⟩**ADVICE** 사례관리의 서비스 과정은 '접수→사정→계획(개입)→실행(개입)→점검 및 재사정→평가'의 순서로 진행된다.
    제시된 사례는 ㉡(사정)→㉠(계획)→㉢(개입, 점검)→㉣(평가 및 종결)의 순서로 진행된다.

14 노인장기요양보험제도에 대한 설명으로 옳은 것만을 모두 고르면?

> ㉠ 장기요양급여 운영, 장기요양제도의 특성을 살릴 수 있도록 「국민건강보험법」과는 별도로 「노인장기요양보험법」을 제정하였다.
> ㉡ 관리운영기관은 「국민건강보험법」에 의하여 설립된 국민건강보험공단이다.
> ㉢ 수급대상자는 65세 이상의 노인 또는 65세 미만 자로 노인성질병이 없는 장애인이다.
> ㉣ 「노인장기요양보험법」상 서비스는 소득에 비례해서 차등되게 제공된다.
> ㉤ 장기요양기관을 통해 신체활동 또는 가사지원 등의 서비스를 제공한다.

① ㉠, ㉡, ㉤   ② ㉠, ㉢, ㉣
③ ㉡, ㉢, ㉣   ④ ㉡, ㉣, ㉤

>ADVICE ㉢ 노인요양장기보험제도에서 노인 등은 65세 이상의 노인 또는 65세 미만의 자로서 치매·뇌혈관성질환 등 대통령령으로 정하는 노인성 질병을 가진 자를 말한다〈노인장기요양보험법 제2조〉.
>   ㉣ 장기요양급여는 노인 등의 심신상태·생활환경과 노인 등 및 그 가족의 욕구·선택을 종합적으로 고려하여 필요한 범위 안에서 이를 적정하게 제공하여야 한다〈노인장기요양보험법 제3조 장기요양급여 제공의 기본원칙〉.

15 가족복지정책에 대한 설명으로 옳지 않은 것은?

① 육아휴직제도는 만 8세 이하 또는 초등학교 2학년 이하의 자녀를 가진 근로자에게 1년 이내의 휴직을 허용하는 것이다.
② 출산전후휴가란 산모와 태아의 건강보호를 위해 임신 중인 근로자가 출산전후에 유급출산휴가를 사용하는 것을 말한다.
③ 양육수당은 어린이집을 이용할 경우 소득을 고려하여 '아이행복카드'를 통해 보육료를 차등 지원하는 제도이다.
④ 아이돌봄 서비스는 맞벌이 가정, 다문화가족 등 양육 부담 가정에 아이돌보미가 돌봄을 제공하는 서비스이다.

>ADVICE ③ 양육수당은 어린이집이나 유치원을 다니지 않는 아동에게 지급하는 복지 수당으로〈영유아보육법 제34조의2 양육수당〉, 아동에 대한 부모의 양육비용 부담 경감을 위해 시행되었다.
>   ① 남녀고용평등과 일·가정 양립 지원에 관한 법률 제19조 육아휴직에 근거를 두고 있다.
>   ② 출산전후휴가 규정은 근로기준법 제74조 임산부의 보호에 근거를 두고, 지급하는 급여는 고용보험법 제75조 출산전후휴가 급여 등에 두고 있다.
>   ④ 아이돌봄 서비스 : 양육공백이 발생하는 만 12세 이하 자녀가 있는 가정을 정부에서 지원하고, 양육공백이 발생하지 않는 가정은 전액 본인부담으로 이용할 수 있다〈아이돌봄 지원법 제2조 정의, 제20조 비용의 지원 등〉.

 ANSWER 12.① 13.② 14.① 15.③

16 다양화 · 전문화되는 사회복지 욕구에 능동적으로 대응할 수 있도록 「사회복지사업법」상 전문사회복지사제도를 도입했다. 이에 따른 전문사회복지사가 아닌 것은? (기출변형)

① 의료사회복지사
② 학교사회복지사
③ 정신건강사회복지사
④ 교정사회복지사

> **ADVICE** 사회복지사의 등급은 1급 · 2급으로 하되, 정신건강 · 의료 · 학교 영역에 대해서는 영역별로 정신건강사회복지사 · 의료사회복지사 · 학교사회복지사의 자격을 부여할 수 있다〈사회복지사업법 제11조 제2항〉.

17 국민기초생활보장제도에 대한 설명으로 옳지 않은 것은?

① 소득인정액은 개별가구의 소득평가액과 재산의 소득환산액을 합한 금액이다.
② 부양의무자는 수급권자를 부양할 책임이 있는 사람으로서 수급권자의 1촌 직계혈족 및 그 배우자가 된다.
③ 기준 중위소득은 보건복지부장관이 고시하는 국민 가구소득의 중위값을 말한다.
④ 의료급여와 생계급여는 부양의무자 기준을 적용하지 않는다.

> **ADVICE** ④ 의료급여와 생계급여는 부양의무자 기준을 적용하며 그와 함께 소득인정액 기준이 다르게 적용된다.
> • 생계급여 : 생계급여 수급권자는 부양의무자가 없거나, 부양의무자가 있어도 부양능력이 없거나 부양을 받을 수 없는 사람으로서 그 소득인정액이 중앙생활보장위원회의 심의 · 의결을 거쳐 결정하는 금액 이하인 사람으로 한다. 이 경우 생계급여 선정기준은 기준 중위소득의 100분의 30 이상으로 한다〈국민기초생활보장법 제8조〉.
> • 의료급여 : 의료급여 수급권자는 부양의무자가 없거나, 부양의무자가 있어도 부양능력이 없거나 부양을 받을 수 없는 사람으로서 그 소득인정액이 중앙생활보장위원회의 심의 · 의결을 거쳐 결정하는 금액 이하인 사람으로 한다. 이 경우 의료급여 선정기준은 기준 중위소득의 100분의 40 이상으로 한다〈국민기초생활보장법 제12조의3〉.

18 측정수준과 그에 대한 예시를 옳게 짝지은 것은?

① 명목척도 – 학점, 몸무게
② 서열척도 – 결혼 여부, 성별
③ 등간척도 – 토익(TOEIC) 점수, 지능지수(IQ)
④ 비율척도 – 학년, 온도

> **ADVICE** ③ 등간척도 : 측정대상의 서열 간의 간격이 동일하도록 수치를 부여하는 것으로 시험점수, 온도 등이 그 예이다.
> ① 명목척도 : 단순히 분류하기 위하여 측정대상의 속성에 부호나 수치를 부여하는 것으로 성, 인종, 결혼 여부 등이 그 예이다.
> ② 서열척도 : 측정대상에 서열이나 순위를 매길 수 있도록 수치를 부여하는 것이나, 서열 간의 동일한 간격이나 절대량을 지적하지는 않는다. 그 예로 사회계층, 선호도, 서비스 평가 등을 들 수 있다.
> ④ 비율척도 : 측정대상의 속성에 절대적인 영을 가진 척도로 수치를 부여하는 것으로 연령, 무게, 출생률, 사망률 등이 그 예이다.

19 장애인복지 이념에 대한 설명으로 옳지 않은 것은?

① 인권존중 – 인간은 누구나 인간으로서 존엄하고, 인간으로서의 평등한 가치를 지닌다는 인식을 기반으로 하는 것을 의미한다.

② 정상화 – 장애인이 주거, 일과, 여가 등 가능한 한 보편에 가까운 생활을 하는 것으로서 장애인에게 사회적으로 가치 있는 일을 부여하고 지원하는 과정을 의미한다.

③ 자립생활 – 장애인이 자기결정권을 가지고 자신이 바라는 생활목표나 생활양식을 선택하여 살아가는 것을 의미한다.

④ 사회통합 – 장애인을 사회적으로 기여할 수 없는 무가치한 존재로 인식하여 비장애인 중심의 일반 사회에서 격리 보호하는 것이 타당하다는 의미이다.

ADVICE ④ 사회통합 : 장애인을 가정과 사회, 정상적인 사람과 격리시키거나 유별나고 특별한 사람으로 취급하여 처우하는 것이 아니라 사회 속에서 정상인과 함께 생활할 수 있는 사람으로 인식하여 통합적으로 처우하는 것이다.

20 시장실패에 따른 국가개입의 필요성을 주장하는 논거 중 정보의 비대칭성과 관련 있는 것만을 모두 고르면?

> ㉠ 공공재
> ㉡ 외부효과
> ㉢ 중고차 매매시장
> ㉣ 역의 선택

① ㉠, ㉡   ② ㉡, ㉢

③ ㉢, ㉣   ④ ㉡, ㉢, ㉣

ADVICE ㉢㉣ : 생산자에게 유리한 정보, 소비자에게 불리한 정보의 비대칭성으로 인해 소비자의 합리적인 선택을 이끌어내기 어렵게 되는 문제가 발생한다.
㉠ 공공재 : 다른 사람의 부담에 의해 생산된 공공재를 공짜로 소비하는 무임승차자가 발생한다.
㉡ 외부효과 : 어떤 경제주체의 행위가 시장기구를 통하지 않은 상태에서 다른 경제주체의 경제활동에 영향을 미치는 경우를 말한다.

---

1 로스만(J. Rothman)이 제시한 지역사회복지 실천모델에 대한 설명으로 옳은 것만을 모두 고르면?

> ⊙ 사회계획모델에서는 교육을 통해 주민 지도자를 양성하고 협력적인 지역분위기를 조성하는 데 주력한다.
> ⓒ 지역사회개발모델에서는 주민의 자조정신이 강조되며 주민의 문제해결 능력 강화에 초점을 둔다.
> ⓒ 사회행동모델에서는 사회복지사의 중개자, 옹호자로서의 역할이 강조된다.

① ⊙, ⓒ   ② ⊙, ⓒ
③ ⓒ, ⓒ   ④ ⊙, ⓒ, ⓒ

〉ADVICE ⊙ 교육을 통해 주민 지도자를 양성하고 협력적인 지역분위기를 조성하는 데 주력하는 것은 지역사회개발모델이다.

※ J. 로스만의 지역사회복지 실천모델
　　⊙ 사회계획 및 정책 모델 : 지역사회 문제를 해결하는 데 있어 공식적인 계획과 정책을 핵심적인 요인으로 설정하고, 사회계획이나 정책의 효과성과 효율성을 강조한다.
　　ⓒ 지역사회개발모델 : 지역사회의 문제를 해결하고 사회를 통합하는 데 있어 주민들의 자조(自助) 정신을 강조한다. 즉, 자조 기반을 통해 지역사회를 새롭게 만드는 데 초점을 두는 형태이다.
　　ⓒ 사회행동모델 : 지역사회의 소외된 주민들이 사회정의와 정치적 공평성의 입장에서 정치 · 경제적으로 더 나은 처우를 받을 수 있도록 해주는 데 초점을 두는 형태로, 사회복지사의 중개자, 옹호자로서의 역할이 강조된다.

2 공적연금 재정의 운영방식에 대한 설명으로 옳지 않은 것은?

① 부과방식은 현재의 근로세대가 현재의 퇴직세대의 연금급여 지출에 필요한 재원을 부담하는 방식이다.
② 부과방식은 적립방식에 비해 세대 간 소득재분배 효과가 낮다.
③ 적립방식은 가입자로부터 징수한 보험료를 기금으로 적립하였다가 추후 지급하는 방식이다.
④ 적립방식은 적립된 기금의 운용이 가능하며, 기금 투자로 인한 원금 손실의 위험이 존재한다.

〉ADVICE ② 부과방식은 현재의 근로세대가 납부하는 보험료로 현재의 은퇴세대에게 급여를 주는 방식으로, 적립방식에 비해 세대 간 소득재분배 효과가 높다.

3 사회복지제도에서 현금급여를 현물급여보다 선호하는 이유로 옳지 않은 것은?

① 수급자의 선택권 강화

② 행정 비용의 감소

③ 정책 목표의 특정화에 용이

④ 수급자 효용의 극대화

>**ADVICE** ③ 정책 목표의 특정화에 용이한 것은 현물급여이다.

   ※ 현금급여와 현물급여

   ㉠ 현금(cash)급여 : 급여수급자가 자신에게 필요한 재화와 서비스를 시장에서 직접 구매할 수 있도록 화폐의 형태로 지급하는 급여 **예** 현금이나 수표

   ㉡ 현물(goods)급여 : 수급자에게 필요한 물품과 서비스를 직접 급여로 제공하는 형태 **예** 생활필수품 지급

4 다음 법률 중 2000년 이후 제정된 것만을 모두 고르면?

> ㉠ 「노인장기요양보험법」
>
> ㉡ 「사회서비스 이용 및 이용권 관리에 관한 법률」
>
> ㉢ 「저출산·고령사회기본법」
>
> ㉣ 「사회보장기본법」

① ㉠, ㉡, ㉢   ② ㉠, ㉡, ㉣

③ ㉠, ㉢, ㉣   ④ ㉡, ㉢, ㉣

>**ADVICE** ㉠ 노인장기요양보험법 : 2007년 제정

   ㉡ 사회서비스 이용 및 이용권 관리에 관한 법률 : 2011년 제정

   ㉢ 저출산·고령사회기본법 : 2005년 제정

   ㉣ 사회보장기본법 : 1995년 제정

5 사회복지(social welfare)와 사회사업(social work)의 개념에 대한 설명으로 옳은 것은?

① 우리나라는 1961년 제정된 「생활보호법」의 목적으로 '사회복지'의 향상을 명시했다.
② 사회복지는 사회사업에 비해 개인이나 가족, 집단에 대한 문제해결에서 치료 접근을 강조한 개념이다.
③ 미국에서 사회사업은 19세기 전반부터 전문직화되는 경향을 보였다.
④ 우리나라 「사회복지사업법」에서는 '사회복지'와 '사회사업'의 용어를 각각 정의하고 있다.

> **ADVICE** ② 사회사업은 사회복지에 비해 개인이나 가족, 집단에 대한 문제해결에서 치료 접근을 강조한 개념이다.
> ③ 미국에서는 20세기 초부터 사회사업을 전문직화하려는 경향이 나타났지만, 현재까지도 사회사업의 전문직과 전문성에 대한 논의가 계속되고 있다.
> ④ 사회복지사업법 제2조에서 정의하고 있는 용어는 사회복지사업, 지역사회복지, 사회복지법인, 사회복지시설, 사회복지관, 사회복지서비스, 보건의료서비스이다.

6 영국에서 다음의 변화를 가져온 입법은?

• 빈민의 수용 구호를 원칙으로 하는 기존 작업장 제도를 완화했다.
• 노동력을 가진 빈민에 대해 원외구호(outdoor relief)를 허용했다.
• 구빈에 대한 새로운 인도주의적 접근이라는 평가를 받았다.

---

① 엘리자베스 구빈법(1601년)
② 작업장법(1722년)
③ 길버트법(1782년)
④ 신구빈법(1834년)

> **ADVICE** 제시된 내용은 토마스 길버트법(1782년)에 대한 설명이다. 길버트법은 교구들이 연합하여 빈민 공장을 만들고 빈민들이 노동할 수 있는 일자리를 제공하며 구빈비용을 조달하기 위해 제정된 법이다. 노동력을 가진 빈민에 대해 일자리나 무제한의 원외구호를 제공했다는 점에서 구빈에 대한 새로운 인도주의적 접근이라는 평가를 받았다.

7 리머(F. Reamer)가 제시한 사회복지실천에서의 윤리적 결정 지침에 대한 설명으로 옳지 않은 것은?

① 주거, 교육, 공공부조와 같은 공공재를 증진할 의무는 개인의 재산관리권에 우선한다.
② 개인의 기본적인 복지권은 타인의 자기결정권에 우선한다.
③ 개인이 자발적으로 동의한 법, 규칙, 규정을 지킬 의무는 이를 위반할 권리보다 통상적으로 우선한다.
④ 개인의 기본적 복지권은 그 자신의 자기결정권에 우선한다.

>ADVICE ④ 개인의 자기결정권은 그 자신의 기본적 복지권에 우선한다.

※ F. 리머의 윤리적 결정 지침
 ㉠ 개인을 폭력적인 해악으로부터 보호하는 것과 사생활 보호 중 한 가지를 선택해야 한다면 개인을 폭력적인 해악으로부터 보호하는 것을 우선시해야 한다.
 ㉡ 인간의 기본권을 위협하지만 않는다면 개인은 자기결정권과 자신이 원하는 대로 행동할 권리가 있다.
 ㉢ 개인이 해당 환경에 대한 지식을 가지고 자발적으로 결정을 했으며, 그 결과가 타인의 복지를 위협하지 않는다면 그렇게 하도록 허용해야 한다.
 ㉣ 민주적 절차를 거쳐서 입법화된 법을 고의적으로 위반하거나 사회복지사가 속한 기관의 정책을 고의적으로 위반하는 것은 비윤리적이다.
 ㉤ 법률이나 규칙, 규정을 준수해야 하는 의무는 절대적인 것이 아니며 한계가 있다. 클라이언트의 기본적 복지를 위협하는 등의 경우에 법률이나 규칙을 위반하는 행위는 정당화된다.
 ㉥ 빈곤한 사람들에게 원조를 제공하고 기본적인 해악을 예방하는 데 필요한 조세 및 강제조치들을 정당화한다.

8 복지국가에 대한 이념 유형 중 자유시장경제의 가치를 중시하고, 국가 개입의 최소화를 가장 강조하는 것은?

① 사회민주주의
② 페미니즘
③ 마르크스주의
④ 신자유주의

>ADVICE 보기 중 자유시장경제의 가치를 중시하고 국가 개입의 최소화를 가장 강조하는 것은 신자유주의이다.

9 다음 조사연구에서 활용한 표본추출 방법은?

> 모집단에서 다수의 하위집단을 먼저 무작위 추출한 뒤, 하위집단별로 최종 자료수집의 표본 단위를 무작위로 추출하였다.

① 유의표집법(purposive sampling)
② 집락표집법(cluster sampling)
③ 할당표집법(quota sampling)
④ 체계표집법(systematic sampling)

>**ADVICE** 제시된 설명은 집락표집법에 대한 설명이다.
>　① 유의표집법 : 조사자의 판단에 따라 또는 조사목적에 따라 표집을 선정하는 방법
>　③ 할당표집법 : 모집단을 일정한 카테고리로 나눈 다음 이들 카테고리에서 표본을 작위적으로 추출하는 방법
>　④ 체계표집법 : 첫 번째 표집은 난수표를 이용해 추출하고, 이후부터는 일정한 순서에 따라 매 k번째 요소를 표본으로 추출하는 방법

10 사회복지 자료분석 및 해석과정에서 범할 수 있는 '생태학적 오류(ecological fallacy)'에 대한 설명으로 옳은 것은?

① 측정 환경의 불안정으로 수집된 자료값이 일관성을 보이지 못하는 것이다.
② 집단 단위의 조사에 근거한 내용을 개인 단위에 대한 설명으로 사용하는 것이다.
③ 어떤 현상의 원인이나 개념을 지나치게 제한하거나 단순화하는 것이다.
④ 소수의 표본에서 얻은 결과를 전체에게 과도하게 확대 적용하는 것이다.

>**ADVICE** 생태학적 오류는 집단을 대상으로 한 조사에 근거한 내용을 개인에 대해서도 동일할 것으로 가정하고 설명할 때 발생하는 오류이다.
>　③ 환원주의적 오류
>　④ 개별주의적 오류

11 사회복지 프로그램의 기획과 평가에 활용되는 논리모형(logic model)에 대한 설명으로 옳지 않은 것은?

① 프로그램을 체계 이론의 관점에서 분석하고 이해한다.
② 프로그램의 구성 부분을 활동(process), 성과(outcome), 산출(output), 투입(input)으로 나눈다.
③ 산출은 프로그램 활동의 직접적인 결과에 해당하는 생산물을 말한다.
④ 성과는 투입의 결과로서 산출에 앞서서 발생한다.

》ADVICE ④ 논리모형은 투입 → 활동 → 산출 → 성과의 과정을 거친다.

12 우리나라 사회복지서비스 전달체계에서 민간 부문에 대한 설명으로 옳지 않은 것은?

① 전통적으로 직접 서비스의 생산자 역할을 주로 맡아왔다.
② 비영리단체나 기업, 개인 등이 민간 부문에 해당된다.
③ 공공 부문에 비해 안정성이 높다는 장점과 융통성 발휘가 어렵다는 단점이 있다.
④ 정부로부터 재정 지원과 규제를 받을 수 있다.

》ADVICE ③ 민간 부문은 공공 부문에 비해 안정성이 낮지만 융통성 발휘가 용이한 장점이 있다.

13 장애인복지 이념 중 자립생활 모델과 재활 모델에 대한 비교 설명으로 옳은 것은?

① 자립생활 모델은 재활 모델에 비해 전문가의 개입을 통한 문제해결과 치료적 접근을 더 추구한다.
② 재활 모델은 자립생활 모델에 비해 변화가 필요한 체계로서 환경을 더 강조한다.
③ 자립생활 모델은 재활 모델에 비해 장애인을 소비자로 보는 경향이 더 강하다.
④ 재활 모델은 자립생활 모델에 비해 장애인의 자기결정권과 선택권을 더 강조한다.

》ADVICE 장애인복지 이념은 크게 장애인을 어떤 관점에서 보느냐에 따라 달라지는데, 장애인을 주체로 보는 자립생활 모델과 객체로 보는 재활 모델로 구분할 수 있다.
① 전문가의 개입을 통한 문제해결과 치료적 접근을 더 추구하는 것은 재활 모델이다.
② 변화가 필요한 체계로서 환경을 더 강조하는 것은 자립생활 모델이다.
④ 장애인의 자기결정권과 선택권을 더 강조하는 것은 자립생활 모델이다.

 ANSWER 9.② 10.② 11.④ 12.③ 13.③

14 「노인복지법」상 동일한 종류의 노인복지시설로만 묶은 것은?

㉠ 양로시설	㉡ 단기보호서비스 시설
㉢ 노인복지관	㉣ 경로당
㉤ 노인요양시설	

① ㉠, ㉡   ② ㉢, ㉣

③ ㉡, ㉢, ㉤   ④ ㉠, ㉡, ㉣, ㉤

> **ADVICE** 노인복지시설의 종류
> ㉠ 노인주거복지시설 : 양로시설, 노인공동생활가정, 노인복지주택
> ㉡ 노인의료복지시설 : 노인요양시설, 노인요양공동생활가정
> ㉢ 노인여가복지시설 : 노인복지관, 경로당, 노인교실
> ㉣ 재가노인복지시설 : 방문요양서비스, 주·야간보호서비스, 단기보호서비스, 방문 목욕서비스, 재가노인지원서비스, 방문
> 　 간호서비스, 복지용구지원서비스 중 하나 이상의 서비스를 제공함을 목적으로 하는 시설
> ㉤ 노인보호전문기관
> ㉥ 노인일자리지원기관
> ㉦ 학대피해노인 전용쉼터

15 「장애인차별금지 및 권리구제 등에 관한 법률」상 차별행위의 판단 기준에 해당하지 않는 것은?

① 장애인을 도우려는 목적에서라도 장애인이라는 이유로 과도하게 보호하는 경우

② 장애인을 장애를 사유로 정당한 사유 없이 제한·배제·분리·거부 등에 의하여 불리하게 대하는 경우

③ 정당한 사유 없이 장애인에 대하여 정당한 편의 제공을 거부하는 경우

④ 보조견 또는 장애인보조기구 등의 정당한 사용을 방해하는 경우

> **ADVICE** 차별행위〈장애인차별금지 및 권리구제 등에 관한 법률 제4조 제1항〉… 이 법에서 금지하는 차별이라 함은 다음 각 호의
> 어느 하나에 해당하는 경우를 말한다.
> 1. 장애인을 장애를 사유로 정당한 사유 없이 제한·배제·분리·거부 등에 의하여 불리하게 대하는 경우
> 2. 장애인에 대하여 형식상으로는 제한·배제·분리·거부 등에 의하여 불리하게 대하지 아니하지만 정당한 사유 없이 장
> 　 애를 고려하지 아니하는 기준을 적용함으로써 장애인에게 불리한 결과를 초래하는 경우
> 3. 정당한 사유 없이 장애인에 대하여 정당한 편의 제공을 거부하는 경우
> 4. 정당한 사유 없이 장애인에 대한 제한·배제·분리·거부 등 불리한 대우를 표시·조장하는 광고를 직접 행하거나 그
> 　 러한 광고를 허용·조장하는 경우. 이 경우 광고는 통상적으로 불리한 대우를 조장하는 광고효과가 있는 것으로 인정
> 　 되는 행위를 포함한다.

5. 장애인을 돕기 위한 목적에서 장애인을 대리·동행하는 자(장애아동의 보호자 또는 후견인 그 밖에 장애인을 돕기 위한 자임이 통상적으로 인정되는 자를 포함한다. 이하 "장애인 관련자"라 한다)에 대하여 제1호부터 제4호까지의 행위를 하는 경우. 이 경우 장애인 관련자의 장애에 대한 행위 또한 이 법에서 금지하는 차별행위 여부의 판단대상이 된다.
6. 보조견 또는 장애인보조기구 등의 정당한 사용을 방해하거나 보조견 및 장애인보조기구 등을 대상으로 제4호에 따라 금지된 행위를 하는 경우

16 지역사회보장협의체에 대한 설명으로 옳지 않은 것은?

① 「사회보장급여의 이용·제공 및 수급권자 발굴에 관한 법률」에 근거하고 있다.
② 사회보장에 관한 업무를 담당하는 공무원은 지역사회보장협의체의 위원이 될 수 있다.
③ 지역사회보장협의체는 전국 시·도, 시·군·구, 읍·면·동 단위에 설치한다.
④ 지역의 사회보장 증진, 사회보장과 관련된 서비스를 제공하는 관계 기관·법인·단체·시설과 연계·협력을 강화하기 위한 목적을 가지고 있다.

>ADVICE ③ 시장·군수·구청장은 지역의 사회보장을 증진하고, 사회보장과 관련된 서비스를 제공하는 관계 기관·법인·단체·시설과 연계·협력을 강화하기 위하여 해당 시·군·구에 지역사회보장협의체를 둔다〈사회보장급여의 이용·제공 및 수급권자 발굴에 관한 법률 제41조(지역사회보장협의체) 제1항〉.

17 「아동학대범죄의 처벌 등에 관한 특례법」상 피해아동보호명령 사건의 심리와 결정을 하는 사람은?

① 아동학대전담공무원
② 사법경찰관
③ 검사
④ 판사

>ADVICE 피해아동보호명령사건의 관할〈아동학대범죄의 처벌 등에 관한 특례법 제46조〉
• 피해아동보호명령사건의 관할은 아동학대행위자의 행위지·거주지 또는 현재지 및 피해아동의 거주지 또는 현재지를 관할하는 가정법원으로 한다. 다만, 가정법원이 설치되지 아니하는 지역에 있어서는 해당 지역의 지방법원으로 한다.
• 피해아동보호명령사건의 심리와 결정은 판사가 한다.

ANSWER 14.② 15.① 16.③ 17.④

18 「청소년복지 지원법」상 청소년복지시설의 종류에 해당하지 않는 것은?

① 청소년회복지원시설
② 청소년쉼터
③ 청소년치료재활센터
④ 청소년수련원

> **ADVICE** 청소년복지시설의 종류〈청소년복지 지원법 제31조〉 … 청소년기본법 제17조에 따른 청소년복지시설(이하 "청소년복지시설"이라 한다)의 종류는 다음 각 호와 같다.
> 1. 청소년쉼터 : 가정 밖 청소년에 대하여 가정 · 학교 · 사회로 복귀하여 생활할 수 있도록 일정 기간 보호하면서 상담 · 주거 · 학업 · 자립 등을 지원하는 시설
> 2. 청소년자립지원관 : 일정 기간 청소년쉼터 또는 청소년회복지원시설의 지원을 받았는데도 가정 · 학교 · 사회로 복귀하여 생활할 수 없는 청소년에게 자립하여 생활할 수 있는 능력과 여건을 갖추도록 지원하는 시설
> 3. 청소년치료재활센터 : 학습 · 정서 · 행동상의 장애를 가진 청소년을 대상으로 정상적인 성장과 생활을 할 수 있도록 해당 청소년에게 적합한 치료 · 교육 및 재활을 종합적으로 지원하는 거주형 시설
> 4. 청소년회복지원시설 : 소년법 제32조 제1항 제1호에 따른 감호 위탁 처분을 받은 청소년에 대하여 보호자를 대신하여 그 청소년을 보호할 수 있는 자가 상담 · 주거 · 학업 · 자립 등 서비스를 제공하는 시설

19 다음 목적에 적합한 사회복지실천의 클라이언트 사정도구는?

> • 클라이언트의 상황에서 의미 있는 체계들과의 관계를 시각적으로 제시
> • 클라이언트와 가족이 외부 체계들과 맺고 있는 관계의 범위와 특성을 확인
> • 클라이언트와 외부 체계와의 관계에서 자원 교환이나 에너지의 흐름 등을 파악

① 생태도(ecomap)
② 가계도(genogram)
③ 소시오그램(sociogram)
④ 생활력도표(life-history grid)

> **ADVICE** 제시된 내용은 생태도에 대한 설명이다.
> ② 가계도 : 가족 간의 관계를 빠르게 알아보고 필요한 정보를 손쉽게 얻기 위해 제작하는 그림
> ③ 소시오그램 : 간접적인 질문 및 관찰을 통해 집단 내의 친소 관계 및 전체적인 인간관계를 나타낸 그림
> ④ 생활력도표 : 클라이언트의 삶에서 중요한 사건이나 문제를 시기별로 나타낸 도표

20 비에스텍(F. Biestek)이 제시한 전문적 사회복지실천관계의 기본 원칙에서, 사회복지사가 지켜야 할 내용으로 옳지 않은 것은?

① 클라이언트의 장점과 약점, 긍정적인 감정과 부정적인 감정 등을 포함하여 클라이언트를 있는 그대로 이해하고 편견없이 받아들여야 한다.

② 클라이언트가 자신의 감정을 표현하도록 격려하고 자극하는 것이 관계형성의 객관성 침해임을 인식하여, 이를 피해야 한다.

③ 클라이언트의 상황과 자신의 개인적 감정을 분리하여야 하며, 클라이언트의 감정에 대해 목적을 가지고 적절히 반응하여야 한다.

④ 문제의 원인이 클라이언트의 잘못에 의한 것인지 아닌지 심판하지 않으며, 클라이언트의 특성 및 가치관을 비난하지 않아야 한다.

> **ADVICE** ② 사회복지사는 클라이언트로 하여금 자신의 감정을 자유롭게 표현할 수 있도록 안정된 환경을 조성해야 한다.
>
> ※ F. 비에스텍의 7가지 기본 원칙
>   ㉠ 개별화
>   ㉡ 의도적인 감정표현
>   ㉢ 통제된 정서반응
>   ㉣ 수용
>   ㉤ 비심판적인 태도
>   ㉥ 클라이언트의 자기결정
>   ㉦ 비밀보장

1 사회복지 대상자 선정 원칙인 선별주의와 보편주의에 대한 설명으로 옳지 않은 것은?

① 선별주의는 보편주의에 비해 상대적으로 소득재분배의 효과가 크다.

② 선별주의에는 국민기초생활보장제도, 장애연금 등이 포함된다.

③ 보편주의는 일정 범주에 속하는 모든 사람에게 사회적 권리로 급여를 제공한다.

④ 보편주의는 선별주의에 비해 수급자 선정을 위한 행정적 비용이 적게 든다.

》ADVICE ② 선별주의에는 국민기초생활보장제도, 장애인연금 등이 포함된다. 장애연금은 보편주의에 해당된다.

※ 선별주의와 보편주의 비교

구분	선별주의	보편주의
대상	복지기본선 이하 국민	모든 국민
장점	• 낮은 수준의 자원낭비(비용효과성) • 낮은 수준의 의존성 • 높은 수준의 소득재분배 • 높은 수준의 민간부문의 복지 참여	• 수혜자의 수치심 부재 • 단순한 행정절차 • 급여의 공정성 · 사회통합(사회효과성) • 정치적 지지에 따른 안정된 운영
단점	• 수혜자의 수치심 • 복잡한 행정절차 • 급여의 불공정성 · 사회분열 • 정치적 불지지에 따른 불안정된 운영	• 높은 수준의 자원낭비 • 높은 수준의 의존성 • 낮은 수준의 소득재분배 • 낮은 수준의 민간부문의 복지참여
단점에 대한 반박	높은 수준의 사회통합 가능(사회효과성)	• 높은 수준의 소득재분배 • 낮은 수준의 자원낭비 가능(비용효과성)
해당제도	국민기초생활보장제도, 공공부조 등	국민연금제도, 가족수당제도, 노인수당제도, 의료공영제도 등
해당국가	미국 등	스웨덴, 오스트리아 등

2 사회복지실천에서 면접에 대한 설명으로 옳지 않은 것은?

① 원활한 면접을 진행하기 위해서는 사회복지사와 클라이언트 간의 라포(rapport) 형성이 중요하다.

② 초기에는 개방형 질문을 통해서 클라이언트와 대화를 이끌어가는 것이 필요하며, 차츰 폐쇄형 질문을 해야 한다.

③ 클라이언트가 질문에 대하여 침묵하는 것 역시 일종의 의사표현이라는 것을 이해해야 한다.

④ 사회복지사는 면접 시 클라이언트의 언어적 표현과 함께 비언어적 표현에도 관심을 가져야 한다.

> **ADVICE** ② 개방형 질문과 폐쇄형 질문을 목적에 따라 다양하게 사용해야 한다.
> ※ 개방형 질문과 폐쇄형 질문
> ㉠ 개방형 질문
> • 클라이언트가 자신의 방법으로 이야기할 수 있도록 하며 좀 더 광범위한 대답을 요구하는 질문이다.
> • 클라이언트가 중요하다고 생각하는 것은 무엇이든지 말할 수 있게 하며 다양하게 대답할 수 있다.
> • 클라이언트가 지각하는 범위를 넓히고 태도, 생각, 느낌 등을 묻는다.
> ㉡ 폐쇄형 질문
> • 클라이언트의 초점을 제한하고 확실한 사실에 대해서만 묻는 방식으로서 일반적으로 '예' '아니오' 대답만 요구한다.
> • 호구조사적인 내용을 얻기 위해서나 상세한 내용을 부각시키기 위해 또는 좀 더 확실히 이해하기 위해 사용한다.
> • 클라이언트가 대답할 수 있는 방법을 제한하기 때문에 클라이언트에 대한 이해의 폭을 좁힐 수 있다.

3 서구의 사회복지 관련법에 대한 설명으로 옳지 않은 것은?

① 신구빈법은 열등처우의 원칙, 균일처우의 원칙, 작업장 수용의 원칙을 제시하였다.

② 길버트법은 구빈을 조직화하여 구빈행정을 효율적으로 운영하기 위해 제정되었으며, 빈민의 원외구호를 인정하였다.

③ 스핀햄랜드법은 임금보조제도를 운영하여 구빈세 부담을 감소시켰다.

④ 나치블법은 빈민에게 노동을 강제함으로써 구빈에 소요되는 재정지출을 경감하기 위한 목적으로 제정되었다.

> **ADVICE** ③ 스핀햄랜드법은 임금보조제도를 운영하여 구빈세 부담을 증가시켰다.
> ※ 스핀햄랜드제도(Speenhamland System, 1796)
> ㉠ 노동가능빈민을 작업장이 아니라 자택에서 거주하게 하면서 노동 유도
> ㉡ 임금수준이 최저생활 유지에 미치지 못하는 노동자와 그 가족에게 임금을 보충
> ㉢ 빵가격과 부양가족수에 따라 구빈세에서 보조하여 최저생계를 보장
> ※ 나치블법(1722) : 작업장법이라고도 하는데, 작업장 선서제를 통해 빈민에게 적극적으로 노동을 강제하여 빈민의 나태심 조장을 방지하고 급여의 남용 방지 등 구빈세를 감소하기 위한 목적이 있었다.

✎ **ANSWER** 1.② 2.② 3.③

4 윤리원칙 심사표(EPS)에서 제시하는 원칙으로 옳은 것은?

① 자율성 및 자유의 원칙은 클라이언트의 비밀보장 원칙에 우선한다.
② 최소 손실의 원칙은 평등과 불평등의 원칙에 우선한다.
③ 삶의 질의 원칙은 최소 손실의 원칙에 우선한다.
④ 진실과 완전공개의 원칙은 생명보호의 원칙에 우선한다.

>ADVICE ② 최소 손실의 원칙보다 평등과 불평등의 원칙이 우선한다.
　　　　③ 삶의 질의 원칙보다 최소 손실의 원칙이 우선한다.
　　　　④ 진실과 완전공개의 원칙보다 생명보호의 원칙이 우선한다.
　　　　※ 윤리적 원칙 선별(EPS)
　　　　　　㉠ 윤리적 원칙 1 – 생명보호의 원칙
　　　　　　㉡ 윤리적 원칙 2 – 평등과 불평등의 원칙
　　　　　　㉢ 윤리적 원칙 3 – 자율성과 자유의 원칙
　　　　　　㉣ 윤리적 원칙 4 – 최소 손실의 원칙
　　　　　　㉤ 윤리적 원칙 5 – 삶의 질의 원칙
　　　　　　㉥ 윤리적 원칙 6 – 사생활 보호와 비밀보장의 원칙
　　　　　　㉦ 윤리적 원칙 7 – 진실성과 정보 개방의 원칙

5 시장실패의 원인으로 옳은 것만을 모두 고르면?

㉠ 외부효과
㉡ 정보의 비대칭성
㉢ X의 비효율성
㉣ 불완전 경쟁
㉤ 정부조직의 내부성

① ㉠, ㉢　　　　　　　　　　　　　　　② ㉡, ㉤
③ ㉠, ㉡, ㉣　　　　　　　　　　　　④ ㉠, ㉡, ㉢, ㉣

>ADVICE ㉢㉤ 정부실패의 원인에 해당한다.

※ 시장실패 원인과 정부실패 원인

개념	시장실패	정부실패
원인	• 공공재의 존재 • 외부효과(외부경제 및 외부불경제) • 독점의 존재 • 평균수익의 증가와 평균비용의 감소-규모의 경제 • 정보의 비대칭성 및 불안전성(정보의 편재) • 소득분배의 불공평성 • 불완전 경쟁	• 정부조직의 내부성(기관목표와 사회목표의 괴리)-정보독점, 예산극대화, 최신기술에의 집착 등 • 파생적 외부효과(비의도적 역작용) • 비용과 수익(혜택) 분리 : wolf의 비시장 실패-서비스의 무가격성, 무임승차성 • X의 비효율성 • 독점성(경쟁결여) • 권력과 특혜에 의한 가치배분의 불공평성(권력의 편재) • 정보의 불충분(대리손실) • 주인인 국민이 대리인 정부를 감시하지 못함
대책	경제규제 및 정부개입 필요	민영화 및 규제완화 필요

6 사회복지정책의 발달 관련 이론에 대한 설명으로 옳지 않은 것은?

① 이익집단론에 따르면 사회복지정책은 특정 이익집단의 이익에 부합하는 방향으로 수립되며, 이 과정에서 이익집단 간에 이해관계가 상충할 경우 국가의 중재자 역할을 강조한다.

② 확산이론에 따르면 경제 수준이 낮은 국가가 선진 복지국가의 영향을 받아 사회보장을 확대한 경우, 이는 공간적 확산에 해당한다.

③ 음모이론에 따르면 사회복지정책의 주된 목적은 사회질서의 유지를 위한 사회통제에 있다.

④ 수렴이론에 따르면 산업기술이 발달할수록 사회복지가 발달하며, 한 국가의 복지수준은 해당 국가의 경제 발전 수준에 따라 결정된다.

>ADVICE ② 확산이론에 따르면 경제 수준이 낮은 국가가 선진 복지국가의 영향을 받아 사회보장을 확대한 경우, 이는 위계적 확산에 해당한다.

※ 확산의 유형

㉠ 위계적 확산 : 기술혁신이나 새로운 제도가 선진국에서 후진국으로 확산

㉡ 공간적 확산 : 어떤 국가에서 만들어진 기술이나 제도가 인접 주변국을 중심으로 확산

ANSWER 4.① 5.③ 6.②

7 사회복지 전달체계 구축 시 고려해야 할 주요 원칙에 대한 설명으로 옳지 않은 것은?

① 적절성이란 사회복지서비스의 양과 질 등이 클라이언트 문제해결에 충분할 만큼 제공되어야 하는 것이다.

② 지속성이란 클라이언트의 문제나 욕구 해결과정에서 제공되는 서비스의 종류와 내용이 달라져야 하는 경우 신규 서비스가 지속적으로 제공되어야 하는 것이다.

③ 평등성이란 사회복지서비스는 클라이언트의 연령, 성별, 지역, 종교 등을 막론하고 차별 없이 제공되어야 하는 것이다.

④ 통합성이란 클라이언트의 욕구는 다양하므로 이러한 욕구충족을 위해 포괄적이고 다양한 서비스가 제공되어야 하는 것이다.

>**ADVICE** ④ 포괄성이란 클라이언트의 욕구는 다양하므로 이러한 욕구충족을 위해 포괄적이고 다양한 서비스가 제공되어야 하는 것이다.

  ※ 사회복지서비스 전달체계 구축의 8원칙

   ㉠ 전문성 : 전달체계의 핵심적인 업무는 반드시 전문가가 해야 한다는 것이다. 전문가는 자격증, 전문적 권위, 자율적 결정권, 책임성을 겸비한 사람을 말한다.

   ㉡ 적절성 : 충분성이라고 하기도 하며, 사회복지서비스는 그 양과 질, 제공하는 기간이 클라이언트나 소비자의 욕구충족과 서비스의 목표달성에 충분해야 한다.

   ㉢ 포괄성 : 사람들의 욕구와 문제는 다양하고 복잡하기 때문에 이러한 문제들을 동시에 또는 순차적으로 해결하기 위하여 포괄적인(다양한) 서비스가 필요하다. 포괄성을 달성하기 위해 전문가 집단이 개입하거나, 사례관리를 하기도 한다.

   ㉣ 지속성 : 개인의 문제나 욕구를 해결하는 과정에서 필요한 서비스의 종류와 질이 달라져야 하는 경우, 필요로 하는 다른 종류의 서비스와 질적으로 다른 서비스를 조직 또는 지역사회 내에서 연속적이고 지속적으로 받을 수 있어야 한다.

   ㉤ 통합성 : 클라이언트의 문제가 많은 경우, 복합적이고 상호 연관되어 있기 때문에 이러한 문제의 해결을 위한 서비스들 역시도 서로 연관시켜, 기관 간의 서비스를 통합적(종합적, 한번에)으로 제공해야 한다.

   ㉥ 평등성 : 특별한 경우 소득수준(공공부조), 연령(아동, 노인)에 의한 제한을 하는 것 외에는 기본적으로 성별, 연령, 소득, 지역, 종교, 지위에 관계없이 모든 국민에게 사회복지 서비스를 제공하여야 한다.

   ㉦ 책임성 : 사회복지 조직은 국가(사회)가 시민의 권리로 인정한 사회복지서비스를 전달하도록 위임받은 조직이므로 사회복지서비스의 전달에 대하여 책임을 져야 한다.

   ㉧ 접근성 : 사회복지서비스를 필요로 하는 사람들이면 누구나 쉽게 받을 수 있어야 하기 때문에, 클라이언트(소비자)가 접근하기에 용이해야 한다는 원칙이다. 접근성에는 지리(물리)적, 심리적, 시간적, 비용적 접근성 등 다양한 접근성이 있다.

8 사회복지 정책결정 모형에 대한 설명으로 옳은 것만을 모두 고르면?

> ㉠ 점증모형은 기존의 정책에서 소폭의 수정·보완을 통해 정책을 결정하는 모형이다.
> ㉡ 쓰레기통모형은 정책결정이 일정한 규칙에 따라 이루어지는 것이 아니라 문제, 해결책, 선택 기회, 참여자 등의 4요소가 우연히 만나게 될 때 정책결정이 이루어진다고 보는 모형이다.
> ㉢ 혼합모형은 최적모형과 점증모형을 절충하여 현실적으로 만족할 만한 수준의 정책대안을 선택하는 모형이다.
> ㉣ 합리모형은 정책결정 체계의 성과를 최적화하기 위해 경제적 합리성과 직관, 창의력 등 초합리적 요소를 중요하게 간주하는 모형이다.

① ㉠, ㉡   ② ㉢, ㉣

③ ㉠, ㉡, ㉢   ④ ㉡, ㉢, ㉣

>**ADVICE** ㉢ 혼합모형은 합리모형과 점증모형을 절충한 모형이다.
> ㉣ 최적모형은 정책결정 체계의 성과를 최적화하기 위해 경제적 합리성과 직관, 창의력 등 초합리적 요소를 중요하게 간주하는 모형이다.

9 우리나라의 사회보험 중 급여 수급자나 가족이 재원을 부담하지 않는 것은?

① 국민연금

② 고용보험

③ 국민건강보험

④ 산업재해보상보험

>**ADVICE** ④ 산업재해보상보험의 재원은 사업주의 보험료와 정부의 재정지원으로 이루어진다.
> ※ 국가의 부담 및 지원〈산업재해보상보험법 제3조〉
> ㉠ 국가는 회계연도마다 예산의 범위에서 보험사업의 사무 집행에 드는 비용을 일반회계에서 부담하여야 한다.
> ㉡ 국가는 회계연도마다 예산의 범위에서 보험사업에 드는 비용의 일부를 지원할 수 있다.

ANSWER 7.④ 8.① 9.④

10 사회복지실천의 주요 접근법에 대한 설명으로 옳지 않은 것은?

① 인지행동 접근법은 클라이언트의 문제를 해결하기 위해 클라이언트의 인지 재구성에 초점을 두고 인지 및 행동의 수정을 위한 훈련을 강조한다.

② 강점관점은 문제중심관점과 대치되는 시각으로, 클라이언트의 강점에는 클라이언트의 개인적 요인뿐만 아니라 사회적, 환경적 요인까지 포함된다.

③ 증거기반실천은 과학적 조사연구를 평가하고 응용하여 사회복지실천의 결과를 가장 좋게 할 수 있는 실천 방법을 선택하여 적용하는 것을 의미한다.

④ 해결중심 접근법은 클라이언트의 문제에 초점을 맞춰 과거, 현재, 미래에 영향을 미치는 모든 요인들의 상호작용을 분석함으로써 문제를 해결한다.

> **ADVICE** 해결중심이론
> ㉠ 병리적인 것 대신에 건강한 것에 초점을 둔다. : 클라이언트의 실패보다는 성공의 경험 및 그 방법에 초점을 두고 치료해야 한다.
> ㉡ 클라이언트의 강점, 자원, 건강한 특성을 발견하여 치료에 활용한다. : 자원, 기술, 지식, 사회관계망, 개인적인 특성 등을 활용할 수 있도록 돕는다.
> ㉢ 탈이론적이고 비규범적이며 클라이언트의 견해를 존중한다. : 인간행동에 대한 가설적 이론의 틀에 맞추어 클라이언트를 사정, 평가하지 않고 클라이언트가 표현하는 견해와 불평 방법을 수용, 개별성을 존중한다.
> ㉣ 변화는 항상 일어나며 불가피한 것이다. 즉, 일상생활에서 변화는 있게 마련이다. : 문제가 발생하지 않는 상황, 예외적인 상황이 발생하는 이유를 파악하여 클라이언트가 갖고 있는 장점을 파악하는 것이다.
> ㉤ 현재와 미래를 지향한다. : 클라이언트를 과거와 문제로부터 멀리 하고, 미래와 해결방안을 구축하는 데 관심을 집중하도록 한다.
> ㉥ 클라이언트의 자율적인 협력을 중요시한다. : 사회복지사와 클라이언트가 함께 해결방안을 발견하고 구축하는 과정이 중요시된다.

11 서구사회의 사회복지발달과정에 대한 설명으로 옳지 않은 것은?

① 엘리자베스 구빈법은 빈민구호에 대한 국가의 책임을 인정하였으며, 빈민구호에 대한 국가 행정제도를 공식화하였다.

② 19세기 말 영국의 자선조직협회(COS)는 정부의 개입 없이 민간의 노력에 의해 빈곤 문제를 해결할 수 있다는 생각으로 다양한 민간 중심의 구빈활동을 전개하였다.

③ 인보관운동(Settlement House Movement)의 주체는 박애사상을 실천하려는 저소득 노동계층으로 빈민지역에 상주하면서 주민들의 생활 실태를 파악하고, 빈민의 생활 개선과 교육을 위해 노력하였다.

④ 1940년대 이후 약 30년에 걸친 복지국가 황금기의 주요 기반으로는 장기호황을 들 수 있다.

> **ADVICE** ③ 인보관운동은 중산층과 지식인들이 빈곤지역으로 들어가 지역의 시민들과 함께 지역사회의 문제를 해결하고자 했다.

12 잔여적 사회복지의 관점으로 옳은 것은?

① 사회복지는 사회를 유지하는 데 필수적인 기능을 수행한다.
② 현대사회에서 가족과 시장은 제 기능을 적절히 수행할 수 없는 한계가 있기 때문에 사회문제의 발생은 당연하다.
③ 사회복지는 권리가 아닌 시혜이며 수급자는 병리적인 존재이다.
④ 빈곤, 실업 등 사회문제가 발생하는 주된 원인은 사회구조적 모순에 있다.

>ADVICE ①②④ 제도적 사회복지의 관점에 대한 설명에 해당한다.

　※ 잔여적 사회복지
　　잔여적 사회복지의 개념은 공적 부조나 사회적 서비스가 가정이나 정상적인 사회구조 내의 지원과 시장을 통해 제공받을 수 없는 사람에게만 제공되어야 한다는 관점에서의 사회복지 정책적 개념을 말한다. 그러므로 잔여적 복지는 주변 사회에 욕구 충족에 필요한 자원이 부족하게 되어 어려움을 겪는 계층에게만 도움을 주어야 한다는 주장인 셈이다. 따라서 잔여적 복지의 개념은 이러한 문제를 가진 시민은 스스로 또는 주변지인과 지역사회가 최대한의 필요를 채우기 위한 노력을 기울여야 하고, 그러한 노력의 자원이 부족하게 되었을 경우에만 별도의 복지 서비스가 실시되어야 한다고 보는 보충적 관점이다.

13 사회복지급여의 유형에 대한 설명으로 옳은 것은?

① 현금급여는 현물급여에 비해 수급자의 선택권이 더 제한된다.
② 현물급여는 현금급여에 비해 정책의 목표효율성이 더 우수하다.
③ 바우처는 현물급여에 비해 수급자의 선택권이 더 제한된다.
④ 기회와 달리 권력은 사회복지급여의 유형이 아니다.

>ADVICE ① 현물급여는 현금급여에 비해 수급자의 선택권이 더 제한된다.
　③ 현물급여는 바우처에 비해 수급자의 선택권이 더 제한된다.
　④ 기회와 권력 모두 사회복지급여의 유형이다.

14 「아동학대범죄의 처벌 등에 관한 특례법」상 아동학대범죄 신고의무자에 해당하지 않는 사람은? (각 사람은 관련 법률에 따른 허가 또는 자격을 갖추고 해당 기관에 종사하는 것으로 간주함)

① 치과의사

② 작업치료사

③ 교정직 공무원

④ 성매매피해상담소 소장

>**ADVICE** 아동학대범죄 신고의무와 절차〈아동학대범죄의 처벌 등에 관한 특례법 제10조 제2항〉

다음 각 호의 어느 하나에 해당하는 사람이 직무를 수행하면서 아동학대범죄를 알게 된 경우나 그 의심이 있는 경우에는 시·도, 시·군·구 또는 수사기관에 즉시 신고하여야 한다.

㉠ 「아동복지법」에 따른 아동권리보장원 및 가정위탁지원센터의 장과 그 종사자

㉡ 아동복지시설의 장과 그 종사자(아동보호전문기관의 장과 그 종사자는 제외한다)

㉢ 「아동복지법」에 따른 아동복지전담공무원

㉣ 「가정폭력방지 및 피해자보호 등에 관한 법률」에 따른 가정폭력 관련 상담소 및 같은 법 제7조의2에 따른 가정폭력피해자 보호시설의 장과 그 종사자

㉤ 「건강가정기본법」에 따른 건강가정지원센터의 장과 그 종사자

㉥ 「다문화가족지원법」에 따른 다문화가족지원센터의 장과 그 종사자

㉦ 「사회보장급여의 이용·제공 및 수급권자 발굴에 관한 법률」에 따른 사회복지전담공무원 및 「사회복지사업법」에 따른 사회복지시설의 장과 그 종사자

㉧ 「성매매방지 및 피해자보호 등에 관한 법률」에 따른 지원시설 및 같은 법에 따른 성매매피해상담소의 장과 그 종사자

㉨ 「성폭력방지 및 피해자보호 등에 관한 법률」에 따른 성폭력피해상담소, 같은 법에 따른 성폭력피해자보호시설의 장과 그 종사자 및 같은 법에 따른 성폭력피해자통합지원센터의 장과 그 종사자

㉩ 「119구조·구급에 관한 법률」에 따른 119구급대의 대원

㉪ 「응급의료에 관한 법률」에 따른 응급의료기관등에 종사하는 응급구조사

㉫ 「영유아보육법」에 따른 육아종합지원센터의 장과 그 종사자 및 법에 따른 어린이집의 원장 등 보육교직원

㉬ 「유아교육법」에 따른 유치원의 장과 그 종사자

㉭ 아동보호전문기관의 장과 그 종사자

㉮ 「의료법」에 따른 의료기관의 장과 그 의료기관에 종사하는 의료인 및 의료기사

㉯ 「장애인복지법」에 따른 장애인복지시설의 장과 그 종사자로서 시설에서 장애아동에 대한 상담·치료·훈련 또는 요양 업무를 수행하는 사람

㉰ 「정신건강증진 및 정신질환자 복지서비스 지원에 관한 법률」에 따른 정신건강복지센터, 같은 조에 따른 정신의료기관, 같은 조 제6호에 따른 정신요양시설 및 같은 조에 따른 정신재활시설의 장과 그 종사자

㉱ 「청소년기본법」에 따른 청소년시설 및 같은 조에 따른 청소년단체의 장과 그 종사자

㉲ 「청소년 보호법」에 따른 청소년 보호·재활센터의 장과 그 종사자

㉳ 「초·중등교육법」에 따른 학교의 장과 그 종사자

㉴ 「한부모가족지원법」에 따른 한부모가족복지시설의 장과 그 종사자

㉵ 「학원의 설립·운영 및 과외교습에 관한 법률」에 따른 학원의 운영자·강사·직원 및 같은 법에 따른 교습소의 교습자·직원

㉶ 「아이돌봄 지원법」에 따른 아이돌보미

㉷ 「아동복지법」에 따른 취약계층 아동에 대한 통합서비스지원 수행인력

㉸ 「입양특례법」에 따른 입양기관의 장과 그 종사자

㉹ 「영유아보육법」에 따른 한국보육진흥원의 장과 그 종사자로서 어린이집 평가 업무를 수행하는 사람

15 리더십이론에 대한 설명으로 옳은 것만을 모두 고르면?

> ㉠ 특성이론은 효과적인 리더의 개인적 성향이나 형질을 규명하는 작업에 집중한다.
> ㉡ 관리격자이론은 사람과 일(생산)에 대해 적절히 균형을 갖는 중용형(5,5)을 가장 이상적인 리더십으로 간주한다.
> ㉢ 하우스(House)의 경로─목표이론에서는 상황을 크게 부하의 상황과 업무환경에 관련된 상황으로 구분한다.
> ㉣ 허시(Hersey)와 블랜챠드(Blanchard)의 상황이론에서는 부하가 업무능력은 없지만 업무수행 의지는 있는 경우, 참여형 리더십이 효과적이라고 주장한다.

① ㉠, ㉢
② ㉠, ㉡, ㉣
③ ㉠, ㉢, ㉣
④ ㉡, ㉢, ㉣

> ⟩ADVICE ㉡ 관리격자이론은 사람과 일(생산) 모두에 대해 높은 관심을 갖는 팀형(9,9)을 가장 이상적인 리더십으로 간주한다.
> ㉣ 허시(Hersey)와 블랜챠드(Blanchard)의 상황이론에서는 부하가 업무능력은 없지만 업무수행 의지는 있는 경우, 설득형(제시형) 리더십이 효과적이라고 주장한다.

16 사회복지전달체계의 유형 중 민간부문 전달체계의 필요성으로 옳은 것은?

① 다양한 사회복지서비스에 대한 선택의 기회 제공
② 평등과 사회적 적절성의 우선적 추구
③ 지속적이고 포괄적인 복지서비스 제공
④ 대량공급을 통한 규모의 경제 이점 실현

> ⟩ADVICE ②③④ 공공부문 전달체계의 필요성에 해당한다.
> ※ 공적 · 민간 사회복지전달체계의 비교

구분	공적 사회복지전달체계	민간 사회복지전달체계
주체	정부, 공공기관	사회복지법인, 이용 및 수용시설
재정	조세, 안정적	취약, 불안
특성	• 복잡하고 관료적 • 외부환경 변화에 둔감 • 주로 행정체계 성격	• 융통성있고 창의적 • 외부환경 변화에 민감 • 주로 집행체계 성격
장점	공공성, 지속성, 보편성, 안정성	융통성, 전문성, 신속성, 유연성, 다양성

ANSWER 14.③ 15.① 16.①

17 사회복지실천 과정에서 윤리적 갈등이 발생하는 원인에 대한 설명으로 옳지 않은 것은?

① 클라이언트체계의 다중성 – 한 가정 내에 장애아동, 학대받는 아내, 치매에 걸린 부모 등 다수의 클라이언트가 존재하고, 이들 간의 이해가 충돌했을 때 누구의 이해를 최우선으로 할 것인가에 대한 갈등

② 의무의 상충 – 학대받은 사실을 비밀로 해달라는 아동의 요청을 받았을 경우, 클라이언트의 비밀보장과 생명보호의 가치 중 어떠한 가치를 우선할 것인가에 대한 갈등

③ 결과의 모호성 – 영유아의 해외입양처럼 사회복지사의 결정에 대한 결과의 불확실성으로 인해 발생하는 갈등

④ 권력의 불균형 – 클라이언트와 사회복지사 간의 권력의 불균형으로 인해 클라이언트의 알 권리 또는 자기결정권이 침해되었을 때 발생하는 갈등

❯ADVICE ② 가치의 상충에 해당하는 설명이다. 가치의 상충은 윤리적 딜레마가 가장 빈번히 야기될 수 있는 상황으로 사회복지사가 두 개 또는 그 이상의 경쟁적 가치와 직면했을 때 윤리적 딜레마에 빠지게 된다.

18 「장애인연금법」의 내용으로 옳은 것은?

① 장애인연금 수급권자의 연령은 20세 이상이다.
② 장애인연금의 종류에는 기초급여와 부가급여가 있다.
③ 보건복지부장관이 선정기준액을 정할 때에는 18세 이상의 중증장애인 중 수급자가 100분의 80 수준이 되도록 한다.
④ 「군인연금법」상 퇴역연금을 받을 자격이 있는 사람에게 장애인연금을 지급한다.

❯ADVICE ① 수급권자는 18세 이상의 중증장애인으로서 소득인정액이 그 중증장애인의 소득·재산·생활수준과 물가상승률 등을 고려하여 보건복지부장관이 정하여 고시하는 금액 이하인 사람으로 한다〈장애인연금법 제4조 제1항〉.
③ 보건복지부장관은 선정기준액을 정하는 경우에 18세 이상의 중증장애인 중 수급자가 100분의 70 수준이 되도록 한다〈장애인연금법 제4조 제2항〉.
④ 군인연금법에 따른 퇴역연금, 퇴역연금일시금, 퇴역연금공제일시금, 퇴역유족연금, 퇴역유족연금일시금 또는 군인 재해보상법에 따른 상이연금, 상이유족연금, 순직유족연금, 순직유족연금일시금을 받을 자격이 있는 사람에게는 지급하지 아니한다〈장애인연금법 제4조 제3항 제2호〉.

19 소득보장정책에 대한 설명으로 옳은 것은?

① 사회보험은 급여액이 수급자가 낸 사회보험료에 비례하므로 재분배기능이 없다.
② 국민기초생활보장제도는 수급자 특성에 따라 맞춤형급여를 제공하므로 재분배기능이 약하다.
③ 아동수당은 비기여 – 비자산조사 프로그램에 해당한다.
④ 국민연금은 비기여 – 비자산조사 프로그램에 해당한다.

>**ADVICE** ① 사회보험은 소득재분배효과가 낮지만 재분배기능이 있다.
　　　② 국민기초생활보장제도는 수급자 특성에 따라 맞춤형급여를 제공하므로 재분배기능이 강하다.
　　　④ 국민연금은 기여–비소득 · 비자산조사 프로그램에 해당한다.

20 모성보호와 자녀 돌봄 지원에 대한 내용으로 옳지 않은 것은?

① 어린이집 또는 유치원을 이용하지 않는 만 60개월 아동은 양육수당 지원 대상이 된다.
② 임신 중인 여성 근로자가 90일의 출산전후휴가를 부여받은 경우, 휴가 기간은 출산 후 45일 이상 확보되어야 한다.
③ 만 8세 이하의 자녀를 양육하기 위해 사업주로부터 육아휴직을 허용 받은 근로자는 자녀 1명당 최대 1년간 휴직할 수 있다.
④ 소득에 관계없이 만 8세 이하의 아동을 둔 가정은 아동수당을 지급받는다.

>**ADVICE** ④ 아동수당은 8세 미만의 아동에게 매월 10만 원을 지급한다〈아동수당법 제4조 제1항〉.

1 윌렌스키(Wilensky)와 르보(Lebeaux)가 제시한 사회복지의 제도적 개념과 잔여적 개념에 대한 설명으로 옳지 않은 것은?

① 잔여적 개념으로서의 사회복지는 자선, 사후 치료적 서비스를 통해 문제를 해결하려는 경향이 강하다.
② 제도적 개념으로서의 사회복지는 사회제도의 기능을 임시로 보충하는 것을 의미한다.
③ 제도적 개념으로서의 사회복지는 가족과 시장경제가 제 기능을 수행하는 것이 불가능하기 때문에 사회를 유지하기 위해 독특하고 필수적인 기능을 수행하는 것을 의미한다.
④ 잔여적 개념으로서의 사회복지는 사회복지제도를 사회의 유지 및 발전에 필수적인 사회제도로 간주하지 않는다.

>ADVICE • 윌렌스키(Wilensky)와 르보(Lebeaux)의 사회복지 모형 : 잔여적 모형 / 제도적 모형
  -잔여적 모형(개념) : 문제 원인은 (비정상적 · 병리적으로 부적응)개인 책임. 개입은 사후적 · 치료적 차원으로, 가족이나 시장이 정상적 기능 수행을 하지 못할 때 사회복지가 일시적으로 보완적(보충적) 기능을 담당하며, 단기적 성격이 강함. 사회복지는 사회 유지 · 발전에 필수적인 사회제도로 간주하지 않음. 선별주의 가치
  -제도적 모형(개념) : 문제 원인은 사회구조의 책임. 개입은 사전적 차원으로, 긴급함이나 비정상적인 문제에 국한되지 않는 광범위한 제도나 정책 수립으로 예방적 · 조직적 · 계획적으로 국가의 적극적인 개입과 대처로 복지가 구현되도록 하여 장기적 성격이 강함. 현대사회는 가족과 시장경제 제도가 평상시에도 제 기능을 수행하기 힘든 관계로 사회 유지 · 발전을 위해 사회복지는 필수적인 기능을 수행할 수밖에 없다고 봄. 보편주의 가치
  ② 잔여적 모형(개념)으로서의 사회복지는 사회제도의 기능을 임시로 보완(보충)하는 것을 의미한다.

2 사회복지 역사에 대한 설명으로 옳은 것은?

① 엘리자베스 구빈법은 구호대상자를 노동능력에 따라 구분하였는데 노동능력이 없는 빈민은 구빈원에 수용하였다.

② 인보관운동은 구호의 중복을 피하는 한편 우애방문원을 파견하여 클라이언트에게 적절한 원조를 제공하였다.

③ 비스마르크의 3대 사회보험 중 가장 먼저 제정된 것은 산업재해보험(Unfallversicherung)이다.

④ 1980년대 이후 신자유주의의 영향으로 복지제도가 근로연계복지(workfare)에서 공공급여를 중심으로 하는 복지서비스로 재편되었다.

> **ADVICE** ① 영국 엘리자베스 구빈법(1601) : 빈민구제를 정부책임으로 인식하고, 빈곤자에 대한 부조의 재원은 조세를 통해 운영하며, 노동능력에 따라 빈민(구호대상자)을 구분하여 대처했다. 노동능력이 있는 빈민은 교정원, 작업장에 수용하여 노동을 하게 하고 자선 금지, 이주 제한을 두었다. 노동능력이 없는 빈민은 구빈원에 수용하여 보호함을 원칙으로 하고, 거주할 집이 있으면 원외구제를 병행했다.
> ② 영국 사회개혁 중 자선조직협회(COS, Charity Organization Society)와 인보관운동(Settlement House Movement) : COS는 19C말 산업혁명 이후 빈민들에 대한 서비스의 효과적인 제공을 위해 1869년 창설되어 우애방문활동을 원칙으로 했다. 가정방문, 면접, 사례연구 등을 통한 인도주의적 사회개혁과 연계된 민간사회복지, 사회복지조사 활동의 뿌리가 되었다. 인보관운동은 중상류층과 대학생들이 주축이 되어 최초의 인보관인 런던의 토인비 홀(1884)을 설립, 빈민지구를 실제로 조사하고 생활실태를 파악하여 구제의 필요가 있는 빈민을 원조하는 활동과 교육을 통한 빈민의 인간적인 성장을 돕는 등 현재의 민간사회복지관 활동의 출발점이라고 할 수 있다.
> ③ 독일 비스마르크의 3대 사회보험 정책 : 질병보험(의료보험법, 1883. 세계 최초의 사회보험) / 노동재해보험(산업재해보험법, 1884) / 노령폐질보험(노령연금, 1889)
> ④ 신자유주의의 복지제도 : 대표적인 신자유주의 상징인 대처 정부의 사회보장개혁(파울러 개혁)에서 사회보장은 국가의 책임만이 아닌 개인과 국가의 제휴에 의해서 이루어져야 함을 강조하고, 복지제공의 국가책임을 축소하고 민영화를 촉진했다. 우리나라도 신자유주의 복지제도 일환으로 노동력이 있는 경우 노동의무를 부과하고 공공부조를 받으려면 직업훈련을 받도록 하는 근로연계복지를 우선하고 있다.

ANSWER 1.② 2.①

3 집단사회복지실천단계를 준비단계, 초기단계, 중간단계, 종결단계로 구분할 때 초기단계에서 행하는 사회복지사의 역할로 옳은 것만을 모두 고르면?

> ㉠ 집단구성원의 선발절차를 정한다.
> ㉡ 각 구성원들이 집단에서 성취하고자 하는 개인적 목표를 설정하도록 돕는다.
> ㉢ 집단구성원의 저항과 갈등을 적극적으로 다룬다.
> ㉣ 집단규칙, 참여자의 역할에 대해 설명하고 안내한다.

① ㉠, ㉢   ② ㉡, ㉣
③ ㉠, ㉡, ㉣   ④ ㉡, ㉢, ㉣

》ADVICE • 준비단계(집단형성 계획단계) : 집단의 목적 설정, 잠재적 집단성원 모집 · 선발 · 사정, 집단구성(집단 크기, 동질성 · 이질성, 개방형 집단 · 폐쇄형 집단), 집단 지속기간 및 모임 빈도와 장소 결정
              • 초기단계 : 집단 목적 및 기관 설명, 집단성원 소개, 집단목적 명확화하기, 집단 참여에 대한 동기부여(개인적 목표 설정), 계약(집단규칙, 참여자 역할 안내, 상호간의 기대, 의무, 책임 등), 집단과정 사정(개별성원의 특성, 대인관계, 환경, 행동패턴과 인식패턴 사정, 전체집단 사정)
              • 중간단계 : 집단성원의 내적 변화 파악을 위한 개별상담, 집단성원의 참여 및 역동 촉진을 위한 집단의 목적 상기시키기, 저항적인 성원 독려, 집단 진행과정 점검 및 평가(모니터링), 하위집단의 의사소통과 상호작용 빈도 평가
              • 종결단계 : 집단활동 평가, 종결 통보 및 종결에 따른 감정적 반응 다루기, 집단에 대한 의존성 감소시키기, 집단성원의 변화유지 능력 확인 및 변화 결과를 생활영역으로 일반화, 미래 계획 수립, 다른 자원에 클라이언트 의뢰
              ㉠ 집단구성원의 선발절차 정하기는 준비단계의 사회복지사 역할이다.
              ㉢ 집단구성원의 저항과 갈등 다루기는 중간단계의 사회복지사 역할이다.

4 지역복지 관련 변화를 시기가 이른 것부터 바르게 나열한 것은?

> ㈎ 희망복지지원단 설치
> ㈏ 읍 · 면 · 동 복지허브화 실시
> ㈐ 지역사회 통합돌봄 선도사업 실시
> ㈑ 행복e음 개통

① ㈎ → ㈏ → ㈐ → ㈑   ② ㈐ → ㈏ → ㈑ → ㈎
③ ㈑ → ㈏ → ㈎ → ㈐   ④ ㈑ → ㈎ → ㈏ → ㈐

ADVICE (가) 희망복지지원단 설치(2012) : 사례관리 전담 조직. 특정대상을 위한 직접적 서비스 및 지역사회실천에서의 서비스를 결합한 것. 지역 내 민간기관과의 연계 기반으로 공공전달체계 중 한 체계. 주요업무는 통합사례관리, 자원관리, 지역보호체계 운영, 읍면동 복지업무 지원 관리
(나) 읍·면·동 복지허브화 실시(2013) : 찾아가는 복지서비스 활성화(거동이 불편한 노인·장애인 대상 집중방문 및 상담 등 모니터링), 통합서비스 지원(대상자별 욕구에 부응한 맞춤형 서비스 제공 시 통합사례관리), 민간조직과 자원 적극 활용
(다) 지역사회 통합돌봄 선도사업 실시(2019) : 지역주민의 욕구에 맞는 필요한 다양한 서비스를 통합적으로 누릴 수 있도록 지원하는 서비스. 주거, 보건의료, 요양, 돌봄 등 서비스를 제공하는 민관 협력 전달체계
(라) 행복e음 개통(2010) : 사회보장정보시스템. 각종 사회보장급여 및 서비스 지원 대상자의 자격 및 이력에 관한 정보를 통합 관리하고 국가기관, 지방자치단체, 공공기관의 업무 처리를 지원하는 시스템. 신청 및 접수를 받고 접수 대상자에 대해 금융기관 등 자산 조사를 통해 지원 여부를 결정하고, 해당되면 급여 지급과 사례관리 등 부가적 업무 수행. 기초생활보장, 기초연금, 보육, 한부모, 임대주택, 대학장학금 등에 대한 대상자 선정 및 관리, 지원 등 종합적인 복지 서비스 제공

5 '제3의 길'이 지향하는 '사회투자국가'의 특징으로 옳은 것만을 모두 고르면?

> ㉠ 기회의 평등보다는 결과의 평등을 중시한다.
> ㉡ 인적자본에 대한 투자와 교육을 강조한다.
> ㉢ 경제정책과 사회정책의 통합성을 강조하지만 사회정책을 경제정책보다 우선한다.
> ㉣ 시민은 노동을 통해 스스로 자신을 부양할 것을 강조한다.

① ㉠, ㉢   ② ㉡, ㉣
③ ㉠, ㉡, ㉣   ④ ㉡, ㉢, ㉣

ADVICE • 제3의 길 : 1998년 영국의 앤서니 기든스(Anthony Giddens)의 저서〈제3의 길—사회민주주의 부활(The Third Way : The Renewal of Social Democracy)〉에서 주장한 사회투자론. 사회주의 경직성과 자본주의의 불평등을 극복하려는 새로운 이념 모델로 영국의 토니 블레어 총리와 독일의 게르하르트 슈뢰더 총리 등의 정책 이념의 이론적 배경이 되었다. 사회투자정책은 인적자본과 사회자본에 대한 투자확대로 시민들의 경제활동 참여 기회를 극대화하고 노동을 통해 스스로 자신을 부양할 것을 강조하며, 빈곤예방과 기회의 평등을 제공하여 경제 발전과 사회 발전을 동시에 추구하는 정책이다. 경제정책과 사회정책의 통합성을 강조하지만, 경제정책을 우선한다.
㉠ 기회의 평등을 중시한다.
㉢ 경제정책을 우선한다.

ANSWER 3.② 4.④ 5.②

6 지역사회 복지욕구조사를 위한 자료수집방법에 대한 설명으로 옳지 않은 것은?

① 초점집단인터뷰는 지역사회문제와 관련된 소규모 사람들이 한 공간에서 자유롭게 의견을 제시하게 하는 방법이다.

② 델파이기법은 지역사회문제와 관련한 전문가들을 대상으로 익명적으로 의견을 수렴하고 견해의 합치를 이끌어내기 위해 설문의 과정을 반복하는 방법이다.

③ 서베이는 지역사회구성원을 대상으로 설문지를 작성하여 우편이나 이메일, 직접 면접조사방법 등을 통하여 자료를 수집하는 방법이다.

④ 사회지표분석은 지역사회를 대표하는 사람들을 초대하여 지역사회문제에 대한 설명을 요청하고 이에 대한 의견을 나누는 방법이다.

>**ADVICE** • 자료수집방법 : 1차적 자료수집방법 / 2차적 자료수집방법
　　　　　-1차적 자료수집방법 : 면접조사법(표준화면접=구조화된 면접, 비표준화면접=비구조화된 면접, 초점집단면접=표적집단면접, 패널조사, 델파이기법, 전화조사, 우편조사, 온라인조사), 관찰법, 체험법
　　　　　-2차적 자료수집방법 : 사회지표분석, 내용분석법
　　　　④ 사회지표분석 : 지역사회의 사회적, 경제적, 인구학적 특성(사회지표)에 근거하여 지역사회 욕구를 추정하고 분석하는 방법. 사회지표는 인구조사자료, 사회복지, 교육, 교통 등에 관한 공적 통계 또는 사회조사를 통해서 얻을 수 있음. 내용분석법은 문서화된 매체를 중심으로 연구대상에 필요한 자료를 수집하는 방법. 지역사회를 대표하는 사람들을 초대하여 지역사회문제에 대한 설명을 요청하고 이에 대한 의견을 나누는 방법은 지역사회 공개토론회임
　　　　① 초점집단인터뷰 : 집단을 활용한 욕구조사로 직접적 자료수집방법. 지역사회문제나 관심, 욕구를 잘 나타낼 대표를 선출(추출)하여 초점집단을 형성한 후 한 공간에서 활발한 토의와 상호작용을 의도적으로 강조하는 방법. 내용타당도를 높이는 목적으로 사용될 수 있고, 자료수집 과정에서 연구자의 주관적 개입이 가능함
　　　　② 델파이기법 : 지역사회문제와 관련한 전문가들을 대상으로 직접적 대면관계 없이 익명적으로 의견을 수렴하고 견해의 합치를 이끌어 내기 위해 설문의 과정을 반복하는 방법. 익명성 보장에 따른 자유로운 의견 제시 및 수정할 수 있고, 피드백에 의한 반복적 과정을 통한 아이디어 오류 방지, 특정 응답자의 의견으로 쏠림 현상을 방지할 수 있다는 것이 유용함
　　　　③ 서베이 : 일정한 수의 표본을 채취하여 설문지(질문지)와 같은 표준화된 도구를 이용해 조사를 수행하는 것으로, 조사방법은 주제와 관련된 질문에 응답자(지역사회구성원)가 답하는 면접조사, 전화조사, 우편조사, 온라인조사 등이 있음

7 「아동복지법」상 국가와 지방자치단체의 책무로 옳지 않은 것은?

① 아동의 안전·건강 및 복지 증진을 위하여 아동과 그 보호자 및 가정을 지원하기 위한 정책을 수립·시행하여야 한다.

② 「아동의 권리에 관한 협약」에서 규정한 아동의 권리 및 복지 증진 등을 위하여 필요한 시책을 수립·시행하고, 이에 필요한 교육과 홍보를 하여야 한다.

③ 아동을 가정에서 분리하여 보호할 경우에는 신속히 사회로 복귀할 수 있도록 지원하여야 한다.

④ 아동의 보호자가 아동을 행복하고 안전하게 양육하기 위하여 필요한 교육을 지원하여야 한다.

)ADVICE • 국가와 지방자치단체의 책무〈아동복지법 제4조〉

−아동의 안전·건강 및 복지 증진을 위하여 아동과 그 보호자 및 가정을 지원하기 위한 정책 수립·시행〈제1항〉

−보호대상아동 및 지원대상아동의 권익을 증진하기 위한 정책 수립·시행〈제2항〉

−아동이 태어난 가정에서 성장할 수 있도록 지원하고, 아동이 태어난 가정에서 성장할 수 없을 때에는 가정과 유사한 환경에서 성장할 수 있도록 조치하며, 아동을 가정에서 분리하여 보호할 경우에는 신속히 가정으로 복귀할 수 있도록 지원〈제3항〉

−장애아동의 권익을 보호하기 위하여 필요한 시책 강구〈제4항〉

−아동이 자신 또는 부모의 성별, 연령, 종교, 사회적 신분, 재산, 장애유무, 출생지역 또는 인종 등에 따른 어떠한 종류의 차별도 받지 아니하도록 필요한 시책 강구〈제5항〉

−「아동의 권리에 관한 협약」에서 규정한 아동의 권리 및 복지 증진 등을 위하여 필요한 시책을 수립·시행하고, 이에 필요한 교육과 홍보〈제6항〉

−아동의 보호자가 아동을 행복하고 안전하게 양육하기 위하여 필요한 교육 지원〈제7항〉

③ 아동을 가정에서 분리하여 보호할 경우에는 신속히 가정으로 복귀할 수 있도록 지원하여야 한다. 사회 복귀가 아니라 가정으로 복귀할 수 있도록 지원하여야 함〈법 제4조 제3항〉.

8 가족문제를 바라보는 이론에 대한 설명으로 옳지 않은 것은?

① 구조기능주의이론은 가족을 개인과 사회를 중재하는 적응력 있는 단위로 본다.
② 갈등이론은 가족 내 이해관계, 자원의 불평등에 초점을 둔다.
③ 상호작용이론은 가족에 대한 해석 혹은 가치판단을 가족문제의 원인으로 본다.
④ 사회구성주의이론은 남편이 생계를 책임지고 부인은 가사를 책임지는 역할분담을 벗어나는 가족의 상태를 병리적인 가족해체라고 본다.

>ADVICE ④ 사회구성주의이론은 누구도 객관적 실체를 알 수 없다는 구성주의에서 출발한다. 개인이 경험하는 실재는 사회적, 언어적으로 구성된다고 보고, 가족문제 해결 과정에서 개인이 가족과 관계를 어떻게 경험하는지를 파악하는 것을 중시한다. 가족치료의 하나인 이야기 치료의 기반이 되는 이론으로 언어적 측면, 내담자와 치료자와의 협력관계, 문제가 아닌 해결 중점, 내담자 강점을 중시한다.

* 구조기능주의이론가인 파슨스(Parsons)는 가족의 기능을 성(Gender)과 연령에 따라 구분하여 각각의 역할을 강조하여, 남성은 공적 영역인 일터에서 임금노동(생계)을 책임지고, 여성은 사적 영역인 가정에서 출산과 양육, 가사를 수행하는 분업이 이루어진다고 본다. 이러한 분업화된 역할 수행은 전통적 핵가족만이 정상적인 가족으로 인식하고, 여성의 노동시장 참여를 역기능적이라고 여긴다.

① 구조기능주의이론 : 가족이 개인과 사회에 대해 어떤 기능을 하며, 사회와 어떤 관련이 있는지를 설명해주는 이론이다. 가족은 사회에서 생존하기 위해 특정 기능을 수행해야 한다고 전제하고 가족의 역동성과 상호작용을 분석하는 데 유용한 개념 틀을 제공함.

② 갈등이론 : 인간의 속성과 자원의 제한성(불평등)으로 인해 갈등은 피할 수 없는 것으로 보고, 가족 내 권력(이해관계)과 제한된 자원의 불평등으로 인한 갈등을 생산적으로 관리하고 대처할 때 가족통합이 된다고 본다.

③ 상징적 상호작용이론 : 가족구성원 간 상호작용하면서 자아개념, 정체성, 역할, 의사소통 등 가족현상의 내적 과정에 초점을 둔다. 가족구성원 간 동일한 언어적·비언어적 행동이나 사건, 역할 등은 상황에 대한 해석이나 상호작용에 따라 달라진다고 보고, 가족 내 상호작용 방식에 대해 설명한다.

9 핀커스(Pincus)와 미나한(Minahan)이 제시한 '체계들'에 대한 예로 옳지 않은 것은?

① 변화매개체계 : 비행청소년 A 군을 정신건강복지센터에 의뢰한 법원
② 클라이언트체계 : 학교사회복지사의 도움을 필요로 하는 B 양
③ 표적체계 : A 군의 문제해결을 위해 변화되어야 할 아버지
④ 행동체계 : B 양의 문제해결에 격려와 지지를 줄 수 있는 단짝친구들

>ADVICE • 핀커스와 미나한의 4체계 모델 : 사회복지실천을 개인과 환경, 미시체계와 거시체계 등 이분법적으로 구분하여 별개의 것으로 다루어 오던 것을 사회복지실천에 공통적이고 핵심적인 개념, 기술, 과업 요인이 상호관련성이 있다고 하는 접근 방식

– 변화매개체계 : 사회복지사와 사회복지사 고용 기관이나 조직
– 클라이언트체계 : 사회복지사의 서비스를 제공받은 개인, 가족, 집단, 기관, 지역사회 – 서비스나 도움을 요청한 사람들로 변화매개체계의 서비스를 제공받음
– 표적체계 : 문제해결을 위해 영향을 주거나 변화시켜야 할 사람들
– 행동체계 : 표적체계에 영향을 주기 위해 함께 하는 사람들로 가족, 친구, 이웃, 전문가, 자원봉사자, 후원자 등
① 변화매개체계는 사회복지사와 사회복지사 고용 기관이나 조직을 말한다.

10 해결중심모델기술에 대한 예로 옳은 것만을 모두 고르면?

> ㉠ 예외질문 – "딸의 가출 횟수가 지금보다 조금이라도 줄었을 때는 언제였나요?"
> ㉡ 관계성질문 – "장기간 경제적 어려움과 건강악화가 계속되었는데 지금까지 어떻게 견딜 수 있으셨나요?"
> ㉢ 척도질문 – "내방하기 전을 0점이라고 하고 당신이 염려하는 문제가 해결된 상태를 10점으로 한다면 지금은 몇 점입니까?"
> ㉣ 대처질문 – "뭐가 달라지면 오늘 복지관에 와서 상담하기를 잘했구나 하는 생각이 드실까요?"

① ㉠, ㉢
② ㉡, ㉣
③ ㉠, ㉡, ㉢
④ ㉡, ㉢, ㉣

>ADVICE • 해결중심모델은 포스트모더니즘과 사회구성주의이론의 영향을 받아 이론이나 규범을 벗어나 내담자 중심, 내담자의 강점과 예외상황에 주시하여 문제가 아닌 해결 중심, 과거보다 현재와 미래에 초점을 둔다. 내담자 지향적 접근으로 상담자는 자문가 역할로 치료 목적은 내담자가 원하는 것에 있다.
> • 개입기술로는 면담 전 변화에 관한 질문, 예외질문, 척도질문, 대처질문, 관계성질문, 기적질문, 보람질문, 악몽질문, 간접적 칭찬 등이 있다.
> ㉠ 예외질문 : 일상생활에서 잘 하고 있지만 의식하지 못한 것을 발견하도록 하고 성공했던 행동을 강화시키는 질문. 생활 중에 중요한 예외를 찾아내 그것을 강조하는 기법
> ㉡ 관계성질문 : 내담자와 중요한 관계에 있는 가족, 친구 등이 가지고 있는 생각이나 의견에 관한 질문. 예문은 대처질문에 해당함
> ㉢ 척도질문 : 내담자 자신 문제의 심각성 정도나 변화 의지 또는 확신 정도, 성취 정도 등을 주관적인 평가를 내리게 하고, 이를 0부터 10까지의 척도로 평정하도록 하는 질문
> ㉣ 대처질문 : 내담자에게 어려운 상황을 해결할 수 있는 것은 자신이 성공했다는 감정을 가지도록 하는 질문. 예문은 간접적 칭찬에 해당함

✎ **ANSWER** 8.④ 9.① 10.①

11 베버리지(W. Beveridge)가 강조한 사회보험이 성공하기 위한 전제조건이 아닌 것은?

① 실업수당으로 인한 재정손실을 감안한 완전고용
② 가족의 크기와 소득을 고려하여 결정하는 가족수당
③ 보편주의 원칙 하의 비정액기여제와 최저수준의 선별급여제
④ 치료와 예방을 포괄적으로 제공하는 보건서비스

> **ADVICE** • 영국의 사회복지정책에서 빈민법 보고서(빈민법위원회, 1909)에 이은 베버리지 보고서(사회보험 및 관련사업 부처 연락
> 위원회, 1942)를 통해 가족수당법, 산업재해법, 국민보건서비스법 등이 제정되고 국민보험법이 보완됨
> • 베버리지 보고서는 이전의 공공부조와 산발적인 사회보험제도의 한계를 극복하고자 포괄적이고 통합적인 사회보험시스템
> 을 담아냄
> • 문제 진단(5대 악) : 빈곤, 질병, 무지, 불결, 나태를 영국 사회의 5대 악으로 규정
> • 사회보험 성공을 위한 3대 전제 : 완전고용, 포괄적 보건서비스, 가족수당(아동수당)
> • 사회보험 운영 6대 기본 원칙 : 균일급여 원칙, 균일갹출 원칙, 관리 · 운영통합 원칙, 급여 적절성 원칙, 적용범위 포괄
> 성 원칙, 대상 분류화 원칙

12 사회복지실천을 위한 면접에서 폐쇄질문보다 개방질문이 더 적절한 경우는?

① 제한된 시간 동안 사실이나 자세한 정보를 파악하고자 할 때
② 비자발적인 클라이언트로부터 사실 관계에 관한 정보를 얻고자 할 때
③ 클라이언트의 자유로운 의사 표현을 격려하고자 할 때
④ 면담 마무리 단계에서 면담 내용을 요약하고 사실이나 구체적인 내용을 명료화하고자 할 때

> **ADVICE** • 사회복지실천에서의 상담기술로 상담을 위한 사전준비기술, 경청기술, 표현기술, 면접기술(질문기술) 등이 필요하다.
> – 질문기술 종류로 개방적 질문, 폐쇄적 질문, '무엇' 질문 등이 있으며, 피해야 할 질문으로 유도질문, 모호한 질문, 이중
> 질문, '왜' 질문 등이 있다.
> – 개방적 질문 : 클라이언트가 자신이 말하고 싶을 때 자신의 감정과 생각을 표현할 수 있는 선택의 자유를 허용한다. 초
> 기면담에 유용하다. 클라이언트에게 선택의 자유를 주고 자신의 생각, 감정 등을 자유롭게 표현하게 하여 충분한 정보
> 를 수집할 수 있다.
> – 폐쇄적 질문 : 내담자가 예, 아니오로 답하거나 몇 마디로 간단하게 반응하는 것으로 클라이언트의 대답 범위를 제한한
> 다. 제한된 시간, 제약된 상황에서 사실이나 자세한 정보를 얻고자 할 때, 자신감이 결여된 비자발적인 클라이언트로부
> 터 사실 관계의 정보 수집에 유용하며, 초기면담보다는 마무리 단계에서 중요 정보를 정리하거나 구체적인 내용을 명료
> 화할 때 유용하다.

13 영국 사회복지발달사에 중요한 영향을 준 법률을 제정 순서대로 바르게 나열한 것은?

> ㈎ 정주법
> ㈏ 길버트법
> ㈐ 작업장법
> ㈑ 개정구빈법
> ㈒ 스핀햄랜드법

① ㈎ → ㈐ → ㈏ → ㈒ → ㈑
② ㈎ → ㈐ → ㈑ → ㈏ → ㈒
③ ㈐ → ㈏ → ㈎ → ㈒ → ㈑
④ ㈐ → ㈑ → ㈎ → ㈒ → ㈏

> **ADVICE** • 영국의 사회복지 발달과정
> - 엘리자베스 구빈법(1601) : 빈민 대책을 위한 대상자 선정 기준을 법제화. 구빈세 등 공공부조의 효시
> - 정주법(1662) : 거주지 제한 및 이주금지
> - 작업장법(1723) : 노동능력 있는 빈민 고용을 법제화하여 노동을 통한 근로의욕 고취
> - 길버트법(1782) : 열악한 작업장과 빈민 착취 개선 목적
> - 스핀햄랜드법(1795) : 한 가정의 생계에 필요한 음식비에 기초해서 구호의 양을 결정
> - 공장법(1833) : 아동노동복지법. 9세 미만 아동의 고용 금지 및 9~13세 아동의 노동시간 제한
> - 개정구빈법(1834) : 신빈민법 또는 신구빈법이라고 부름. 빈곤을 사회적 문제가 아닌 개인적 문제로 보고, 열등처우 원칙, 작업장 제도 원칙, 전국 통일 원칙을 표방
> - 국민보호법(1911) : 건강보험, 실업보험
> - 베버리지 보고서(1942) 관련 법 : 국민최저선 달성을 위한 강제적인 사회보험 강조. 가족수당법(1945), 국민보건서비스법(1946), 국민보험법(1946), 산업재해법(1946), 국민부조법(1948), 아동법(1948)
> • 5대 악 - 빈곤, 질병, 무지, 불결, 나태
> • 5대 악 해결방안 : 빈곤-소득보장(연금), 질병-의료보장, 무지-교육보장(의무교육), 불결-주택보장(주택정책), 나태-고용보장(직업·노동정책)
> • 사회보험 3대 원리 : 포괄성 원리, 평등성 원리, 국민 최저수준 원리
> • 사회보험 6대 원칙 : 균일급여 원칙, 균일갹출 원칙, 관리·운영통합 원칙, 급여 적절성 원칙, 적용범위 포괄성 원칙, 대상 분류화 원칙
> • 사회보험(사회보장) 3대 전제조건 : 완전고용, 포괄적 보건 서비스, 아동수당(가족수당)
> ① ㈎ 정주법(1662)-㈐ 작업장법(1723)-㈏ 길버트법(1782)-㈒ 스핀햄랜드법(1795)-㈑ 개정구빈법(1834)

14 사회복지프로그램 평가에 대한 설명으로 옳지 않은 것은?

① 총괄(summative)평가는 사회복지프로그램 존속 여부와 성공 여부를 결정하는 평가방식이다.

② 형성(formative)평가는 프로그램 계획과정이나 실행 중에 수행되는 평가방식이다.

③ 목표달성(goal attainment)평가는 평가하고자 하는 프로그램이 목표를 얼마나 달성했는가를 알아보는 평가 방식이다.

④ 비용효과분석(cost-effectiveness analysis)평가는 프로그램에 들어가는 비용뿐만 아니라 프로그램의 성과 도 화폐적 가치로 환산하는 평가방식이다.

> ADVICE ④ 비용효과분석평가 : 효과성평가로서 프로그램에 소요된 비용을 분석하는 평가로, 비용성평가라고도 한다. 성과를 화폐적 가치로 환산하거나 계량화하지 않는다.

　① 총괄평가 : 프로그램이 달성하고자 한 목표 달성 여부를 평가하는 것으로, 프로그램의 결과나 효과 평가에 초점이 있다.

　② 형성평가 : 프로그램의 실행 과정 중에 실시되는 평가로, 프로그램의 문제점을 관찰하여 수정하거나 개선하는 데 도움 이 되는 정보 제공 목적이다.

　③ 목표달성평가 : 프로그램의 목표 달성 정도를 알아보는 평가방식이다.

15 정신건강사회복지에 대한 설명으로 옳지 않은 것은?

① 정신건강사회복지란 정신건강증진을 통해 삶의 질을 향상할 뿐만 아니라 정신적으로 건강한 지역사회를 위 한 제반 서비스를 제공하는 것이다.

② 정신건강사회복지의 1차적 대상은 정신적·정서적 장애를 가지고 있는 클라이언트들을 말하며, 가족은 1차 적인 대상에 포함되지 않는다.

③ 정신건강사회복지에서의 클라이언트는 서비스를 받는 대상임과 동시에 서비스를 행하는 주체로 볼 수 있다.

④ 정신건강사회복지의 개입방법은 개별 수준의 사회복지실천 방법뿐 아니라 집단, 가족, 지역사회 개입 등 통 합적인 사회복지실천 방법을 적용하여 개입한다.

> ADVICE ② 정신건강사회복지의 1차적인 대상은 정서적, 정신적 장애를 가진 클라이언트와 그 가족이다.

16 가족 대상 사회복지실천에 대한 설명으로 옳은 것만을 모두 고르면?

⊙ 개인의 문제를 해결하기 위해서 가족 단위의 개입이 시행될 수 있다.
ⓒ 사회복지사는 전문적 권위를 가지면서도 가족과의 파트너십과 협력을 중요하게 고려한다.
ⓒ 가족조각은 공간 속에서 가족구성원들의 몸을 이용해 가족의 상호작용 양상을 시각적으로 표현하는 것이다.
ⓔ 탈삼각화기법은 아내가 자신에게서 멀어지는 남편을 대신하여 딸이 자신을 편들도록 할 때, 딸을 끌어들이지 않고 당사자끼리 갈등을 해결할 수 있도록 함으로써 딸이 부모의 갈등에서 자유로울 수 있게 하는 기법이다.
---

① ⊙, ⓒ

② ⊙, ⓒ, ⓔ

③ ⓒ, ⓒ, ⓔ

④ ⊙, ⓒ, ⓒ, ⓔ

ADVICE ⊙ 개인 문제 해결을 위해서 가족 단위의 개입이 시행될 수 있다.
　　　ⓒ 사회복지사는 전문적 권위를 가지면서도 가족과의 파트너십과 협력을 중요하게 고려하고, 초기단계 관계형성기법이나 중간과정의 개입기법으로 사회복지사는 가족이 있는 곳에 합류할 필요가 있다.
　　　ⓒ 가족사정 도구로 가계도, 생태도, 가족조각기법 등이 있다. 가족조각은 공간 속에서 가족구성원들의 몸을 이용해 가족의 상호작용 양상을 시각적으로 표현하는 것이다.
　　　ⓔ 중간과정의 개입기법에서 보웬의 다세대 가족상담 치료기법 중 하나인 탈삼각화기법은 융합된 두 사람의 관계는 거리를 두게 하고, 거리가 먼 두 사람의 관계는 다가가도록 하여 균형감 있는 분화관계로 바꾸는 기법이다.

---

17 사회복지시설 및 기관에 대한 평가제도에 대한 설명으로 옳지 않은 것은?

① 사회복지기관의 조직관리, 인사관리, 프로그램관리, 재정관리 등 사회복지 전반의 실천적 노력을 증대시켰다.
② 1997년에 「사회복지사업법」을 개정하여 1998년 사회보장정보원이 평가를 실시하였다.
③ 사회복지기관 운영의 책임성, 효과성, 효율성을 높일 수 있다는 관점에서 사회복지행정의 중요성을 증대시켰다.
④ 사회복지시설의 평가 목적은 투명성과 서비스의 질 향상을 통한 국민의 복지 수준 향상에 기여하는 것이다.

ADVICE ② 사회보장정보원의 설립 근거는 사회보장급여의 이용·제공 및 수급권자 발굴에 관한 법률이다. 보건복지분야 정보시스템 통합 운영·관리, 사회·보육서비스사업의 통합 관리, 보건복지분야 정보화 지원 등이 주요 업무이다.
　　　• 사회서비스원 : 사회복지시설평가. 법적 근거는 사회복지사업법 제43조의2(시설의 평가), 사회서비스 지원 및 사회서비스원 설립·운영에 관한 법률 제32조(중앙사회서비스원의 업무)에 사회서비스 품질향상을 위한 지원·관리 및 평가 등에 관한 사무

 ANSWER 14.④ 15.② 16.④ 17.②

18 사회복지의 가치에 대한 설명으로 옳은 것만을 모두 고르면?

> ㉠ 에스핑 앤더슨(Esping-Andersen)의 복지국가 유형 분류에서 사회민주주의 복지국가가 추구하는 자유는 소극적 자유보다는 적극적 자유에 더 가깝다.
>
> ㉡ 롤스(J. Rawls)는 공정한 절차를 보장하기 위한 장치로서 원초적 입장(original position)이라는 개념을 제시하였다.
>
> ㉢ 에밀 뒤르켐(E. Durkheim)이 주장하는 유기적 연대란 사회구성원의 유사성에 근거한 전통사회에서 지배적인 연대를 의미한다.

① ㉠, ㉡   ② ㉠, ㉢
③ ㉡, ㉢   ④ ㉠, ㉡, ㉢

>**ADVICE** ㉠ 에스핑 앤더슨은 복지국가 유형을 자유주의 복지국가, 조합주의 복지국가, 사회민주주의 복지국가로 분류했다. 자유주의 복지국가는 선별적, 잔여적 복지를 강조하므로 소극적 자유인 반면, 사회민주주의 복지국가는 보편적, 포괄적 복지를 강조하여 적극적 자유에 가깝다.
>
> ㉡ 롤스의 정의론은 공정성의 전제로 원초적 입장과 무지의 베일이라는 개념을 설명한다. 무지의 베일에 드리워진 원초적 입장은 정의의 원칙을 도출할 수 있는 공정한 상황이며, 원초적 입장에 있는 관련 당사자들은 모두 평등하고 자유롭고 자율적인 인간이라고 한다.
>
> ㉢ 에밀 뒤르켐은 기계적 연대와 유기적 연대라는 개념을 설명한다. 기계적 연대란 마을 성원으로 태어나 자신의 의사와 상관없이 권리와 의무가 부여되는 전통사회의 지배적인 연대를 의미한다. 유기적 연대란 현대사회는 규모가 커져서 익명성이 강해지고, 이질적이며, 노동의 분업으로 전문화, 분화된 사회로, 개인이 사회에서 제대로 삶을 영위하기 위해서는 공동체와 자신이 분리되어서는 안된다. 공유된 가치를 통해 사회가 하나로 통합되는 것이 개인의 안정된 삶에 큰 기여를 한다고 본다.

19 사회복지실천에 있어 기록에 대한 설명으로 옳지 않은 것은?

① 기록은 개입한 사례의 첫 단계부터 종결단계까지 제공한 서비스의 내용과 과정, 목표달성 여부와 성과 등을 남겨 문서화해야 한다.
② 기록은 사회복지사의 활동을 점검하고 교육하는 슈퍼비전의 유용한 도구이다.
③ 기록은 사회복지사의 관점에서 작성되며 클라이언트와 공유되지 않는다.
④ 기록은 사례관리, 의뢰 및 전문직 간 협조체계를 활성화하는 도구로 활용된다.

⟩**ADVICE** • 면접의 기록 목적 : 사회복지사가 개입한 사례의 첫 단계부터 종결단계와 사후지도까지 제공한 서비스의 내용과 과정, 목 표달성 여부와 성과 등을 합당한 형식을 갖춘 틀에 따라 객관적으로 서술하는 것. 기록은 서비스의 책임성을 높여주고, 사회복지사의 기술과 서비스의 질을 향상시키는 데 유용함
• 기록의 활용성 : 서비스의 책임성과 지속성 보장, 정보 제공, 클라이언트의 욕구 파악과 개입을 위한 기초 자료, 클라이언트에 대한 이해 증진, 치료적 도구로서 클라이언트와 정보 공유, 사회복지사의 활동을 점검하고 교육하는 슈퍼비전의 도구, 서비스 과정과 효과 모니터링, 사례관리와 의뢰 및 서비스를 전달하는 전문분야 간의 의사소통(협조체제) 도구, 조사연구 정보
③ 기록은 클라이언트와 정보를 공유하여 의사소통과 치료도구로 활용된다.

20 사회복지조사에 대한 설명으로 옳지 않은 것은?

① 단순무작위표집(simple random sampling)에 비해 층화표집(stratified sampling)은 표집오류를 줄일 가능성이 크다.

② 동질성의 원리에 입각해서 신뢰도를 평가하는 방법은 상호관찰자기법(interobserver reliability)이다.

③ 외적타당도(external validity)는 서술된 인과관계가 그 연구의 조건을 넘어서서 일반화될 수 있는 정도를 말한다.

④ 독립변수의 조작은 가능하지만 대상을 무작위화할 수는 없고 독립적 관찰을 여러 번 할 수 있으면 유사실험설계(quasi-experimental design)를 적용할 수 있다.

⟩**ADVICE** ② 동질성의 원리에 입각해 측정의 신뢰도를 평가하는 방법은 내적 일관성 신뢰도로서 반분법이다. 측정도구를 반으로 나누어 동일 시간에 독립된 2개의 척도를 사용하여 신뢰도를 추정한다.
① 층화표집은 모집단 내에서 소집단의 구성 비율을 알고 있을 때 각각의 층에서 표집함으로써 표집오차를 줄이는 확률표집 방법이다. 단순무작위표집은 표집틀에서 제비뽑기나 난수표 등의 방법으로 무작위로 표집하는 확률표집 방법이다.
③ 외적 타당도란 실험의 결과를 다른 대상, 다른 시기, 다른 상황에 일반화할 수 있는 정도를 말한다.
④ 유사 실험설계는 통제집단이 무작위할당에 의해 구성되기 어려운 경우 실험집단의 구성과 유사한 성격의 집단을 임의로 선정하여 두 집단을 비교하는 방식의 실험설계이다.

1 로마니신(Romanyshyn)이 제시한 사회복지 변화 방향으로 옳지 않은 것은?

① 보편성(universal)에서 특수성(special)으로
② 자선(charity)에서 시민의 권리(citizen right)로
③ 민간(voluntary) 지원에서 공공(public) 지원으로
④ 잔여적(residual) 복지에서 제도적(institutional) 복지로

>**ADVICE** 로마니신(Romanyshyn)의 사회복지 관점 : 전산업사회에서 후기산업사회로 이행하는 과정에서 사회복지의 관점을 설명했다. 사회복지는 개인과 사회전체의 복지를 증진시키려는 모든 형태의 사회적 노력을 포함하여, 사회문제의 치료와 예방, 인적 자원의 개발, 인간생활의 향상에 직접적 관련을 갖는 일체의 시책과 과정을 포함한다. 잔여적 개념에서 제도적 개념으로, 자선에서 시민의 권리로, 특수성에서 보편성으로, 최저수준에서 적정수준으로, 개인변화에서 사회개혁으로, 민간 자원에서 공공 자원으로, 빈민 복지에서 복지사회로 변화를 설명했다.

2 「국민기초생활 보장법」상 보장기관이 급여의 결정 및 실시 등에 사용하기 위하여 산출한 개별가구의 소득평가액과 재산의 소득환산액을 합산한 금액에 해당하는 용어는?

① 소득인정액
② 최저생계비
③ 최저보장수준
④ 기준 중위소득

>**ADVICE** • 수급권자의 범위 : 기존에는 가구 소득이 최저생계비 이하의 경우에만 모든 급여(생계급여, 주거급여, 의료급여, 교육급여, 해산급여, 장제급여, 자활급여 등)를 지원해 왔지만, 맞춤형 급여체계로 개편하여 급여별로 선정기준을 다르게 하였다. 부양의무자가 없거나 있더라도 부양능력이 없거나 부양받을 수 없는 자로서, 소득인정액이 급여종류별 선정기준 이하인 자가 수급대상이다.
> • 국민기초생활 보장법 정의〈제2조〉
> ① 소득인정액 : 보장기관이 급여의 결정 및 실시 등에 사용하기 위하여 산출한 개별가구의 소득평가액과 재산의 소득환산액을 합산한 금액을 말한다. 보장기관은 국민기초생활보장법에 따른 급여를 실시하는 국가 또는 지방자치단체를 말한다.

② 최저생계비 : 국민이 건강하고 문화적인 생활을 유지하기 위하여 필요한 최소한의 비용으로서 보건복지부장관이 계측하는 금액을 말한다. 보건복지부장관은 최저생계비 계측을 위하여 3년마다 실태조사를 실시 · 공표〈국민기초생활보장법 제20조의2 제4항〉하여야 하고, 보건복지부장관 또는 소관 중앙행정기관의 장은 매년 8월 1일까지 중앙생활보장위원회의 심의 · 의결〈법 제20조 제2항〉을 거쳐 다음 연도 급여의 종류별 수급자 선정기준 및 최저보장수준을 공표〈법 제6조〉하여야 한다.

③ 최저보장수준 : 국민의 소득 · 지출 수준과 수급권자의 가구 유형 등 생활실태, 물가상승률 등을 고려하여 급여의 종류별로 공표하는 금액이나 보장수준을 말한다.

④ 기준 중위소득 : 보건복지부장관이 급여의 기준 등에 활용하기 위하여 중앙생활보장위원회의 심의 · 의결을 거쳐 고시하는 국민 가구소득의 중위값을 말한다.

3 다음의 설명은 카두신(Kadushin)이 분류한 아동복지서비스 중 어디에 해당하는가?

> • 사회가 부모의 역할을 일부분 대행함으로써 부모 역할이 충족되도록 돕는 서비스
> • 부모의 실업, 질병, 장애 등의 문제에 대처하기 위한 서비스
> • 보육서비스, 가정봉사원 파견 서비스

① 지지적 서비스(supportive service)
② 보충적 서비스(supplementary service)
③ 대리적 서비스(substitute service)
④ 기능적 서비스(functional service)

>**ADVICE** 카두신(Kadushin)의 3S(사회복지서비스 3유형) : 지지적 서비스, 보조적(보충적 · 보완적) 서비스, 대리적 서비스

② 보조적(보충적 · 보완적) 서비스 : 가정 내부에서 부모의 역할 일부를 보조하거나 대신 수행하는 서비스로, 부모의 실업, 질병, 장애 등의 문제에 대처하기 위한 서비스이다. 탁아보호서비스(가정탁아보호, 가정 내 집단탁아보호, 센터 내 탁아보호), 보육서비스, 프로텍티브서비스(학대받거나 보호감독을 받을 수 없는 아동에게 제공하는 특수한 아동복지서비스), 홈메이커서비스(가정봉사원 파견 서비스) 등이 해당된다.

① 지지적 서비스 : 부모 또는 자녀의 책임을 효과적으로 수행할 수 있는 능력을 지지 · 강화하기 위한 서비스로서, 아동상담, 학대아동에 대해 보호가족의 기능을 증진하기 위한 의료, 정신보건, 주거서비스 등을 포함한다. 케이스워크서비스(개별 면접이나 접촉을 통해 서비스 제공), 집단서비스로 가정교육 프로그램, 집단상담 프로그램, 가족치료, 지역사회 프로그램 등이 해당된다.

③ 대리적 서비스 : 가족관계가 일시적 · 영구적으로 해체된 상황이 발생할 경우 아동보호 차원에서 아동이 타부모나 타가족에 의해 양육 · 보호되는 서비스이다. 아동보호, 위탁보호, 시설보호 등이 해당된다.

ANSWER 1.① 2.① 3.②

4 「노인복지법」상 노인주거복지시설로 옳지 않은 것은?

① 양로시설
② 노인복지주택
③ 노인공동생활가정
④ 노인요양공동생활가정

> **ADVICE** ― 노인주거복지시설〈법 제32조 제1항〉: 양로시설, 노인공동생활가정, 노인복지주택
> ― 노인의료복지시설〈법 제34조 제1항〉: 노인요양시설, 노인요양공동생활가정
> ― 노인여가복지시설〈법 제36조 제1항〉: 노인복지관, 경로당, 노인교실
> ― 재가노인복지시설〈법 제38조〉: 방문요양서비스, 주·야간보호서비스, 단기보호서비스, 방문목욕서비스 등
> ④ 노인요양공동생활가정은 노인의료복지시설에 해당한다.

5 밀착가족(enmeshed family)과 유리가족(disengaged family)에 대한 설명으로 옳지 않은 것은?

① 밀착가족은 가족성원 간 상호작용이 부족하다.
② 밀착가족은 가족성원의 자율성이 보장되지 않는다.
③ 유리가족은 가족성원 간 충성심이 부족하다.
④ 유리가족은 가족으로서의 보호 기능을 수행하기 어렵다.

> **ADVICE** • 가족 외부와의 경계 성격에 따른 구분: 개방형 가족, 폐쇄형 가족, 방임형 가족
> • 가족성원 간의 경계 성격에 따른 구분: 밀착된 가족(enmeshed family), 유리된 가족(disengaged family)
> • 밀착된 가족(enmeshed family): 가족성원 간 독립심과 자율성이 결여된 혼돈된 경계와 불분명한 경계를 가진 가족 구조이다. 가족성원 간의 상호작용에서 지나치게 밀착되어 서로에게 간섭이 많고, 통제하려고 하며, 가족성원의 요구를 거절하지 못한다. 지나친 간섭으로 인해 감정표현을 자제하거나 감추게 되며, 마마보이처럼 자율성 보장과 독립적인 행동이 힘들어 의존적인 성향을 보이게 한다.
> • 유리된 가족(disengaged family): 가족성원 간 너무 경직되어 상호작용이 이루어지지 않는다. 가족성원 간 응집력이 낮아 다른 가족성원에 대한 관심 부족과 가족성원 간 충성심이 부족하다. 고립감, 소외감을 느끼게 되며, 가족문제에 있어서 가족성원으로부터 정서적 지지를 받지 못하여 가족으로서의 보호 기능을 수행하기 어렵다.
> ① 가족성원 간 상호작용이 부족한 것은 유리된 가족의 특성이다.

6 체계이론과 관련된 용어에 대한 설명으로 옳지 않은 것은?

① 홀론(holon)은 부분임과 동시에 전체라는 체계 속성을 의미한다.
② 상호성(reciprocity)은 체계 내 한 부분의 변화는 다른 부분에 영향을 미치고 전체체계에도 파급 효과가 있음을 의미한다.
③ 항상성(homeostasis)은 체계 내외부에서 발생한 변화로 균형이 깨졌을 때 회복하고자 하는 경향을 의미한다.
④ 엔트로피(entropy)는 체계 외부로부터 에너지가 유입되어 체계 내부에 유용하지 않은 에너지가 감소하는 것을 의미한다.

ADVICE
- 체계론 : 1947년 생물학자 베르탈란피(Bertalanffy)가 일반체계이론(general system theory : GST)을 제창하면서 알려진 개념이다. 체계란 정리되고 서로 연결된, 기능적 전체를 형성하는 일련의 요소들을 의미하며, 개인·가족·집단·조직·지역사회 등이 해당한다. 체계들 간에는 끊임없는 투입과 산출의 흐름이 있는데, 투입은 에너지·정보·의사소통을 다른 체계로부터 받을 때, 산출은 다른 체계로 방출될 때를 말한다. 체계는 투입과 산출과정에서 상대적으로 안정된 균형상태인 항상성(homeostasis)을 유지하려는 경향이 있다.
- 체계론의 주요 개념 : 홀론 또는 부분적 전체(holon), 경계(baundary), 개방체계(open system)와 폐쇄체계(closed system), 엔트로피(entropy), 위계(hierarchy), 안정상태(steady state), 상호성((reciprocity), 항상성(homeostasis)
④ 엔트로피(entropy) : 체계 외부가 아니라, 체계의 부분들 간의 상호작용이 결여되어 체계가 발전하는 데 필요한 에너지가 감소하는 것을 말한다. 폐쇄체계에서 무질서의 척도로 나타난다.
① 홀론(holon) : 유기체가 그 자체로 전체를 형성하면서도 더 큰 전체의 일부를 이루는 경향을 말한다. 즉, 부분임과 동시에 전체라는 체계 속성을 말하며, 부분적 전체라고도 한다.
② 상호성(reciprocity) : 체계 내 한 부분의 변화는 다른 부분에 영향을 미치고 전체체계에도 파급 효과가 있는 것을 말한다.
③ 항상성(homeostasis) : 체계의 내외부에서 발생한 변화로 균형이 깨졌을 때 안정적이며 지속적인 균형 상태를 유지하기 위해 회복자고자 하는 유지하고 회복하고자 하는 경향을 말한다.
  ㉠ 경계(baundary) : 외부환경으로부터 체계를 구분하는 것으로, 외부체계로부터 에너지를 받아들이고 체계의 생산물을 외부체계로 산출하는 기능을 담당하는 특성을 말한다.
  ㉡ 개방체계(open system)와 폐쇄체계(closed system) : 체계 내외에서 정보와 자원을 자유롭게 교환하고 에너지를 통과하도록 허용하는 상호작용이 활발한 체계를 개방체계라고 하며, 상호작용을 하지 않는 것을 폐쇄체계라고 말한다.
  ㉢ 위계(hierarchy) : 체계의 각 부분은 다양한 방식으로 연결되어 있는데, 하위체계, 상위체계 등 체계 간의 관계를 말한다.
  ㉣ 안정상태(steady state) : 체계의 부분 간의 관계를 유지시키고, 체계가 붕괴되지 않도록 에너지가 계속 사용되는 상태를 말하는데, 개방체계의 속성을 나타낸다.

7 사회복지사의 역할과 활동 사례가 바르게 짝지어지지 않은 것은?

① 옹호자(advocate) — 불이익을 당하고 있는 중증장애인의 권익향상을 위해 정책 변화를 도모하였다.
② 행동가(activist) — 한부모가족의 청소년이 지역사회 내 방과후 서비스를 이용할 수 있도록 기관을 연계해 주었다.
③ 중재자(mediator) — 이혼 조정 중인 부모의 자녀 양육권 갈등 상황에서 중립적 위치를 유지하며 합의를 이 끌어냈다.
④ 교육가(educator) — 손자녀를 양육하는 조부모를 대상으로 양육기술 교육을 진행하였다.

>**ADVICE** 사회복지사의 역할 : 지역사회개발모델 역할, 사회계획모델 역할, 사회행동모델 역할
- 지역사회개발모델에서의 역할 : 안내자, 조력자, 격려자, 조정자, 전문가, 사회치료자
- 사회계획모델에서의 역할 : 계획가, 자료수집자, 분석가, 조직가, 행정가, 촉진자, 프로그램 실행자, 교육가
- 사회행동모델에서의 역할 : 조력자, 중개자, 옹호자, 대변자, 행동가
② 행동가는 중립적 자세를 취하지 않고 클라이언트와 함께 문제해결을 위한 행동을 한다. 클라이언트와 지역사회의 자원을 연결하고, 지역 주민이 필요로 하는 자원이 어디 있는지 가르쳐 줌으로써 이에 접근할 수 있게 해주는 것은 중개자 역할이다.

8 「청소년복지 지원법」상 청소년복지시설 중 학습 · 정서 · 행동상의 장애가 있는 청소년을 대상으로 정상적인 성장과 생활을 할 수 있도록 해당 청소년에게 적합한 치료 · 교육 및 재활을 종합적으로 지원하는 거주형 시설은?

① 청소년쉼터
② 청소년자립지원관
③ 청소년치료재활센터
④ 청소년회복지원시설

>**ADVICE** 청소년복지시설의 종류〈청소년복지지원법 제31조〉
③ 청소년치료재활센터 : 학습 · 정서 · 행동상의 장애를 가진 청소년을 대상으로 정상적인 성장과 생활을 할 수 있도록 해당 청소년에게 적합한 치료 · 교육 및 재활을 종합적으로 지원하는 거주형 시설
① 청소년쉼터 : 가정 밖 청소년에 대하여 가정 · 학교 · 사회로 복귀하여 생활할 수 있도록 일정 기간 보호하면서 상담 · 주거 · 학업 · 자립 등을 지원하는 시설
② 청소년자립지원관 : 일정 기간 청소년쉼터 또는 청소년회복지원시설의 지원을 받았는데도 가정 · 학교 · 사회로 복귀하여 생활할 수 없는 청소년에게 자립하여 생활할 수 있는 능력과 여건을 갖추도록 지원하는 시설
④ 청소년회복지원시설 : 소년법에 따른 감호 위탁 처분을 받은 청소년에 대하여 보호자를 대신하여 그 청소년을 보호할 수 있는 자가 상담 · 주거 · 학업 · 자립 등 서비스를 제공하는 시설

9 우리나라 아동복지 제도에 대한 설명으로 옳지 않은 것은?

① 보호아동 자립지원 — 아동복지시설 등에서 퇴소하는 아동의 자립 준비 및 안정적인 자립 기반 조성

② 디딤씨앗통장 — 아동과 국가의 매칭펀드를 통해 저소득층 아동의 사회진출 시 필요한 자립자금 마련 지원

③ 드림스타트 — 취약계층의 아동에게 건강, 기초학습, 사회성 함양, 부모 양육 지도 등 맞춤형 통합서비스 제공

④ 아동수당 — 아동 양육에 따른 경제적 부담을 경감하기 위해 만 18세 미만의 아동에게 정기적으로 현금 지급

> **ADVICE** ④ 아동수당 : 국가와 지방자치단체는 아동수당이 아동 양육에 따른 경제적 부담을 경감하고 아동의 건강한 성장 환경을 조성하는 데 필요한 수준이 되도록 최대한 노력하여야 한다〈아동수당법 제3조-국가 등의 책무〉. 아동수당은 8세 미만의 아동에게 매월 10만원을 지급한다. 2세 미만의 아동에게는 매월 50만원을 추가로 지급한다〈법 제4조〉.
> ① 보호아동 자립지원 : 자립지원시설은 아동복지시설에서 퇴소한 사람에게 취업준비기간 또는 취업 후 일정 기간 동안 보호함으로써 자립을 지원하는 것을 목적으로 하는 시설〈아동복지법 제52조 제1항 제5호〉이다.
> ② 디딤씨앗통장 : 국가와 지방자치단체는 아동이 건전한 사회인으로 성장·발전할 수 있도록 자산형성지원사업을 실시할 수 있다〈아동복지법 제42조〉. 그 일환으로 디딤씨앗통장은 저소득층 아동(보호자, 후원자)이 매월 일정 금액을 저축하면 국가(지방자치단체)에서 1:1 정부매칭지원금으로 월 일정금액의 한도까지 같은 금액을 적립해 줌으로써 아동이 준비된 사회인으로 성장할 수 있도록 도와주는 자산형성지원사업이다. 대상아동은 시설보호아동, 가정위탁보호아동, 소년소녀가정아동, 공동생활가정(그룹홈)아동, 장애인시설보호아동, 가정복귀아동, 기초생활수급자가구 아동 등이다.
> ③ 드림스타트 : 국가와 지방자치단체는 아동의 건강한 성장과 발달을 도모하기 위해 아동의 성장 및 복지 여건이 취약한 가정을 선정하여 그 가정의 지원대상 아동과 가족을 대상으로 보건, 복지, 보호, 교육, 치료 등을 종합적으로 지원하는 통합서비스를 실시한다〈아동복지법 제37조 취약계층 아동에 대한 통합서비스지원〉. 그 일환으로 취약계층 아동에게 맞춤형 통합서비스를 제공하여 아동의 건강한 성장과 발달을 도모하고 공평한 출발기회를 보장함으로써 건강하고 행복한 사회구성원으로 성장할 수 있도록 지원하는 사업이다. 지원대상은 국민기초생활보장법에 따른 수급자 또는 차상위계층 가정, 그 밖에 보건복지부장관이 정하는 아동의 성장 및 복지 여건이 취약한 가정이다.

10 고려시대의 구빈제도로 옳지 않은 것은?

① 사창(社倉)   ② 제위보(濟危寶)
③ 혜민국(惠民局)   ④ 흑창(黑倉)

> **ADVICE** 고려시대 상설구제기관 : 흑창(비상시 관곡을 백성에게 대여하고 수확기에 거둬들임), 제위보(이재민 구제사업), 의창(미곡, 소금, 기타 생필품 구휼), 상평창(물가 조절), 동서대비원(환자 치료와 빈민구제), 혜민국(약품 지급 등 국립구료기관), 유비창(빈민구제와 물가조절 등 의창과 상평창의 복합적 기능)
> ① 사창(社倉)은 조선시대 순수하게 사민의 공동저축으로 상부상조, 연대책임 등 자치적으로 운영되었다.

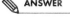 **ANSWER** 7.② 8.③ 9.④ 10.①

11 연대별로 제정된 사회복지 관련법이 바르게 짝지어진 것은?

① 1960년대 －「생활보호법」, 「군인연금법」
② 1970년대 －「사회보장에 관한 법률」, 「모자복지법」
③ 1980년대 －「사회복지 사업법」, 「사회복지공동모금회법」
④ 1990년대 －「노인복지법」, 「사회보장기본법」

> **ADVICE** ① 1960년대 : 공무원연금법(1960), 생활보호법(1961), 아동복리법(1961), 재해구호법(1962), 사회보장에 관한 법률(1963), 산업재해보상보험법(1963), 군인연금법(1963)
> ② 1970년대 : 사회복지사업법(1970), 국민복지연금법(1973), 사립학교교원연금법(1973), 의료보호법(1977)
> ③ 1980년대 : 아동복지법 확대개정(1981, 1984), 노인복지법(1981), 장애인복지법(1981), 최저임금법(1986), 모자복지법(1989), 남녀고용평등법(1987)
> ④ 1990년대 : 장애인고용촉진에 관한 법률(1990), 영유아보육법(1991), 사회보장기본법(1995), 정신보건법(1995), 사회복지공동모금회법(1999), 국민건강보험법(1999)
> • 2000년대 : 건강가정기본법(2004), 기초노령연금법(2007)
> • 2010년대 : 기초연금법(2014)

12 조지와 윌딩(George & Wilding)이 제시한 사회복지 이념에 대한 설명으로 옳지 않은 것은?

① 반집합주의는 국가의 개입이 시장경제의 효율성을 저해하므로 불평등을 완화하려는 복지국가에 찬성하지 않는다.
② 페이비언 사회주의는 평등과 공동체의 이익을 강조하며, 불평등을 완화하려는 국가의 개입을 지지한다.
③ 소극적 집합주의는 시장을 중시하며, 자본주의 체제의 조절능력을 믿어 복지국가에 반대한다.
④ 마르크스주의는 시장경제를 부정하고, 불평등을 자본주의체제의 붕괴로 해결할 수 있다고 믿으며 복지국가에 반대한다.

> **ADVICE** ③ 소극적 집합주의는 수정자유주의 이념으로, 자유와 개인주의를 기본적인 가치로 받아들이는 면에서 반집합주의와 같으나, 지나친 불평등은 수정되어야 한다고 주장하며, 시장경제를 인정하고 시장실패를 보충하는 수단으로써 복지국가를 인정하는 입장이다.
> ① 반집합주의는 자유주의 이념으로, 국가 개입은 시장경제의 효율성을 저해하므로, 대표적인 국가 개입인 불평등 완화 정책의 복지국가를 반대하는 입장이다.
> ② 페이비언 사회주의는 사회민주주의 이념으로, 적극적 자유, 평등, 공동체 이익을 중요한 가치로 여겨 불평등 요소가 있는 시장경제(자유주의)를 대폭 수정해야 한다고 보고, 국가 개입을 지지하는 복지국가를 옹호하는 입장이다.
> ④ 마르크스주의는 사회주의 이념으로, 평등과 자유를 강조하여 시장경제를 부정하고, 복지국가는 자본주의를 강화하는 역할로 보고 불평등 해결은 자본주의 체제 붕괴로 해결할 수 있다고 보기에 복지국가를 반대하는 입장이다.

※ 조지(George)와 윌딩(Wilding)의 4분법(1976)과 6분법(1994)
    ㉠ 4분법 : 반집합주의(자유주의 이념), 소극적 집합주의(수정자유주의 이념), 페이비언 사회주의(사회민주주의 이념),
       마르크수주의(사회주의 이념)
    ㉡ 6분법 : 신우파, 중도노선, 사회민주주의, 마르크스주의, 페미니즘, 녹색주의(생태주의)

13 사회구성주의에 기반한 사회복지실천 관점에 대한 설명으로 옳은 것만을 모두 고르면?

> ㉠ 외적으로 동일한 현상도 개인의 믿음, 전통, 관습 등에 따라 다르게 인식될 수 있음을 강조한다.
> ㉡ 과거의 객관적 실체와 사실관계 파악이 문제 해결의 기초라고 전제한다.
> ㉢ 현실에 대한 사회적 구성은 주로 대화를 통해 이루어진다고 본다.

① ㉠, ㉡
② ㉠, ㉢
③ ㉡, ㉢
④ ㉠, ㉡, ㉢

ADVICE • 사회구성주의는 객관적인 사실보다는 그 사실에 주어진 의미에 강조점을 두고 있으며, 사실이란 사회화 과정을 통해 사회적으로 구성된 것으로 본다. 사람들은 어떤 사물이나 세계를 경험할 때 자신들이 해석한 것, 자신들이 의미를 부여한 것을 사실이라고 생각한다. 그러므로 상담자는 개인과 문제에 대한 사회적 구성을 강조하여 내담자와 상담자 간에 존재하는 언어체계를 중시한다. 개인이 언어를 통해 자신의 세계를 알아가는 동시에 세계를 구성하는 수단이라고 이해하므로, 사회구성주의는 이야기치료라고도 한다.

• 사회구성주의가 강조하는 것은 현실은 그들이 하는 이야기에 구성되고 그들의 행동을 결정하므로, 사회적으로 구성된다고 본다. 상담에서 언어적 활동이 중요하다. 사람들은 언어로써 현실을 구성하고 이야기를 통해 내담자의 관점이 만들어진다고 보며, 내담자의 관점에 의해 현실이 구성된다고 본다. 상담자와 클라이언트는 동등한 입장에 서 있으며, 서로의 관점을 인정하고 수용하는 자세, 협동적인 관계가 필요하다. 상담 목표는 내담자의 행동변화가 아니라 관점 변화에 초점을 두게 되므로 단기상담이 가능하다.

• 사회구성주의 전후 치료기법과 관련된 이론을 보면 정신역동(프로이트, 융, 아들러), 행동주의, 인본주의, 실존주의, 체계론, 페미니즘, 포스트모더니즘, 사회구성주의(이야기치료), 구조주의로 이어진다. 이야기치료는 1980년대 화이트(White)와 엡스톤(Epston)이 개발하였고, 포스트모던 가족치료 모델의 일종이다. 화이트(White)는 아동의 증상이 아닌 아동 자체에 대해 관심을 가지고, 포스트모더니즘을 아동치료에 접목하였고, 엡스톤(Epston)은 클라이언트만을 위한 독특한 지지 원천을 만들고 문학, 인류학 등을 이야기치료 기법에 접목했다. 이야기치료는 인간이란 자신의 삶에 대해 끊임없이 의미를 부여하고 해석하여 이야기하는 존재로, 사회적으로 구성된 인생을 살아가는 존재라고 규정한다. 내재된 병적인 문제를 추구할 때 내적인 가능성과 대안을 찾고자 하는 것이 이야기치료 기법이다.

② 사회구성주의는 사물이나 세계를 경험할 때 자신들의 믿음, 관습 등에 따라 해석한 것, 자신들이 의미를 부여한 것을 사실이라고 생각한다고 보고(㉠), 현실에 대한 사회적 구성은 이야기(대화)를 통해 이루어진다고(㉢) 본다.

ANSWER 11.① 12.③ 13.②

14 등간(interval)척도에 대한 설명으로 옳은 것만을 모두 고르면?

> ㉠ 비수량적인 상호 배타적 속성을 나타낸 것이다.
> ㉡ 속성들 간의 거리를 일정한 간격으로 구분한 것이다.
> ㉢ 해당 속성이 전혀 없는 상태인 절대 0값이 존재한다.

① ㉠
② ㉡
③ ㉠, ㉢
④ ㉡, ㉢

> **ADVICE** • 측정(척도) : 추상적인 개념을 경험화하는 작업으로, 경험적인 특질들에 대해 규칙에 의거해서 숫자나 기호 등을 배정하는 절차를 말한다.
> • 측정(척도)의 종류 : 명목측정, 서열측정, 등간측정, 비율측정
> ② ㉡ 측정대상의 서열 간의 간격이 동일하도록 수치를 부여하는 것은 등간측정(등간척도)로, 온도계의 온도(눈금)가 대표적인 예이다.
> ㉠ 단순히 분류하기 위해 측정대상의 속성에 부호나 수치를 부여하는 것으로, 비수량적인 상호 배타적 속성을 나타내는 것은 명목측정(명목척도)이며, 성, 인종, 결혼 여부 등이 예이다.
> ㉢ 측정대상의 속성에 절대적인 영(0)을 가진 척도로, 해당 속성이 전혀 없는 상태는 절대 0값이 존재하는 것은 비율측정(비율척도)인데, 연령, 무게, 출생률 등이 그 예이다.
> * 서열측정(서열척도)는 측정대상에 서열이나 순위를 매길 수 있도록 수치를 부여하지만, 서열 간의 동일한 간격이나 절대량을 지적하지는 않고 서열만 중시한다. 사회계층, 선호도, 서비스 평가 등이 예이다.

15 집단사회복지에서 파펠과 로스먼(Papell & Rothman)이 제시한 3가지 모델에 관한 설명으로 옳지 않은 것은?

① 치료 모델에서는 개인의 치료와 재활을 위한 도구로 집단을 활용한다.
② 치료 모델은 사회적 기능 수행상 문제가 있는 개인의 회복을 위해 임상에서 사용된다.
③ 사회적 목표 모델은 집단성원에게 기술과 정보를 제공할 목적을 가지며, 교육과 강의 중심으로 구성된다.
④ 상호작용 모델은 집단성원 간의 공생적이며 상호적인 관계를 통해 문제를 해결하는 것에 초점을 둔다.

> **ADVICE** 파펠과 로스먼(Papell & Rothman)의 집단개입의 방법 : 사회적 목표 모델, 상호작용 모델, 치료 모델
> ③ 사회적 목표 모델 : 사회의식과 사회책임을 강조하여 주로 사적인 문제를 공적인 영역으로 해석하여 사회적 쟁점에 대한 토론과 대안을 모색함으로써 집단성원을 바람직한 시민으로 성장시키고 민주적 과정을 습득하는 것을 지향한다. 사회복지관의 지역환경 지킴이나 공공주거단지의 주민들이 범죄에 대항하기 위해 조직한 집단이 해당된다.

①② 치료 모델 : 개인 치료를 위한 도구로 집단을 활용하는 모델로, 집단은 개인의 목적을 달성하는 하나의 방법이나 관계상황으로 보고, 집단과정을 통한 변화는 개인의 치료와 재활을 위한 수단이 된다. 사회적 기능 수행상 문제가 있는 개인의 회복을 위해 임상에서 사용되며, 알코올 중독자들의 회복집단, 정신치료집단 등이 대표적인 예이다.

④ 상호작용 모델 : 집단성원과 사회 간의 공생적·상호적인 관계를 통해 집단성원들의 요구와 문제를 해결하는 데 초점을 두고, 가정폭력피해자집단, 에이즈환자집단 등이 대표적인 예이다.

16 사회복지실천의 기록 유형에 관한 설명으로 옳은 것은?

① 문제중심기록은 문제영역을 목록화하여 각 문제에 대한 주관적 정보, 객관적 정보, 사정, 계획을 기록한다.

② 이야기체기록은 사회복지사와 클라이언트 간에 있었던 모든 일을 대화 형태로 기록한다.

③ 과정기록은 정보수집을 통해 얻은 자료를 선택하여 핵심 내용을 중심으로 기록한다.

④ 요약기록은 사회복지사의 성찰과 슈퍼비전을 위해, 면접 내용과 슈퍼바이저 코멘트 부분을 구분하여 기록한다.

> **ADVICE** • 기록 : 기관의 서비스 수급자격의 입증근거, 연구·조사·지도·감독 자료, 서비스 내용 보고, 서비스 과정과 효과 점검을 위한 목적이다.

• 기록의 종류 : 문제중심기록, 이야기체기록, 항목기록, 요약기록, 과정기록

① 문제중심기록 : 문제영역을 목록화하여 각 문제에 대한 주관적·객관적 정보, 사정, 계획을 기록하는 방식으로, 단순한 기록을 넘어서 문제해결 접근방법이 반영되므로 전문직 간 정보교환과 전문적인 실천현장에 유용한 방식이다.

② 이야기체기록 : 케이스워커가 클라이언트, 상황, 서비스에 대해 이야기하듯 서술하고 기록하는 방식으로, 주제별이나 시간 순서에 따라 기록한다.

③ 과정기록 : 케이스워커와 클라이언트가 면담하는 동안 일어난 것들을 시간의 흐름에 따라 구체적으로 기술하는 방식이다. 사회복지사의 성찰과 슈퍼비전을 위해 면접 내용과 슈퍼바이저 코멘트 부분을 구분하여 기록한다.

④ 요약기록 : 시간의 흐름에 따라 변화된 상황, 개입활동, 정보 등을 요약하여 핵심내용 중심으로 정리한 방식이다. 주로 클라이언트에게 일어난 변화에 초점을 두어 기록한다.

* 항목기록 : 기록 내용을 시간적으로 기술하지 않고, 항목적으로 기술하는 형식이다. 주로 객관적인 자료를 얻기 위해 사용한다.

17 「사회보장급여의 이용·제공 및 수급권자 발굴에 관한 법률」상 시·군·구 지역사회보장에 관한 계획에 대한 설명으로 옳은 것만을 모두 고르면?

> ㉠ 시·군·구 생활보장위원회가 심의한다.
>
> ㉡ 지역사회보장에 관한 계획은 4년마다 수립한다.
>
> ㉢ 시·군·구 의회 보고를 거쳐 보건복지부장관에게 제출하여야 한다.

① ㉠   ② ㉡

③ ㉡, ㉢   ④ ㉠, ㉡, ㉢

>ADVICE • 사회보장급여의 이용·제공 및 수급권자 발굴에 관한 법률 – 지역사회보장에 관한 계획의 수립
>
>   • 특별시장·광역시장·특별자치시장·도지사·특별자치도지사(시·도지사) 및 시장·군수·구청장은 지역사회보장에 관한 계획은 4년마다 수립한다. 이 경우 사회보장기본법(제16조)의 사회보장에 관한 기본계획과 연계되도록 해야 한다〈법 제35조 제1항〉.
>
>   • 시장·군수·구청장은 해당 시·군·구의 지역사회보장계획을 지역주민 등 이해관계인의 의견을 들은 후 수립하고, 지역사회보장협의체의 심의와 해당 시·군·구 의회의 보고를 거쳐 시·도지사에게 제출하여야 한다〈법 제35조 제2항〉.
>
>   ② ㉡ 지역사회보장에 관한 계획은 4년마다 수립한다.
>
>   ㉠ 지역사회보장협의체가 심의한다.
>
>   ㉢ 시·도지사에게 제출하여야 한다.

18 「기초연금법」상 기초연금에 대한 설명으로 옳지 않은 것은?

① 노인에게 안정적인 소득 기반을 제공함으로써 노인의 생활 안정을 지원하고 복지를 증진함을 목적으로 한다.

② 노령으로 인한 소득감소를 보전하기 위한 국민연금의 급여 유형 중 하나이다.

③ 「공무원연금법」에 따른 퇴직연금을 받는 사람에게는 지급하지 않는다.

④ 기준연금액은 그 전년도의 기준연금액에 대통령령으로 정하는 바에 따라 전국소비자물가변동률을 반영하여 매년 고시한다.

>ADVICE • 국민연금 기능과 성격 : 노후 생활계획 수립, 임금소득의 상실시에 고령자의 권리로서 최저한의 소득보장, 소득의 재분배 등의 기능이 있다. 공헌도에 따른 수급권 획득과 급여 수급자의 긍지를 고취시키는 제도, 연금보험 사고에 대한 보험제도, 노후생활설계의 실질적인 기초제도, 국가책임의 강제가입제도 성격이 있다.

- 기초연금 목적과 수급대상 : 노인에게 안정적인 소득기반을 제공함으로써 노인의 생활안정을 지원하고 복지 증진을 목적으로 한다. 수급대상은 65세 이상인 사람으로서 소득인정액이 보건복지부장관이 정하여 고시하는 금액(선정기준액) 이하인 사람에게 지급하며, 공무원연금, 사립학교교직원연금, 군인연금, 별정우체국연금, 국민연금과 직역연금의 연계퇴직연금 또는 연계퇴직유족연금 중 직역재직기간이 10년 이상인 경우의 연계퇴직연금 또는 연계퇴직유족연금 수급권자 및 그 배우자는 원칙적으로 기초연금 수급대상에서 제외된다.
- 소득인정액 : 소득평가액과 재산의 소득 환산액을 합산한 금액이다.
- 기초연금의 산정 : 기초연금 수급권자에 대한 기초연금액은 기준연금액과 국민연금 급여액 등을 고려하여 산정한다.
② 국민연금제도의 연금에는 노령연금, 장애연금, 유족연금, 반환일시금 등이 있다. 기초연금은 국민연금과 별개이다.

19 「사회보장급여의 이용·제공 및 수급권자 발급에 관한 법률」상 시·군·구 지역사회보장협의체가 심의·자문하는 업무로 명시되지 않은 것은?

① 시·군·구 사회보장급여 제공에 관한 사항
② 시·군·구 지역사회보장지표에 관한 사항
③ 시·군·구 사회복지시설 평가 기준 제정에 관한 사항
④ 읍·면·동 단위 지역사회보장협의체 구성 및 운영에 관한 사항

》ADVICE 사회보장급여의 이용·제공 및 수급권자 발굴에 관한 법률 — (시·군·구)지역사회보장협의체의 심의·자문에 관한 업무
- 시장·군수·구청장은 지역의 사회보장을 증진하고, 사회보장과 관련된 서비스를 제공하는 관계 기관·법인·단체·시설과 연계·협력을 강화하기 위하여 해당 시·군·구에 지역사회보장협의체를 둔다〈법 제41조 제1항〉.
- 지역사회보장협의체의 심의·자문 업무〈법 제41조 제2항〉: 시·군·구의 지역사회보장계획 수립·시행 및 평가에 관한 사항, 시·군·구의 지역사회보장조사 및 지역사회보장지표에 관한 사항, 시·군·구의 사회보장급여 제공에 관한 사항, 시·군·구의 사회보장 추진에 관한 사항, 읍·면·동 단위 지역사회보장협의체의 구성 및 운영에 관한 사항, 그 밖에 위원장이 필요하다고 인정하는 사항
- ③ 시·군·구 사회복지시설 평가 기준 제정에 관한 사항은 지역사회보장협의체의 심의·자문에 관한 업무에 해당하지 않는다. 사회복지시설의 평가는 보건복지부장관과 시·도지사가 보건복지부령으로 정하는 바에 따라 정기적으로 평가하고, 그 결과를 공표하거나 시설의 감독·지원 등에 반영할 수 있으며 시설 거주자를 다른 시설로 보내는 등의 조치를 할 수 있다〈사회복지사업법 제43조의2〉.

20 「사회복지법인 및 사회복지시설 재무 · 회계 규칙」에 따른 후원금 관리 방법으로 옳은 것만을 모두 고르면?

> ㉠ 사회복지시설거주자가 받은 개인결연후원금은 당해인이 정신질환으로 인해 관리능력이 없을 경우 사회복
> 　지시설의 장이 관리할 수 있다.
> ㉡ 연 1회 이상 해당 후원금의 수입 및 사용내용을 후원금을 낸 법인 · 단체 또는 개인에게 통보한다.
> ㉢ 후원금의 수입 및 지출을 세입·세출 예산으로 편성하여 사용한다.

① ㉠, ㉡ 　　　　　　　　　　　　　　② ㉠, ㉢
③ ㉡, ㉢ 　　　　　　　　　　　　　　④ ㉠, ㉡, ㉢

》ADVICE 사회복지법인 및 사회복지시설 재무 · 회계 규칙〈제4장의2 후원금의 관리〉

- (후원금의 범위 등) 법인의 대표이사와 시설의 장은 후원금의 수입 · 지출 내용과 관리에 명확성이 확보되도록 하여야 한다. 시설거주자가 받은 개인결연후원금을 당해인이 정신질환 기타 이에 준하는 사유로 관리능력이 없어 시설의 장이 이를 관리하게 되는 경우에도 또한 같다〈규칙 제41조의2〉.
- (후원금의 영수증 발급 등) 법인의 대표이사와 시설의 장은 후원금을 받은 때에는 소득세법시행규칙 또는 법인세법시행규칙에 따른 기부금영수증 서식에 따라 후원금 영수증을 발급하여야 하며, 영수증 발급목록을 별도의 장부로 작성 · 비치하여야 한다〈규칙 제41조의4 제1항〉. 금융기관 또는 체신관서의 계좌입금을 통하여 후원금을 받은 때에는 법인명의의 후원금전용계좌나 시설의 명칭이 부기된 시설장 명의의 계좌(후원금전용계좌등)를 사용하여야 한다〈제2항〉. 후원금을 받을 때에는 각각의 법인 및 시설별로 후원금전용계좌등을 구분하여 사용하여야 하며, 미리 후원자에게 후원금전용계좌등의 구분에 관한 사항을 안내하여야 한다〈제3항〉. 모든 후원금의 수입 및 지출은 후원금전용계좌등을 통하여 처리하여야 한다. 다만, 물품 형태의 후원금은 그러하지 아니하다〈제4항〉.
- (후원금의 수입 및 사용내용통보) 법인의 대표이사와 시설의 장은 연 1회 이상 해당 후원금의 수입 및 사용내용을 후원금을 낸 법인 · 단체 또는 개인에게 통보하여야 한다. 이 경우 법인이 발행하는 정기간행물 또는 홍보지 등을 이용하여 일괄 통보할 수 있다〈규칙 제41조의5〉.
- (후원금의 수입 · 사용결과 보고 및 공개) 법인의 대표이사와 시설의 장은 결산 보고서를 제출할 때에 후원금수입 및 사용결과보고서(전산파일을 포함)를 관할 시장 · 군수 · 구청장에게 제출하여야 한다〈법 제41조의6 제1항〉. 시장 · 군수 · 구청장은 제출받은 후원금수입 및 사용결과보고서를 제출받은 날부터 20일 이내에 인터넷 등을 통하여 3개월 동안 공개하여야 하며, 법인의 대표이사 및 시설의 장은 해당 법인 및 시설의 게시판과 인터넷 홈페이지에 같은 기간 동안 공개하여야 한다. 다만, 후원자의 성명(법인 등의 경우는 그 명칭)은 공개하지 아니한다〈제2항〉.
- (후원금의 용도외 사용금지) 법인의 대표이사와 시설의 장은 후원금을 후원자가 지정한 사용용도외의 용도로 사용하지 못한다〈규칙 제41조의7 제1항〉. 보건복지부장관은 후원자가 사용용도를 지정하지 아니한 후원금에 대하여 그 사용기준을 정할 수 있다〈제2항〉. 후원금의 수입 및 지출은 예산의 편성 및 확정절차에 따라 세입 · 세출예산에 편성하여 사용하여야 한다〈제3항〉.

④ 후원금의 관리에 관한 규칙에 예시 ㉠㉡㉢은 모두 올바른 내용이다.

   ㉠ 시설거주자가 받은 개인결연후원금을 당해인이 정신질환 기타 이에 준하는 사유로 관리능력이 없어 시설의 장이 이를 관리하는 경우에도 후원금의 수입·지출 내용과 관리에 명확성이 확보되도록 하여야 한다〈규칙 제41조의2〉.

   ㉡ 법인의 대표이사와 시설의 장은 연 1회 이상 해당 후원금의 수입 및 사용내용을 후원금을 낸 법인·단체 또는 개인에게 통보하여야 한다〈규칙 제41조의5〉.

   ㉢ 후원금의 수입 및 지출은 예산의 편성 및 확정절차에 따라 세입·세출예산에 편성하여 사용하여야 한다〈규칙 제41조의7 제3항〉.

1 자선조직협회와 인보관 운동에 대한 설명으로 옳지 않은 것은?

① 자선조직협회는 빈곤의 원인을 개인의 결함에서 찾았다.
② 인보관 운동은 대학생 등이 중심이 되어 진행한 활동이었다.
③ 자선조직협회의 기반이 된 이념으로 사회적 다윈주의(Social Darwinism)를 들 수 있다.
④ 인보관 운동은 우애방문원을 활용한 사회조사를 통해 통계자료를 생성하고, 다양한 교육사업을 진행하였다.

>ADVICE ④ 자선조직협회에 대한 설명이다. 인보관 운동은 옥스퍼드, 케임브리지 대학생들이 주축이 되어 빈민지역에 상주하면서 연구·조사를 진행하고, 다양한 교육사업을 전개하였다.

2 특정 현상을 사회문제로 규정하기 위한 조건에 해당하지 않는 것은?

① 현상의 원인이 사회구조적 요인에서 기인해야 한다.
② 현상이 사회 구성원 다수에게 부정적인 영향을 미쳐야 한다.
③ 집단적인 사회적 행동을 통해서도 현상의 개선이 불가능해야 한다.
④ 다수의 사회 구성원 또는 사회적으로 영향력이 있는 사람들이 현상을 문제로 인식해야 한다.

>ADVICE ③ 특정 현상을 사회문제로 규정하기 위해서는 집단적인 사회적 행동을 통해서 현상의 개선이 가능해야 한다.
　　※ 사회문제로 규정하기 위한 조건
　　　　㉠ 사회 구성원의 지배적인 가치나 규범에서 이탈하여 사회적 가치에 위배되어야 한다.
　　　　㉡ 사회 구성원 다수에게 부정적인 영향을 미쳐야 한다.
　　　　㉢ 원인이 사회구조적 요인에서 기인해야 한다.
　　　　㉣ 다수의 사회 구성원 또는 사회적으로 영향력이 있는 사람들이 현상을 문제로 인식해야 한다.
　　　　㉤ 집단적인 사회적 행동을 통해서 현상의 개선이 가능해야 한다.

3 강점 관점(strength perspective)에 대한 설명으로 옳은 것만을 모두 고르면?

> ㉠ 개입의 초점을 희망과 가능성에 둔다.
> ㉡ 외상이나 질병이 개인을 강하게 할 수도 있다고 본다.
> ㉢ 클라이언트의 문제나 병리에 초점을 두는 의료모델에 이론적 기반을 둔다.
> ㉣ 해결해야 할 과제에 대한 전문가를 클라이언트가 아니라 사회복지사로 인식한다.

① ㉠

② ㉠, ㉡

③ ㉠, ㉡, ㉣

④ ㉡, ㉢, ㉣

ADVICE ㉢㉣ 병리적 관점에 대한 설명이다.

4 로웬버그와 돌고프(Loewenberg & Dolgoff)가 제시한 윤리원칙심사표상의 원칙을 우선순위에 따라 바르게 나열한 것은?

> ㉠ 삶의 질의 원칙
> ㉡ 최소 해악의 원칙
> ㉢ 자율성과 자유의 원칙
> ㉣ 사생활 보호와 비밀보장의 원칙

① ㉠ – ㉢ – ㉡ – ㉣

② ㉠ – ㉢ – ㉣ – ㉡

③ ㉢ – ㉠ – ㉡ – ㉣

④ ㉢ – ㉡ – ㉠ – ㉣

ADVICE 로웬버그와 돌고프가 제시한 윤리원칙심사표상의 원칙
- 1단계 : 생명 보호의 원칙
- 2단계 : 평등과 불평등의 원칙
- 3단계 : 자율과 자유의 원칙
- 4단계 : 최소 해악의 원칙
- 5단계 : 삶의 질의 원칙
- 6단계 : 사생활 보호와 비밀보장의 원칙
- 7단계 : 진실성과 완전 공개의 원칙

ANSWER 1.④ 2.③ 3.② 4.④

5 선별주의와 보편주의에 대한 설명으로 옳은 것은?

① 보편주의는 수혜자에게 스티그마(stigma)를 남긴다.
② 보편주의 복지는 선별주의 복지보다 제도적 지속성이 떨어진다.
③ 우리나라의 장애수당과 장애인연금은 모두 선별주의에 해당하는 제도이다.
④ 보편주의는 선별주의에 비해 사회적 효과성보다 비용효과성을 더 강조한다.

> **ADVICE** 보편주의자들은 빈곤, 장애, 곤경을 겪고 있는 사람들뿐만 아니라 전 국민을 사회복지 정책의 대상자로 삼는다. 선별주의
> 자들은 사회복지 정책의 범위를 제한적으로 본다.
> ③ 우리나라의 장애수당과 장애인연금은 장애인복지법과 장애인연금법상 정해진 장애인에게 지급하고 있다. 따라서 모두
> 선별주의에 해당하는 제도이다.

6 사회복지와 복지국가에 대한 주요 학자의 견해로 옳은 것은?

① 로마니신(Romanyshyn)은 사회복지가 공공 지원에서 민간과 공공의 혼합 지원으로 발전한다고 주장하였다.
② 기든스(Giddens)는 제3의 길을 제시하면서 교육에 대한 투자보다 현금 지급을 통한 복지지출의 확대를 주장하였다.
③ 윌렌스키와 르보(Wilensky & Lebeaux)는 비공식적 조직에 의한 지원을 사회복지 활동으로 인정할 수 없다고 주장하였다.
④ 에스핑–앤더슨(Esping-Andersen)은 사회민주주의 복지국가에서는 사회정책이 계층화를 강화하는 방향으로 작용한다고 주장하였다.

> **ADVICE** ① 로마니신은 사회복지가 민간 지원에서 공공 지원으로 발전한다고 주장하였다.
> ② 기든스는 제3의 길을 제시하면서 교육에 대해서 현금 지급을 통한 소비적 지출을 지양하고, 투자적 지출의 확대를 주
> 장하였다.
> ④ 에스핑–앤더슨은 자유주의 복지국가에서는 사회정책이 계층화를 강화하는 방향으로 작용한다고 주장하였다.

7 「노인복지법」상 노인복지시설에 대한 설명으로 옳은 것은?

① 경로당과 노인교실은 재가노인복지시설이다.
② 양로시설과 노인복지주택은 노인주거복지시설이다.
③ 노인복지관과 노인요양시설은 노인여가복지시설이다.
④ 노인공동생활가정과 노인요양공동생활가정은 노인의료복지시설이다.

> **ADVICE** ① 경로당과 노인교실은 노인여가복지시설이다.
> ③ 노인복지관은 노인여가복지시설, 노인요양시설은 노인의료복지시설이다.
> ④ 노인공동생활가정은 노인주거복지시설, 노인요양공동생활가정은 노인의료복지시설이다.
> ※ 노인복지시설의 종류〈노인복지법 제31조〉 … 노인복지시설의 종류는 다음 각 호와 같다.
>   1. 노인주거복지시설
>   2. 노인의료복지시설
>   3. 노인여가복지시설
>   4. 재가노인복지시설
>   5. 노인보호전문기관
>   6. 노인일자리지원기관
>   7. 학대피해노인 전용쉼터

8 매슬로우(Maslow)의 초기 연구에서 제시된 5단계 욕구 위계론에 대한 설명으로 옳은 것은?

① 자아실현의 욕구가 안전의 욕구보다 강도가 더 강하다.
② 존경의 욕구와 자아실현의 욕구는 성장욕구에 해당한다.
③ 소속감과 사랑의 욕구는 충족된 직후에 욕구의 강도가 더 강해진다.
④ 안전의 욕구가 일정 수준 충족되어야 소속감과 사랑의 욕구에 대한 동기가 부여된다.

> **ADVICE** ① 안전의 욕구가 자아실현의 욕구보다 강도가 더 강하다.
> ② 존경의 욕구는 결핍욕구, 자아실현의 욕구는 성장욕구에 해당한다.
> ③ 하위 욕구가 상위 단계의 욕구에 대한 강도가 더 강해진다.
> ※ 매슬로우 욕구 위계론

9 페미니즘의 분파에 대한 설명으로 옳지 않은 것은?

① 급진주의 페미니즘은 가부장제 가정에서의 여성차별과 억압에 초점을 맞추면서, 여성억압이 여성의 생물학적 특성인 출산에 따른 남성에 대한 의존에서 나타난다고 주장한다.

② 마르크스주의 페미니즘은 여성억압이 계급 지배적인 생산양식, 즉 자본주의 체제가 낳은 불평등으로부터 기인한다고 인식하면서, 자본주의의 타파를 통해 여성억압의 문제를 해결할 수 있다고 주장한다.

③ 자유주의 페미니즘은 제도 및 관습상의 차별과 교육의 불평등으로 인해 여성억압이 발생한다고 인식하면서, 사적 영역인 가정에서 발생하는 여성의 종속문제를 해결함으로써 여성억압 문제를 해결할 수 있다고 주장한다.

④ 사회주의 페미니즘은 여성억압의 원인을 자본주의의 본질인 계급억압과 가부장제의 성 억압 간의 결합에서 찾으면서, 남성이 담당하는 유급의 생산노동과 여성이 담당하는 무급의 가사노동의 이분법적 사회구조를 타파할 것을 주장한다.

〉**ADVICE** ③ 자유주의 페미니즘은 제도 및 관습상의 차별과 교육의 불평등으로 인해 여성억압이 발생한다고 인식하였다. 사적 영역인 가정에서 발생하는 여성의 종속문제를 해결함으로써 여성억압 문제를 해결할 수 있다고 주장한 것은 마르크스주의 페미니즘이다.

10 고령화와 관련된 설명으로 옳은 것만을 모두 고르면?

> ㉠ 2022년 12월 현재, 우리나라는 고령사회로 분류된다.
> ㉡ 노령화지수는 생산가능인구수를 몰라도 구할 수 있다.
> ㉢ 우리나라의 고령화 속도는 서구보다 빠르지만 일본보다는 느리다.
> ㉣ OECD 회원국 가운데 우리나라 노인빈곤율이 높은 이유 중 하나는 노인의 경제활동참가율이 다른 회원국에 비해 낮기 때문이다.

① ㉠, ㉡ 　　　　　　　　　　　　② ㉠, ㉢

③ ㉠, ㉡, ㉣ 　　　　　　　　　　④ ㉡, ㉢, ㉣

〉**ADVICE** ㉢ 우리나라의 고령화 속도는 세계 최초로 인구 감소국 반열에 들어선 일본과 비교해도 상황이 심각하다. 일본이 고령화 사회에 들어선 것은 1970년이고, 고령사회로 들어선 것은 1994년으로 24년이 걸린 반면, 우리나라는 불과 17년이 걸렸다. 독일(40년), 미국(73년), 프랑스(115년) 등의 서구 나라와 비교할 때도 매우 빠른 속도이다.

　　㉣ 우리나라는 OECD 회원국 중 노인빈곤율 1위를 차지했다. 우리나라의 경우 노인의 경제활동참가율은 높지만 대부분 비정규직이며, 다른 회원국에 비해 공적이전소득이 적어 상대적으로 노인빈곤율이 높게 나타난다.

11 다음에서 설명하고 있는 연구방법은?

- 무작위 할당을 통한 실험집단과 통제집단을 둔다.
- 두 집단 모두에게 사전검사와 사후검사를 실시한다.
- 실험집단에는 개입을 제공하지만, 통제집단에는 개입을 제공하지 않는다.

---

① 실험설계(experimental design)
② 단일사례설계(single subject design)
③ 유사실험설계(quasi-experimental design)
④ 일회사례연구설계(one-shot case study design)

>ADVICE 제시된 내용은 실험설계에 대한 설명이다.
　　② 단일사례설계 : 통제집단 혹은 비교집단 없이 실험집단만 두는 단일대상연구설계. 개별 대상자의 행동변화를 증명하기 위해서 계획된 연구방법
　　③ 유사실험설계 : 무작위 할당 대신 다른 방법을 통하여 실험집단과 유사한 비교집단을 구성하는 설계방법
　　④ 일회사례연구설계 : 실험변수에 노출된 단일집단에 처치를 한 후 사후적으로 종속변수를 측정하는 방법. 처치효과를 평가할 수 있는 기준점이 없고 통제집단이 없어 집단 간 비교가 불가능한 설계방법

12 장애인복지와 관련된 설명으로 옳은 것만을 모두 고르면?

㉠ 자립생활모델은 삶의 선택에 있어서 장애인 당사자의 참여와 선택을 강조한다.
㉡ 「장애인복지법」에서는 장애 유형을 신체적 장애와 정신적 장애로 구분한다.
㉢ 사회적 모델은 개인의 기능적 제한이 아니라 심리적 상실에서 장애가 발생한다고 본다.
㉣ 정상화(normalization) 이론은 장애인의 시설보호를 반대하고 지역사회 중심의 서비스 제공을 강조한다.

---

① ㉠, ㉢
② ㉡, ㉣
③ ㉠, ㉡, ㉢
④ ㉠, ㉡, ㉣

>ADVICE ㉢ 개인의 기능적 제한이 아니라 심리적 상실에서 장애가 발생한다고 보는 것은 개별적 모델이다.

✎ **ANSWER** 9.③ 10.① 11.① 12.④

13 (가)~(라)에 해당하는 비스텍(Biestek)의 사회복지실천 관계의 원칙을 바르게 나열한 것은?

(가) 고유한 존재로 대우받고 싶은 클라이언트의 욕구에 기반을 둔 관계의 원칙이다. 이 원칙에 따르면 사회복지사는 클라이언트의 특성을 인정하고 이해해야 한다.

(나) 존엄한 존재로 인정받고 싶은 클라이언트의 욕구에 기반을 둔 관계의 원칙이다. 이 원칙에 따르면 사회복지사는 클라이언트를 있는 그대로 받아들이고 대해야 한다.

(다) 자신의 감정을 자유롭게 표현하고 싶은 클라이언트의 욕구에 기반을 둔 관계의 원칙이다. 이 원칙에 따르면 사회복지사는 클라이언트가 부정적 감정도 표현하도록 도와야 한다.

(라) 자신이 표현한 감정에 대해 반응과 공감적 이해를 받고 싶은 클라이언트의 욕구에 기반을 둔 관계의 원칙이다. 이 원칙에 따르면 사회복지사는 클라이언트의 감정에 대해 의도적이며 적절한 반응을 보여야 한다.

	(가)	(나)	(다)	(라)
①	개별화	수용	의도적 감정표현	통제된 정서적 관여
②	개별화	수용	통제된 정서적 관여	의도적 감정표현
③	수용	개별화	통제된 정서적 관여	의도적 감정표현
④	수용	개별화	의도적 감정표현	통제된 정서적 관여

> **ADVICE** 비스텍(Biestek)의 사회복지실천 관계의 7원칙
>
> ㉠ 개별화 : 고유한 존재로 대우받고 싶은 클라이언트의 욕구에 기반을 둔 관계의 원칙
>
> ㉡ 의도적 감정표현 : 자신의 감정을 자유롭게 표현하고 싶은 클라이언트의 욕구에 기반을 둔 관계의 원칙
>
> ㉢ 통제된 정서적 관여 : 자신이 표현한 감정에 대해 반응과 공감적 이해를 받고 싶은 클라이언트의 욕구에 기반을 둔 관계의 원칙
>
> ㉣ 수용 : 존엄한 존재로 인정받고 싶은 클라이언트의 욕구에 기반을 둔 관계의 원칙
>
> ㉤ 비심판적 태도 : 문제 책임에 대해 심판받고 싶지 않은 클라이언트의 욕구에 기반을 둔 관계의 원칙
>
> ㉥ 내담자의 자기결정 : 자신의 문제에 대해서 스스로 결정하고자 하는 클라이언트의 욕구에 기반을 둔 관계의 원칙
>
> ㉦ 비밀보호 : 비밀보장을 원하는 클라이언트의 욕구에 기반을 둔 관계의 원칙

14 면접에서 활용하는 상담기술에 대한 설명으로 옳은 것은?

① '바꾸어 말하기'는 한 주제를 마무리하고 다른 주제로 이동하는 것을 용이하게 하는 기술이다.
② '직면'은 클라이언트가 지닌 생각이나 행동의 모순을 이해하도록 돕는 기술이다.
③ '격려'는 클라이언트가 한 말의 내용, 감정, 의미 등을 정리하는 기술이다.
④ '해석'은 클라이언트가 자신의 감정표현을 촉진하도록 돕는 기술이다.

>**ADVICE** ① '바꾸어 말하기'는 클라이언트가 말한 용어와 같은 뜻을 가진 다른 말로 바꾸어 말함으로써 내담자의 말을 확인하는 기술이다.
  ③ '격려'는 클라이언트가 더 많은 자기노출을 하도록 돕고, 문제해결능력을 최대화시키는 데 효과적인 기술이다.
  ④ '해석'은 클라이언트가 한 말의 내용, 감정, 의미 등에 대해 새로운 가설을 제시하는 것으로 클라이언트가 받아들일 준비가 되어 있다고 판단될 때 시도해야 한다.

15 측정에 대한 설명으로 옳은 것은?

① 측정의 신뢰도가 높으면 타당도도 높아진다.
② 서열척도는 속성 간의 거리나 간격을 동일한 것으로 보는 척도이다.
③ 신뢰도 검사는 측정도구가 일관성 있는 결과를 도출하는지를 확인하는 것이다.
④ 측정 시 발생하는 비체계적 오류에는 문화적 차이에 의한 편향, 사회적 적절성 편향 등이 있다.

>**ADVICE** ① 측정의 신뢰도가 높다고 타당도도 높은 것은 아니다. 높은 신뢰도를 보이는 측정에서도 낮은 타당도, 보통 타당도, 높은 타당도가 나타날 수 있다.
  ② 속성 간의 거리나 간격을 동일한 것으로 보는 척도는 등간척도이다.
  ④ 문화적 차이에 의한 편향, 사회적 적절성 편향은 측정 시 발생하는 체계적 오류에 해당한다. 비체계적 오류는 측정 과정에서 조사 체계와는 관계없이 발생하는 오류이다.

✎ **ANSWER** 13.① 14.② 15.③

16 가족단위의 개입에서 활용하는 주요 기법에 대한 설명으로 옳지 않은 것은?

① '재구성'은 문제를 다른 시각에서 바라볼 수 있도록 돕는 기법이다.

② '가족 조각'은 밀착된 가족성원들을 분리시켜 적절한 경계를 만들도록 돕는 기법이다.

③ '역설적 지시'는 문제가 된다고 판단되는 행동을 유지하거나 강화하도록 지시하는 기법이다.

④ '역할 연습'은 한 가족성원에게 다른 가족성원의 역할을 수행하도록 하여 다른 가족성원의 시각을 경험하도록 돕는 기법이다.

>**ADVICE** ② '가족 조각'은 공간 속에서 가족성원의 몸을 이용해 가족 상호작용의 양상을 표현함으로써 이해를 돕는 기법으로 사티어의 경험적 가족치료에서 쓰이는 기법이다. 밀착된 가족성원들을 분리시켜 적절한 경계를 만들도록 돕는 기법은 미누친의 구조적 가족치료 중 '경계 만들기'에 해당한다.

17 「정신건강증진 및 정신질환자 복지서비스 지원에 관한 법률」상 정신건강사회복지에 대한 설명으로 옳지 않은 것은?

① 정신요양시설은 정신건강증진시설에 해당한다.

② 정신의료기관에는 정신재활시설, 정신건강의학과 의원 등이 있다.

③ 정신건강사회복지사와 정신건강작업치료사는 정신건강전문요원이다.

④ 정신질환자란 망상, 환각, 사고나 기분의 장애 등으로 인하여 독립적으로 일상생활을 영위하는 데 중대한 제약이 있는 사람을 말한다.

>**ADVICE** 정신건강증진 및 정신질환자 복지서비스 지원에 관한 법률 제3조(정의) … 이 법에서 사용하는 용어의 뜻은 다음과 같다.
>
>　1. "정신질환자"란 망상, 환각, 사고(思考)나 기분의 장애 등으로 인하여 독립적으로 일상생활을 영위하는 데 중대한 제약이 있는 사람을 말한다.
>　2. "정신건강증진사업"이란 정신건강 관련 교육·상담, 정신질환의 예방·치료, 정신질환자의 재활, 정신건강에 영향을 미치는 사회복지·교육·주거·근로 환경의 개선 등을 통하여 국민의 정신건강을 증진시키는 사업을 말한다.
>　3. "정신건강복지센터"란 정신건강증진시설, 사회복지사업법에 따른 사회복지시설(이하 "사회복지시설"이라 한다), 학교 및 사업장과 연계체계를 구축하여 지역사회에서의 정신건강증진사업 및 제33조부터 제38조까지의 규정에 따른 정신질환자 복지서비스 지원사업(이하 "정신건강증진사업등"이라 한다)을 하는 다음 각 목의 기관 또는 단체를 말한다.
>　　가. 제15조 제1항부터 제3항까지의 규정에 따라 국가 또는 지방자치단체가 설치·운영하는 기관
>　　나. 제15조 제6항에 따라 국가 또는 지방자치단체로부터 위탁받아 정신건강증진사업등을 수행하는 기관 또는 단체
>　4. "정신건강증진시설"이란 정신의료기관, 정신요양시설 및 정신재활시설을 말한다.
>　5. "정신의료기관"이란 다음 각 목의 어느 하나에 해당하는 기관을 말한다.
>　　가. 의료법에 따른 정신병원
>　　나. 의료법에 따른 의료기관 중 제19조 제1항 후단에 따른 기준에 적합하게 설치된 의원
>　　다. 의료법에 따른 병원급 의료기관에 설치된 정신건강의학과로서 제19조 제1항 후단에 따른 기준에 적합한 기관
>　6. "정신요양시설"이란 제22조에 따라 설치된 시설로서 정신질환자를 입소시켜 요양 서비스를 제공하는 시설을 말한다.
>　7. "정신재활시설"이란 제26조에 따라 설치된 시설로서 정신질환자 또는 정신건강상 문제가 있는 사람 중 대통령령으로 정하는 사람(이하 "정신질환자등"이라 한다)의 사회적응을 위한 각종 훈련과 생활지도를 하는 시설을 말한다.

8. "동료지원인"이란 정신질환자등에 대한 상담 및 교육 등의 역할을 수행할 수 있도록 정신질환자이거나 정신질환자이었던 사람 중 보건복지부령으로 정하는 동료지원인 양성과정을 수료한 사람을 말한다.

18 6~12세에 해당하는 아동 시기에 대한 설명으로 옳은 것은?

① 제1차 신체적 성장 급등기에 해당하는 시기이다.
② 피아제(Piaget)가 제시한 형식적 조작기 단계의 사고가 주로 나타나는 시기이다.
③ 이 시기의 아동은 단체놀이를 통하여 개인의 목표가 집단의 목표보다 우선시됨을 학습하게 된다.
④ 에릭슨(Erikson)은 이 시기의 아동이 성공적인 발달을 하게 되면 능력(competence)이라는 미덕을 획득한다고 보았다.

》**ADVICE** ① 제1차 신체적 성장 급등기에 해당하는 시기는 영아기이다.
② 피아제가 제시한 형식적 조작기 단계의 사고가 주로 나타나는 시기는 12~16세이다.
③ 이 시기의 아동은 단체놀이를 통하여 집단의 목표가 개인의 목표보다 우선시됨을 학습하게 된다.

19 서구 사회복지의 발전과정에서 나타난 제도에 대한 설명으로 옳은 것만을 모두 고르면?

> ㉠ 최초의 사회보험은 독일이 1889년에 도입한 노령 및 폐질보험이다.
> ㉡ 개정구빈법(1834년)은 빈민의 처우를 균일하게 하려는 계획하에 원외구호를 확대하였다.
> ㉢ 스핀햄랜드 제도는 최저생계비를 정하여 임금의 부족분을 보충해 주는 제도로서 일종의 최저생활보장제도이다.
> ㉣ 나치블법은 구제를 원하는 사람에게 노동을 강제하였으며, 빈민에게 기술을 가르쳐 소득창출의 기회를 제공하였다.

① ㉠, ㉢   ② ㉡, ㉣
③ ㉢, ㉣   ④ ㉡, ㉢, ㉣

》**ADVICE** ㉠ 최초의 사회보험은 독일이 1883년에 도입한 질병보험이다.
㉡ 개정구빈법(1834년)은 빈민의 처우를 균일하게 하려는 계획하에 원내구호를 확대하였다.

✎ **ANSWER** 16.② 17.② 18.④ 19.③

20 인간행동과 성격에 대한 주요 학자의 견해로 옳은 것은?

① 반두라(Bandura)는 인지적 요인을 강조하였으며 자기강화의 개념을 제시하였다.

② 로저스(Rogers)는 비합리적인 신념을 제거하는 것을 개입의 목표로 제시하였다.

③ 아들러(Adler)는 각 발달단계에서 심리사회적 위기를 경험하지 않을 때 건강한 발달이 나타난다고 보았다.

④ 프로이트(Freud)는 인간의 무의식을 강조하였으며, 무의식을 개인 무의식과 집단 무의식으로 구분하였다.

>ADVICE ② 비합리적인 신념을 제거하는 것을 개입의 목표로 제시한 것은 인지행동모델이다.

③ 각 발달단계에서 심리사회적 위기를 경험하지 않을 때 건강한 발달이 나타난다고 본 것은 에릭슨의 심리사회적 발달이론이다.

④ 프로이트는 정신분석이론에서 인간의 무의식을 강조하였다. 무의식을 개인 무의식과 집단 무의식으로 구분한 것은 융의 분석심리이론이다.

1 사회복지실천에서 사정(assessment)에 대한 설명으로 옳지 않은 것은?

① 환경 속의 인간이라는 맥락에 기초한다.
② 사회복지 개입의 성과를 확인할 수 있다.
③ 사회복지사와 클라이언트의 상호협력적 활동이다.
④ 클라이언트의 욕구와 문제를 이해하는 과정이다.

>ADVICE 사회복지실천과정은 접수 → 자료수집과 사정 → 계획 수립 → 개입 → 평가와 종결의 과정을 거친다.
    ② 사회복지 개입의 성과를 확인할 수 있는 과정은 평가와 종결이다.

2 양적조사방법과 비교할 때 질적조사방법의 특징으로 옳지 않은 것은?

① 주관성   ② 귀납적 방법
③ 일반화의 한계   ④ 연구절차의 경직성

>ADVICE ④ 질적조사방법은 연구절차의 유연성을 강조한다.

3 사회복지의 잔여적 관점과 제도적 관점에 대한 설명으로 옳은 것은?

① 제도적 관점에서는 자산조사를 통해 선별적 급여를 제공한다.
② 잔여적 관점에서 사회복지급여 제공은 국가의 시혜가 아니라 수급자의 권리이다.
③ 제도적 관점에서는 사회복지를 일시적이고 보충적인 기능을 수행하는 제도로 인식한다.
④ 잔여적 관점에서는 가족이나 시장경제가 개인의 욕구를 적절하게 충족시키지 못하는 경우에만 사회복지서비스를 제공한다.

>ADVICE ① 잔여적 관점에 대한 설명이다.
    ② 제도적 관점에 대한 설명이다.
    ③ 잔여적 관점에 대한 설명이다.

ANSWER 20.① / 1.② 2.④ 3.④

4 베버리지 보고서에서 제시한 사회보험 운영의 기본 원칙이 아닌 것은?

① 급여 충분성의 원칙   ② 열등처우의 원칙

③ 정액 급여의 원칙   ④ 행정책임 통합의 원칙

>**ADVICE** ② 열등처우의 원칙은 개정빈민법(1834)에서 규정한 기본 원칙이다.

     ※ 베버리지 보고서에서 제시한 6대 기본 원칙

        ㉠ 정액 급여의 원칙

        ㉡ 정액 갹출의 원칙

        ㉢ 행정책임 통합의 원칙

        ㉣ 급여 적절성의 원칙

        ㉤ 포괄성의 원칙

        ㉥ 피보험자 분류의 원칙

5 길버트법(Gilbert Act)에 대한 설명으로 옳은 것은?

① 비인도적 빈민처우를 강화하였다.

② 노동능력이 있는 빈민에 대해 원외구제를 허용하였다.

③ 요보호빈곤아동에게 강제적으로 도제수습을 받도록 하였다.

④ 빈민 원인 조사를 위해 우애방문원(friendly visitors)의 역할을 강조하였다.

>**ADVICE** ① 길버트법은 인도적 빈민처우를 강화하였다.

     ③ 엘리자베스 빈민법에 대한 설명이다.

     ④ 자선조직협회에 대한 설명이다.

6 사례관리의 초기과정(intake) 이후 단계를 순서대로 바르게 나열한 것은?

① 계획 ─ 사정 ─ 평가 ─ 실행 ─ 점검

② 계획 ─ 사정 ─ 실행 ─ 평가 ─ 점검

③ 사정 ─ 계획 ─ 실행 ─ 점검 ─ 평가

④ 사정 ─ 계획 ─ 평가 ─ 실행 ─ 점검

>**ADVICE** 사례관리의 과정

     접수→사정→계획→실행(개입)→점검 및 재사정→평가 및 종결

7 「노인복지법」상 노인복지시설에 대한 설명으로 옳지 않은 것은?

① 노인여가복지시설은 방문요양, 주·야간보호서비스 등을 제공한다.
② 노인의료복지시설에는 노인요양시설, 노인요양공동생활가정이 있다.
③ 노인주거복지시설에는 양로시설, 노인공동생활가정, 노인복지주택이 있다.
④ 지역노인보호전문기관은 노인학대 예방을 위하여 일반인을 대상으로 한 노인학대 예방교육을 담당한다.

> **ADVICE** ① 방문요양, 주·야간보호서비스 등을 제공하는 것은 재가노인복지시설이다.
> ※ 재가노인복지시설〈노인복지법 제38조 제1항〉… 재가노인복지시설은 다음 각 호의 어느 하나 이상의 서비스를 제공함을 목적으로 하는 시설을 말한다.
> 1. 방문요양서비스 : 가정에서 일상생활을 영위하고 있는 노인(이하 "재가노인"이라 한다)으로서 신체적·정신적 장애로 어려움을 겪고 있는 노인에게 필요한 각종 편의를 제공하여 지역사회안에서 건전하고 안정된 노후를 영위하도록 하는 서비스
> 2. 주·야간보호서비스 : 부득이한 사유로 가족의 보호를 받을 수 없는 심신이 허약한 노인과 장애노인을 주간 또는 야간 동안 보호시설에 입소시켜 필요한 각종 편의를 제공하여 이들의 생활안정과 심신기능의 유지·향상을 도모하고, 그 가족의 신체적·정신적 부담을 덜어주기 위한 서비스
> 3. 단기보호서비스 : 부득이한 사유로 가족의 보호를 받을 수 없어 일시적으로 보호가 필요한 심신이 허약한 노인과 장애노인을 보호시설에 단기간 입소시켜 보호함으로써 노인 및 노인가정의 복지증진을 도모하기 위한 서비스
> 4. 방문 목욕서비스 : 목욕 장비를 갖추고 재가노인을 방문하여 목욕을 제공하는 서비스
> 5. 그 밖의 서비스 : 그 밖에 재가노인에게 제공하는 서비스로서 보건복지부령이 정하는 서비스

8 사회서비스 바우처에 대한 설명으로 옳지 않은 것은?

① 공급자 재정지원방식이다.
② 공급자 간 경쟁을 촉진시켜 서비스 향상을 도모한다.
③ 특정한 재화나 서비스의 수요자에게 일정 금액의 구매권을 제공한다.
④ 일정한 용도 내에서는 현금 급여 방식처럼 소비자의 선택이 가능하다.

> **ADVICE** ① 바우처는 특정한 재화나 서비스의 수요자(소비자)에게 일정 금액의 구매권을 제공하는 방식이다.

 ANSWER 4.② 5.② 6.③ 7.① 8.①

9 사회복지실천기술에 대한 설명으로 옳지 않은 것은?

① 요약 : 사회복지사가 클라이언트의 모호한 말을 더 이해하기 쉬운 말과 생각으로 정리하는 것

② 재명명 : 클라이언트가 부여하는 의미를 수정해 줌으로써 클라이언트의 시각을 긍정적인 방향으로 변화시키는 것

③ 재보증 : 클라이언트의 능력에 대해 사회복지사가 신뢰를 표현함으로써 클라이언트의 불안과 불확실성을 제거하고 위안을 주는 것

④ 해석 : 클라이언트가 제공한 정보를 바탕으로 사회복지사가 다양한 이론에 근거하여 클라이언트에게 자신의 상황을 보는 대안적 준거 틀을 제공하는 것

❯ADVICE ① 명료화에 대한 설명이다. 요약은 클라이언트가 한 말의 내용과 그 속에 담긴 감정, 의미들을 전체적으로 정리하는 기술이다.

10 우리나라 사회복지사 윤리강령에 대한 설명으로 옳은 것은?

① 보건복지부장관이 고시한다.

② 법률에 준하는 강제적 효력이 있다.

③ 사회복지 서비스에 대한 이용료 부과를 금지한다.

④ 슈퍼바이저는 전문적 기준에 따라 슈퍼비전을 수행하며, 공정하게 평가하고 평가 결과를 슈퍼바이지와 공유한다.

❯ADVICE ① 사회복지사 윤리강령은 한국사회복지사협회에서 최종 개정안을 도출하고 이사회, 총회를 거쳐 보건복지부 승인을 받은 후 공포한다.

② 사회복지사 윤리강령은 법적 구속력을 가지지는 않는다.

③ 사회복지사는 필요한 경우에 제공된 서비스에 대해 공정하고 합리적으로 이용료를 책정할 수 있다.

11 인권에 대한 설명으로 옳은 것만을 모두 고르면?

> ㉠ 인권은 인간의 욕구를 충족시키기 위한 법적 권리이다.
> ㉡ 인권은 국제법과 국제규약 및 각국의 국내법에 의해 규정된다.
> ㉢ 인권은 문화를 초월하여 각국마다 동일하게 규정된다.
> ㉣ 사회복지실천에서는 인권과 윤리를 명확하게 구분한다.

① ㉠, ㉡   ② ㉠, ㉢
③ ㉡, ㉣   ④ ㉢, ㉣

>ADVICE ㉢ 인권에 대한 규정은 시대, 사회·문화적 환경 등에 따라 차이가 있을 수 있다.
> ㉣ 인권과 윤리는 상호 관련성이 높은 개념이다.

12 「장애인활동 지원에 관한 법률」상 활동지원급여에 대한 설명으로 옳은 것만을 모두 고르면?

> ㉠ 활동지원급여의 종류에는 활동보조, 방문목욕, 주간보호, 편의시설 설치가 있다.
> ㉡ 활동지원급여 중 활동보조는 신체활동과 가사활동 및 이동보조 등을 포함한다.
> ㉢ 활동지원급여는 장애인이 지역사회 안에서 사회구성원으로 살아갈 수 있도록 제공하여야 한다.

① ㉠   ② ㉡
③ ㉠, ㉢   ④ ㉡, ㉢

>ADVICE ㉠ 활동지원급여란 수급자에게 제공되는 제16조 제1항에 따른 활동보조, 방문목욕, 방문간호 등의 서비스를 말한다〈장애
> 인활동 지원에 관한 법률 제2조(정의) 제2호〉. 편의시설 설치에 관한 사항은 장애인복지법과 장애인·노인·임산부 등
> 의 편의증진 보장에 관한 법률 등에서 규정하고 있다.
> ㉡ 활동보조 : 활동지원인력인 활동지원사가 수급자의 가정 등을 방문하여 신체활동, 가사활동 및 이동보조 등을 지원하는
> 활동지원급여〈동법 제16조(활동지원급여의 종류 등) 제1항 제1호〉
> ㉢ 동법 제2조의2(기본원칙) 제2항

13 의료급여제도에 대한 설명으로 옳은 것만을 모두 고르면?

> ㉠ 「입양특례법」에 따라 국내에 입양된 18세 미만의 아동은 수급권자에 해당한다.
> ㉡ 소득 재분배기능과 위험 분산효과를 통하여 사회통합을 도모하는 사회보험제도이다.
> ㉢ 법률에 의한 강제 가입과 보험료 납부의 강제성을 가지고 있다.

① ㉠
② ㉠, ㉡
③ ㉡, ㉢
④ ㉠, ㉡, ㉢

> **ADVICE** 의료급여제도는 공공부조에 해당한다.
> ㉡㉢ 사회보험에 대한 설명이다.

14 강점 관점에 대한 설명으로 옳지 않은 것은?

① 모든 개인과 집단, 가족 및 지역사회는 강점을 지니고 있다.
② 클라이언트의 주변 환경에는 활용가능한 자원이 매우 부족하다.
③ 사회복지사와 클라이언트가 협력할 때 클라이언트에게 가장 좋은 서비스를 제공할 수 있다.
④ 외상과 학대, 질병 및 고통은 클라이언트의 인생에 상처가 되기도 하지만 도전과 기회의 원천이 되기도 한다.

> **ADVICE** ② 강점 관점은 클라이언트의 잠재역량과 자원을 인정하고, 그 자원의 활용을 중시하는 관점이다.

15 「사회보장기본법」상 비용부담에 관한 규정으로 (가)~(다)에 들어갈 내용을 순서대로 바르게 연결한 것은?

- 사회보험에 드는 비용은 사용자, 피용자(被傭者) 및 자영업자가 부담하는 것을 원칙으로 하되, 관계 법령에서 정하는 바에 따라 | (가) | 가 그 비용의 일부를 부담할 수 있다.
- 공공부조 및 관계 법령에서 정하는 일정 소득 수준 이하의 국민에 대한 사회서비스에 드는 비용의 전부 또는 일부는 | (나) | 가 부담한다.
- 부담 능력이 있는 국민에 대한 사회서비스에 드는 비용은 그 수익자가 부담함을 원칙으로 하되, 관계 법령에서 정하는 바에 따라 | (다) | 가 그 비용의 일부를 부담할 수 있다.

	(가)	(나)	(다)
①	국가	국가와 지방자치단체	국가
②	국가	국가와 지방자치단체	국가와 지방자치단체
③	국가와 지방자치단체	국가	국가
④	국가와 지방자치단체	국가	국가와 지방자치단체

>**ADVICE** 비용의 부담〈사회보장기본법 제28조〉

① 사회보장 비용의 부담은 각각의 사회보장제도의 목적에 따라 국가, 지방자치단체 및 민간부문 간에 합리적으로 조정되어야 한다.

② 사회보험에 드는 비용은 사용자, 피용자(被傭者) 및 자영업자가 부담하는 것을 원칙으로 하되, 관계 법령에서 정하는 바에 따라 국가가 그 비용의 일부를 부담할 수 있다.

③ 공공부조 및 관계 법령에서 정하는 일정 소득 수준 이하의 국민에 대한 사회서비스에 드는 비용의 전부 또는 일부는 국가와 지방자치단체가 부담한다.

④ 부담 능력이 있는 국민에 대한 사회서비스에 드는 비용은 그 수익자가 부담함을 원칙으로 하되, 관계 법령에서 정하는 바에 따라 국가와 지방자치단체가 그 비용의 일부를 부담할 수 있다.

ANSWER 13.① 14.② 15.②

16 소득보장프로그램에 대한 설명으로 옳은 것은?

① 아동수당은 기여－자산조사 프로그램에 해당한다.
② 기초연금은 기여－비자산조사 프로그램에 해당한다.
③ 공공부조제도는 사회보험에 비해 재분배기능이 높다.
④ 장애인연금제도는 비기여방식으로 운영되는 사회보험이다.

> **ADVICE** ① 아동수당은 비기여－비자산조사 프로그램에 해당한다.
> ② 기초연금은 비기여－자산조사 프로그램에 해당한다.
> ④ 장애인연금제도는 비기여방식으로 운영되는 공공부조이다.

17 「노인장기요양보험법」의 내용으로 옳지 않은 것은?

① 장기요양보험 가입자는 「국민건강보험법」에 따른 가입자로 한다.
② 장기요양급여에는 재가급여와 시설급여 및 의료급여가 있다.
③ 장기요양보험사업은 보건복지부장관이 관장하며, 장기요양보험사업의 보험자는 국민건강보험공단이다.
④ 장기요양보험료, 국가 및 지방자치단체의 부담금 등을 재원으로 하여 노인등에게 장기요양급여를 제공한다.

> **ADVICE** 장기요양급여의 종류〈노인장기요양보험법 제23조 제1항〉… 이 법에 따른 장기요양급여의 종류는 다음 각 호와 같다.
> 1. 재가급여
>   가. 방문요양 : 장기요양요원이 수급자의 가정 등을 방문하여 신체활동 및 가사활동 등을 지원하는 장기요양급여
>   나. 방문목욕 : 장기요양요원이 목욕설비를 갖춘 장비를 이용하여 수급자의 가정 등을 방문하여 목욕을 제공하는 장기요양급여
>   다. 방문간호 : 장기요양요원인 간호사 등이 의사, 한의사 또는 치과의사의 지시서(이하 "방문간호지시서"라 한다)에 따라 수급자의 가정 등을 방문하여 간호, 진료의 보조, 요양에 관한 상담 또는 구강위생 등을 제공하는 장기요양급여
>   라. 주·야간보호 : 수급자를 하루 중 일정한 시간 동안 장기요양기관에 보호하여 신체활동 지원 및 심신기능의 유지·향상을 위한 교육·훈련 등을 제공하는 장기요양급여
>   마. 단기보호 : 수급자를 보건복지부령으로 정하는 범위 안에서 일정 기간 동안 장기요양기관에 보호하여 신체활동 지원 및 심신기능의 유지·향상을 위한 교육·훈련 등을 제공하는 장기요양급여
>   바. 기타재가급여 : 수급자의 일상생활·신체활동 지원 및 인지기능의 유지·향상에 필요한 용구를 제공하거나 가정을 방문하여 재활에 관한 지원 등을 제공하는 장기요양급여로서 대통령령으로 정하는 것
> 2. 시설급여 : 장기요양기관에 장기간 입소한 수급자에게 신체활동 지원 및 심신기능의 유지·향상을 위한 교육·훈련 등을 제공하는 장기요양급여
> 3. 특별현금급여
>   가. 가족요양비 : 제24조에 따라 지급하는 가족장기요양급여
>   나. 특례요양비 : 제25조에 따라 지급하는 특례장기요양급여
>   다. 요양병원간병비 : 제26조에 따라 지급하는 요양병원장기요양급여

18 사례관리에 대한 설명으로 옳지 않은 것은?

① 사정의 영역에는 욕구, 자원, 장애물 등이 포함된다.
② 예기치 않은 과정에서 다양한 이유로 종결될 수 있다.
③ 사례관리 적격 여부를 확인하여 기관의 클라이언트로 확정하는 과정은 사정단계이다.
④ 클라이언트에 대한 상담, 치료 등의 직접적 활동뿐만 아니라 가족과 지역사회를 대상으로 하는 간접적 활동도 제공한다.

>**ADVICE** ③ 사례관리 적격 여부를 확인하여 기관의 클라이언트로 확정하는 과정은 접수단계이다.

19 「청소년복지 지원법」상 청소년복지시설에 대한 설명으로 옳은 것만을 모두 고르면?

> ㉠ 청소년쉼터 : 가정 밖 청소년에 대하여 가정·학교·사회로 복귀하여 생활할 수 있도록 일정 기간 보호하면서 상담·주거·학업·자립 등을 지원하는 시설
> ㉡ 청소년자립지원관 : 일정 기간 청소년쉼터 또는 청소년회복지원시설의 지원을 받았는데도 가정·학교·사회로 복귀하여 생활할 수 없는 청소년에게 자립하여 생활할 수 있는 능력과 여건을 갖추도록 지원하는 시설
> ㉢ 청소년치료재활센터 : 학습·정서·행동상의 장애를 가진 청소년을 대상으로 정상적인 성장과 생활을 할 수 있도록 해당 청소년에게 적합한 치료·교육 및 재활을 종합적으로 지원하는 거주형 시설

① ㉠, ㉡   ② ㉠, ㉢
③ ㉡, ㉢   ④ ㉠, ㉡, ㉢

>**ADVICE** 청소년복지시설의 종류〈청소년복지 지원법 제31조〉 … 청소년기본법 제17조에 따른 청소년복지시설(이하 "청소년복지시설"이라 한다)의 종류는 다음 각 호와 같다.
> 1. 청소년쉼터 : 가정 밖 청소년에 대하여 가정·학교·사회로 복귀하여 생활할 수 있도록 일정 기간 보호하면서 상담·주거·학업·자립 등을 지원하는 시설
> 2. 청소년자립지원관 : 일정 기간 청소년쉼터 또는 청소년회복지원시설의 지원을 받았는데도 가정·학교·사회로 복귀하여 생활할 수 없는 청소년에게 자립하여 생활할 수 있는 능력과 여건을 갖추도록 지원하는 시설
> 3. 청소년치료재활센터 : 학습·정서·행동상의 장애를 가진 청소년을 대상으로 정상적인 성장과 생활을 할 수 있도록 해당 청소년에게 적합한 치료·교육 및 재활을 종합적으로 지원하는 거주형 시설
> 4. 청소년회복지원시설 : 소년법 제32조 제1항 제1호에 따른 감호 위탁 처분을 받은 청소년에 대하여 보호자를 대신하여 그 청소년을 보호할 수 있는 자가 상담·주거·학업·자립 등 서비스를 제공하는 시설

 ANSWER 16.③ 17.② 18.③ 19.④

20 「정신건강증진 및 정신질환자 복지서비스 지원에 관한 법률」상 정신건강사회복지에 대한 설명으로 옳지 않은 것은?

① 정신요양시설은 정신질환자의 사회적응을 위한 각종 훈련과 생활지도를 하는 시설이다.

② 국가계획 또는 지역계획에는 영·유아, 아동, 청소년, 중·장년, 노인 등 생애주기 및 성별에 따른 정신건강증진사업이 포함되어야 한다.

③ 정신건강증진시설이란 정신의료기관, 정신요양시설 및 정신재활시설을 말한다.

④ 보건복지부장관 또는 지방자치단체의 장은 알코올, 마약, 도박, 인터넷 등의 중독 문제와 관련한 종합적인 지원사업을 수행하기 위하여 중독관리통합지원센터를 설치·운영할 수 있다.

〉**ADVICE** 정신건강증진 및 정신질환자 복지서비스 지원에 관한 법률 제3조(정의) … 이 법에서 사용하는 용어의 뜻은 다음과 같다.

1. "정신질환자"란 망상, 환각, 사고(思考)나 기분의 장애 등으로 인하여 독립적으로 일상생활을 영위하는 데 중대한 제약이 있는 사람을 말한다.

2. "정신건강증진사업"이란 정신건강 관련 교육·상담, 정신질환의 예방·치료, 정신질환자의 재활, 정신건강에 영향을 미치는 사회복지·교육·주거·근로 환경의 개선 등을 통하여 국민의 정신건강을 증진시키는 사업을 말한다.

3. "정신건강복지센터"란 정신건강증진시설, 사회복지사업법에 따른 사회복지시설(이하 "사회복지시설"이라 한다), 학교 및 사업장과 연계체계를 구축하여 지역사회에서의 정신건강증진사업 및 제33조부터 제38조까지의 규정에 따른 정신질환자 복지서비스 지원사업(이하 "정신건강증진사업등"이라 한다)을 하는 다음 각 목의 기관 또는 단체를 말한다.

   가. 제15조 제1항부터 제3항까지의 규정에 따라 국가 또는 지방자치단체가 설치·운영하는 기관

   나. 제15조 제6항에 따라 국가 또는 지방자치단체로부터 위탁받아 정신건강증진사업 등을 수행하는 기관 또는 단체

4. "정신건강증진시설"이란 정신의료기관, 정신요양시설 및 정신재활시설을 말한다.

5. "정신의료기관"이란 다음 각 목의 어느 하나에 해당하는 기관을 말한다.

   가. 의료법에 따른 정신병원

   나. 의료법에 따른 의료기관 중 제19조 제1항 후단에 따른 기준에 적합하게 설치된 의원

   다. 의료법에 따른 병원급 의료기관에 설치된 정신건강의학과로서 제19조 제1항 후단에 따른 기준에 적합한 기관

6. "정신요양시설"이란 제22조에 따라 설치된 시설로서 정신질환자를 입소시켜 요양 서비스를 제공하는 시설을 말한다.

7. "정신재활시설"이란 제26조에 따라 설치된 시설로서 정신질환자 또는 정신건강상 문제가 있는 사람 중 대통령령으로 정하는 사람(이하 "정신질환자등"이라 한다)의 사회적응을 위한 각종 훈련과 생활지도를 하는 시설을 말한다.

8. "동료지원인"이란 정신질환자등에 대한 상담 및 교육 등의 역할을 수행할 수 있도록 정신질환자이거나 정신질환자이었던 사람 중 보건복지부령으로 정하는 동료지원인 양성과정을 수료한 사람을 말한다.

✎ **ANSWER** 20.①

1 사회복지사가 클라이언트의 입장에 서서 클라이언트가 경험한 감정, 행동, 동기 등을 민감하고 주의 깊게 이해하는 실천 기술은?

① 공감 ② 동정
③ 수용 ④ 해석

>**ADVICE** ① 공감 : 클라이언트의 입장이 되어 클라이언트의 생각이나 경험한 감정, 행동, 동기 등을 내 것처럼 느끼고 이해하는 기술
② 동정 : 클라이언트의 감정에 깊이 빠져서 고통을 동참해서 몰입하는 기술
③ 수용 : 클라이언트의 강점과 약점, 긍정적이거나 부정적인 감정, 건설적이거나 파괴적인 태도와 행동 등을 있는 그대로 받아들이는 기술
④ 해석 : 클라이언트가 잘 알지 못하는 것을 이해시키는 기술

2 사례관리가 등장한 배경으로 옳지 않은 것은?

① 복합적인 욕구를 가진 클라이언트 증가 ② 지방분권화에 따른 서비스 공급의 탈중앙화
③ 탈시설화에 따른 지역사회 중심의 서비스 필요 ④ 서비스 전문화에 따른 서비스 연계 필요성 감소

>**ADVICE** ④ 서비스 망이 복잡해지고 분산되며 전문화됨으로써 서비스 간 연계성 부족의 문제점이 나타남으로써, 서비스 연계 필요성 증가
※ 사례관리의 등장배경
㉠ 클라이언트의 양적 증가
㉡ 다양한 문제와 복합적인 욕구를 가진 클라이언트의 증가
㉢ 탈시설화로 인한 지역사회 서비스의 증가
㉣ 서비스 공급주체의 다원화와 서비스 공급의 지방분권화(탈중앙화)
㉤ 복잡하고 분산된 서비스 체계
㉥ 클라이언트와 그 가족, 이웃에게 부과되는 과도한 책임 분산의 필요성
㉦ 사회적(비공식적) 지지체계와 지원망의 중요성에 대한 인식
㉧ 대인복지 서비스의 비용효과로서 서비스들 간의 중복을 피하여 서비스 전달 비용을 억제할 필요성
㉨ 복지국가의 재정적 위기

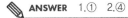 **ANSWER** 1.① 2.④

3 자살 위험이 있는 클라이언트에 대한 개입 방법으로 옳지 않은 것은?

① 자살 유발 요인을 개인 및 사회환경적 차원에서 다각도로 파악한다.
② 절망 척도, 자살 가능성 척도 등을 활용해 자살 위험 정도를 평가한다.
③ 클라이언트가 자살에 대해 말하면 신속하게 위로하고 다른 주제로 전환한다.
④ 클라이언트가 느끼는 정서적 고통, 절망감, 무력감 등에 대해 경청한다.

>ADVICE ③ 클라이언트가 자살에 대해 말하면 자살하려는 이유, 현재 상황을 구체적으로 말하도록 하여 자살과 관련된 클라이언트 자신의 사고를 탐색하도록 돕는다.

   ※ 자살 위험이 있는 클라이언트를 위한 개입
      ㉠ 자살 생각이 있는지를 탐색하고, 자살 유발 요인을 개인 및 사회환경적 차원에서 다각도로 파악한다.
      ㉡ 자살 생각의 가능성이 보이면 절망 척도, 자살 가능성 척도 등을 활용해 자살 위험도를 평가한다.
      ㉢ 자살에 대해 말하면, 자살하려는 이유, 현재 상황을 구체적으로 말하도록 하여 자살과 관련된 클라이언트 자신의 사고를 탐색하도록 돕는다.
      ㉣ 클라이언트의 감정표현을 격려하고, 정서적 고통, 절망감, 무력감 등에 대해 경청하여 그 원인에 대한 통찰을 하도록 돕는다.
      ㉤ 클라이언트의 강점과 자원을 탐색하여 자신의 긍정적인 면을 찾도록 돕는다.

4 다음에서 설명하는 사회복지의 동기는?

> • 사회문제를 예방하여 사회적 비용을 절감하고자 함
> • 사회복지 급여나 프로그램을 제공함으로써 저소득층의 구매력을 높여 내수진작

① 종교적 동기   ② 경제적 동기
③ 정치적 동기   ④ 도덕적 동기

>ADVICE ② 경제적 동기: 사회문제와 그 결과를 경감하거나 제거함으로써 사회비용을 줄일 수 있다. 사회복지프로그램을 통해 생산측면에서는 사람들의 생산적 고용 증진과, 소비측면에서 빈곤계층의 구매력를 증진하여 내수진작이 될 수 있다.
   ① 종교적 동기: 종교계는 자선활동 전개로 직·간접적으로 관여한다.
   ③ 정치적 동기: 미국은 대공황으로 대규모 실업과 이로 인한 사회경제적 문제가 발생하자 미국 정부는 정치적 권력 유지를 위한 방법으로 사회보장제도를 고안했으며, 영국의 구빈법은 부랑자들의 위협이 사회불안으로 이어질 것을 우려해 사회복지에 대한 국가 책임을 분명히 했다.
   ④ 도덕적 동기: 사회복지의 대표적인 명분으로 이타주의, 인간중심주의, 복지주의 이데올로기가 있다.

 ANSWER 3.③ 4.②

5 다음에서 설명하는 사례관리 기술은?

> • 서비스 제공 기관들이 원활하고 조화롭게 서비스를 제공할 수 있도록 한다.
> • 서비스의 중복, 누락, 단절이 일어나지 않게 하는 효과가 있다.
> • 서비스 제공 기관들이 공동의 목적을 이루기 위해 함께 협력하는 활동이다.

① 의뢰   ② 조정

③ 중개   ④ 사정

〉ADVICE ② 조정 : 서비스 제공 기관들이 조화롭게 서비스를 제공하여 서비스 지원망의 효율성을 높이고, 서비스의 중복, 누락, 단절이 일어나지 않게 한다.

　　※ 사례관리의 기능
　　　㉠ 클라이언트와 필요한 서비스의 연결
　　　㉡ 공식적 체계와 비공식적 체계의 동시 활용
　　　㉢ 비공식자원 체계와 클라이언트의 상호작용 촉진
　　　㉣ 사례관리기관 상호간의 조정
　　　㉤ 상담
　　　㉥ 문제해결
　　　㉦ 옹호

6 사회복지실천의 간접적 개입 예시로 옳은 것만을 모두 고르면?

> ㉠ 문제 해결에 필요한 정보를 클라이언트에게 제공
> ㉡ 불이익을 받고 있는 클라이언트 옹호
> ㉢ 클라이언트 동기 부여를 위한 상담
> ㉣ 클라이언트 권한 강화를 위한 프로그램 개발

① ㉠, ㉢
② ㉡, ㉣
③ ㉠, ㉡, ㉢
④ ㉠, ㉡, ㉣

>ADVICE 사례관리의 개입(사례관리자의 역할)
> –직접적인 개입 : 상담 및 치료, 문제해결 역량 강화, 교육 및 훈련, 정보제공(상담자, 교육자 역할)
> –간접적인 개입 : 프로그램 개발, 중개, 조정, 옹호(개발자, 중개자, 조정자, 옹호자 역할)
> • 중개 : 클라이언트와 지원 및 서비스를 연결하고, 법률적 도움이나 필요한 자원을 얻도록 돕는다.
> • 조정 : 서비스 제공 기관들이 조화롭게 서비스를 제공하여 서비스 지원망의 효율성을 높이고, 서비스의 중복, 누락, 단절이 일어나지 않게 한다.
> • 옹호 : 클라이언트를 위한 서비스 전달에 필요한 자원이 없거나 제공되지 않을 경우, 적절한 서비스를 받을 수 있는 권리를 확보 유지하도록 정책을 변화시키고 자원을 제공하도록 한다.
>   ㉠, ㉢은 직접적 개입이다.

7 브래드쇼(Bradshaw)가 제시한 욕구에 대한 설명으로 옳은 것은?

① 규범적 욕구(normative need)는 전문가 등이 정해 둔 바람직한 수준과 실제 상태의 차이를 포함한다.
② 감지적 욕구(felt need)는 규범적 욕구가 실제 상황에서 욕구 충족의 추구 행위로 나타난 것이다.
③ 비교적 욕구(comparative need)는 당사자의 주관적인 느낌에 따라 인식된다.
④ 표현적 욕구(expressed need)는 개인의 인식 정도에 따라 달라지는 상대적 욕구이다.

>ADVICE 브래드쇼(Bradshow)의 욕구인식의 기준에 따른 욕구 분류
> ① 규범적 욕구 : 미리 바람직한 욕구충족의 수준을 정해놓고 이 수준과 실제상태와의 차이에 의하여 욕구의 정도를 규정하는 것
> ② 감지적 욕구 : 욕구상태에 있는 당사자의 느낌에 의해 인식되는 것
> ③ 비교적 욕구 : 어떤 서비스를 받고 있는 사람들과 비슷한 특성을 갖고 있으면서도 서비스를 받지 않고 있는 사람들을 욕구상태에 있는 것으로 규정하는 것
> ④ 표현적 욕구 : 감지적 욕구가 실제의 욕구충족 추구행위로 나타난 것

 ANSWER 6.② 7.①

8 사회복지 관련 법률 중 제정 연도가 가장 이른 것은?

① 고용보험법
② 국민연금법
③ 기초연금법
④ 노인장기요양보험법

>ADVICE ② 국민연금법(1973) > ① 고용보험법(1993) > ④ 노인장기요양보험법(2007) > ③ 기초연금법(2014)
② 1973년 제정된 국민복지연금법은 1986년 국민연금법으로 전면개정하여 1988년부터 실시되고 있다.

9 「국민기초생활 보장법」에 대한 설명으로 옳은 것만을 모두 고르면?

┌───┐
│ ⊙ 보장기관은 「국민기초생활 보장법」에 따른 급여를 실시하는 사회복지시설을 말한다. │
│ ⓛ 급여는 개별가구 단위로 실시하는 것을 원칙으로 한다. │
│ ⓒ 「국민기초생활 보장법」에 따른 급여는 다른 법령에 따른 보호에 우선하여 행한다. │
│ ② 수급권자의 1촌의 직계혈족 및 그 배우자는 수급권자를 부양할 책임이 있는 부양의무자이나, 사망한 1촌 │
│ 의 직계혈족의 배우자는 제외된다. │
└───┘

① ⊙, ⓒ
② ⓛ, ②
③ ⊙, ⓛ, ⓒ
④ ⊙, ⓛ, ②

>ADVICE 「국민기초생활 보장법」
ⓛ 제4조(급여의 기준 등) 제3항 : 보장기관은 「국민기초생활 보장법」에 따른 급여를 개별가구 단위로 실시한다.
② 제2조(정의) 제5호 : 부양의무자란 수급권자를 부양할 책임이 있는 사람으로서 수급권자의1촌의 직계혈족 및 그 배우자
를 말한다. 다만, 사망한 1촌의 직계혈족의 배우자는 제외한다.
⊙ 보장기관이란 「국민기초생활 보장법」에 따른 급여를 실시하는 국가 또는 지방자치단체를 말한다.[제2조(정의) 제4호]
ⓒ 「국민기초생활 보장법」에 따른 급여는 건강하고 문화적인 최저생활을 유지할 수 있는 것이어야 한다.[제4조(급여의 기
준 등) 제1항]

ANSWER 8.② 9.②

10 사회복지실천의 가치와 윤리에 대한 설명으로 옳지 않은 것은?

① 가치는 개인의 윤리 기준이 모여 사회적으로 형성된 행동 지침이다.

② 가치는 좋은 것, 바람직한 것에 대한 가정이자 신념이다.

③ 윤리는 도덕적으로 옳고 그른 것을 판단하는 규범이다.

④ 윤리는 인간의 행동을 규제하는 기준이나 원칙을 포함한다.

>**ADVICE** ① 윤리는 개인의 가치 기준이 모여 사회적으로 형성된 행동 지침이다.

　※ 사회복지실천의 가치와 윤리

　　㉠ 가치 : 무엇이 좋고 바람직한 것인지에 대한 가정이자 신념으로, 추구해야 할 이상적인 것이며 행동의 기준이다.

　　㉡ 윤리 : 어떤 행동의 옳고 그름에 대한 판단 기준(규범)으로, 집단사회의 행동 지침이며, 인간의 행동을 규제하는 기준이나 원칙을 포함한다.

11 에스핑 앤더슨(Esping-Andersen)이 분류한 복지국가 유형 중 탈상품화 정도가 가장 큰 유형부터 순서대로 바르게 나열한 것은?

① 자유주의, 조합주의, 사회민주주의

② 자유주의, 사회민주주의, 조합주의

③ 사회민주주의, 조합주의, 자유주의

④ 사회민주주의, 자유주의, 조합주의

>**ADVICE** ③ 탈상품화 정도가 큰 순서는 사회민주주의(사민주의) > 조합주의(보수주의) > 자유주의이다.

　– 에스핑 앤더슨의 복지국가 유형 : 탈상품화와 계층화의 정도로 자유주의, 조합주의(보수주의), 사회민주주의(사민주의)로 유형화했다.

　– 탈상품화란 시민들이 자신이 필요하다고 생각할 때 자유롭게, 직업, 수입, 일반적 복지를 상실할 위험이 없는 상태에서 노동에서 손을 떼고도 사회적으로 용인될 만한 생활수준을 영위할 수 있는 정도를 말한다.

　– 계층화란 복지혜택 정도가 계층별로 나누어지는 정도를 의미한다.

ANSWER 10.① 11.③

12 다음 예시에서 공통적으로 사용된 사회복지실천 개입 기술은?

- "아이를 심하게 야단쳤다고 하셨는데, 어떻게 야단쳤다는 말씀이신지요?"
- "모든 것이 다 끝났다고 하셨는데, 구체적으로 설명해 주시겠습니까?"
- "부모님과 이야기하면 기분이 안 좋아져서 없어져 버렸으면 좋겠다고 했는데, 없어져 버렸으면 좋겠다는 말은 무슨 뜻인가요?"

① 직면　　　　　　　　　　　　　　② 요약
③ 명료화　　　　　　　　　　　　　④ 재보증

>ADVICE 사회복지실천 개입 기술
　③ 명료화 : 클라이언트의 생각이나 감정, 경험을 명확히 이해하기 위해 클라이언트의 진술이 추상적이거나 혼란스러운 경우에 보다 구체적으로 표현하도록 클라이언트에게 요청하는 기술이다.
　① 직면 : 클라이언트가 가지고 있는 그릇된 감정이 기만적인 형태임을 인정하게 하는 기술이다. 클라이언트의 생각과 행동의 불일치나 모순점을 이야기해주거나, 클라이언트가 자신의 문제의 존재와 문제 내용에 대해 회피, 부정, 왜곡 등을 하거나 자신의 행동의 결과에 대해 인식하기를 거부하는 경우에 자신에 대한 인식력을 향상시키기 위한 기술이다
　② 요약 : 클라이언트가 한 말의 내용과 그 속에 담긴 감정, 의미들을 전체적으로 정리하는 기술이다.
　④ 재보증 : 사회복지사가 신뢰를 표현함으로써 클라이언트의 자신감을 향상시키는 기술이다. 자신의 능력이나 자질에 대해 회의적인 클라이언트를 대상으로 이들의 자신감을 향상시키기 위해 활용하는 기술이다.

13 「아동복지법」상 아동복지시설에 해당하지 않는 것은?

① 입양기관
② 자립지원시설
③ 지역아동센터
④ 가정위탁지원센터

>ADVICE 「아동복지법」상 아동복지시설 종류(제52조 제1항) 아동양육시설, 아동일시보호시설, 아동보호치료시설, 공동생활가정, 자립지원시설, 아동상담소, 아동전용시설, 지역아동센터, 아동보호전문기관, 가정위탁지원센터, 보장원, 자립지원전담기관
　① 입양기관은 「입양특례법」에 의한 시설이다.

✎ **ANSWER** 12.③　13.①

14 사회복지 조사에서 측정 오류를 줄이기 위한 방법으로 옳지 않은 것은?

① 신뢰도와 타당도가 확보된 측정 도구를 활용한다.

② 조사대상자가 이해할 수 있는 수준의 어휘를 사용한다.

③ 조사대상자가 조사에 참여하고 있음을 의식하도록 유도한다.

④ 편견이 개입될 수 있는 용어를 배제하여 설문지를 구성한다.

> **ADVICE** ③ 조사대상에 의한 오차가 발생할 수 있다. 조사대상자가 조사에 참여하고 있음을 의식하도록 유도하면, 조사대상자의 피로, 긴장 등으로 인해 측정결과에 영향을 미칠 수 있기 때문이다.
> ※ 측정 오류를 줄이기 위한 방법
> ㉠ 신뢰도와 타당도가 확보된 측정 도구 사용
> ㉡ 전문용어를 피하고 조사대상자가 이해할 수 있는 수준의 어휘 사용
> ㉢ 편견이 개입될 수 있는 용어 배제
> ㉣ 측정항목 수를 늘림
> ㉤ 유사한 질문을 적절히 배치하여 일관성 있는 응답 유도
> ㉥ 조사대상자를 배려한 환경, 분위기 조성
> ㉦ 측정방식의 일관성 유지

15 한국사회복지사협회의 사회복지사 윤리강령 내용에 해당하지 않는 것은?

① 사회복지사는 클라이언트에게 제공되는 서비스가 더 이상 클라이언트의 이해나 욕구에 부합하지 않으면 업무상 관계와 서비스를 종결한다.

② 사회복지사는 클라이언트의 지불 능력을 고려하여 그에 합당한 복지 서비스를 제공해야 하며, 이를 이유로 차별해서는 안 된다.

③ 사회복지사는 인간과 자연이 서로 떨어져 살 수 없음을 깨닫고, 인간과 자연환경, 생명 등 생태에 미칠 영향을 생각하며 실천해야 한다.

④ 사회복지사는 클라이언트의 이익을 우선으로 고려하고, 이해 충돌이 있을 때는 아동, 소수자 등 취약한 자의 이해와 권리를 우선시한다.

> **ADVICE** ② 사회복지사는 클라이언트의 지불 능력에 상관없이 복지 서비스를 제공해야 하며, 이를 이유로 차별해서는 안 된다.
> ※ 한국사회복지사협회의 사회복지사 윤리강령
> 사회복지사의 기본적 윤리기준 : 전문가로서의 자세, 전문성 개발을 위한 노력, 경제적 이득에 대한 태도

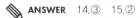 **ANSWER** 14.③ 15.②

16 우리나라 장애인복지에 대한 설명으로 옳지 않은 것은?

① 상시 50인 이상의 근로자를 고용하는 사업주는 장애인을 일정 비율 이상 고용하여야 한다.
② 활동지원급여는 장애인이 지역 사회 안에서 사회구성원으로 살아갈 수 있도록 제공하여야 한다.
③ 장애인 지역사회재활시설은 장애인을 전문적으로 상담·치료·훈련하거나 장애인의 일상생활, 여가활동 및 사회참여활동 등을 지원한다.
④ 장애인 소득보장을 위해 모든 장애아동에게 장애아동수당을 지급한다.

>**ADVICE** ④ 「장애인복지법」 제50조(장애아동수당과 보호수당) 제1항 : 국가와 지방자치단체는 장애아동에게 보호자의 경제적 생활수준 및 장애아동의 장애 정도를 고려하여 장애로 인한 추가적 비용을 보전하게 하기 위하여 장애아동수당을 지급할 수 있다.
　　*「장애인복지법 시행령」 제30조(장애수당 등의 지급대상자) 제2항 : 장애아동수당을 지급받을 수 있는 사람
　　1. 18세 미만일 것
　　2. 장애인으로 등록하였을 것
　　3. 「국민기초생활 보장법」에 따른 수급자 또는 차상위계층으로서 장애로 인한 추가적 비용 보전이 필요할 것
① 「장애인 고용촉진 및 직업재활법」 제28조(사업주의 장애인 고용 의무) 제1항 : 상시 50명 이상의 근로자를 고용하는 사업주는 그 근로자의 총수의 100분의 5의 범위에서 「장애인 고용촉진 및 직업재활법 시행령(제25조 사업주의 의무고용률)」으로 정하는 비율(의무고용률 1000분의 31) 이상에 해당하는 장애인을 고용하여야 한다.
② 「장애인활동 지원에 관한 법률」 제2조의2(기본원칙) 제2항 : 활동지원급여는 장애인이 지역 사회 안에서 사회구성원으로 살아갈 수 있도록 제공하여야 한다.
③ 「장애인복지법」 제58조(장애인복지시설) 제1항 제2호 : 장애인 지역사회재활시설 – 장애인을 전문적으로 상담·치료·훈련하거나 장애인의 일상생활, 여가활동 및 사회참여활동 등을 지원하는 시설

17 「정신건강증진 및 정신질환자 복지서비스 지원에 관한 법률」상 정신질환자의 입원유형에 해당하지 않는 것은?

① 자의입원

② 동의입원

③ 보호의무자에 의한 입원

④ 정신건강전문요원에 의한 입원

>ADVICE ④ 정신건강전문요원에 의한 입원이 아니라 특별자치시장·특별자치도지사·시장·군수·구청장에 의한 입원이다.

※ 법 제44조(특별자치시장·특별자치도지사·시장·군수·구청장에 의한 입원) 정신건강의학과전문의 또는 정신건강전문 요원은 정신질환으로 자신의 건강 또는 안전이나 다른 사람에게 해를 끼칠 위험이 있다고 의심되는 사람을 발견하였을 때에는 특별자치시장·특별자치도지사·시장·군수·구청장에게 그 사람에 대한 진단과 보호를 신청할 수 있다.

※ 「정신건강증진 및 정신질환자 복지서비스 지원에 관한 법률」상 입원 유형

ⓐ 자의입원 : 법 제41조

ⓑ 동의입원 : 법 제42조

ⓒ 보호의무자에 의한 입원 : 법 제43조

ⓓ 특별자치시장·특별자치도지사·시장·군수·구청장에 의한 입원 : 법 제44조

18 사회보험과 민간보험에 대한 설명으로 옳지 않은 것은?

① 사회보험은 민간보험보다 가입의 강제성이 크다.

② 사회보험은 법령으로 보험료가 결정되고, 민간보험은 개인의 계약에 의해 보험료가 결정된다.

③ 사회보험은 재정의 완전적립이 필요하나, 민간보험은 완전적립이 필요하지 않다.

④ 사회보험은 물가상승에 따른 실질 가치 변동에 대한 보장성이 민간보험보다 높다.

>ADVICE ③ 사회보험은 재정의 완전적립이 필요하지 않고, 민간보험은 완전적립이 필요하다. 사회보험은 개인적인 재정 적립 외에 국가가 지원해 주기 때문에 완전적립이 필요하지 않다. 민간보험은 개인이 적립한 금액에 따라 보장을 받을 수 있기에 완전적립이 필요하다.

※ 사회보험과 민간보험 비교

ⓐ 사회보험 : 최저생계 및 의료보장을 위한 목적으로 만들어진 보험으로 법률에 근거를 둔 강제 가입 방식이며, 복지적 요소가 많은 보험이다. 정부 및 공공기관의 독점으로 가입이 이루어지고, 공동부담의 원칙이 적용된다. 정부가 개입한 재정운영방식이다.

ⓑ 민간보험 : 개인의 필요에 따른 보장보험이다. 자유경쟁에 의한 가입이 이루어지고, 개별보험의 성격을 지니며, 개인 부담 위주로 이루어진다.

 ANSWER 17.④ 18.③

19 국제연합(UN) 아동권리협약에 규정된 아동의 권리에 대한 설명으로 옳지 않은 것은?

① 생존권은 적절한 생활수준과 주거, 영양, 보건 등을 통해 아동의 생존을 보장받을 권리이다.
② 보호권은 모든 아동이 위험에서 보호받고 안전하게 살아갈 권리이다.
③ 발달권은 아동이 자신의 잠재 능력을 최대한 발휘하고 성장할 권리이다.
④ 참여권은 권리의 객체인 아동에게 영향을 미치는 일에 보호자가 참여할 권리이다.

ADVICE UN 아동권리협약에 규정된 아동의 기본권리 4가지
　① 생존권 - 아동이 건강하게 태어나고 성장하며, 생명을 유지할 수 있는 권리이다. 적절한 생활 수준과 주거, 생명을 유지하기 위한 영양, 최상의 건강을 지키기 위한 의료 혜택과 보건 등을 통해 아동의 생존을 보장받을 권리이다.
　② 보호권 - 아동이 폭력, 학대, 착취, 방임으로부터 보호받을 권리이다. 경제적 착취, 신체적 · 정서적 학대, 전쟁이나 재난 등 위험에서 아동이 보호받고 안전하게 살아갈 권리이다.
　③ 발달권 - 아동이 신체적 · 정신적 · 도덕적 · 사회적 발달을 이룰 수 있는 권리이다. 성장에 필요한 교육을 받고 자신의 잠재 능력을 최대한 발휘하고, 여가와 놀이를 즐기며 문화 예술 활동에 참여할 권리이다.
　④ 참여권 - 아동이 자신의 의사를 표현할 자유와 자신의 능력에 맞게 사회활동에 참여할 기회를 가질 권리이다.

20 위기개입모델을 적용하여 학교폭력에 개입하는 방법으로 옳지 않은 것은?

① 피해 아동이 불안, 분노, 죄책감 등을 완화하도록 지지한다.
② 가해자와 피해 아동을 분리하고 피해 아동을 안전한 장소에서 보호한다.
③ 피해 아동이 폭력에 대한 왜곡된 인지를 재구조화 하도록 질문과 논박을 한다.
④ 폭력을 목격한 학생들이 억압된 감정을 분출할 수 있도록 함께 이야기하고 토론한다.

ADVICE ③ 인지 재구조화로 인지행동치료 기법이다. 부정적인 생각이나 믿음, 그릇된 가정을 다시 재구성해서 이를 더 현실적이고 긍정적인 생각으로 변경하는 것이다.
　※ 위기개입모델
　클라이언트가 직면하고 있는 위기를 심리적으로 해소시켜 위기 이전의 기능수행의 수준까지 회복시키는 것에 있으며, 위기개입을 할 때에는 가장 적절한 치료전략을 수립해야 하고 단순한 차선책으로 접근해서는 안 된다. 사회복지사는 보다 적극적으로 직업적인 역할을 수행해야 한다.

ANSWER 19.④ 20.③

1 자원봉사의 특성에 해당하는 것만을 모두 고르면?

| ㉠ 자발성 | ㉡ 이타성 | ㉢ 공익성 | ㉣ 보상성 |

① ㉠, ㉡
② ㉢, ㉣
③ ㉠, ㉡, ㉢
④ ㉠, ㉢, ㉣

ADVICE ㉣ 보상성이 아닌 무보수성이 자원봉사의 특성이다.

※ 자원봉사의 특성
  ㉠ 자발성 · 자주성 : 봉사자의 자유의지에 따라 자발적으로 이루어지는 활동
  ㉡ 이타성 : 타인의 생명을 존중하며 이웃과 더불어 사는 가치관에 바탕을 둔 활동
  ㉢ 공익성 · 공공성 : 자신만의 이익이 아닌 지역사회 구성원이나 욕구를 지닌 사람들의 복지향상과 관련한 활동
  ㉣ 무보수성 : 금전적 · 물질적 대가를 바라고 행하는 것보다는 보람, 정신적인 만족 등 비경제적 가치를 추구하는 활동
  ㉤ 지속성 : 일회적이고 우연한 활동이 아니라 의도되고 계획된 일정기간 지속되는 활동
  ㉥ 민주성 : 영리적 보상을 받지 않고 인간존중의 정신과 민주주의 원칙에 입각하여 사회의 공동선을 실현하는 활동
  ㉦ 조직성 : 봉사에 필요한 인력 계획, 교육, 배치, 관리 등 체계적이고 효과적인 절차를 따라 지속적으로 이루어지는 활동

ANSWER 1.③

2 사회복지조직의 특성이 아닌 것은?

① 사회복지조직의 행정은 몰가치성의 원리에 기초하여 수행된다.
② 사회복지조직의 목표는 일반적으로 명확하지 않으며 추상적이다.
③ 사회복지조직에서 클라이언트에게 활용하는 기술은 획일적이지 않다.
④ 사회복지조직은 사회복지사와 클라이언트 간의 상호작용을 강조한다.

> **ADVICE** ① 사회복지조직의 행정은 실천적이며 윤리적인 가치를 기초하여 수행된다. 몰가치성은 실천적, 윤리적 가치를 배제한다는 뜻이다.
>
>   ※ 사회복지조직의 특성
>   ㉠ 사회복지조직의 목표는 일반적으로 명확하지 않으며 추상적이다.
>   ㉡ 사회복지조직의 행정은 서비스를 제공하는 측면에서 평등성, 재활 및 자활, 적절성, 포괄성, 지속성의 원칙과, 실천적이며 윤리적인 가치를 기초하여 수행된다.
>   ㉢ 사회복지조직은 클라이언트에게 직접 서비스를 제공하며, 사회복지사와 클라이언트 간의 상호작용을 강조한다.
>   ㉣ 사회복지조직은 다양한 진단과 프로그램으로 클라이언트를 돕는다. 욕구가 다양한 클라이언트에게 활용하는 기술은 획일적이지 않다.
>   ㉤ 사회복지조직은 공적 재원과 비영리를 기반으로 한다. 정부조직으로 공공사회복지서비스 조직과 비영리 조직으로 민간사회복지서비스 조직이 있다.

3 「기초연금법」상 기초연금제도에 대한 설명으로 옳지 않은 것은?

① 국가와 지방자치단체는 기초연금의 지급에 필요한 비용을 부담할 수 있도록 재원을 조성하여야 한다.
② 보건복지부장관은 선정기준액을 정하는 경우, 65세 이상인 사람 중 기초연금 수급자가 100분의 30 수준이 되도록 한다.
③ 기초연금으로 지급받은 금품은 압류할 수 없다.
④ 부부 모두 기초연금 수급권자인 경우에는 각각의 기초연금액에서 기초연금액의 20 %를 감액하여 지급한다.

> **ADVICE** ② 보건복지부장관은 선정기준액을 정하는 경우 65세 이상인 사람 중기초연금 수급자가 100분의 70 수준이 되도록 한다.
>   [「기초연금법」제3조(기초연금 수급권자의 범위 등) 제2항]
>   ① 「기초연금법」 제4조(국가와 지방자치단체의 책무) 제2항
>   ③ 「기초연금법」 제21조(기초연금 수급권의 보호) 제2항
>   ④ 「기초연금법」 제8조(기초연금액의 감액) 제1항 : 본인과 그 배우자가 모두 기초연금수급권자인 경우에는 각각의 기초연금액에서 기초연금액의 100분의 20에 해당하는 금액을 감액한다.

✎ **ANSWER** 2.① 3.②

4 사회복지의 잔여적 관점과 제도적 관점에 대한 설명으로 옳지 않은 것은?

① 잔여적 관점에서는 사회복지 대상자를 병리적인 존재로 간주한다.

② 제도적 관점에서는 사회복지대상을 요보호 대상자에 국한하지 않고, 모든 국민으로 간주한다.

③ 잔여적 관점에서는 사회복지의 제공을 국민의 권리가 아닌 시혜로 간주한다.

④ 제도적 관점에서는 사회복지제도를 위기 발생 시에 그 기능을 수행하는 일시적, 보충적인 제도로 간주한다.

> **ADVICE** ④ 사회복지제도를 위기 발생 시에 그 기능을 수행하는 일시적, 보충적인 제도로 간주하는 것은 잔여적(보충적 · 보완적) 관점이다.

  ※ 윌렌스키와 르보의 잔여적 관점, 제도적 관점

   ㉠ 잔여적 관점(보충적 · 보완적 관점)

   • 가족이나 시장이 정상적인 기능을 수행하지 못할 때 이의 보완적 기능을 사회복지가 담당한다.

   • 사회복지의 혜택을 받는 사람들은 비정상적 · 병리적인 사람이고 적응을 하지 못하는 사람으로 간주한다.

   • 사회복지는 그 기능을 임시로 보충할 뿐이며, 사회복지활동이 사회를 유지하고 발전시키는 데 필수적이라고 생각되
     지는 않는다.

   ㉡ 제도적 관점

   • 현대의 산업사회에 있어서 가족과 시장경제 제도는 제 기능을 발휘할 수 없기 때문에 사회복지가 사회유지에 필수
     적 기능을 해야 한다는 것이다.

   • 사회복지서비스가 1차적 기능이며, 제도적으로 국가가 적극 개입함으로써 개인이나 집단이 만족할 만한 수준의 복
     지가 구현될 수 있다고 본다.

   • 어떤 긴급함이나 비정상적인 문제들에 국한되지 않는 광범위한 제도나 정책을 수립함으로써 사회복지문제에 예방
     적 · 조직적 · 계획적으로 대처하려는 것이다.

   • 사회복지는 현대의 산업사회에서 각 개인의 자아완성을 돕기 위해 타당하고 정당한 기능을 수행하는 것으로 받아들
     여진다.

5 사회복지실천의 종결단계에서 사회복지사가 수행하는 역할에 대한 설명으로 옳지 않은 것은?

① 이별에 대한 정서적 반응 다루기

② 개입을 통해 획득한 성과를 유지할 수 있는 전략 개발하기

③ 적절한 종결시기 결정하기

④ 클라이언트와의 관계 형성하기

✎ **ANSWER** 4.④ 5.④

>ADVICE ④ 클라이언트와의 관계 형성하기는 초기단계에서 사회복지사가 수행하는 역할이다.

※ 종결단계에서 사회복지사의 역할

ⓐ 종결 시기 결정하기 : 개입 목표 달성 정도, 문제의 해결 정도와 클라이언트의 정서적인 애착과 의존성을 고려하여 종결 시기를 결정한다.

ⓑ 정서적 반응 다루기 : 종결 시 이별에 따른 클라이언트의 부정적 감정이 나타내기 쉬운데, 부정적 감정을 수용하고 부정적 감정을 표현하도록 해준다.

ⓒ 획득한 목표와 성과 유지 및 강화하기 : 성취한 목표를 유지, 강화하여 클라이언트가 계속해서 성장할 수 있도록 계획을 세운다.

ⓓ 의뢰하기 : 해결되지 못한 문제가 있거나 새로운 서비스가 필요할 때 다른 기관에 의뢰한다.

ⓔ 서비스 평가하기 : 사회복지 개입의 과정에 대해 사정하고, 목표 성취 정도를 평가한다.

6 에스핑 안데르센(Esping-Andersen)의 복지국가 유형에 대한 설명으로 옳지 않은 것은?

① 탈상품화의 정도는 사회민주주의 복지국가에서 가장 높다.

② 자유주의 복지국가에서는 공공부조의 비중이 상대적으로 높게 나타난다.

③ 조합주의(보수주의) 복지국가에서는 사회보험을 강조한다.

④ 계층화의 정도는 조합주의 복지국가보다 사회민주주의 복지국가에서 더 높다.

>ADVICE ④ 계층화의 정도는 조합주의 복지국가보다 사회민주주의 복지국가에서 더 낮다.

※ 에스핑 안데르센(Esping-Andersen)의 복지국가 유형

ⓐ 탈상품화와 계층화의 정도로 자유주의, 조합주의(보수주의), 사회민주주의(사민주의)로 유형화했다.

ⓑ 탈상품화란 시민들이 자신이 필요하다고 생각할 때 자유롭게, 직업, 수입, 일반적 복지를 상실할 위험이 없는 상태에서 노동에서 손을 떼고도 사회적으로 용인될 만한 생활수준을 영위할 수 있는 정도를 말한다. 노동의 탈상품화 정도가 높을수록 복지수준이 높다는 것을 의미한다. 탈상품화 정도가 큰 순서는 사회민주주의(사민주의) > 조합주의(보수주의) > 자유주의이다.

ⓒ 계층화란 복지혜택 정도가 계층별로 나누어지는 정도를 의미한다. 계층화의 정도가 큰 순서는 자유주의 > 조합주의(보수주의) > 사민주의(사회민주주의)이다.

ⓓ 복지국가 유형 간 비교

복지 체계	자유주의	조합주의(보수주의)	사민주의
탈상품화 수준	낮음	보통	높음
계층화	높음(계층간 대립 심화)	보통(계층간 차이 유지)	낮음(계층간 연대 · 통합)
주 프로그램	공공부조	사회보험, 현금급여	현금급여+사회서비스
급여	낮고 잔여적	기여에 비례	높고 재분배적
국가의 역할	주변적 역할	보조적 역할	중심적 역할

✎ **ANSWER** 6.④

7 사회복지 대상자 선정원칙에 대한 설명으로 옳은 것은?

① 선별주의는 모든 사람을 급여 대상자로 선정하는 방식이다.

② 보편주의는 복지 수혜자에게 낙인(stigma)을 남긴다.

③ 선별주의는 보편주의에 비해 행정비용이 더 소요된다.

④ 보편주의 복지는 선별주의 복지에 비해 제도적 안정성과 지속성이 취약하다.

)ADVICE ① 모든 사람을 급여 대상자로 선정하는 방식은 보편주의이다.

② 선별주의는 복지 수혜자에게 수치심, 낙인을 남긴다.

④ 보편주의는 선별주의에 비해 제도적 안정성과 지속성이 있다.

※ 선별주의와 보편주의 비교

구분	선별주의	보편주의
대상	복지기본선 이하 국민 모든 국민	모든 국민
장점	−비용효과(낮은 수준의 자원 낭비) −낮은 수준의 의존성 −높은 수준의 소득재분배 −높은 수준의 민간부문의 복지 참여	−수혜자의 수치심 부재 −단순한 행정절차 −급여의 공정성 −사회통합(사회효과성) −정책 지지자에 따른 제도적 안정성, 지속성
단점	−수혜자의 수치심(낙인) −복잡한 행정절차, 높은 수준의 행정비용 −급여의 불공정성 −사회분열 −정책 반대자에 따른 제도적 불안정성	−높은 수준의 자원 낭비 −높은 수준의 의존성 −낮은 수준의 소득재분배 −낮은 수준의 민간부문의 복지참여
제도	국민기초생활보장제도, 공공부조	국민연금제도, 장애연금, 가족수당제도, 노인수당제도

ANSWER 7.③

8 다음에서 설명하고 있는 로스만(Rothman)의 지역사회복지실천 모델은?

> • 지역사회복지의 목표를 과업 중심에 둔다.
> • 문제해결을 위해 전문가가 합리적이고 과학적인 대안을 제시하는 데 초점을 둔다.
> • 사회복지사는 분석가, 사실 수집가, 프로그램 실행자 등의 역할을 수행한다.

① 지역사회개발모델
② 사회계획모델
③ 사회행동모델
④ 사회운동모델

>**ADVICE** ② 사회계획모델은 지역사회복지 목표를 과업 중심에 두고, 사회계획 및 정책의 효과성과 효율성을 강조한다.
> ※ 로스만(J. Rothman)의 지역사회조직사업의 모델
> ㉠ 지역사회개발모델 : 지역사회의 문제를 해결하고 사회를 통합하는 데 있어 주민들의 자조정신을 강조하며, 자조 기반을 통해 지역사회를 새롭게 만드는 데 초점을 두는 형태이다.
> ㉡ 사회계획모델 : 지역사회 문제를 해결하는 데 있어 지역사회복지의 목표를 과업 중심에 두고, 공식적인 계획과 정책을 핵심적인 요인으로 설정하여 사회계획이나 정책의 효과성과 효율성을 강조한다. 사회복지사의 분석가, 프로그램 실행자로서의 역할이 강조된다.
> ㉢ 사회행동모델 : 지역사회의 소외된 주민들이 사회정의와 정치적 공평성의 입장에서 정치·경제적으로 더 나은 처우를 받을 수 있도록 해주는 데 초점을 두는 형태로, 사회복지사의 중개자, 옹호자로서의 역할이 강조된다.

9 다음에서 설명하고 있는 의사결정 기법은?

• 여러 전문가로부터 익명으로 의견을 구해 결과를 도출하는 의사결정 방법이다.
• 동일한 전문가를 대상으로 설문을 여러 단계에 걸쳐 실시한다.
• 시간이 오래 걸려 신속한 의사결정이 필요한 경우에는 활용하기 어렵다.

---

① 델파이 기법(delphi technique)
② 초점집단 인터뷰(focus group interview)
③ 명목집단 기법(nominal group technique)
④ 브레인스토밍(brainstorming)

>ADVICE ① 집단의사결정기법으로서 델파이기법은 익명성, 반복, 피드백, 응답의 통계처리, 전문가 합의, 의사결정에 많은 시간이 소요되는 것이 특징이다.

　※ 의사결정기법 : 개인의사결정기법, 집단의사결정기법
　　㉠ 개인의사결정기법 = 의사결정나무분석기법, 대안선택 흐름도표
　　• 의사결정나무분석기법 : 의사결정 규칙을 나무구조로 표현한 것으로, 대안을 선택했을 경우와 선택하지 않을 경우의 사건을 나뭇가지처럼 그려서 분석하는데, 예측과 분류에 많이 쓰이는 기법이다.
　　• 대안선택 흐름도표 : 연속적으로 제안에 대한 질문의 답을 예 또는 아니오로만 하도록 하여 선택하는 방식이다.
　　㉡ 집단의사결정기법 = 델파이기법, 브레인스토밍, 명목집단기법, 초점집단기법, 지명반론자기법, 프로모팀기법
　　• 델파이기법 : 전문가들에게 우편으로 의견이나 정보를 수집한 후, 분석한 결과를 다시 응답자들에게 보내 의견을 묻는 방식으로, 어떤 주제에 대해 전문가들의 합의를 얻으려고 할 때 적용될 수 있다. 일반적인 원칙은 익명성, 반복, 피드백, 응답의 통계처리, 전문가 합의이다. 전문가가 자유로운 시간에 의견을 제시할 수 있고, 피드백을 통해 주제에 대한 지속적인 관심과 사고를 촉진할 수 있는 장점이 있지만, 시간이 많이 걸리고 반복하는 동안 응답자의 수가 줄어드는 문제와 전문가를 선택하는 것이 어렵다는 문제가 있다.
　　• 브레인스토밍 : 자유분방한 상태에서 창의적이고 비구조화된 방법으로 다양한 아이디어를 제안하는 기법으로 자유연상법, 난상토론 등으로도 불린다. 특정 과제 해결책과 아이디어 도출에 있어서 비전문가들도 쉽게 활용할 수 있다.
　　• 명목집단기법 : 참석자들이 개별 아이디어를 무기명 서면으로 제출한 후, 제한적 토의를 거쳐 투표로 의사를 결정하는 기법이다. 의견이 교환되지 않고 토론이 이루어지지 않으므로, 이름만 집단이라는 뜻으로 명목집단이라 한다.
　　• 초점집단면접기법 : 과제에 적합한 대표를 선출(추출)하여 초점집단을 형성한 후 한 공간에서 활발한 토의와 상호작용을 의도적으로 강조하는 기법이다.
　　• 지명반론자기법 : 집단을 제안과 반론으로 둘로 나누어 반론 집단의 반론을 듣고 토론을 벌여 제안자의 안을 수정 보완하는 과정을 거친 후 대안을 도출하는 의사결정기법이다.
　　• 프로모팀기법 : 특정 프로젝트를 실패했다고 가정하여 그 원인과 이유를 찾아내는 기법이다.

✎ **ANSWER** 9.①

10 사회복지실천에서 활용하는 집단의 유형에 대한 설명으로 옳지 않은 것은?

① 교육집단(educational group)은 기술과 정보를 제공하는 데 목적을 둔다.
② 사회화집단(socialization group)은 사회적으로 수용가능한 행동을 습득하도록 돕는 데 목적을 둔다.
③ 성장집단(growth group)은 개인적인 문제를 치료하는 데 목적을 둔다.
④ 지지집단(support group)은 스트레스를 주는 생활 사건에 효과적으로 대처하도록 원조하는 데 목적을 둔다.

> **ADVICE** ③ 성장집단은 성원들의 자기개발, 잠재력 개발, 인간관계 개선 등을 목적으로 하는 집단으로 감수성 훈련 등이 활용된다. 정신질환, 약물복용 등 역기능적 문제를 보이거나 병든 사람을 건강하게 치료하는 데 목적을 둔 집단은 치료집단이다.
> ※ **토스랜드와 리바스의 집단 분류 : 치료집단과 과업집단**
> ㉠ **치료집단** : 지지집단, 교육집단, 성장집단, 치료집단, 사회화집단
> ㉡ **지지집단** : 유사한 관심과 문제를 가진 사람들이 경험을 나누고 서로 정보와 지지를 제공하여 문제에 대한 대처능력을 향상시키고, 스트레스를 주는 생활사건에 효과적으로 대처하도록 원조하는 데 목적을 둔 집단이다.
> ㉢ **교육집단** : 성원에게 기술과 정보를 제공하는 목적을 둔 집단이다.
> ㉣ **성장집단** : 성원들의 자기개발, 잠재력 개발, 인간관계 개선 등을 목적으로 하는 집단이다.
> ㉤ **치료집단** : 역기능적 문제를 보이거나 병든 사람을 건강하게 치료하는 목적을 둔 집단이다.
> ㉥ **사회화집단** : 소년원의 학생, 미혼모 등이 앞으로 지역사회에 적응하고 사회적으로 수용가능한 행동을 습득하며, 미래에 대한 계획을 세우도록 돕는 데 목적을 둔 집단이다.

11 「정신건강증진 및 정신질환자 복지서비스 지원에 관한 법률」상 정신건강사회복지사의 업무가 아닌 것은?

① 정신과 약물의 처방
② 정신재활시설의 운영
③ 정신건강복지에 관한 조사 및 연구
④ 정신건강증진사업 수행 및 교육

ADVICE ① 정신과 약물의 처방은 정신건강사회복지사를 비롯한 정신건강전문요원의 업무가 아니다.

※ 「정신건강증진 및 정신질환자 복지서비스 지원에 관한 법률」상 정신건강전문요원

① 정신건강전문요원은 그 전문분야에 따라 정신건강임상심리사, 정신건강간호사, 정신건강사회복지사 및 정신건강작업치료사로 구분한다[제17조(정신건강전문요원의 자격 등) 제2항]

② 「정신건강증진 및 정신질환자 복지서비스 지원에 관한 법률 시행령」 제12조(정신건강전문요원의 업무범위 및 자격 기준 등) 제2항 업무범위(별표2)

ⓐ 공통 업무
  • 정신재활시설의 운영
  • 정신질환자등의 재활훈련, 생활훈련 및 직업훈련의 실시 및 지도
  • 정신질환자 등과 그 가족의 권익보장을 위한 활동 지원
  • 「정신건강증진 및 정신질환자 복지서비스 지원에 관한 법률」 제44조(특별자치시장·특별자치도지사·시장·군수·구청장에 의한 입원) 제1항에 따른 진단 및 보호의 신청
  • 정신질환자 등에 대한 개인별 지원계획의 수립 및 지원
  • 정신질환 예방 및 정신건강복지에 관한 조사 및 연구
  • 정신질환자 등의 사회적응 및 재활을 위한 활동
  • 정신건강증진사업 등의 사업 수행 및 교육
  • 그 밖에 보건복지부장관이 정하는 정신건강증진 활동

ⓑ 개별 업무
  • 정신건강임상심리사 : 심리 평가 및 심리 교육, 심리 상담 및 심리 안정을 위한 서비스 지원
  • 정신건강사회복지사 : 사회서비스 지원 등에 대한 조사, 사회복지서비스 지원에 대한 상담·안내
  정신건강간호사 : 간호 필요성에 대한 관찰, 자료수집, 간호 활동, 건강증진을 위한 활동의 기획과 수행
  정신건강작업치료사 : 작업 수행 평가, 신체적·정신적 기능 향상을 위한 작업치료, 작업치료 교육과 작업치료 서비스 기획·수행

ANSWER 11.①

12 사회복지사가 활용하는 사정도구에 대한 설명으로 옳은 것만을 모두 고르면?

> ㉠ 생태도(ecomap)는 클라이언트와 주변 체계 간의 관계를 도식화한 것이다.
> ㉡ 사회도(sociogram)는 집단 구성원 간 상호작용의 질적인 관계를 도식화한 것이다.
> ㉢ 생활력 도표(life history grid)는 클라이언트의 사회적 기능을 파악하는 데 필요한 요소를 사정하는 도표이다.
> ㉣ 가계도(genogram)는 클라이언트가 속한 가족구성원과 가족관계를 도식화한 것이다.

① ㉠, ㉢
② ㉡, ㉣
③ ㉠, ㉡, ㉣
④ ㉠, ㉢, ㉣

〉**ADVICE** ㉢ 생활력 도표는 클라이언트의 삶에서 중요한 사건이나 문제를 시기별로 나타낸 도표이다.

 ※ 가족체계 사정도구
 ① 생태도(ecomap) : 클라이언트와 가족을 포함하는 주변체계를 환경과의 관계 속에서 도식화한 것이다. 생태도의 기능은 클라이언트 가족이 집단과 단체, 조직, 다른 가족, 개인들과 맺는 관계의 본질에 대해 전체적 시각을 갖도록 한다. 가족의 건강한 성장, 발전 및 적응에 기여하는 외부환경과의 상호교류와 가족기능을 약화시키는 외부환경과의 상호교류에 대한 이해를 돕는다.
 ② 사회도(sociogram) : 간접적인 질문 및 관찰을 통해 집단 내의 친소 관계 및 전체적인 인간관계를 나타낸 그림이다. 집단 구성원 간 상호작용의 질적인 관계와 집단의 구성원이 서로 가지고 있는 감정이나 태도를 바탕으로 하여 구성원 상호 간의 선택, 거부, 무관심 따위의 관계를 나타낸다.
 ③ 생활력 도표(life history grid) : 클라이언트의 삶에서 중요한 사건이나 문제를 시기별로 나타낸 도표이다.
 ④ 가계도(genogram) : 2~3세대에 걸친 복잡한 가족관계를 한눈에 볼 수 있게 도식화한 것으로, 가족 성원의 세대 간 맥락에 기반한 정서적, 행동상의 문제를 검토하는 데 유용하게 활용된다.
 ⑤ 이고그램(egogram) : 복잡한 사람의 성격을 5가지 성향으로 구분하고 이를 수치화하여 그래프로 나타낸 것이다.

ANSWER 12.③

13 소득재분배에 대한 설명으로 옳은 것은?

① 가족수당은 수평적 재분배가 아닌 수직적 재분배가 발생하는 제도이다.
② 건강보험은 수평적 재분배와 수직적 재분배가 동시에 발생하는 제도이다.
③ 적립방식연금은 세대 내 재분배가 아닌 세대 간 재분배가 발생하는 제도이다.
④ 적립방식연금은 장기적 재분배가 아닌 단기적 재분배가 발생하는 제도이다.

> **ADVICE** ② 건강보험은 수평적 재분배, 수직적 재분배가 동시에 발생한다.
> ① 가족수당은 수평적 재분배가 발생하는 제도이다.
> ③ 적립방식의 연금은 세대내 소득재분배 제도이다.
> ④ 적립방식의 연금은 장기적 재분배이다.
> ※ 소득재분배의 종류
> ㉠ 수직적 소득재분배 : 고소득층에서 저소득층으로 소득이 이전되는 것을 의미한다. 공공부조, 건강보험, 연금이 사례이다.
> ㉡ 수평적 소득재분배 : 동일 계층 내에서 소득이 이전되는 것을 의미한다. 소득과 관계없이 욕구가 큰 사람들에게 자원이 이전되는 것으로, 위험발생 집단이나 낮은 소득계층으로 지원되는 재분배를 말할 수 있다. 고용보험(실업급여), 산업재해보상보험, 건강보험, 가족수당 등이 사례이다.
> ㉢ 세대간 소득재분배 : 서로 다른 세대 간에 소득이 이전되는 것을 의미한다. 기초노령연금이 대표적인 예이다.
>   세대내 소득재분배 : 젊은 시절 소득을 적립해 놓았다가 노년기에 되찾는 적립방식 연금처럼 한 세대 내에서 이루어지는 재분배를 의미한다.
> ㉣ 시간적 소득재분배 : 한 개인이 일생의 소득을 전 생애기간으로 재분배하는 것으로, 소득이 높았던 시기의 소득을 노후 등 소득이 낮은 시기로 이전함으로써 전 생애동안 안정적인 소비활동을 위한 것이다.
> ㉤ 단기적 재분배 : 사회적 욕구의 충족을 위해 현재의 자원을 사용하여 소득을 재분배하는 것으로 공공부조가 해당한다.
> ㉥ 장기적 재분배 : 생애에 걸쳐, 세대에 걸쳐 이루어지는 소득을 재분배하는 것으로, 국민연금, 적립방식의 연금이 해당한다.

✎ **ANSWER** 13.②

14 일반체계이론의 주요 개념에 대한 설명으로 옳지 않은 것은?

① 시너지(synergy) : 체계 내부 또는 외부와의 상호작용이 증가함으로써 체계 내에 유용한 에너지가 증가하는 현상

② 안정상태(steady state) : 외부환경으로부터 에너지의 투입 없이 체계 내의 평형상태를 유지하려는 속성

③ 홀론(holon) : 특정 체계가 그 체계를 구성하는 작은 체계의 상위체계임과 동시에, 그 체계를 둘러싼 큰 체계의 하위체계가 되는 현상

④ 경계(boundary) : 외부환경과 대상체계를 구분하는 일종의 테두리

>ADVICE ② 안정상태(steady state)는 체계의 부분 간의 관계를 유지시키고, 체계가 붕괴되지 않도록 에너지가 계속 사용되는 상태를 말한다. 외부환경과의 교류를 하지 않고 에너지의 투입 없이 체계 내의 평형상태를 유지하려는 속성은 평형상태(equilibrium)이다.

※ 베르탈란피(Bertalanffy)의 일반체계이론(general system theory : GST) … 체계란 정리되고 서로 연결된, 기능적 전체를 형성하는 일련의 요소들을 의미하며, 개인·가족·집단·조직·지역사회 등이 해당한다. 체계들 간에는 끊임없는 투입과 산출의 흐름이 있는데, 투입은 에너지·정보·의사소통을 다른 체계로부터 받을 때, 산출은 다른 체계로 방출될 때를 말한다.

※ 체계론의 주요 개념

㉠ 개방체계(open system)와 폐쇄체계(closed system) : 체계 내외에서 정보와 자원을 자유롭게 교환하고 에너지를 통과하도록 허용하는 상호작용이 활발한 체계를 개방체계라고 하며, 상호작용을 하지 않는 것을 폐쇄체계라고 말한다.

㉡ 위계(hierarchy) : 체계의 각 부분은 다양한 방식으로 연결되어 있는데, 하위체계, 상위체계 등 체계 간의 관계를 말한다.

㉢ 홀론(holon) 또는 부분적 전체 : 유기체가 그 자체로 전체를 형성하면서도 더 큰 전체의 일부를 이루는 경향을 말한다. 즉, 부분임과 동시에 전체라는 체계 속성을 말하며, 부분적 전체라고도 한다.

㉣ 경계(baundary) : 외부환경으로부터 체계를 구분하는 것으로, 외부체계로부터 에너지를 받아들이고 체계의 생산물을 외부체계로 산출하는 기능을 담당하는 특성을 말한다.

㉤ 엔트로피(entropy) : 체계 외부가 아니라, 체계의 부분들 간의 상호작용이 결여되어 체계가 발전하는 데 필요한 에너지가 감소하는 현상을 말한다. 폐쇄체계에서 무질서의 척도로 나타난다.

㉥ 넥엔트로피(negentropy) : 체계 외부로부터 에너지가 유입됨으로써 체계 내부에 유용하지 않은 에너지가 감소하는 현상을 말한다.

㉦ 시너지(synergy) : 체계 내부 또는 외부와의 상호작용이 증가함으로써 체계 내에 유용한 에너지가 증가하는 현상을 말한다.

㉧ 균형, 평형상태(equilibrium) : 폐쇄체계에서 고정화되어 외부환경과의 교류를 하지 않는 상태를 말한다.

㉨ 안정상태(steady state) : 체계의 부분 간의 관계를 유지시키고, 체계가 붕괴되지 않도록 에너지가 계속 사용되는 상태를 말하는데, 개방체계의 속성을 나타낸다.

㉩ 상호성(reciprocity) : 체계 내 한 부분의 변화는 다른 부분에 영향을 미치고 전체체계에도 파급 효과가 있는 것을 말한다.

㉪ 항상성(homeostasis) : 체계의 내외부에서 발생한 변화로 균형이 깨졌을 때 안정적이며 지속적인 균형 상태를 유지하기 위해 회복자고자 하는 유지하고 회복하고자 하는 경향을 말한다.

✎ **ANSWER** 14.②

15 사회복지 발달이론에 대한 설명으로 옳지 않은 것은?

① 산업화 이론은 산업화를 통한 경제성장이 사회문제에 대응할 수 있는 자원확보를 가능하게 하여 사회복지가 발달한다고 주장한다.

② 확산이론은 한 나라의 사회복지정책이 다른 나라에 전파됨으로써 사회복지가 발달한다고 주장한다.

③ 이익집단이론은 공공정책에 영향을 미치려는 이익집단 간의 갈등과 타협을 통해 사회복지가 발달한다고 주장한다.

④ 국가중심이론은 지배계급이 소외계층의 불만을 경감시켜 사회질서를 유지하고 자신들의 기득권을 지키기 위해 사회복지를 발달시킨다고 주장한다.

> **ADVICE** ④ 중앙집권적이거나 조합주의적인 국가구조의 형태와 정치인의 개혁성 등이 사회복지의 수요를 증대시켜서 복지국가가 발전하게 된다고 본다. 지배계급이 사회 질서 유지와 기득권 유지를 위해 사회복지를 발달시킨다고 주장하는 이론은 음모이론이다.

※ 복지국가 발달 이론

ㄱ 산업화이론(수렴이론) : 산업화과정에서 발생한 새로운 욕구를 산업화를 통해 확보한 자원으로 해결하는 과정에서 복지국가가 생성되었다고 주장한다.

ㄴ 독점자본이론 : 거대자본과 국가가 융합하여 자본주의체제의 영속화를 도모하는 과정에서 국가가 임금문제나 실업문제에 개입하면서 복지국가가 등장하게 되었다고 주장한다.

ㄷ 사회민주주의이론 : 노동자 계급의 정치세력화로 인하여 복지국가가 등장하게 되었다고 주장하며, 자본과 노동의 계급투쟁에서 노동이 획득한 승리의 결과물이라고 생각한다.

ㄹ 국가중심이론 : 중앙집권적이거나 조합주의적인 국가구조의 형태와 정치인의 개혁성 등이 사회복지의 수요를 증대시켜서 복지국가가 발전하게 되었다고 주장한다.

ㅁ 다원주의이론(이익집단이론) : 민주주의 사회를 전제로 하고 있으며, 다원화된 집단과 이들 간의 경쟁과 제휴정치를 통하여 복지국가가 발전한다고 주장한다. 사회적 분배를 둘러싼 다양한 이익집단들의 경쟁에서 정치적 힘이 강해진 집단의 요구를 정치인들이 수용하면서 복지국가가 등장하게 되었다고 본다. 다양한 집단의 정치적 참여를 중시하고, 권력이 국가보다는 시민사회에 분산되어 있으며 국가가 중립적 위치에서 다양한 집단들의 경쟁과 갈등을 조절하고 협의를 이끌어 내는 시스템 관리자로서 기능한다고 본다.

ㅂ 확산이론 : 한 국가의 사회복지정책이 다른 나라에 영향을 미친다는 것에 초점을 두고 사회복지정책의 발달이 국가 간의 의사소통이나 영향력 교류에 의해 이루어진다고 본다.

ㅅ 음모이론 : 사회복지정책은 지배계급의 권력유지 수단과 사회안정을 위해, 사회통제를 목적으로 한 음모가 서려 있다고 보는 이론이다.

ㅇ 사회양심론 : 이타심, 집단 양심이 사회복지정책을 발전시킨다고 보는 이론이다.

✎ **ANSWER** 15.④

16 밑줄 친 '제도' 시행의 결과로 옳은 것은?

> 18세기 후반 영국 버크셔(Berkshire)에서 시행된 이 '<u>제도</u>'는 최저생활 기준에 미달되는 임금부족분을 보조해주기 위해 제정되었다.

① 빈민의 노동 동기가 강화되었다.

② 빈민의 거주 이전의 자유가 통제되었다.

③ 고용주로부터 받는 임금이 하락하였다.

④ 원외구호가 인정되었다.

)ADVICE 엘리자베스 구빈법(1601) – 정주법(1662) – 작업장법(1723 – 길버트법(1782) – 스핀햄랜드법(버크셔빵법)(1796) – 공장법(1833) – 개정구빈법(1834) – 국민보호법(1911) – 베버리지 보고서(1942) 관련 법[가족수당법(1945), 국민보건서비스법(1946), 국민보험법(1946), 산업재해법(1946), 국민부조법(1948), 아동법(1948)]

- 스핀햄랜드제도(Speenhamland System, 1795)
- 노동가능빈민을 작업장이 아니라 자택에서 거주하게 하면서 노동 유도하였다.
- 임금수준이 최저생활 유지에 미치지 못하는 노동자와 그 가족에게 임금을 보충해 주었다.
- 빵가격과 부양가족수에 따라 구빈세에서 보조하여 최저생계를 보장했다. 구빈세에서 임금 부족분을 지원하게 되자 고용주는 기준 이하의 저임금만을 지불하려는 경향이 발생했다.
- 오늘날의 가족수당이나 최저생활보장제도의 기원이 되었다.
③ 구빈세로 임금 부족분을 지원하게 됨으로써 고용주는 기준 이하의 저임금을 지불하려고 하여, 결국 노동빈민의 임금이 하락하는 결과를 가져왔고, 노동의욕이 저하되었다.
① 임금 하락으로 노동 의욕이 저하되었다.
② 빈민의 거주 이전의 자유가 이루어졌다.
④ 인도주의적인 원외구호가 인정된 법은 길버트법(1782)이다.

17 사회복지실천이 전통적 접근법에서 통합적 접근법(generalist approach/integrated approach)으로 변화하게 된 배경으로 옳지 않은 것은?

① 서비스의 파편화 현상 방지
② 전문직으로서의 정체성 확립 신장
③ 사회복지사의 직장 선택과 이동의 용이성 제고
④ 사회복지 분야별 분업화 촉진

》**ADVICE** ④ 통합적 접근법에서는 분야별 분업화와 전문화보다는 사회복지는 상호교류와 상호작용하는 하나의 체계로 이해되고 클라이언트의 원조에 있어 통합하는 데 초점이 있다.

※ 통합적 접근법
　㉠ 등장 배경 : 제한된 특정문제에 대한 개입만을 중요시하는 전통적 사회복지접근의 한계가 나타났다. 복잡한 문제상황에 대해 적절히 개입하기 어려운 상황이 발생했다. 지나친 분화와 전문화로 서비스의 파편화 현상을 초래하여 다양한 문제와 욕구를 가진 클라이언트가 여러 기관이나 사회복지사를 찾아다녀야 하는 부담감을 야기했다. 인간과 환경은 서로 분리되어 있는 것이 아니라 지속적 상호교류를 하는 하나의 체계로 이해되었다. 체계이론적 관점과 생태학적 관점을 활용하면서 이론적 기반이 형성되었다.
　㉡ 통합적 접근법 모델로는 핀커스와 미나한의 4체계 모델(변화매개체계, 클라이언트체계, 표적체계, 행동체계)과 펄만의 문제해결모델이 있다.

18 표본추출에 대한 설명으로 옳지 않은 것은?

① 체계적 표집(systematic sampling)은 전체 목록에서 매 k번째의 요소를 표본으로 추출하는 방법이다.
② 할당 표집(quota sampling)은 모집단을 일정한 하위집단으로 나눈 후, 무작위로 표본을 추출하는 방법이다.
③ 눈덩이 표집(snowball sampling)은 특정 모집단의 구성원을 찾기 어려울 때 활용하는 표집방법이다.
④ 군집 표집(cluster sampling)은 대규모 조사에서 활용하는 표집방법이다.

》**ADVICE** ② 할당표집은 모집단을 일정한 카테고리로 나눈 다음 이들 카테고리에서 표본을 작위적으로 추출하는 방법이다. 모집단 내에서 하위집단으로 나눈 후, 각각의 층에서 무작위로 표집하여 표집오차를 줄이는 확률표집 방법은 층화표집이다.

※ 표본추출 방법
　㉠ 확률표집방법 : 단순무작위표집, 체계적 표집, 집락표집, 층화표집
　㉡ 비확률표집방법 : 할당표집, 편의표집, 유의표집, 눈덩이표집

✏ **ANSWER**　17.④　18.②

19 사회복지의 이념에 대한 설명으로 옳지 않은 것은?

① 페이비언 사회주의(Fabian Socialism)는 국가의 역할을 강조하지만, 복지국가에 반대한다.

② 중도노선(Middle Way)은 시장을 중시하지만, 자본주의의 문제해결을 위한 국가의 제한적인 역할도 인정한다.

③ 마르크스주의(Marxism)는 적극적 자유, 평등, 우애의 가치를 중시하지만, 복지국가를 비판한다.

④ 신우파(New Right)는 개인의 자유를 최우선시하는 이념으로, 복지 증대를 위한 국가의 역할에 대해 비판한다.

>**ADVICE** ① 페이비언 사회주의는 국가의 개입을 적극 인정하며, 복지국가에 대한 관점도 적극 찬성하는 입장이다. 복지국가는 자본주의를 개혁하고 사회주의를 이룩하는 데 기여한다고 본다.

※ 조지와 윌딩의 복지모형

㉠ 반집합주의 : 소극적인 자유, 개인주의, 불평등의 가치를 중시하며, 국가는 문제가 되지 않을 정도의 최소의 개입과 보완적인 역할을 수행해야 한다고 보아 복지국가를 반대하는 입장을 취한다.

㉡ 소극적 집합주의 : 소극적인 자유, 개인주의, 실용주의, 인본주의, 합리주의를 중시하며, 시장경제를 인정하고 시장 실패를 보충하는 수단으로써 복지국가를 인정한다. 국가가 국민 최저수준을 보장해야 한다고 주장한다.

㉢ 마르크스주의(사회주의) : 적극적인 자유, 평등, 우애의 가치를 중시하며 복지국가를 자본주의국가의 한 형태로 보아서 비판한다.

㉣ 페이비언 사회주의 : 적극적인 자유, 평등, 동포애의 가치를 중시하며, 복지국가를 적극 옹호한다. 복지국가를 통해 자원재분배, 사회통합을 이룩해야 한다고 주장한다.

• 조지와 윌딩의 복지모형(1994년) 추가

㉤ 신우파 : 개인의 자유를 최우선 가치로 내세우며 공공복지에 반대하고, 복지 증대를 위한 국가의 역할에 대해 비판한다.

㉥ 중도노선 : 시장경제를 선호하지만, 자본주의 문제 해결을 위해 국가의 제한적인 역할도 인정하며, 실용적인 자유와 개인주의를 지지한다.

㉦ 사회민주주의 : 복지국가는 민주주의와 자유시장경제 사이를 조정하는 존재로, 중도노선과 마르크스주의의 중간 형태로 본다.

20 사회복지의 가치에 대한 설명으로 옳은 것은?

① 사회복지가 추구하는 자유는 적극적 자유가 아니라 소극적 자유이다.

② 수량적 평등은 가장 소극적인 평등 개념으로 공평한 기회의 제공을 강조한다.

③ 비례적 평등은 인간의 노력, 능력, 기여 등에 따라 사회적 자원을 다르게 분배하는 것을 평등으로 인식한다.

④ 기계적 연대는 노동분화의 수준이 높은 사회에서 나타난다.

〉**ADVICE** ③ 비례적 평등은 개인의 노력, 능력, 기여에 따라 자원을 분배하는 개념으로, 과정과 후천적인 차이를 인정한다.

　　① 사회복지가 추구하는 자유는 적극적 자유이다. 복지를 누릴 수 있는 자유, 국가의 개입은 적극적 자유이다.

　　② 수량적 평등은 모든 사람을 차이를 두지 않고 자원을 분배하는 개념으로 결과의 평등이며, 적극적인 평등 개념으로 볼 수 있다. 기회의 평등은 의무교육처럼 결과는 무시하고 과정의 기회만 동등하게 주는 개념으로 소극적 평등이라고 할 수 있다.

　　④ 기계적 연대는 유사성에 의한 연대로 가족처럼 공통의 가치나 신념이 존재할 때 가능한 연대이다. 반면에 유기적 연대는 개성적인 구성원이 사회결합 형태로 맺어진 것으로 분업이나 노동분화를 바탕으로 서로 다른 개인의 기능적 차이가 만들어내는 연대이다. 사회복지는 유기적 연대의 가치가 중요하다.

　　※ 사회복지정책의 가치 : 자유(적극적 자유, 소극적 자유), 평등(결과의 평등, 비례적 평등, 기회의 평등), 정의, 연대(기계적 연대, 유기적 연대), 이타주의

✏️ **ANSWER** 20.③

기준 법령

- 고용보험 및 산업재해보상보험의 보험료징수 등에 관한 법률(약칭 : 고용산재보험료징수법)[시행 2024. 1. 1.]
- 국민기초생활 보장법(약칭 : 기초생활보장법)[시행 2023. 11. 17.]
- 국민기초생활 보장법 시행령[시행 2023. 11. 16.]
- 국민연금법[시행 2024. 9. 20.]
- 긴급복지지원법[시행 2023. 12. 14.]
- 노인복지법[시행 2024. 11. 1.]
- 노인장기요양보험법[시행 2024. 7. 3.]
- 노인장기요양보험법 시행령[시행 2024. 7. 3.]
- 사회보장급여의 이용 · 제공 및 수급권자 발굴에 관한 법률(약칭 : 사회보장급여법)[시행 2024. 7. 24.]
- 사회보장기본법[시행 2021. 12. 9.]
- 사회복지사업법[시행 2024. 10. 22.]
- 사회복지사업법 시행규칙[시행 2024. 5. 31.]
- 사회서비스 지원 및 사회서비스원 설립 · 운영에 관한 법률(약칭 : 사회서비스원법)[시행 2024. 7. 24.]
- 아동복지법[시행 2024. 8. 7.]
- 아동수당법[시행 2023. 9. 14.]
- 아동학대범죄의 처벌 등에 관한 특례법(약칭 : 아동학대처벌법)[시행 2023. 12. 26.]
- 영유아보육법[시행 2024. 9. 20.]
- 입양특례법[시행 2024. 1. 23.]
- 자원봉사활동 기본법(약칭 : 자원봉사법)[시행 2024. 2. 17.]
- 장애인고용촉진 및 직업재활법(약칭 : 장애인고용법)[시행 2022. 7. 12.]
- 장애인복지법[시행 2024. 10. 22.]
- 장애인연금법[시행 2022. 1. 1.]
- 장애인차별금지 및 권리구제 등에 관한 법률(약칭 : 장애인차별금지법)[시행 2023. 1. 28.]
- 정신건강증진 및 정신질환자 복지서비스 지원에 관한 법률(약칭 : 정신건강복지법)[시행 2024. 10. 22.]
- 청소년 기본법[시행 2024. 3. 26.]
- 청소년복지 지원법(약칭 : 청소년복지법)[시행 2024. 4. 25.]
- 청소년활동 진흥법(약칭 : 청소년활동법)[시행 2024. 9. 27.]
- 학교폭력예방 및 대책에 관한 법률(약칭 : 학교폭력예방법)[시행 2024. 3. 1.]
- 한부모가족지원법(약칭 : 한부모가족법)[시행 2023. 10. 12.]
- 협동조합 기본법[시행 2021. 1. 5.]

서원각 용어사전 시리즈

상식은 "용어사전"

용어사전으로 중요한 용어만 한눈에 보자

✹ **시사용어사전 1200**
매일 접하는 각종 기사와 정보 속에서 현대인이
놓치기 쉬운, 그러나 꼭 알아야 할 최신 시사상식
을 쏙쏙 뽑아 이해하기 쉽도록 정리했다!

✹ **경제용어사전 1030**
주요 경제용어는 거의 다 실었다! 경제가 쉬워지
는 책, 경제용어사전!

✹ **부동산용어사전 1300**
부동산에 대한 이해를 높이고 부동산의 개발과 활
용, 투자 및 부동산 용어 학습에도 적극적으로 이
용할 수 있는 부동산용어사전!

중요한 용어만 공부하자!

• 최신 관련 기사 수록
• 다양한 용어를 수록하여 1000개 이상의 용어 한눈에 파악
• 용어별 중요도 표시 및 꼼꼼한 용어 설명
• 파트별 TEST를 통해 실력점검

자격증

한번에 따기 위한 서원각 교재

한 권에 준비하기 시리즈 / 기출문제 정복하기 시리즈를 통해 자격증 준비하자!